KB156235

왜 그 아이들은 한국을 떠나지 않을 수 없었나

To Save the Children of Korea

Copyright © Arissa H. Oh

Korean Translation Copyright © 2019 by KoRoot

Korean edition is published by arrangement with Stanford UP,

through Duran Kim Agency, Seoul.

이 책의 한국어판 저작권은 듀란킴 에이전시를 통한 Stanford UP와의 독점계약으로 뿌리의집에 있습니다. 저작권법에 의하여 한국 내에서 보호를 받는 저작물이므로 무단전재와 무단복제를 금합니다.

왜 그 아이들은 한국을 떠나지 않을 수 없었나

해외 입양의 숨겨진 역사

초판 1쇄 2019년 5월 20일

초판 2쇄 2021년 3월 30일

지은이   아리사 H. 오
옮긴이   이은진
펴낸이   김도현
기획편집 황선미 김창선
디자인   스튜디오 아홉 임현주
인쇄제본 미래상상

펴낸곳   뿌리의집
등록   제300-2012-53호(2012년 4월 2일)
주소   03031 서울시 종로구 자하문로 125-10
전화   02-3210-2451~2
팩스   02-3210-2453
전자우편 admin@koroot.org
홈페이지 www.koroot.org

한국어판 © 뿌리의집, 2019. Printed in Seoul. Korea.

ISBN 978-89-968798-5-5 93910
책값 19,000원
*잘못된 책은 구입하신 곳에서 교환해 드립니다.

뿌리의집출판사는 한국사회에 입양에 대한 다양한 관점을 소개하고 입양담론을 다양화하기 위하여 해외에서 출판된 입양관련 서적을 출판하고 있습니다.

일러두기

• 본문에 인용된 성경은 대한성서공회에서 펴낸 새번역판을 따랐다.
• 저자의 주는 미주로 책 말미에 달았으며, 옮긴이 주와 편집자 주는 *로 표시하고 각주 형태로 설명을 붙였다.

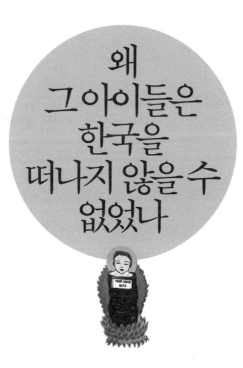

왜
그 아이들은
한국을
떠나지 않을 수
없었나

해외입양의 숨겨진 역사

아리사 H. 오 지음 | 이은진 옮김

뿌리의집
KOROOT

높고 높은 하늘이라 말들 하지만
나는 나는 높은 게 또 하나 있지
낳으시고 기르시는 어머님 은혜
푸른 하늘 그보다도 높은 것 같아

_〈어머님 은혜〉

이야기를 풀어낼 때 우리는 주관을 가지고 이야기하되
틈 혹은 여지를 남긴다.
우리가 하는 이야기는 하나의 해석일뿐 최종 해석이 아니다.
어쩌면 우리는 우리가 남겨둔 틈을 다른 누군가가 발견해주기를,
그래서 이야기가 계속되기를, 그가 자기만의 해석으로
다시 이야기해 주기를 바라는지도 모른다.

_저넷 윈터슨 Jeanette Winterson

나의 어머니 장미봉 님,

나의 아버지 오동철 님,

그리고 나의 할머니 곽은선 님께

이 책을 바칩니다.

차례

1부 제국의 아이들

2부 기독교의 사역과 사회복지사업

3부 세계적 입양 산업의 창출

『왜 그 아이들은 한국을 떠나지 않을 수 없었나: 해외 입양의 숨겨진 역사』의 한국어판이 출간되어 한국 독자들이 국제 입양의 한국적 기원에 관한 나의 연구를 접할 수 있게 되어 매우 감사하게 생각합니다. 나는 미국의 역사학자입니다. 그렇지만 한국 아동 입양이나 해외 입양에 관한 이야기를 미국이라는 지리적 경계 안에서만 풀어낼 수는 없는 노릇입니다. 70여 년 전에 한국에서 해외 입양이 어떻게, 왜 시작되었고, 미국 사회와 한국 사회가 지금의 모습을 갖추기까지 해외 입양이 어떤 도움이 되었는지 미국인과 한국인 모두 이해해야 합니다.

과거뿐만 아니라 현재에도 진행 중인 한국 아동 수출, 이른바 해외 입양은 한국인들에게 '한국인이란 어떤 의미인지', '어떤 사람을 한국인으로 간주할 수 있는지', '이 질문에 대한 대답이 왜 중요한지' 생각해보게 합니다. 이 책이 여러분에게 이런 질문을 던지는 촉매제가 되기를 바랍니다. 그리고 여러분이 미혼모들과 그 자녀들을 끊임없이 소외시키는 사회 구조를, 나아가 일반적으로 여성을 억압하는 한국 사회의 분위기를 어떻게 하면 변화시킬 수 있을지 이 책에서 작은 영감이라도 얻기를 바랍니다.

한국어판이 실제로 출간될 수 있게 힘써 주신 김도현 목사님과 황선미 씨, 그리고 뿌리의집 모든 직원에게 감사드립니다. 이 책을 꼼꼼하고 세심하게 번역해준 이은진 씨에게도 깊이 감사드립니다. 또한, 김도현 목사님에게 이 책을 처음 소개해준 제임스 경진 리 교수님에게도 감사드립니다.

언젠가 한국 친생모들의 이야기가 사람들에게 전해지기를 소망하며, 그들 모두에게 이 책을 바칩니다.

2019년 5월
아리사 H. 오(오현정)

감사의 말

자료를 조사하고 책을 쓰는 과정이 외롭지는 않았다. 도전의식을 북돋고 격려를 아끼지 않는 자애롭고 비판적인 학자들이 늘 곁에 있었기 때문이다. 매 나이, 톰 홀트, 리오라 아우슬랜더는 내가 이 프로젝트를 구상하고 전개 해 나갈 때 귀중한 길잡이가 되어주었다. 특히, 현명하고 성실한 조언자로서 도움을 아끼지 않은 매 나이에게 말로 다 표현할 수 없을 만큼 큰 빚을 졌다. 많은 동료가 적절한 문제제기와 이런저런 형태로 지지를 보내주었다. 멀리사 보르자, 코넬 장, 제시카 그레이엄, 앨리슨 홉스, 모이라 힌더러, 몰리 허진스, 앨리슨 레프코비츠, 제이슨 맥그로, 메러디스 오다, 세라 포터, 다비드 스파츠, 미하엘 슈탐, 엘런 우에게 감사한다.

　많은 곳에서 재정 지원을 받았다. 시카고대학교(동아시아연구센터 한국연구위원회, 인종·정치·문화연구센터), 한미장학재단, 주미한국대사관, 이민·민족사학회, 미국역사가협회, 아시아학회, 미네소타대학교, 도리스퀸재단, 일리노이대학교 아시아미국학과에 감사한다.

미네소타대학교 사회복지역사회, 이주연구센터, 장로교역사연구소, 메릴랜드주와 워싱턴 D. C.에 있는 칼리지파크국가기록원, 연세대학교 도서관, 서울 국회도서관의 기록 보관 담당자와 직원들에게 감사한다. 국제사회봉사사회[ISS]와 장로교회[미국]는 내가 기록을 열람할 수 있게 허락해주었다. 조지 드레이크는 친절하게도 미국 군인들과 한국 아동들에 관한 개인 소장품을 내게 보여주었다. 한국에서는 엄명용과 김익배에게 많은 도움을 받았고, 이현주는 멋진 연구 조교였다.

한국 아동 입양에 직접 참여했던 많은 사람이 내게 시간을 내어 자기 생각과 경험을 나눠주었다. 그들과 나눈 대화가 엄청난 도움이 되었다. 몰리 홀트와 한현숙에게 감사한다. 또한, 나와 정식으로 인터뷰한 입양인들과 내 프로젝트에 관해 편하게 이야기를 나눴던 입양인들에게도 감사한다. 그들과 대화하며 정서와 배경을 알게 되었고, 이 책을 쓸 때 그들과 그들의 이야기에 대한 책임감을 한순간도 잊지 않았다. 인터넷으로 개인적인 사진을 구하는 낯선 이에게 도움을 준 레인 포스테르볼과 캐서린 킴에게 특별히 감사한다.

나는 보스턴대학교에서 린 존슨과 케빈 케니에게 귀중한 지도와 편달을 받았다. 역사학과 동료들은 첫날부터 나를 지지하고 환영해주었다. 특히, 짐 크로닌, 데빈 펜다스, 마틴 서머스, 그리고 늘 상황을 더 명확히 이해하게 해준 줄리언 부르에게 감사한다. 학문과 동료 관계에서 굉장한 역할 모델이 되어준 여성들, 로빈 플레밍, 린 존슨, 데버라 레븐슨, 린 라이얼리, 캐런 밀러, 레베카 네도스텁, 지니 레인버그, 헤더 리처드슨, 세라 로스, 데이나 사디, 실비아 셀러스 가르시아, 프란치스카 세라핌에게 감사한다. 연구에 동참해준 줄리언 부르, 린 존슨, 케빈 케니, 티나 클레인, 린 라이얼리, 실비아 셀러스 가르시아, 동지애를 보여준 줄리 안앨런, 비즈 브라허, 케이티 돌턴, 레진 장 찰스, 램지 리엠, 팻 들리우, 민 송에게 감사한다. 요청한 자료를 찾아준 뛰어난 사서 엘리엇 브렌도우와 도서관 대출 담당 직원들에게 감사한다. 교수 집필 피정避靜 덕분에 홀로 고독하게 원고를 마무리할 수 있었고, 연구비 지원 덕분에 무사히 결승선을 통과할 수 있었다.

수년 동안 많은 사람이 일부러 시간을 내어 이 프로젝트의 다양한 면에 관하여 의견을 들려주었다. 캐런 발콤, 칼 본 템포, 로라 브리그스, 아리안 체르녹, 캐시 컨젠, 브루스 커밍스, 사라 박 달렌, 코리 그레이브스, 엘런 허먼, 매들린 수, 태진 황, 디안 볼셰이 리엠, 스티브 포터, 지나 미란다 새뮤얼스, 나오코 시부사와, 앨리슨 바잘리, 주디 우, 타라 자흐라에게 감사한다. 나는 이 책의 내용 일부를 매사추세츠 역사학회 보스턴 이민·도시 역사 세미나, 미국대외관계역사가협회, 미국역사가협회, 아시아미국학회, 유년기·청소년기역사회, 버크셔여성사학회, 브라운대학교에서 발표했다. 이 회의에 참석한 청중과 패널, 특히 크리스 캄포졸라, 엘런 허먼, 폴 크레이머, 바바라 잉그베슨, 수잔 지거에게 감사한다. 이들의 조언이 생각을 전개하는 데 중요한 도움이 되었다. 엘레나 킴은 11시간이나 들여서 원고를 읽고 아주 중요한 피드백을 해주었고, 스탠퍼드대학교출판부의 익명의 검토자들도 아주 유용한 비판을 해주었다.

열정과 뛰어난 기량으로 출간 작업을 맡아주고, 초보 저자의 질문에 참을성 있게 대답해준 스탠퍼드대학교출판부의 에릭 브랜트, 고든 창, 프리데리케 순다람, 스테이시 와그너에게 감사한다.

수년 동안 나를 도와준 많은 보모는 말할 것도 없고, 보스턴대학교 아동센터의 진 로스럼과 놀라운 교사들이 없었다면 이 책 한 꼭지도 마무리하지 못했을 것이다.

캐나다에 있는 가족들은 비록 몸은 멀리 떨어져 있어도 마음은 늘 가까이에 있다. 에스더와 에릭을 형제로 둔 것은 내게 가장 큰 복이다. 다니엘 보른슈타인, 헤더 핀, 지훈 장, 케이티 윤과 데이브 윤, 그리고 이들의 자녀들 브루스 핀, 넬리, 산더, 사비에르, 혜리, 헤나 덕분에 집에 돌아갈 때마다 위안과 기쁨으로 충만해진다. 윌리엄스퍼드에서 영 장, 애란 장과 함께 보낸 크리스마스가 그립다. 늘 내게 마음과 집을 활짝 열어준 한국 친구들, 친척들과 그렇게 멀리 떨어져 살지 않으면 좋으련만. 고영섭, 조수인, 제이 소, 린다 리를 생각하면 매년 찾고 싶어진다. 비상시에 쉼터를 제공해준 크리스 드레허와 낸시 드레허에게 감사한다.

할머니와 부모님은 내가 한국어를 쓰고 한국 역사를 배워야 한다고 강조하셨고, 그분들의 인생 이야기가 이 프로젝트에 여러모로 영향을 끼쳤다. 한국전쟁이 발발했을 때 할머니는 스물두 살이었다. 남편이 북에 있었지만, 할머니는 어린 내 어머니와 갓난아기인 삼촌을 데리고 서울 이남으로 피신했다. 세 사람은 할아버지를 다시는 만나지 못했다. 38선이 갈라놓은 수백만 이산가족 중 하나가 된 것이다. 어머니는 여자들에게 남편을 잘 만나야 한다고 가르치던 시대와 나라에서 성장했지만, 자기 자식들에게는 성별과 관계없이 큰 포부를 품고 살라고 격려하시던 아주 진보적인 페미니스트였다. 아버지는 농촌에 있는 초가집에서 자라 서울대학교를 졸업하셨다. 내가 고등학교도 마치기 전에 돌아가셨지만, 내가 혼자서 학문세계에 들어선 것에 대해서나 이 책을 내게 된 일에 대해서 놀라시지는 않으셨을 것이다. 나에 대한 아버지의 믿음, 절제·근면의 가치와 미덕에 대한 아버지의 신념이 늘 나와 함께했다.

데이브는 내게 바위처럼 든든한 사람이다. 모든 의미에서 진정한 파트너로서 유머를 적절히 섞어가며 나를 끝없이 지지해주었다. 근면하고 성실한 그를 볼 때마다 새로운 힘이 생긴다. 데이브가 없었다면 이 일을 할 수 없었을 것이다. 두 딸은 내가 상상하지 못했던 방식으로 삶을 풍요롭게 해주었다. 프래니는 책을 쓰다 난관에 부딪혔을 때 내가 원하든 원치 않든 곁에 있어 주었고, 엘리는 유치원에서 하루에 한 권씩, 때로는 더 많이 책을 만들어서 집에 가져와 내가 의욕을 잃지 않게 해주었다. 두 딸이 내게 준 선물(엄마가 되게 해준 것) 덕분에 내가 더 자애로운 선생이자 학자가 되었다고 믿고 싶다. 두 딸이 성장하고 성숙해지는 모습을 보는 것이 내게는 특권이 아닐 수 없다.

전쟁의 유산

2010년 1월, 아이티에서 대지진이 발생하자마자 국제 입양 기관에는 아이티 아동을 입양하려는 미국인들의 문의가 쇄도했다. 선교사, 비정부 기구, 일반 시민이 아이들을 구출하기 위해 현장으로 달려갔고, 오바마 행정부는 약 1,150명의 아동이 미국에 입양될 수 있도록 비자 요건을 일시적으로 폐지했다.[1] 비극에 처한 아동을 입양함으로써 비극에 대처하려는 이런 충동은 미국 역사에서 처음 있는 일이 아니다. 2011년에 태풍이 필리핀을 강타했을 때도, 2004년에 인도양에 쓰나미가 발생했을 때도, 1989년에 루마니아에서 차우셰스쿠 정권이 붕괴했을 때도 비슷한 양상이 나타났다. 이제 입양 기관들은 자연재해나 인재人災가 발생할 때마다 입양에 관심을 보이는 미국인들의 문의를 당연하게 처리한다. 위기가 코앞에 닥쳐야만 이런 반응을 보이는 것도 아니다. 중국에 체류 중인 북한 아동들의 해외 입양을 촉진할 목적으로 제정된 2013년 북한아동복지법은 이런 반응이 가장 최근에 지극히 미국다운 방식으로 실현된 형태라 할 수 있다.[2]

각 사례에서 미국 언론과 인정 있는 논객들은 비극의 자세한 사실과 함께 누가 봐도 곤경에 처한 것이 분명해 보이는 여성과 아동의 전형적이고 보편적인 이미지를 배치하여 서사敍事를 전개한다. 이른바 '구출의 시각적 도해', 즉 시각 자료를 동원해 구출의 필요성과 긴급성을 설명하는 것이다.[3] 이 서사는 그 아동들을 고아라고 부른다. 설사 그들이 고아가 아닐지라도. 그리고는 지낼 곳도 없이 취약한 상황에 노출된 고아 신세를 깊이 이해하고 공감하는 용어로 아동들을 묘사한다. 아동들의 삶은 절망적이고 미래는 암울하다. 혹시 그 아동들에게 부모가 있다면, 그들은 필사적으로 애쓰나 감당할 수 없는 현실 앞에서 무력한 존재로 묘사된다. 그들은 자기 자식을 위해 모든 것을 포기할 것이 틀림없다. 심지어 자기 자식까지도. 모든 사례에서 이 서사는 다정하고 너그럽고 부유한 미국인에게 구출되는 것만이 이 아동들의 유일한 희망임을 분명히 한다.

사실, 입양은 오래된 관행으로 평상시와 격변의 시기를 가리지 않는다. 그러나 외국에서 아동을 입양하는 '해외 입양'은 사람들이 생각하는 것만큼 역사가 길지 않다. 2차 세계대전 이후 미국인들은 유럽 여러 나라와 일본에서 아동을 입양했다. 그러나 미국에서 해외 입양이 중요한 사회 현상이 된 것은 한국전쟁(1950~1953) 이후부터였다. 한국전쟁 직후부터 20세기 말까지 한국이 외국에 보낸 아동 15만 명 중 약 3분의 2를 미국인이 입양했다.[4] 한국 출신 아동이 미국 해외 입양의 대다수를 차지한다. 1995년까지 한국은 미국에 아동을 가장 많이 입양 보내는 나라였다. 1995년 이후에야 중국과 러시아에 이어 3위로 하락했다(도표 0.1과 0.2 참조).[5] 60년 넘게 해외 입양을 계속한 결과, 고국

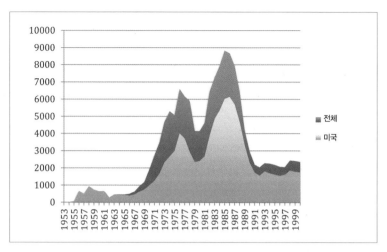

도표 0.1 1953년부터 2000년까지 한국에서 외국에 입양 보낸 전체 아동 수 대비 미국에 입양된 한국 아동의 수. _출처: 토비아스 휘비네트가 제시한 수치를 바탕으로 작성한 그래프

을 떠나 외국 입양 가정에서 자란 한국인의 수는 무려 20만 명이 넘는다.

21세기 들어 미국 해외 입양과 한국 아동 입양 비율이 급격히 떨어지긴 했지만, 입양으로 생긴 가족과 입양의 주체이자 객체인 아동들, 그리고 입양을 둘러싼 정치적·도덕적 질문들은 송출국과 수령국 양쪽 모두에게 문화적으로나 정치적으로 대단히 중요한 의미가 있다.[6] 국가 간·인종 간 입양은 인종, 가족, 친족에 관한 미국인의 관념에 깊은 영향을 끼쳤다. 그런데도 우리는 해외 입양이 어떻게 시작되었는지도 잘 모르고, 어떻게 해서 오늘날 우리가 '입양'이라고 하면 흔히 해외 입양을 떠올리게 되었는지 그 이유도 잘 알지 못한다. 이 책은 한국이 해외 입양을 처음 시작한 나라는 아닐지라도 조직적이고 체계

———————— 들어가는 말

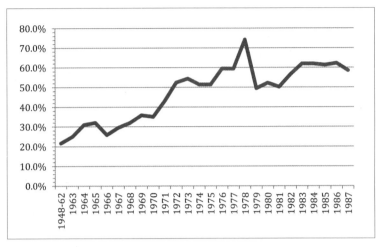

도표 0.2 1948년부터 2000년까지 미국이 외국에서 입양한 전체 아동 대비 한국 아동의 비율.
출처: 다음 자료에 실린 정보를 바탕으로 작성한 그래프. Howard Altstein and Rita J. Simon, Intercountry Adoption:
A Multinational Perspective (New York: Praeger, 1990), 14-16; Richard H. Weil, "International Adoptions:
The Quiet Migration" International Migration Review 18, no. 2 (Summer 1984): 286-287; Evan B. Donaldson
Adoption Institute (http://www.adoptioninstitute.org/FactOverview/international.htm).

적으로 해외 입양을 시작한 나라라는 사실을 보여준다. 지독한 전쟁
의 여파로 임시 대피 차원에서 이뤄진 해외 입양은 직·간접적으로 많
은 미국인의 마음을 움직인, 수익성 좋고 문화적 효과가 뛰어난 관행
으로 변했다. 최우선 입양 대상자였던 'GI 베이비'•와 마찬가지로, 해
외 입양은 한국전쟁 기간과 이후의 한미관계라는 특수한 역학 관계에
서 탄생했다. 그런 점에서 해외 입양은 흔히들 잊혔다고 생각하나, 아
직 그 잔물결이 해안에 닿지도 않은, 간과된 전쟁의 유산이다.

• **GI 베이비** 미군 병사와 현지 여성 사이에서 태어난 혼혈아동을 일컫는 말. G.I.는 원래 미
군 병사들에게 지급되는 군용일급품에 프린트된 Goverment Issued의 약자였으나, 미국
육군 병사를 일컫는 별칭으로 전용되고 있다.

아이와 친생부모의 관계를 법적으로 정리하고 다른 부모에게 아이의 양육권을 넘겨주는 현대적 의미의 입양은 20세기 초 미국에서 공식화되었다. 아이의 인생을 좌우하는 유년기를 감상적으로 다루는 풍조와 함께 모르는 아이, 즉 친족이 아닌 아이를 입양하는 현상도 이 시기에 등장했다. 예전처럼 노동력이 필요해서가 아니라 순전히 감상적인 이유로 아이를 입양하는 사람들이 생겨났다. 입양의 양상이 진화함에 따라 주州 정부들은 입양을 규제하는 법안을 통과시켰고, 점점 전문성을 갖춰나가던 사회복지사들이 그 시대를 지배하던 '과학적 관리 원칙'에 부합하는 보편적 기준과 절차로 이 분야를 체계화하려고 애썼다. 2차 세계대전 이후 몇십 년간 베이비붐이 일던 와중에 입양도 급격히 증가했다. 입양 부모들이 가장 원하는 아이는 백인 아이였다. 1920년대부터는 건강한 백인 유아에 대한 수요가 공급을 초과했다. 그리고 1940년대 중반에는 수요를 "채우는 것이 거의 불가능"해졌다.[7]

공식적인 해외 입양은 2차 세계대전이 끝난 뒤에야 시작되었지만, 미국인들은 1940년대 이전부터 건강한 백인 아기를 찾아 국경을 넘었다. 사회복지사나 주 정부의 눈을 피해 은밀하게 입양이 이뤄졌다. 미국인들은 양부모와 친생모를 연결해주는 의사, 변호사, 조산사, 성직자의 네트워크로 이뤄진 '회색시장'이나 암시장을 통해 캐나다와 멕시코에서 아기를 구했다. 이런 시장에서는 돈을 내면 아기를 살 수 있었다.[8] 아일랜드에는 1952년까지 해외 입양을 허용하는 법률이 존재하지 않았다. 하지만 1940년대부터 1960년대 중반까지 주로 미혼모에게서 태어난 사생아들이 부유한 미국 가톨릭교도에게 은밀히 입양되어 고국 아일랜드를 떠났다.[9]

2차 세계대전 기간에 군이나 정부 기관에서 복무하면서 외국에서 살던 미국인 중 일부는 현지 여성과 관계를 맺고 아기를 낳았지만, 그들을 고국에 데려갈 수 없었다. 지극히 제한적이었던 미국 이민 제도에는 외국인 입양 아동이나 약혼자, 배우자의 입국을 허용하는 규정이 없었기 때문이다. 따라서 이들은 1924년 이민제한법이 정한 국가별 할당제와 인종에 기초한 예외 규정을 적용받았다. 그러나 미국이 국제사회에서 새로운 역할을 맡고 냉전이 전개되면서 인도주의적 요청에 따라 이민법을 개정하지 않을 수 없었다.[10] 그 결과, 난민 임시체류특별법으로 첫 번째 해외 입양이 가능해졌다. 일회성 합의로 유럽에서 온 1,600명가량의 고아가 미국 가정에 맡겨졌다. 1948년에는 실향민법DPA이 마련되어 처음으로 유럽 출신 난민 아동들의 대규모 입양이 가능해졌다. 아동들 대다수가 그리스, 독일, 이탈리아, 폴란드 출신이었다.[11]

2차 세계대전 이후에 이루어진 해외 입양에서는 한국 아동 입양에 관심이 없었다. 한국 아동은 눈에 들어오지도 않았기 때문이다. 미국인들은 자신과 민족적 또는 문화적 배경이 같은 아동을 입양하는 경향이 있었다. 예를 들어, 그리스계 미국인은 대부분 그리스 아동을 입양했다. 그리스 정부 역시 그리스 정교회를 믿는 그리스계 양부모를 선호했다. 다른 민족 출신을 입양할 때는 양부모와 입양 아동의 민족이 다르다는 사실보다 인종적 유사성에 대한 인식, 다시 말해 양부모와 입양 아동이 같은 백인이라는 인식이 더 중요하게 작용하곤 했다. 종교 기관들이 해외 입양에 관여했는데, 이는 대부분의 입양이 같은 종교 안에서 이루어졌다는 뜻이다. 그러니 한국 아동은 더더욱 눈에 들어올 리 없었다. 중국계와 필리핀계 미국인들도 각자 자기 민족 출신을 입양했다.[12]

인종 간의 해외 입양은 점령군이었던 미군의 장기 주둔과 밀접한 관련이 있으며 군사 정책에 의해 이루어졌다. 2차 세계대전 이후 미군이 주둔했던 독일과 일본은 각각 1974년과 1972년까지 미국에 해외 입양을 가장 많이 보낸 5대 국가 중 하나였다. 이런 입양은 대부분 가족과 함께 이들 국가에 주둔하던 미국인에 의해 이루어졌다.[13] 독일과 일본(그리고 훗날 한국)에서는 미군과 현지 여성의 성관계로 일본계 백인, 일본계 흑인, 독일계 흑인 아동이 태어났다.[14] 그중에는 합의에 따른 연인관계에서 태어난 아이들도 있었지만, 군 당국은 인종 간 결혼을 극구 말렸다. 결혼해봤자 아내를 미국에 데려갈 수 없을 게 뻔했기 때문이다. 흑인-백인 커플은 미국 여러 주에서 '인종 간 결혼 금지법'의 적용을 받을 것이고, 1952년까지만 해도 '아시아 출신 이민 금지' 조항 때문에 일본인 아내는 미국에 입국할 수 없었다. 지휘관은 부대원들에게 결혼을 허락하지 않았고, 심지어 부대원을 다른 지역으로 전출시켜서 커플을 갈라놓기까지 했다. 이민법이 인정한 합법적인 결혼이 아닌 한, 군인은 외국인 아내와 자녀들을 고국에 데려갈 수 없었다. 그 결과, 세계 여러 나라에서 정확히 몇 명인지도 알 수 없는 여성들이 혼혈 아동을 키우며 미혼 상태로 살았다.[15]

'점령의 살아 있는 유산'이라 할 수 있는 이 아동들은 독일과 일본

들어가는 말

에 2차 세계대전의 패배와 굴욕을 상징했다. 더욱이, 이 두 나라는 인종과 국민이라는 관념 안에 눈에 띄는 혼혈아를 포용할 생각이 없었다. 독일 정부와 일본 정부는 본국 송환이 GI 베이비 문제를 해결할 열쇠라고 보고, 미국인들이 나서서 '자기네 동족'을 입양하도록 부추겼다.[16] 갈색 피부를 지닌 흑인 혼혈아를 위해 미국 입양 가정을 찾는 독일 정부와 아프리카계 미국인의 노력은 부분적인 결실을 보았다. 이른바 '한 방울 원칙'•에 따라 미국에서 이 아동들은 흑인으로 분류되었고, 인종 매칭에 관한 사회복지사업 원칙에 따라 이들은 흑인 가정에 맡겨졌다. 아프리카계 미국인 가정에서 이 아동들의 입양에 관심을 보였지만, 20세기 중엽 사회복지사업 규범은 국내 입양이든 해외 입양이든 흑인 양부모를 배제했다. 1950년대 초에 갈색 피부를 지닌 총 5백여 명의 아이가 입양되었는데, 대부분 독일에 주둔했던 흑인 군인 가정에 입양되었다. 1968년까지 미국인은 약 7천 명의 독일계 흑인 아동을 입양했다.[17]

독일의 국가 간 입양 계획을 방해하는 다른 요인도 많았다. 우선, 친생모들이 아이를 포기하려 하지 않았다(아이를 기꺼이 포기하는 사람은 13퍼센트도 안 되었다). 또한, 일부 미국 관료는 외국에서 흑인 혼혈아를 입양할 수 있게 해서 그렇지 않아도 골칫거리인 미국 인종 문제에 불씨를 보태려 하지 않았다. 독일 민족주의 역시 한몫했다. 국가가 "제일

• 한방울 원칙(one—drop rule, ODR) 미국 남부에서 조상 중에 흑인의 피가 조금이라도 섞여 있으면 흑인으로 간주했던 제도를 말한다. 이는 노예제도가 폐지된 후에 남부에서 1950년대 중반까지 지속된 인종분리정책 때문에 생겨났다.

비싼 값을 부른 사람"에게 아이를 "팔고" 있다는 부정적인 기사가 보도되었다. 언론에서는 고국에서 살고 싶은 독일 백인 아동들을 외국으로 내보내고 있다며 격분했고, 독일 정부에 "대량 수출"을 당장 중단하라고 촉구했다. 마지막으로, 경제 상황이 나아지면서 독일은 국가 차원에서 '히틀러 이후'의 독일을 인종적으로 재건하고자 노력했다. 특히, 인종차별을 일삼는 미국과는 다른 이미지를 만들고 싶었다. 그래서 독일 정부는 흑인 혼혈아를 '우리 독일 아동들'로 바꿔 생각하도록 장려했고, 1950년대 중반부터는 타국 이주와 해외 입양을 말리기 시작했다. 이 아동들을 포용하기로 한 조처는 불완전했고 모순된 감정이 공존했지만, 어쨌거나 독일 정부는 미국 송환이 더는 적절한 해결책이 아니라고 생각했다.[18]

인종차별 정서가 강한 미국과 일본에서는 미군과 일본인 여성 사이에서 태어난 일본계 백인 아동과 일본계 흑인 아동을 미국에 입양 보내는 방안을 지지했지만, 실제로 입양되는 아동은 소수였다. 일본계 GI 베이비들과 한국계 GI 베이비들은 여러모로 비슷한 처지에 놓여 있었지만, 한국은 일본과는 다른 방식으로 해외 입양을 시작했다. 한국의 특수한 지역 상황, 관련 단체들과 개인들, 한미관계의 성격에서 부분적으로나마 그 답을 찾을 수 있다. 하지만 일본 사례에 관해서는 더 많은 연구가 필요하다. 연구에 따르면, 미국인은 2차 세계대전이 끝날 무렵부터 1980년대까지 1,500명의 일본계 혼혈아를 입양했다(그 후에도 아주 적은 숫자이긴 해도 입양이 계속 이뤄졌다). 대부분이 군 복무나 공직 생활 때문에 일본에 거주하던 미국인이 일본에 있을 때 입양한 아동들이다. 일본 정부는 한국 정부처럼 GI 베이비를 치워버리려는 욕망을 드러내지 않았다. 실제로, 일본 정부는 이 아동들을 인정하는 차별 금지 정책을 공식적으로 발표했고, 일본에서 혼혈아를 키우는 미혼모들이 한국에서 혼혈아를 키우는 미혼모들보다 정부와 비정부기구NGO로부터 사회적·재정적 지원을 더 많이 받았다. 한국에서든 일본에서든 사회적으로, 경제적으로, 법적으로 소외당하는 것은 비슷했지만, 일본에 사는 혼혈인의 상황이 조금 더 나았다.[17]

한국에 남은 GI 베이비들은 독일과 일본에 남은 GI 베이비들과 비슷한 점이 많았다. 지정학적으로 비슷한 환경에서 태어난 세 나라의 GI 베이비들은 시기적으로도 겹치는 1940년대와 1950년대에 눈에 띄기 시작했다. 또한, 인종이 다르고 사생아인 데다 어머니의 신분이 낮다는 이유로 법적으로나 사회적으로 배척당했다. 한국 사회는 GI 베이비들에게 매춘부의 자식이라는 낙인을 찍었고, 혼혈아들이 단일민족의 인종적 순수성을 위협한다고 보았다. 한국법에 따르면, 국적은 부계 혈통을 따랐다. 따라서 한국인 아버지가 없는 사생아인 GI 베이비들은 법적으로도 사회적으로도 용납받지 못하는 무국적자로 무시당할 수밖에 없었다.

독일과 일본에서 그랬듯이, 한국에서도 미군에게서 태어난 혼혈아동을 치울 목적으로 해외 입양을 시작했다. 그러나 한국은 곧 두 나라와는 사뭇 다른 궤도로 나아갔다. 왜 한국은 전혀 다른 방식으로 해외 입양을 시작했을까? 이 질문에 부분적으로 답하자면, 오리건주 출신의 벌목꾼이자 농부였던 해리 홀트Harry Holt 같은 지도자가 한국에만 있었기 때문이다. 한국 정부는 GI 베이비들을 치우길 원했고, 미국인들은 이 아이들을 입양하길 원했다. 하지만 상호보완적인 두 개의 욕망이 만나서 상당수의 해외 입양이 이뤄진 것은 1956년에 해리 홀트가 홀트양자회Holt Adoption Program(HAP)를 설립하고 나서였다. 한국 정부는 입양과 이민 관련 법을 개정하고 입양 기관을 설립하여 홀트의 노력에 힘을 실어주었다. 홀트양자회는 곧 한국 아동 입양 사업을 좌우했고, 지금은 세계 유수의 국제 입양 기관으로 자리매김했다.

어떤 의미에서 해리 홀트는 해외 입양 산업의 아버지라 할 수 있다. 그는 두 가지 혁신을 통해 한국 아동 입양을 대중화했다. 첫째로, '대리 입양'을 통해 양부모가 굳이 한국에 오지 않아도 아기를 입양할 수 있게 했다. 둘째로, '아기 수송용 전세기'를 띄워 한 번에 많은 아기들을 미국으로 보냈다. 더 중요한 사실은 그가 의도치 않게 '기독교적 미국주의Christian Americanism'를 대표하게 되었다는 점이다. 신앙심과 애국심이 합쳐진 강력한 이데올로기로 무장한 해리 홀트는 한국계 GI 베이비 입양을 선교 활동으로 여겼고, 나아가 미국인으로서 인종에 대한 조국의 관대함을 증명하고 세계 곳곳에서 신생 독립국의 충성을 얻는 조국의 냉전 활동에 참여하는 길이라 생각했다. 기독교적 미국주의 운동은 수년간 이어졌다. 한국 아동의 입양과 대규모 이민이 가능하도록 길을 터준 미국 이민법 개정을 끌어내기에 충분한 시간이었다. '기독교적 미국주의자들'의 노력에 응하여 미 의회는 영구적으로 해외 입양이 가능하도록 1961년에 미국 이민법을 개정했다. 이민법 개정으로 해외 입양이 활발해지면서 입양 사업이 세계적인 산업으로 성장하는 데도 도움이 되었다.

해리 홀트는 한국 아동 입양과 해외 입양의 창시자로서 상당 부분, 어찌 보면 지나칠 정도로 신화화되었다. 한국이 입양을 체계적으로 추진하기까지 해리 홀트 같은 촉매제가 필요했던 것은 사실이지만, 이를 뒷받침해준 기존 상황 또한 무시할 수 없다. 군인, 선교사, 입양 기관 직원 등 당시 한국에 살던 미국인들이 한국 입양 제도의 토대를 마련하는 중요한 역할을 했다. 그들은 국가 간 입양의 기반이 된 고아 원을 설립하고 아동 후원 프로그램을 만드는 일에 힘을 보탰다. 이와 동시에, 언론을 통해, 그리고 편지와 고국 방문을 통해 미국인이 한국 인에게 친근감과 책임감을 느끼도록 힘썼다. 한국 아동 입양을 창출 하고 발전시키는 과정에 꼭 필요한 '상상력'과 '감성'이라는 다리를 놓으려고 노력했다.

1960년대에 한국 입양 제도는 두 가지 면에서 크게 바뀌었다. 첫 째, 외국으로 입양 보내는 전체 아동 가운데 혼혈아의 비율이 감소하 기 시작했다. 경제 상황과 정치 상황이 심히 불안한 한국에서 해외 입 양은 서로 맞물려 있던 인구 과잉, 빈곤, 아동 유기 문제를 해결할 매 력적이고 실행 가능한 해법이었다. 혼혈아를 치우기 위해 마련했던 입양 제도가 '순수' 한국인 아동을 외국으로 내보내서 이런 문제들을 해소하는 편리한 수단이 되었다. 두 번째 변화는 1960년대 말에 생겼 는데, 해외 입양으로 한국 아동 입양의 성격이 바뀌기 시작했다. 민족 을 초월한 입양 관행이 송출국과 수령국에 퍼지기 시작하면서 한국의 입양 방식은 해외 입양의 본보기가 되었다. 입양 기관들은 자기들이 한국에서 고안해낸 방식을 복제하거나 변형함으로써 다른 나라로 사 업을 확장했다. 한국 아동을 입양한 선구적인 미국인들은 다른 인종 을 입양한 가정을 포괄할 수 있게 미국에서 가족, 인종, 국민의 범주 를 확장하는 일에 이바지했다. 해외 입양이 꾸준히 이뤄지고 시간이

지날수록 미국인들이 입양 가정을 사회 일원으로 받아들이면서 민족을 초월한 입양은 끊이지 않고 계속 확대되었다. 한국 아동 입양에 처음 썼던 '인도주의', '구출', '피부색에 구애받지 않는 사랑' 등의 표현이 계속 쓰였다. 이 표현들은 오늘날 해외 입양 관행을 둘러싼 담론과 정치적 견해를 형성하고 있다.

* * *

해외 입양을 탐구하는 이 책은 다양한 역사적 고찰, 특히 냉전 정치의 역사, 가족의 역사, 인종의 역사와 인종 간 관계의 역사가 엇갈리는 교차로에 서 있다. 또한, 1950년대부터 1980년대까지의 한미관계, 그리고 이 시기에 이루어진 한국의 경제 및 사회 발전에 국가 간 입양이 끼친 영향에 관해서도 이야기할 것이다.

기독교적 미국주의자들이 한국 아동을 입양하기 위해 벌인 활동은 1950년대 국내외 냉전 정치의 복잡한 상호작용, 특히 가족의 영역에서 벌어진 상호작용을 보여준다. 학자들은 2차 세계대전 이후 수십 년간 미국 내 인종 간의 관계와 국제적인 냉전 정치가 어떻게 불가분의 관계가 되었는지를 설명했다. 한국 아동 입양은 아시아인에게 '냉전 시대의 평등권'을 상징했다. 냉전 시대에 아시아에서 우방을 얻어야 할 필요성이 입양의 동기가 되었다. 평범한 미국인들은 주류 언론이 소개하는 대로 아시아에 관심을 기울이는 방식으로 정치에 참여했고, 입양을 통해 아시아와 새로운 관계를 맺는 모습을 상상했다. 그리고 수많은 미국인 가정이 한국 아동을 입양함으로써 머릿속으로 상상했던 가족 관계를 구체화했다.[20]

한국 아동 입양을 지지하던 미국 정치인들과 언론인들은 기독교적 미국주의에 입각한 언어를 사용하여 이 관행에 정치적·종교적 의미를 부여했다. 이에 따라 지극히 사적인 행동으로 인식되던 입양과 가족 만들기가 공적이고 정치적인 행동으로 재구성되었다. 입양을 생각 중인 부모들은 한국 아동 입양을 국가적 냉전 의제를 지지하는 행동으로 규정하고, 입양에 우호적인 방향으로 이민법을 개정해달라고 의회에 호소했다. 입양 가정이 한국 아동 입양에 대한 지지를 얻기 위해 국가적 관심사를 이용한 방식은 전후 미국에서 '가정은 배타적이고 보호받는 영역'이라는 개념에 이의를 제기하고, '공적' 영역과 '사적' 영역을 둘러싼 냉전 이데올로기를 더 복잡하게 만들었다. 가족에 대한 정치적 관심과 개인적 관심이 서로 영향을 주고받는 이 현상은 냉전이 시작되고 처음 몇십 년간 공적 영역과 사적 영역이 겹친다는 사실을 보여주었다. 한국 아동 입양 이야기는 어떻게 냉전의 국제 정치가 가장 신오한 방식으로 국내 문제이자 집안 문제가 되었는지를 보여준다.[21]

따라서 해외 입양의 기원을 고찰하는 이 책에서 우리는 20세기 후반 미국인들 사이에서 가족을 구상하고 구성하는 방식이 어떻게 변화했는지를 탐구하여 가족의 역사를 살펴볼 것이다.[22] 한국에서 아이를 입양한 미국인들(대부분 백인)은 친족의 생물학적 개념을 뒤집고, 입양 사실을 숨길 수도 없고 애써 숨기지도 않는 비규범적 가정을 위해 배 아파 '낳은' 가족인 체하는 사회복지사업의 최적 표준을 폐기했다. 이로써 표면상 사적 영역이었던 가정은 전통적으로 입양 가정 구성 방식을 지배해온 매칭 원리에 이의를 제기하는 공적이고 정치적인 영역이 되었다. 2차 세계대전 이전부터 입양을 합법화하고자 애써온 미국 사회복지사들은 주 정부나 연방 정부에서 입양 및 이민 관련 정책과 법률을 입안하도록 힘쓰면서 국가 간 입양 전문가로서의 위치를 확고히 다지기 위해 노력했다. 평범한 미국인들은 사회복지 당국이 자기들 집과 가정의 영역을 침범하는 것에 오랫동안 반대해왔다. 그래서 해외 입양을 규제하려는 사회복지사들의 노력을 국가의 감시망을 사생활에까지 과도하게 확대하려는 시도로 여겼다.

그러나 한국에서 아동을 입양하려면 국가의 협조가 필요했기에 미국 양부모들은 공권력과 완전히 결별할 수 없었다. 입양 가정들이 한국 아동의 입국 허가를 얻으려면 연방 정부의 이민법이 필요했고, 가족 관계의 합법성을 인정받으려면 주州 정부의 법률이 필요했다. 미국에서 가정과 국가의 관계는 끊임없는 교섭 관계, 때로는 걱정스러운 절충의 관계였다. 미국인들은 공무원들, 특히 복지부 소속 공무원들이 자기 집안일에 침범하지 못하게 하려고 애썼다. 심지어 주지사를 선출할 때도 국가의 간섭을 받지 않고 자기들이 선택한 방법대로 가정을 꾸릴 권리를 지켜줄 만한 인물을 뽑는 듯했다. 이런 상호작용은 미국 가정이 단순히 혈연을 통해 만들어진 자연스러운 유기체가 아니라 사회 제도이자 공공정책의 대상이라는 점을 보여준다.

미국 입양 부모들은 국내 입양과 해외 입양을 막론하고 현대식 입양을 오랫동안 괴롭혀온 상업주의와도 완전히 결별하지 못했다. 입양은 아이들을 상품화한다. 단순한 수사적 표현이 아니라 현실이 그렇다. 1960년대 말에 해외 입양이 널리 퍼지면서 소비자가 돈을 주고 물건을 사듯 아이를 사서 부모가 되어보려는 태도가 이전보다 더 뚜

렸해졌다. 미국인들은 가능한 수단을 모두 동원해서 부모가 될 권리가 있다고 믿었다. 이 믿음이 해외 입양을 확대했고, 해외 입양이 확대되면서 이 믿음은 더 굳건해졌다. 국내에 입양할 아동이 부족해지자 미국 부모들은 한창 발전 중인 국제 입양 산업의 도움을 받아 아이들을 찾아 해외로 나갔다. 한편, 일각에서는 입양을 제국주의와 소비지상주의에 젖어 기난한 나라에서 아동을 수입하는 것으로 보았는데, 구출의 서사는 입양에 수사적修辭的 정당성을 부여해주었다. 송출국과 수령국이 수십 개국에 달했고, 대부분 개발도상국에서 선진국으로 아동을 입양 보냈다. 이렇듯 해외 입양이 세계적인 산업이 되면서 국가와 인종을 초월한 해외 입양의 윤리 문제 뿐 아니라 입양으로 가장 득을 보는 사람이 가난한 아동들인지 부유한 부모들인지를 두고 논란이 가열되었다.[23]

이 책에서는 냉전 시대 미국에서 인종에 관한 생각이 어떻게 변해왔는지도 살펴볼 것이다. 연방 정부에서 시민의 평등권에 관한 법안이 통과되기 몇 해 전에 백인 가정이 혼혈 또는 순수 한국 아동을 입양하는 것은 아주 혁명적인 일이었다. 당시 미국은 여전히 인종차별이 심했다. 한국 아동이 미국 가정과 지역사회에 들어왔다는 것은 미국인의 인종에 관한 생각과 인종에 기반을 둔 친족에 관한 생각이 바뀌었다는 사실을 보여주는 한편, 사고의 전환을 불러왔다. 20세기 중반 미국 대중들 사이에서 인종에 관한 생각이 변화하고 냉전 시대에 인종에 관한 진보적 태도를 보여야 할 필요성이 대두하면서 아시아계 미국인들에게는 변화하는 인종 지형에서 새로운 위치를 확립할 기회가 생겼다.[24] 미국 정부와 아시아계 미국인 사회는 동화되기 어려운 이질적 존재였던 중국인과 일본인을 '모범' 시민으로, 적어도 흑인과는 다른 미국 시민으로 탈바꿈시키려고 노력했고, 이로써 2차 세계대전 중에 시작된 아시아성^性의 재설정이 전쟁이 끝난 뒤에도 계속되었다.²⁵⁾ 한국에서 입양된 아동들은 이 작업의 일부였다. 좋은 미국인으로 성장할 수 있는 유순한 아이들로서 한국 출신 입양 아동들은 "아시아인은 미국 사회에 동화되기 어렵다"라는 주장을 반박하는 사례로 활용될 뿐 아니라 가장 바람직한 이민자로 재탄생했다.

이와 동시에 한국 아동 입양은 인종에 관한 미국인의 사고를 지배했던 흑백 이분법을 깨부수고 역사를 새로 썼다. 언뜻 보면, 미국인들이 한국 아동을 자기 아들딸로 받아들인 것은 흑과 백만 있던 '이분법'에서 아시아인이 들어올 공간을 만들어주는 '삼각 분할' 패러다임으로 이동하는 것을 의미한다. 아시아인을 흑인과 백인 사이에 자리한 중간 집단으로 해석한 것이다.²⁶⁾ 20세기 중반 이전 특정 시기, 미국 특정 지역에서는 흑인과 백인 사이에 아시아인이 있는 삼각 구도가 흑백 양자 구도보다 더 눈에 띄었다. 언뜻 보면, 한국 아동 입양은 인종적 삼각 분할 사례처럼 보일 수 있다. 이 구도에서 '백인 혼혈' 또는 '순수' 한국 아동은 백인이 아닌데도 불구하고 미국 사회에 받아들여졌다. 그러나 실제로 미국 사회가 이들을 받아들일 수 있었던 이유는 이 아이들에게 흰 칠을 했기 때문이다. 방법은 두 가지였다. 하나는 생물학적 방법, 또 하나는 문화적 방법이었다. 아이가 GI 베이비이면 혈통을 내세워 흰 칠을 했고, 그렇지 않으면 다른 아시아인과 함께 이 아이들을 흑인과는 다른 부류로 재분류했다. 다시 말해서, 한국 아동 입양을 옹호하는 사람들은 한국 아동들이 백^白에 가깝다고 주장하는 방식으로 인종을 구분함으로써 흑백 이분법에 혼란을 일으키지 않으려고 세심한 주의를 기울였다.

'한국 아동은 사회에 위협이 되지 않는 동양인'이라는 점을 강조하는 이들 덕분에 이 아이들은 단순히 미국 사회가 용납할 수 있는 존재에 그치지 않고 미국 사회에 바람직한 존재가 되었다. 낙후되고 전쟁에 짓밟히고 가난에 찌든 나라에서 온 삐쩍 마른 한국 아동들을 구출해야 한다는 욕구 때문에 미국인들은 이 아이들에게 더 매력을 느꼈다. 게다가 한국 아동들은 시민 평등권 운동 이후 미국 사회가 인종을 차별하지 않는 태도와 다문화주의를 한창 강조할 때 미국인들이 소중히 여겼던, 감당할 수 있는 수준의 다양성을 대표했다. 이런 묘사는 한국 아동의 인종적 차이점을 강조하기도 했지만, 이 아이들이 '흑인이 아니다'라는 사실 또한 강조했다. 흑인이 아닌 한국 아동(그리고 종내에는 흑인이 아닌 베트남 아동과 과테말라 아동)을 입양하는 일이 유행하고, 1970년대에 비非백인 미국 아동보다 비백인 외국 아동을 선호하는 경향이 굳어진 것은 양자 구도에서 삼자 구도로 인종에 관한 생각이 바뀌었다는 사실을 가리킨다. 그러나 흑인으로 간주하지 않는다는 이유로 해외에서 입양된 비백인 아동을 미국 사회가 받아들인다는 것은 피부색에 따른 차별을 새로 시작한다는 의미이기도 했다.

마지막으로, 이 책은 한국 현대사와 한국전쟁 이후 한미관계를 이해하는 데 도움이 될 것이다. 한국 아동 입양은 한미 양국에 이득이 되었다. 전쟁으로 피폐해진 가난한 나라 아동들을 열성적인 미국 부모들 품으로 보냈고, 한미 우호 관계를 공고히 함으로써 냉전 시대에 공산주의의 확장을 봉쇄하려던 미국의 전략에도 일조했다. 이렇듯 해외 입양은 인종차별주의자라는 미국의 부정적 이미지를 반박하는 증거로 활용되기도 했지만, 개발도상국에서 아동을 수입하는 이 행동은 전후 세계질서에서 미국을 새로운 제국주의 국가로 보는 사람들에게 공격의 빌미를 제공하기도 했다. 이것은 매우 효과적인 비판이었고, 그것은 지금도 마찬가지다. 미국이 공식적으로 한국을 점령한 기간은 3년(1945~1948)에 불과하지만, 그 후 미국이 한국과 신新식민지 관계를 유지해왔다는 주장을 반박할 사람은 거의 없을 것이다. 물가께한 미군 주둔과 정치, 문화, 경제 측면에서 미국이 한국에 끼친 엄청난 영향은 이런 양국의 관계를 여실히 보여주었다. 따라서 한국전쟁 이후 15만 명이 넘는 입양 아동과 10만 명가량의 미군 새신부가 미국으로 이주한 사건은 미국이라는 비공식 제국주의 국가에서 일어난 운동으로 이해해야 하고, 식민지와의 친밀한 관계로 미국의 '내부 국경'을 새로 개척하는 장학제도의 맥락에서 이해해야 한다.[27]

한국이 1960년대와 1970년대 군사 통치 아래서 급속하되 불균형한 산업화를 겪으면서, 냉전 유지 제도였던 해외 입양은 남아도는 한국 아동을 해외로 내보내는 압력 밸브로 바뀌었다. 한국 정부는 허술한 사회복지 정책과 아동복지 정책의 보충제(일부에서는 대용품이라고 할 것이다)로 해외 입양을 활용했고, 이 조처가 낳은 심각한 결과는 이제 겨우 드러나기 시작했다. 따라서 한국 아동 입양의 기원을 고찰하다 보면 한국의 근대화, 한국 사회복지사들의 등장, 한국 사회복지 정책의 수립·발전 과정을 이해하는 실마리를 얻을 수 있다.

이 책은 총 3부로 나뉜다. 1부에서는 한국 입양의 초기 역사를 풀어내면서 어떻게 미국인과 한국인이 실천적이고 창의적으로 주어진 조건을 조정해나갔는지를 보여준다. 1장에서는 한국전쟁 기간과 이후에 아동들을 구출하고자 애쓴 미군들의 노력을 다룬다. 또한, 미국인들이 한국이라는 나라와 곤경에 처한 한국 아동에게 친숙해지는 과정에 미군들이 어떤 역할을 했는지도 살펴본다. 마스코트(군부대에 '입양된' 한국 소년들)를 두는 관행은 한국에서 아동을 입양하는 첫 입양 사례로 이어졌다. 미국인 군인, 자원봉사자, 선교사들은 한국 아동 입양의 대중화와 발전에 결정적이었던 한미 간 정서적 유대 강화에 이바지했다. 2장에서는 전후 한국에서 미군과 한국인 여성 사이에서 태어난 혼혈아를 '문제'로 낙인찍었던 이유와 방식을 탐구한다. 이 아이들을 입양하고 싶어 하는 미국인이 있다는 사실이 확실해지자, 한국 정부와 여러 자원봉사 단체에서는 국가 간 입양 제도를 만들 방법을 모색했다. 이 과정에서 이들은 한국 아동 입양의 토대를 마련했다. 고아원과 후원 프로그램을 만들고, 한국 사회가 이 아이들을 받아들이지 못한다는 사실을 입증하고, 미국에서 이 아이들을 (겨우겨우) 받아들일 수 있게 만드는 인종에 관한 적절한 사고가 영구히 뿌리 내리게 했다.

  2부에서는 체계적인 한국 아동 입양이 이념적으로나 실질적으로 어떻게 시작되고 발전했는지를 보여준다. 3장에서는 한국 아동 입양 운동의 이념이자 토착어 역할을 했던 '기독교적 미국주의'라는 개념을 소개한다. 해리 홀트가 이 운동의 중심이었는데, 이는 단순히 상징적인 의미로 하는 말이 아니다. 해리 홀트가 현실에서 이룬 혁신 덕분에 한국 아동의 입양 과정이 더 빨라졌고 비용도 절감되었으며, 그의 기독교 정신에 뜻을 같이하는 평범한 미국인들이 더 쉽게 한국 아동을 입양할 수 있게 되었다. 또한, 해리 홀트가 이룬 이런 혁신은 그가 활용하는 비정통적인 방법에 부지런히 반대 운동을 펼쳤던 사회복지 사들을 깜짝 놀라게 했다. 4장에서는 한국 아동 입양이 미국과 한국 의 사회복지사들에게 끼친 영향을 살펴본다. 국가 간 입양의 메커니 즘, 그리고 사회복지사들이 아이들을 고아로 둔갑시키고, 고아를 입 양아로 변모시키는 방법을 설명한다. 또한, 미국 사회복지사들과 예 비 양부모들이 인종, 매칭, 입양 적격성이라는 개념을 타협했던 방식, 인종과 국가의 경계를 넘나드는 입양이 가족을 구성하는 최상의 방법 에 관한 미국 사회복지사들의 기존 관념에 도전했던 방식에 관해서도 살펴본다.

3부에서는 1960년대 후반부터 한국 아동이 어떻게 해외 입양이 되 었는지를 5장 미국과 6장 한국의 관점에서 각각 살펴본다. 미국에서 한국 출신 고아들은 법적으로나 문화적으로 엄청난 신분 변화를 경험 했다. 이들은 난민법을 통해 미국에 들어온 삐쩍 마른 떠돌이에서 이 민법을 통해 미국에 입국한 가족 구성원으로 변모했다. 1960년대와 1970년대에 인종과 다문화주의에 관한 사고의 전환은 해외 입양 관 행에 연료를 공급했고, 또 이 관행으로부터 연료를 공급받았다. 미국 내에 '입양 가능한' 아동이 부족해지자 미국인들은 인종적으로 유순 하고, 형편이 어렵다고 소문이 자자하고, 굉장히 조직적인 입양 산업 을 통해 편리성까지 갖춘 한국 아동에게 호감을 느꼈다. 그런가 하면, 한국에서는 원래 혼혈아 문제를 처리하려고 만든 초국가적 입양 제도 가 다른 문제 아동들, 즉 빈곤층 자녀들과 미혼모 자녀들의 문제를 해 결하는 통로가 되었다. 해외 입양, 그리고 해외 입양을 추진한 남아선 호 사상과 민족주의 이념은 이른바 '한강의 기적'을 일궈낸 요인 중 하나지만, 여태껏 제대로 드러나지 못했다. 한국은 근대화 사업을 통해 불과 한 세대 만에 지독하게 가난한 나라에서 눈부시게 부유한 나라로 발돋움했다.

용어에 관하여

한국계 혼혈아는 문맥에 따라 다양하게 분류된다. 'GI 베이비'와 '유엔군 베이비'라는 용어는 아이 아버지가 한국인이 아니고 이 아이들이 외국 군대가 한국에 주둔한 결과로 태어났다는 사실을 강조한다. '잡종', '혼종', '튀기', '혼혈'은 이 아이들에게 인종이 섞여 있다는 점을 강조하고, 따라서 이 아이들은 완전한 한국인도 완전한 미국인도 아니라는 믿음이 반영된 표현이다. 'GI 베이비'라는 용어는 1950년대 말엽에 자주 쓰이던 표현은 아니지만, 나는 이 책 전반에서 'GI 베이비'와 '혼혈아'라는 표현을 섞어서 사용했다. 완전한 한국인 혈통을 지닌 아이들은 보통 '완전한 한국인'으로 불렸다. 나는 처음에는 이 용어를 사용하지 않았다. 생물학적으로 완전한 한국인이 아닌 사람도 문화적으로 완전한 한국인이 될 수 있다는 사실을 인정한다는 의미에서 '순혈純血'이라는 용어를 선호했다. 그러나 '순혈'이라는 용어는 인디언 혈통 판정과 같은 인종차별 사상과 연관이 깊다. 그래서 나는 어떤 용어도 만족스럽지 않다는 점을 인정하고, '순수' 한국 아동이라는 용어를 사용하기로 했다.

나는 '국가 간 입양', '해외 입양', '초국가적 입양'이라는 용어를 번갈아 사용하지만, 내 글에서 가장 흔하게 등장하는 용어는 처음에 언급한 '국가 간 입양'이고, 뒤에 나오는 두 용어는 좀 더 현대적인 표현에 속한다. 사실, 이 용어들은 아시아 국가에서 아동을 입양하는 미국 백인들의 현상을 묘사하기에 적합하지 않다. 이 용어들은 내가 이 책에서 다루는 입양, 즉 국경을 넘어 인종과 인종 사이에 이뤄지는 입양의 성격을 강조해주지 못하기 때문이다. 또한, 이 용어들은 송출국과 수령국 사이의 불균형한 권력 관계와 제국주의 역사를 흐릿하게 만든다. 나는 이 용어들이 이런 역학 관계를 포착하지 못한다는 사실을 인식한 채로 이 용어들을 사용했다. '한국 아동 입양'은 '한국 출신 아동의 입양'을 줄인 말이고, 한국은 남한을 가리킨다.

1970년대 이후 입양 아동과 친생부모를 대변하는 단체들은 성인이 된 입양인이 자신의 출생 기록을 열람할 권리를 포함하여 입양 기록 공개를 촉진하기 위해 노력해왔다. 입양에 관한 인식이 높아짐에 따라 입양을 이야기할 때 쓰는 용어도 정치적 논쟁거리가 되었다. 한국 아동 입양이 시작되었을 때 사람들은 입양을 위해 자기 자식을 '포기'하거나 '넘겨준' '친모'와 입양한 아이들을 자기 친자식만큼 사랑하는 양부모에 관해 이야기했다. 나는 친생모(친모가 아니라)가 권리를 양도하기 위해 자기 자식을 포기하거나 넘겨주거나 (한국식으로 표현하자면) 버린다는 생각을 배척한다. 친모 대신 친생모라는 표현을 쓰는 이유는 친생모가 조금 더 중립적인 용어이기 때문이다. 나는 양부모를 이성(異性) 부부로 상정한다. 내가 이 책에서 다루는 기간에 아이를 입양한 양부모 대다수가 이성애자였기 때문이다. 또한, 나는 친생모를 가리켜 미혼모라고 부르는데, 한국에서 단체를 조직한 친생모들이 자신들을 그렇게 부르기 때문이다.

나는 한국어 용어를 매큔-라이샤워McCune-Reischauer 표기법에 따라

로마자로 표기했고, 한국어 인명은 서양식으로 이름을 앞에 쓰고 성을 뒤에 썼다. 성이 앞에 나오는 한국식 이름으로 더 유명한 박정희, 전두환, 강구리만 예외로 했다.* 입양 아동의 이름은 모두 가명이다. 국제사회봉사회International Social Service**의 비밀 입양 기록에 기재된 예비 양부모와 현 양부모를 언급할 때는 제대로 된 성姓 대신 이니셜을 사용했다.

일반적인 입양 사례와 마찬가지로, 한국 아동을 입양할 때 양부모들은 최근까지도 여자아이를 선호한다. 그래서 나는 이 책에서 일반적인 한국 입양 아동을 지칭할 때 여성형 인칭 대명사를 사용한다.

---

* 한국어판에서는 저자가 영어식으로 표기한 한국어 인명 및 지명을 우리식으로 다시 바꾸어 표기했다.

** **국제사회봉사회(ISS)** 1924년에 설립된 국제 NGO로 스위스 제네바에 본부를 두고 있으며, 전 세계 120여 개국의 글로벌 네트워크로 구성되었다. 1967년 ISS 한국지부는 한국에서 철수하였고, 관련 입양 서류는 대한사회복지회에 인계되었다.

1부

제국의
아이들

고아들의 땅에 온 미군과 선교사

01

한국 아이들을 향한 미군들의 사랑은 매우 인상적이었다.

그들은 우리를 돌보기 위해 모든 일을 했다.

당신들은 우리에게 아버지 같았다.

_양윤학, 미군을 따라 서울에서 제주도로 대피함[1]

한국전쟁(1950~1953)은 잔인했던 35년간의 일제강점기와 2차 세계
대전이 남긴 폐허에서 이제 막 회복의 길로 나아가려던 한 나라를 짓
밟고 찢어놓았다. 이 전쟁이 낳은 아이들, 즉 전쟁통에 부모를 잃은
고아들과 그 와중에 태어난 'GI 베이비들'은 누구에게도 도움을 기
대할 수 없었다. 새로 출범한 대한민국 정부는 어린아이와 노인을 막
론하고 자국민을 도울 그 어떤 돈도 자원도 없었다. 정부에서 국민에
게 어떤 복지도 제공하지 못하는 상황에서 미국 군인들과 선교사들은
여러 국제 비정부기구들과 함께 보잘 것 없지만, 할 수 있는 한 최선
을 다해 사회복지 서비스를 제공했다. 이들은 함께 고아원을 설립하

고 후원했으며, 한국 아동들의 곤경을 널리 알려서 고국에 있는 미국 인들이 많은 음식과 옷과 돈을 기부하도록 격려했다. 또한, 미군들은 '마스코트'라는 반^半공식 제도 아래서 한국 소년들을 보살폈다.

포스터 페어런츠 플랜Foster Parents' Plan, 기독교아동복리회CCF, 월드 비전World Vision 같은 아동 후원 프로그램은 미국인들이 사실상 한국 아동을 '입양'할 수 있는 길을 제시했다. 이런 사실상의 입양은 빠르 게 현실이 되었다. 군인들이 자신이 입양한 한국 아동과 함께 미국으 로 돌아가기 시작하면서 평범한 미국인들이 한국 아동을 입양하는 것 역시 가능해졌다. 이번 장에서는 한국의 고아 문제와 함께 미국 군인 과 선교사들이 한국 아동을 돌보던 방식을 몇 가지 살펴보려 한다. 또 한, 미국 군인과 선교사들이 1950년대 후반 한국 입양 제도를 확립하 는 데 필요한 전제 조건을 어떻게 만들어나갔는지도 살펴볼 것이다.

전쟁고아들과 GI 베이비들

한반도의 면적은 22만 제곱킬로미터로 유타주와 거의 비슷한 크기 다. 7세기 이래 통일 왕국을 이룬 한국은 고립주의 정책과 외세에 대 한 적개심 때문에 '은자^{隱者}의 왕국'이라는 별명을 얻었다. 한국은 맹 렬하게 독립을 지키다 1910년에 일본에 합병되었고, 일본이 2차 세 계대전에서 패하면서 치욕의 세월도 끝이 났다. 일본이 철수하자 한 국으로 돌아온 망명객들, 지주들, 부역자들, 자유 투사들은 이제 막 해 방된 조국을 장악하기 위해 고군분투했다. 대신에 한반도는 38선 이 북과 이남으로 두 동강이 났다. 소련은 북한을 관리했고, 미국은 남한 에서 군사 통치를 시작했다. 분단으로 북쪽에서 남쪽으로 피난민이 줄을 이었고, 이는 한국전쟁 기간에 벌어진 엄청난 인구 이동의 전조와도 같았다. 남한은 경제, 정치, 사회의 큰 혼란을 경험했다. 범죄가 증가했고 정치 폭력과 노동 폭력, 좌파의 반란, 우파의 보복적 숙청이 잇달았다. 이 혼란은 결국 미국에 대한 '과도한 의존'을 불러왔고, 이는 훗날 한국의 발전에 중요한 결과를 불러왔다. 냉전 체제와 미·소 간 교착 상태가 이어지면서 결국 1948년, 남한과 북한에는 각각의 정부가 수립되었다. 남쪽에서는 대한민국 정부가 수립되고 미국에서 공부한 이승만이 대통령이 되었다. 북쪽에서는 조선민주주의인민공화국이 수립되고 김일성이 내각 수석이 되었다. 미국은 1949년 중엽에 군대를 철수하면서 남한군을 훈련할 군인 500명을 포함하여 2,500명의 인원을 남한에 남겨두었다.[2]

1950년 6월 25일, 북한군이 기습적으로 남침을 시작하면서 한국전쟁이 발발했다. 북한군은 재빨리 남쪽으로 밀고 내려와 준비되지 않은 남한군을 제압했고 8월 초에는 최소 한반도의 90퍼센트를 장악했다. 다음 달, 더글러스 맥아더 장군이 이끄는 미군과 남한군이 그 유명한 인천상륙작전에 성공하면서 전세가 극적으로 뒤집혔다. 11월 말, 유엔군과 남한군과 미군은 북한의 국경 지대인 압록강까지 진격했다. 크리스마스는 집에서 가족들과 함께 보내게 될 거라는 이야기가 돌았다. 그러나 중국이 참전하면서 이 희망은 물거품이 되고 말았다. 중공군은 북한의 손을 잡았고, 전세는 또다시 극적으로 뒤집혀서 유엔군은 서울 이남으로 밀려났다. 1951년 3월, 양측은 38선, 그러니까 북한과 남한이 처음 시작되었던 바로 그 지점에서 마주했다. 이때부터 2년간 교착 상태가 이어졌다. 양측은 지상과 공중에서 국지전을 벌이며 휴전 협상을 질질 끌었다. 1953년 7월, 남한과 북한은 휴전 협정을 체결했고 이 협정은 지금까지 이어지고 있다.[3]

전투를 피해 고향을 떠난 약 580만 명의 한국인(5명 중 1명)이 피난민이 되었다. 한반도 남동쪽 끝에 자리한 항구 도시 부산은 한 번도 북한군에 점령된 적이 없었다. 그 결과, 부산과 주변 지역, 부산 교두보로 알려진 가느다란 방어선이 사실상 대한민국 정부의 임시 수도가 되었다. 또한, 부산은 수십만 명의 피난민을 수용했다. 피난민들은 물결 모양 금속판, 납작한 깡통, 휴대용 미군 식량을 담던 상자 등 버려진 전쟁 물자로 피난처를 만들고, 살아남기 위해 자기들이 할 수 있는 일을 했다. 피난민들은 피난처에 모여서 전쟁 기간과 전쟁이 끝난 뒤에도 오랫동안 굶주림과 질병, 역병과 정전停電, 화재와 급수난을 견뎠다.[4]

한국전쟁은 너무도 심각한 궁핍과 빈곤과 파괴를 유발한 탓에 뭘더 보태서 이야기하기도 어려울 지경이다. 다른 나라들이야 한국전쟁을 특정 지역에 한정된 내전, 이른바 유엔의 '국지적 군사 행동' 정도로 여겼지만, 한국인에게 한국전쟁은 전면전이었다. 1953년 휴전에 합의했을 때 한반도는 "검게 그을린 폐허"였다. 남한과 북한은 각각 20억 달러 상당의 재산 피해를 보았다. 1949년 남한 국민총생산GNP에 해당하는 액수였다. 일 년도 채 안 되는 기간에 네 번이나 주인이 바뀐 남한의 수도 서울은 사무 공간, 주택, 산업 생산 능력이 대부분 파괴되었다. 북한의 수도 평양도 마찬가지로 산산이 부서졌다. 1953년 7월 휴전 당시 "남한 대부분은 폐허였다. 시골 마을은 불에 타고, 크고 작은 도시들은 폭격으로 파괴되고, 길가에는 트럭과 탱크 잔해가 나뒹굴고, 다리는 부러지고, 철도는 끊기고, 공장과 학교는 부서져 잔해만 남았다." 농촌에서는 가축 절반이 죽고, 어촌에서는 어선 전부가 완전히 부서졌다. '인명 피해'의 측면에서 보면, 한국전쟁은 '20세기 가장 비용이 많이 든 전쟁' 중 3위에 해당했다. 민간인 사망자 수는 이제껏 정확히 추산되지도 않았다. 부분적인 이유는 북한 정부가 공식적인 사상자 통계를 발표하지 않았기 때문이다. 대다수 소식통은 한국인(남한과 북한의 민간인과 군인) 사망자와 실종자, 부상자가 300만 명에서 400만 명에 이른다고 입을 모은다. 전쟁 전 인구의 약 10퍼센트에 달하는 숫자다. 그 외에도 1천만 명의 한국인이 가족과 생이별했다. 군인들도 어마하게 많이 죽었다. 미군은 3만 3,600명이 죽고, 10만 3,200명이 다치고, 7,000명이 북한군과 중공군의 포로가 되었다. 남한군은 7만 명이 죽고, 15만 명이 다치고, 8만 명이 포로로 잡혔고 그중 대다수가 영양실조나 학대로 사망했다. 미군과 남한군을 제외한 유엔군도 3,063명이 죽었다.[5]

한국의 고아들은 한국전쟁이 터진 순간부터 미국인의 상상력을 자극했다. 〈라이프Life〉, 〈콜리어스Collier's〉, 〈룩Look〉 같은 대중잡지에 실린 사진과 기사들이 미국인의 동정심을 자극해서 기부금을 쏟아내게 했다. 특히, 1945년부터 1960년 사이에 가장 널리 읽힌 대중잡지 〈라이프〉 지는 미국인들이 한국전쟁을 포함하여 미국 주변 세상을 이해하는 데 큰 영향을 끼쳤다.[6] 미국인들은 잡지와 신문, 영화관 뉴스(과거 극장에서 영화 상영 전에 상영하던)와 라디오 프로그램에서 폐허가 된 한국에 관한 기사를 보고 듣고 읽었다. 언론은 고통과 빈곤의 땅을 마치 초상화를 그리듯 생생하게 묘사했다. 황폐한 시골 마을에서는 시꺼먼

——————— 고아들의 땅에 온 미군과 선교사

연기가 피어오르고, 부서진 건물들 위로 오래된 성문만 높이 솟아 있고, 짐을 든 피난민들이 세찬 눈보라를 뚫고 걸음을 옮긴다. 특집 기사에는 가슴 아픈 사연이 짜깁기되었다. 과부, 나환자, 작은 거적 한 장을 깔고 그 위에서 모여 자는 가족, 길가에 나뒹구는 시체, 언덕 후미진 곳에 있는 노천 학교, 온 가족과 한 마리뿐인 소를 잃고 손으로 밭을 가는 농부.[7] 이 참상과 함께 고아가 된 한국 아동들의 얼굴이 나란히 배치되었다. 아기가 엄마 시체 옆에 앉아 울고 있었다. 조금 더 큰 아이들은 떼를 지어 거리를 배회했다. 먹을 것을 찾아다니다 허물어진 건물 잔해에서 잠을 잤다. 어린 동생이 있는 여자아이들은 동생을 업고 서울에서 부산까지 걸었고, 왔던 길을 다시 걸어서 돌아갔다. 한국전쟁에 관한 인간미 넘치는 기사에는 거의 항상 이렇게 '삐쩍 마른 아동', '꾀죄죄한 부랑아', '귀여운 여자아이'가 등장했다. 한 선교 단체의 말대로 한국은 '고아들의 땅'이었다.[8]

전쟁통에 얼마나 많은 아동이 고아가 되었는지는 아무도 모르지만, 가장 자주 인용되는 숫자는 10만 명이다. 이 고아들은 두 부류로 나뉜다. 순수 한국 아동, 그리고 GI 베이비인 혼혈아동. '순수' 한국 아동들은 전쟁 중에 또는 전쟁의 여파로 실종되거나 버려졌거나 고아가 된 한국 혈통의 아이들이다. 많은 아동이 시설에 들어갔지만, 그렇지 않은 아이들은 거리를 떠도는 부랑아가 되었다. 비행非行 집단에 들어가서 소매치기나 구걸, 구두닦이, 매춘 알선으로 먹을 것을 구했다. 그런가 하면 또 어떤 아이들은 '하우스보이'와 '마스코트' 역할을 하며 미군 기지에서 살았다. 이 현상에 관해서는 이번 장 후반부에서 다룰 것이다. 전쟁에 지친 이 나라의 사회 구조에 훨씬 더 문제가 된 것은

GI 베이비인 혼혈아동들이었다. 단일 민족임을 자랑스러워하는 나라에서 혼혈아동은 반갑지 않은 낯선 존재였다. 이 아이들의 아버지가 전부 미국인은 아니었지만, 한국인과 미국인은 똑같이 이 아이들을 계속 GI 베이비라고 불렀다. 한국인에게 서양 사람은 곧 미국인을 의미했고, 한국에 주둔하는 외국 군대 대다수가 미국 군대였기 때문이다. GI 베이비는 전후 고아 인구의 일부에 지나지 않았다. 10만 명으로 추산되는 고아 중 혼혈아동은 1,500명가량이었다. 그러나 그들은 사생아에 혼혈아동이라는 이유로, 그리고 엄마가 매춘부일 거라는 추측을 근거로 너무나 많은 반감과 학대의 대상이 되었다.[9]

미군 인도주의

전쟁이 끝나기도 전에, 소식통들은 한국 전역에 오갈 데 없는 순수 한국 혈통과 혼혈 혈통의 고아가 넘쳐난다고 보고했다. 이 아동들은 공식적인 통로와 비공식적인 통로를 막론하고 여러 방법으로 자기들을 돌본 미군 병사들의 마음을 움직였다.[10] 미군은 한국민사지원처 KCAC, 대한군사원조 같은 공식 프로그램을 통해 아동 구호 활동을 후원했다.[11] 고아원을 설립하고 후원했으며, 선교사들이나 자원봉사 단체들과 힘을 합쳐 옷과 음식, 의약품을 나누어주었다. "한국에는 병원이나 고아원과 자매결연을 하지 않거나 사회복지사업에 참여하지 않는 군부대가 거의 없다"고 한 어느 관측통의 말은 과장이 아니었다.[12]

오갈 데 없는 한국 아동들의 상황, 혼자 남아 영양실조에 걸린 채 허름한 신발과 옷을 입은 아이들의 처지는 미군 병사들 마음에 큰 반향을 일으켰다. 한 해병대원은 한국에서 이런 소식을 전해왔다. "가장 애처로운 피해자는 아이들입니다. 등에 업혀 있는 아몬드 같은 눈을 가진 영아들, 굶어서 갈비뼈가 앙상하게 드러난 유아들, 아사 직전의 몰골로 씩 웃으며 일거리 또는 통조림 같은 미군 식량이나 껌 하나를 찾아 돌아다니는 '구두닦이 소년들' 말입니다." 한 병사는 부모에게 이런 편지를 썼다. "밤이면 어느 골목에서든 아이들을 볼 수 있습니다. 일곱 살쯤 되어 보이는 아이들과 그보다 더 어린아이들이 큰 파이프 안이나 언덕 한쪽에 있는 구덩이에서 잠을 잡니다. 이 아이들이 먹을 수 있는 거라고는 훔치거나 구걸한 음식뿐입니다." 한국을 떠난 지 한참 뒤에도 참전 용사들은 이 아이들을 기억했다. 한 해군 공병대원은 이렇게 회상했다. "여러분은 20~30명의 버려진 아이들을 자주보게 될 겁니다. 다들 먹을 것을 찾으며 울고 있지요." 미군 병사들은 "그 조그만 녀석들이 원하면 무엇이든 주려는" 경향을 보였다.[13]

모든 연령대의 한국인이 군대 야영지 주변 쓰레기 더미를 뒤졌고, 오갈 데 없는 아동들은 공짜로 얻을 수 있는 물건이 많다는 걸 알고 미군 기지와 주둔지에 모여들었다. "춘천 아이들은 기차와 유개차有蓋車에서 짐승처럼 살고 있었습니다." 미 공군 제4전투요격단 소속 어느 병장의 말이다. "철조망에 손전등을 비추면, 밖이 춥든 덥든 상관없이 10여 명의 아이가 기다리고 있죠. 그러면 나는 초코바, 치즈, 팝콘할 것 없이 가지고 있는 것을 아이들에게 줍니다." 〈스타스 앤드 스트라이프스Stars and Stripes〉라는 군인 신문은 다음과 같이 보도했다. "지저분한 얼굴을 한 불굴의 병사들이 거리에 나온 아이들을 보고 자기 주머니를 뒤져서 먹을 것을 꺼내주지 않고 그냥 지나치는 일은 거의 없다." 한국 아동들은 미군 병사들을 구슬려 선물을 얻어내는 데 필요한

영어를 빨리 배웠고, 미군이 지나갈 때면 "헬로!", "추잉검", "초콜릿" 하고 외쳤다.[14]

오갈 데 없는 아동을 만난 모든 군인이 뭔가를 해야 한다고 느낀 듯했다. 군인들이 끔찍한 환경에서 굶주리는 아동들을 어떻게 맞닥뜨렸고, 그 아동들에게 음식과 거처를 마련해주기 위해 자원봉사자들과 선교사들이 어떻게 힘을 합쳤는지에 관한 이야기는 수없이 많다.[15] 공군 군목인 러셀 브레이스델Russell L. Blaisdell 대령은 "추위에 떠는 아기들과 어린이들로 가득한" 거리를 찾아 1950년 8월 서울에 도착했다. 브레이스델은 한국인과 미국인 자원봉사자들, 다시 말해 의료계 종사자, 군인, 민간인의 도움을 받아 이 아동들을 보호소로 옮기기 시작했다. "우리는 새벽에 나가서 쌀자루처럼 축 처진 작은 몸을 들어서 한 번에 10명 또는 20명씩 낡은 트럭에 차곡차곡 실었다. … 아이들은 아팠고, 힘이 없었고, 울음을 터트리는 것 같았다. … 우리는 그 아이들을 데려다가 씻기고 그 지역 고아원에 데려다주었다. 그런 다음 다시 나가서 그 일을 반복했다."[16]

전쟁 중에 미군은 아동들을 안전한 곳에 대피시키기 위해 극적인 활동에 참여했다. 세 가지만 예를 들자면 '유모차 작전', '아기 수송 작전', '고아 애니 작전'이 있었다.[17] 미 공군 대령이자 목사인 딘 헤스Dean Hess가 지휘했던 유모차 작전을 통해 미 제5공군은 곧 닥칠 북한군의 침입을 피해 고아 수천 명을 제주도로 실어 날랐다. 이 극적인 업적을 기념해서 1957년에 할리우드에서 록 허드슨Rock Hudson 주연의 〈전송가Battle Hymn〉라는 영화가 제작되었다. 한국인 고아 25명도 이 영화에 출연하기 위해 특별히 미국까지 날아왔다. 고아 애니 작전에서는 공군화물사령부가 고아 964명을 인천에서 제주도로 실어 날랐다. 이듬해, 그들은 선물을 가지고 돌아왔다. 공책, 칫솔, 재봉틀뿐만 아니라 "막대 사탕, 밥그릇, 크리스마스트리"도 있었다.[18]

기독교아동복리회의 한 직원은 1950년 6월 한국전쟁이 터지고 며칠 만에 부산으로 피난 갔던 때를 기억했다. 그곳에서 그는 '2,000명이 넘는 집 없는 아이들'이 시외市外 산비탈에서 사는 것을 보았다.

조그맣고 무고한 이 아이들에게는 특별한 후원자가 있었다. 때에 쩌들고 몹시 피로한 미군들이었다. 미군들은 오갈 데 없는 이 아이들을 위해 참호를 팔 때 쓰는 도구로 산비탈에 은신처를 만들었다. 밤이 되면 조그마한 아이들이 아이 한 명이 들어가기에 알맞은 은신처에 슬며시 들어가 휴대용 미군 식량을 담았던 상자를 펴서 구멍을 덮었다.

미군들은 부산 산비탈에서 맞은 아침을 평생 잊지 못할 것이다. 아침이 되면 그 아이들을 돌보던 우리 중 몇몇이 아이들을 불러 깨웠다. 판지로 덮은 은신처를 우리가 지날 때마다 덮개가 들렸고, 아이들은 지저분한 얼굴로 배시시 웃으며 또 하루를 시작했다. 아이 한 명 들어가면 꽉 차는 참호에서 튀어나오는 작은 얼굴들을 보며 나는 부활의 아침은 과연 어떨까 생각했다.

그러나 전투 도중에 아동들을 돕기 위해 항상 멈출 수는 없었다. 한 미군 참전 용사는 다음과 같이 회상했다. "어린 아이들이 도랑에 누워 있는 모습을 봅니다. 굶어 죽어가는 모습을요. 우리는 트럭을 타고 지나갑니다. 아무도 멈추지 않아요. 아이들이 진흙 범벅인 더러운 도랑에 누워 있어요. 뼈만 앙상합니다. 힘들었… 힘들었어요."[19]

군인들은 고국에 있는 미국인들에게 음식과 옷, 의약품, 돈을 간청하는 편지를 보내서 한국 상황을 적극적으로 알렸다. 열아홉 살의 이등병 빅터 리프Victor Leaf는 한국에 온 지 두 달 만에 고향 신문에 진심 어린 호소문을 보냈다. 한국 아동들이 겪는 곤경을 자세히 설명하면서 정말 작은 액수라도 좋으니 이 아이들을 위해 기부를 해달라는 내용이었다. 리프는 자기네 중대 인근 고아원에 사는 55명의 아동에 관하여 이렇게 썼다.

이 아이들은 정말로 비참하게 살고 있습니다. 아이들에게는 전쟁이 허락하지 않은, 전쟁이 앗아간, 옷을 비롯해 여러 가지 물품이 많이 필요합니다. 우리 중대에서 도우려고 해봤지만, 역부족입니다. 고국에 계신 여러분 집 주변에 혹시 쓰지 않는 물건이 있다면, 그것들을 모아서 여기로 보내주시길 바랍니다. 무엇이든 도움이 될 겁니다. 낡은 외투와 신발, 장난감이라도 좋습니다. 이 아이들에게는 올겨울이 춥고 힘든 겨울이 될 겁니다.

무엇이든 보내주시면, 제가 받아서 이 아이들에게 전달하겠습니다. 정말로 고마워할 겁니다. 이 아이들이 이런 고생을 하는 것은 하나님의 뜻이 아닙니다.

미군들의 이런 호소는 후한 반응을 불러일으키는 데 특히 효과적이었다. 군인들의 편지 덕분에 고국에서 더 큰 모금 효과를 얻곤 했다. 한 공군 이등병은 자기 아버지에게 아동 80명이 사는 고아원에서 크리스마스 파티를 열 수 있게 도와달라는 편지를 썼다. 그가 쓴 편지는 주州 전역을 자극했고, 그 결과 1천 개가 넘는 소포가 도착했다. 일부 미군들은 편지 쓰기 운동을 시작했다. 리프 이등병과 같은 중대에 있던 조지 드레이크George Drake는 같은 내용의 편지 300통을 전우들에게 나누어주면서 각자 고향 신문사에 보내 달라고 부탁했다. 이 편지 전문 또는 일부가 미니애폴리스부터 스키넥터디와 필라델피아까지 여러 지역 신문에 실렸다. 부산에 있던 보충대 육군 8069부대는 '산타클로스 작전'이라는 편지 쓰기 운동을 벌였는데, 이 운동은 미국 전역에서 주목을 받았다. 한 유명인이 자기가 진행하는 라디오 프로그램에서 그 편지 중 한 통을 읽자 미국 전역에서, 그리고 하와이, 캐나다, 일본에서 평균 15파운드 상당의 소포 1,320개가 쏟아져 들어왔다.[20]

미군에서도 수백만 달러를 직접 기부했다.[21] 〈스타스 앤드 스트라이프스〉에서는 기부금이 얼마의 가치가 있는지 설명하기 위해서 1달러면 '한국 고아 두 명의 신발, 책가방을 비롯한 석 달 치 학용품, 또는 고아원 지붕 수리에 쓸 타일 18개'를 살 수 있다고 보도했다. 월급날이 되면 군인들은 기부금을 위해 전투모를 돌리거나 일요 예배 때 모금을 했다. 〈스타스 앤드 스트라이프스〉는 부대원들이 걷은 돈과 물품의 양, 부대원들이 짓고 후원한 고아원 수를 정기적으로 보도했다. "전차대원들, 팔다리 잘린 한국 아동들을 위해 1,561달러 기부", "187 포병대, 고아원에 5천 달러 기부" 같은 머리기사는 동료 군인들에게 너그러운 마음을 퍼뜨렸고, 한국 아동을 구제하는 것이 아주 흔하고 당연한 행동이라는 분위기를 조성했다. 복무를 마치고 고국에 돌아간 뒤에도 한국 아동을 향한 미군의 관심은 사라지지 않았다. 어떤 부대에서는 자기들이 후원하던 고아원을 위해 신탁 자금을 남겼고, 어떤 부대에서는 아동 개개인을 계속해서 후원했다.[22]

또한, 군인들은 근무가 끝나면 고아원에 가서 시간을 보냈다. 추수감사절과 크리스마스 같은 미국 공휴일에 파티를 열고 선물을 가져가는 것 말고도 아이들과 놀기 위해 정기적으로 고아원을 방문했다. 기독교아동복리회에 따르며, "모든 고아원에서 심승희나 이명홍 같은 어린아이들이 '맥'이나 '마이크', 또는 군목 같은 사람을 알고 있었고" 그 사람들은 "보통 부대 매점에서 좋은 물건을 가져오거나 고국에서 옷과 음식이 든 상자를 잔뜩 들고 왔다." 한 선교사는 세 그룹의 미 육군 공병들이 고아원 다섯 곳을 위해 크리스마스 파티를 열었을 때 마음과 마음이 오가던 광경을 다음과 같이 묘사했다. "그날 군인들과 아이들은 서로 사랑에 빠졌고, 관심과 사랑과 기부의 흐름이 끊기지 않았다. 어린아이들이 군인들에게 도움을 받은 방식을 언급하는 건 불가능하다. 고아들을 찾아가고 그 아이들을 사랑했던 군인들에게는 한국에서 보낸 시간이 덜 황량했을 거라고 나는 확신한다." 다른 나라에서 온 군인들도 한국에서 아동복지 활동에 참여했다. 에티오피아 군인들은 아동 60명에서 70명을 수용할 수 있는 보화고아원을 설립하고 후원했다. 터키 군인들은 아동 160명을 수용할 수 있는 앙카라고아원을 설립하고 후원했다. 한국군도 고아원을 설립하고 35년간 후원하다가 가톨릭 수녀회에 운영을 맡겼다.[23] 그렇지만 미군들이 다른 나라 군인들보다 더 큰 노력을 했다. 숫자도 훨씬 많았고 자산도 상당했기 때문이다.

한국인들은 군인들의 보육 활동에 고마워했다. 해병대 하사관 로버트 모시어Robert Mosier는 〈내셔널 지오그래픽National Geographic〉에 이렇게 썼다. "내가 만난 한국인들은 우리 군대가 한국 아동들에게 보인 친절에 정말로 놀랐다. 그들도 한국 아이들을 좋아하지 않는 것은 아니지만, 그들의 연민은 가족이라는 울타리를 넘지 못하는 경향이 있다." 한국 아동의 해외 입양에 중요한 역할을 한 해리 홀트의 딸 몰리 홀트 Molly Holt는 자기 아버지와 자기가 한 아기의 죽음을 애통해하자 한국인들이 "그저 고아 한 명"이 죽었을 뿐인데 뭘 그렇게까지 슬퍼하느냐고 묻던 일을 떠올렸다. "인명을 경시하는 아시아인"에 관한 미국인의 인식이 뉴스 기사에 스며들었다. 한국 사람들의 극기심과 아이들의 고통에 대한 무심함은 "사람 목숨을 파리 목숨"으로 여기는 동양적 신념과 일치하는 듯했다.[24]

미군들은 자신들의 인도주의를 지극히 정치적인 측면에서 이해했다. 대개는 미국의 너그러움과 공산주의 국가의 잔인성을 대비시켰다. 하지만 그들이 하는 대부분의 아동복지 활동은 정치적인 행동이라기보다는 인간다움에서 비롯된 행동이었다. 고향을 그리워하는 젊은 미국 청년들이 주변에서 펼쳐지는 고통을 마주하고 뭐라도 해보려는 지극히 인간적인 욕구에서 시작한 행동이었다. 그러나 모시어가 〈내셔널 지오그래픽〉에서 지적한 바와 같이, 미군들은 자기들이 미국을 대표한다는 인식 또한 확실히 지니고 있었다. 모든 미군 예하부대의 군인들이 펼친 아동 구호 활동을 돌아보면서 모시어는 이렇게 썼다. "미군이 참전했던 어떤 나라에서도 하지 않았던 일을 그들이 하고 있었던 건 아니라고 생각한다. 그저 미국인답게 행동하는 것이 좋았다."

한국에서 미국의 이미지를 만회하려던 모시어의 바람은 그를 좋아하는 다른 군인들에게 반향을 일으켰다. "한국 사람들은… 마을을 부수고 박살 내고 불태우던 미군을 기억할까, 아니면 고칠 수 있는 것은 고치고, 지저분한 뺨에 흐르던 눈물을 닦아주려고 애쓰던 미군을 기억할까?" 하고 그들은 생각했다. 2차 세계대전이 끝나기도 전에, 미군이 파견된 외국 주민들 사이에서 미군은 "다른 나라를 지배하려 하기보다는 자기들과 힘을 합쳐 이 세상을 더 낫게 만들길" 원하는 존재로 묘사되었다.[25]

미국의 관심사는 2차 세계대전 이후 국제사회에서 초강대국으로 자리매김하는 것이었다. 그래서 미국은 냉전 기간에 그에 걸맞은 이미지를 만들고자 노력했고, 인도적 차원에서 아동 구호에 힘쓰는 미군의 활동은 그 노력의 일환이었다. 미군은 자애로운 아버지나 큰형처럼 보였지만, 그와 동시에 아이들과 미군의 상호작용은 미국이 남한 같은 나라들과 쌓아 올린 계층적 관계를 강화하고 그 질서에 순응하게 했다. 외국 아동과 함께 있는 미군의 모습을 묘사한 이야기와 이미지는 "인정 많은 미국의 국제주의를 대표하는 아버지 같은" 군인들과 더불어 "국제 가족의 유대관계라는 사상에 호소"했다(사진 1.1 참조).[26] 기독교아동복리회 현장 책임자 윌리엄 애즈버리William Asbury는 이렇게 말했다. "아이들을 사랑하고 아이들을 돕기 위해 최선을 다하는 군인들에게서 나온 국제적 호의를 측정하는 건 불가능합니다. 국가와 국가의 관계도 군인들과 아이들의 이런 관계에 영향을 받을 겁니다." 애즈버리는 외국에 파견된 미군의 신화적 위상을 강조했다. "그곳이 뮌헨이든 싱가포르든 나폴리든 도쿄든 서울이든, 심한 공격

사진 1.1 한국 아동을 돕는 미군의 인도주의적 이미지는 냉전 기간 미국의 대외 이미지에 영향을 끼쳤을 뿐만 아니라 미국의 한국 개입에 대한 미국 내 여론에도 큰 영향을 끼쳤다. _출처: '라이프' 사진 모음/게티 이미지

을 받은 도시에 들어서는 미군 병사들은 누더기를 걸친 아이들에게 줄 초코바나 껌을 항상 휴대하고 다닙니다. … 그러다 점령이 시작되거나 휴전 협정이 체결되면, 그 초코바는 돈과 건물로, 비타민부터 자전거까지 필요한 모든 것으로 대체되죠."27)

그전까지 미국인들은 한국이라는 나라를 거의 알지 못했다. 미군의 아동복지 활동은 한국에서 미국의 역할을 긍정적으로 정립하는 데 도움이 되었다. 〈스타스 앤드 스트라이프스〉는 이러한 노력을 찬양하는 일에 앞장섰다. 이 신문은 "제8대대장, 고아들에게 쿠키 전달", "제

728 헌병대, 한국의 고아 260명을 위한 모금 행사 계획", "미군 병사들, 한국 고아들의 친구 되다" 같은 표제 아래 기사와 사진을 계속 내보냈다. 한미재단AKF이 언급했듯이, "〈스타스 앤드 스트라이프스〉 한국어판은 거의 모든 호號에 하우스보이에게 장학금을 주거나 고아원에 비품을 보내거나 과부와 고아와 병원을 후원하는 이야기가 실렸다."〈스타스 앤드 스트라이프스〉에는 분명한 의제가 있었는데, 한국에 온 미군들에 관한 이야기를 전하는 것이었다. 그 이야기 속에서 의젓한 미국 청년들은 '할 수 있다'는 정신으로 아이들을 도왔다. 미군들이 한국 여성을 강간하고 민간인을 살해하는 부정적인 이야기, 또는 미군들이 'GI 베이비'의 아버지가 되는 이야기는 보도하지 않았다. 〈라이프〉, 〈뉴욕 타임스〉 같은 주요 뉴스 매체들도 이런 긍정적 기조를 그대로 모방하며 미군의 인도주의에 관한 가슴 따뜻한 이야기를 미국 독자들에게 전했다.[28]

미국 군인들과 한국 아동들의 인종을 초월한 우정은 인종차별과 공존했다. 새로 통합된 미군 병사들 사이에만 인종차별이 존재했던 것이 아니다. 한국 사람들을 바라보는 군인들의 시선에도 인종차별이 존재했다. "보통의 미군 병사는 자기가 온 곳이 어디인지, 누구와 왜 싸우는지도 모른 채 한국에 왔다." 또한, 그는 "유색인종을 속박하고 분리하는 미국 사회에서 살다 왔다." 의심의 여지 없이, 이들 중 상당수가 한국 사람을 인간 이하로 보는 '흔해 빠진 인종차별'에 동화되었고 차별에 동참했다. 1945년부터 1948년까지 미 군정 기간에 한국을 찾은 한 미국인은 한국인을 가리켜 "더럽고 간사하다"고 말하는 "미군 장병의 무지와 잔인함에 충격을 받았다." 이런 태도는 한국전쟁 동안 거의 바뀌지 않았다. 〈뉴욕 타임스〉 기자는 미군이 "적과 동지, 군인과 민간인"을 가리지 않고 모든 한국인에게 '동남아인gook'이라는 경멸적인 딱지를 붙이고 "처음부터 지역민들을 멀리했다"고 지적했다. 미군들은 재미로 민간인을 도로에서 쫓아내다 제때 피하지 못한 이들을 차로 치어 죽이고, 살인과 강간을 저지르고, 자산을 파괴하고 도둑질했다. 또한, 미군들은 카투사KATUSA 소속 한국 군인들이 더럽고 게으르고 무능하다고 한탄하며 업신여겼다. 카투사는 하찮은 임무를 맡았고 '깜둥이'에 빗대 '누런둥이yellow nigger'라 불리며 하찮은 취급을 받았다.[29]

양측 모두 한국전쟁 동안 잔학한 짓을 저질렀지만, 미군들은 자기들과 인종이 다른 한국인에게 쉽게 폭력을 행사했다. 한국 사람들을 하찮은 '동남아 종자들'로 치부하고 비인간화非人間化한 탓이었다. 미군들은 고의로 또는 실수로 민간인을 살해했다. 미군은 길에 있는 피난민을 쫓아내기 위해 저공비행으로 도로를 폭격할 때처럼 정책적으로 민간인을 사살하기도 했다. 또한, 인종만 보고는 적(북한 사람)과 동지(남한 사람)를 구별할 수 없었던 미 육군과 공군 부대는 적군이 피난민으로 위장해서 미군 진지에 잠입할 것을 우려한 나머지 민간인을 무차별 사살하기도 했다. 민간인과 적을 구분하지 못한 탓에 노근리 양민 학살 같은 비극이 일어났다. 당시 미군은 철교 밑에 피신해 있던 피난민 수백 명(정확한 숫자는 알려지지 않았다)을 살해했다. 미군이 한국인의 목숨을 경시한 사례는 이것 말고도 더 있다.[30]

군 검열과 냉전 상황을 고려해야 하는 정치적 제약 아래서, 미국 언론은 한국에서 선행을 베푸는 한편 인종차별과 잔혹 행위를 일삼는 미군의 추악한 이면을 흐지부지 덮어버렸다. 미국 기자들은 "남한에서 총알이 박힌 피난민 시신이 도로를 따라 길게 늘어진 것을 보았지만, 무슨 일이 일어났는지 미국 독자들에게 알려줄 만한 단서가 거의 없다"라고 보도했다. 더욱이, 한국인의 목숨을 경시하는 태도는 미군에게만 국한된 것이 아니었다. 대놓고 드러내지 않았을 뿐 종군 기자 중에도 그런 이들이 많았다.[31]

하우스보이와 마스코트

사내아이와 젊은 남자를 하인으로 고용해 허드렛일을 시키던 관습은 꽤 오래되었다. 서구 열강의 식민지였던 아프리카와 아시아에서는 흔한 일이었고, 그곳에서 '하우스보이houseboy'는 인종에 따른 남성들의 위계질서를 상징적으로 보여주었다. 미국을 예로 들면, 하우스보이가 가장 흔했던 곳은 노예제도를 지지했던 남부 지역, 식민지였던 필리핀, 그리고 태평양 연안이었다. 미군 내에서는 역사적으로 장교들만 하우스보이를 고용했다. 그러나 미국이 일본을 점령했던 당시에는 사병들도 현지 주민과 비교하면 상대적으로 부유했기 때문에 현지 사내아이나 성인 남성을 고용해서 청소, 구두닦이, 땔감 수집, 빨래, 다림질 같은 허드렛일을 시켰다. 미군 병사들은 한국에서도 하우스보이를 고용했다(사진 1.2 참고). 일부 병사들은 일본에서 부리던 하우스보이를 데려오는 방식으로 일본에서 하던 관행을 그대로 들여왔다.[32] 하우스보이들은 군부대와 현지인들 사이에서 통역을 맡거나 재화와 용역을 알선하는 등 외교관과 중개인 역할도 했다.

군 마스코트 역시 역사가 오래되었다. 미국과 영국, 프랑스의 군부

사진 1.2 보비 그리핀과 하우스보이, 1953년 _출처: 보비 그리핀 제공

대들은 다양한 동물을 마스코트로 사용했다. 1812년 전쟁 때는 '켄터키'라는 돼지를 마스코트로 사용했고, 영국 왕실의 근위연대는 '제이컵'이라는 거위를 마스코트로 사용한다. 사람들은 이런 마스코트들이 행운을 가져오고 동지애를 북돋는다고 생각했다.[33] '북 치는 소년들'이 동물 대신 사람이 처음으로 마스코트 역할을 맡은 사례일 것이다. 미국에서는 남북전쟁 기간에 군에서 소년들을 마스코트로 활용하기 시작했다.[34] 1차 세계대전과 2차 세계대전 중에 유럽 전역의 군대

들은 이 전통을 이어 마스코트 소년에게 거처를 제공하고 옷과 음식, 사탕을 '아낌없이' 주었다. 한국에 온 미군들은 동물을 마스코트로 사용했다. '레크레스'라는 말이 아마 가장 유명한 마스코트였을 것이다. 레크레스는 전투에서 제 역할을 잘한 공로로 병장이 되었고 〈새터데이 이브닝 포스트Saturday Evening Post〉라는 잡지에도 소개되었다. 미군은 한국 소년들을 마스코트로 삼기도 했는데, 한국에 온 다른 유엔군도 이 관행을 그대로 따라 했다.[35]

한국에서는 군인들과 언론 매체가 '마스코트'와 '하우스보이'라는 용어를 섞어 썼지만, 사실 이 둘은 전혀 다른 부류다. 마스코트도 하우스보이가 하는 허드렛일을 하긴 했지만, 그가 맡은 역할은 조금 더 복잡하고 상징적이었다. 군인들은 마스코트 소년을 먹이고 입히고 공부까지 시켜서 자기네 부대와 군 문화와 미국 문화 안에 흡수했다.[36] 꼬마 병장 요요에게는 자기 "침대와 사물함, 옷 선반"이 있었고, "다른 부대원들과 함께 지휘관의 사열"을 받았다.[37] 물론 한국 소년들은 옷부터 조리 도구까지 모두 헌 군용품을 사용했지만, 마스코트 소년들이 입은 아동용 육군 제복이나 해군 제복은 그들이 부유하고 힘 있는 미국인과 연관이 있고 상징적인 의미가 있다는 사실을 보여주었다. 군인들은 허가를 받아 마스코트 소년들과 막사에서 함께 살 수 있었다.[38] 〈내셔널 지오그래픽〉에 마스코트 소년에 관한 글을 기고한 해병대원 로버트 모시어는 자기 마스코트였던 김 군과 다음과 같은 협약을 맺었다. 김 군은 "우리 막사에서 같이 자고 내가 배급받은 식량을 같이 먹고 내가 얻어다 준 이런저런 옷과 물건을 쓰는" 대가로 "막사를 청소하고 내 옷을 빨고 내 소지품을 지켰다."[39] 김 군은 다른 일부 마스코트 소년과 마찬가지로 고아는 아니었지만, 부모가 있는 다른 한국 아동들이 미국인에게 입양되는 것과 같은 방식으로 모시어에게 '입양'되었다. 실제로 모시어는 김 군과의 관계를 설명하면서 입양에 비유했는데, 이는 군인들이 마스코트와 자신의 관계를 설명할 때 일반적으로 쓰던 표현이다. "나는 김 군을 입양했다. 아니, 어쩌면 그 반대였는지도 모른다. 어쨌거나, 우리는 서로를 보살폈다."[40]

군사 기지를 벗어나면 시골 지역을 잘 아는 마스코트 소년들이 군사적으로도 가치가 있었다. 열한 살짜리 사내아이 창오는 적군이 근처에 있다는 사실을 알려서 해병대원 두 명의 목숨을 구했다. 어떻게 알았느냐고 묻자 창오는 "저기 논에서 귀뚜라미들이 울음을 그쳤거든요"라고 답했다. 〈스타스 앤드 스트라이프스〉가 보도한 바에 따르면, "해병대는 논에 기관총을 겨누고 인민군 한 분대를 소탕했다." 마스코트였던 조셉 앤서니Joseph Anthony는 서툰 통역 실력으로 인명을 구했다. 앤서니가 자기 중대 사람들과 차를 타고 다리를 건너려는데, 한 한국 남자가 공산군이 다리에 폭발물을 설치했다고 알려주었다. 앤서니는 재빨리 남자의 말을 통역했고, 덕분에 여러 명이 목숨을 건졌다. "캡틴, 돌아가요. 빨리빨리! 다리 쾅!"[41]

마스코트가 부대에 오는 방법은 여러 가지였다. 제 1기 갑사단은 일곱 살짜리 소년을 선물로 받았다. 한 상등병은 그날을 이렇게 회고했다. "어느 날 밤, 부대원들과 불가에 둘러앉아 있는데, 남한 사람 몇 명이 헨리의 손을 잡고 다가와서 '프레젠토Presento (선물)'라고 하더군요. 헨리를 그냥 우리에게 줬어요." 어떤 군인들은 길에서 발견한 아동이나 기지 주변을 서성이는 아동을 마스코트로 삼았다. 한 공군 상병에게 입양되어 1955년에 미국으로 이주한 링크 화이트Link S. White는 4년이라는 시간 동안 하우스보이에서 마스코트가 되고, 마스코트에서 아들이 되었다. 어느 날, 그는 근처 미군 기지에 가서 누가 있는지 확인도 않고 지저분한 막사를 치우기 시작했다. 다음 날, 그는 다시 가서 일했다. 셋째 날에는 보수를 받는 상근 사환使喚으로 일하지 않겠느냐는 제안을 받았다. 결국, 화이트와 주변 군인들 사이에는 정서적 유대가 생겼고 덕분에 그는 마스코트로 신분이 바뀌었다. 일종의 승진이었던 셈이다. 〈스타스 앤드 스트라이프스〉는 한국 소년은 예쁘게 웃기만 해도 마스코트가 될 수 있다고 비꼬았는데, 영 틀린 말은 아니었다.[42]

군인들은 마스코트 소년에게 친구나 큰형 같은 존재였지만, 더러 부모 역할을 하기도 했다. 대구에 있던 제19병참중대는 여덟 살짜리 마스코트 본조에게 "저녁 9시면 잠자리에 들고 정기적으로 샤워를 하게" 했다. 〈스타스 앤드 스트라이프스〉는 마스코트 소년을 씻기고 돈 관리하는 법을 가르치고 체벌을 하는 등 아버지 역할을 하는 군인들의 이야기를 사진과 함께 보도했다. 미혼인 두 '아빠'는 자기들이 '입양한' 아들 마이크를 위해 지역 학교에서 열린 학부모 회의에 참석했다. 군대 조직에서는 마스코트들도 징계를 받았다. 본조는 기상 시간을 어기는 바람에 명예 상사에서 상등병으로 강등되었다.[43] 미군이 큰형이나 아버지 역할을 했든 어쨌든, 부와 지위와 힘의 차이가 어마어마한 둘의 관계는 미군과 마스코트 소년이 대표하는 두 나라의 지정학적 관계를 그대로 드러냈다.

언론은 이 마스코트들을 언제나 허레이쇼 앨저Horatio Alger의 소설에 나오는 조그맣고 씩씩한 주인공 소년처럼 다루었다. 자신이 겪은 시련의 흔적을 드러내어 미국인 후원자를 힘들게 하지 않는 '붙임성 있는 동양의 고아들'로 묘사했다.[44] 요컨대, 마스코트들은 한국전쟁을 배경으로 1951년에 개봉한 영화 〈철모The Steel Helmet〉에서 주인공을 돕는 씩씩한 고아 소년 쇼트 라운드의 살아 있는 화신이었다.[45] 마스코트들은 당돌한 태도로 군인들에게 깊은 인상을 남겼고, 열심히 일하면서 주변 군인들의 행동을 진지하게 따라 하고 '자기편'에게 끝까지 충성하는 모습으로 군인들에게 사랑받았다. 제1해병대 군악대의 마스코트였던 열한 살 소년은 해병대가 자기를 떼놓고 가자 서울에서 인천까지 40킬로미터가 넘는 거리를 걸어갔다. 인천에 도착한 소년은 배를 타고 떠나는 한 육군 부대를 발견하고, 자기를 데려가 달라고 군인들을 설득했다. 그 후, 작게 줄인 육군 제복을 입은 소년은 기차에 뛰어올랐고 게릴라전이 한창인 국토를 160킬로미터 넘게 달려서 자기네 해병대를 찾아냈다. 군인들도 자기 부대 마스코트에게 헌신했지만, 부대가 철수할 때나 상관들의 명령이 있을 때면 어린 소년을 남겨두고 떠나거나 고아원에 맡겼다. 그러나 마스코트 소년들은 고아원에서 도망치기 일쑤였다. 이 때문에 사회복지사들은 군부대에 마스코트를 두는 관행을 못마땅해했다. 고아원에서 도망친 소년들은 자기를 데려가 줄 새로운 부대를 찾거나 다시 거리를 배회했다.[46]

누가 봐도 한국식 이름이 아닌 본조Bonzo라는 이름에서 짐작할 수 있듯이, 때로 군인들은 마스코트들을 장난감이나 애완동물처럼 여겼다. 한 군인은 이렇게 설명했다. "그 아이들은 출생 기록이 없어요. 그러니까 이름을 새로 지어도 아무 문제가 없죠. 돈 들 일도 없고요." 삼보 프리베노Sambo Pribbenow의 예비 양아버지는 삼보가 "초상화도 잘 그리고 저글링도 잘하고 바느질도 할 줄 알고 노래도 잘 부른다"고 자랑했다. 마스코트들은 권투 시합으로 미군들을 즐겁게 하기도 했다. 마스코트와 군인의 이런 특수한 관계는 마스코트가 또 다른 역할을 했다는 사실을 암시한다. 군인들의 정서적 욕구를 채워주는 역할을 한 것이다. 마스코트 소년은 주변 군인들에게 애정의 대상이었다. 고국을 떠나 지치고 가끔은 처량한 기분에 사로잡히는 군인들에게 마스코트 소년은 장난치고 놀고 보살피는 장난감이나 애완동물처럼 가족과 일상의 허울을 제공했다. 〈스타스 앤드 스트라이프스〉는 군부대에 마스코트를 두는 이유를 다음과 같이 추측했다. "아마도 마스코트들은 향수병에 걸린 군인들이 고향에 두고 온 깨끗하고 그럴듯한 것들을 상징했을 겁니다. 전쟁이 낳은 무의미한 낭비와 고역과 괴로움을 매일 같이 맞닥뜨려야 하는 군인들에게는 누더기를 걸치고 배를 곯고 몸과 마음이 병든 전쟁고아들이 유년기에 당연히 누려야 할 건강하고 행복한 얼굴빛을 되찾는 모습을 보는 것이 조금이나마 위안이 되었을 겁니다."[47]

마스코트 소년들도 자신이 군인들의 감정 배출구라는 사실을 알고 있었다. 열다섯 살 때부터 마스코트 생활을 하다가 열여덟 살에 입양되어 미국으로 이주한 뒤 워싱턴주 상원의원을 지낸 폴 신Paull H. Shin은 자신이 수행했던 실제적이고 정서적인 역할에 관해 솔직하게 이야기했다. 그는 허드렛일 외에도 "힘든 상황에서 위안거리를 찾는" 군인들을 도왔다. 링크 화이트는 하우스보이로 일하던 시절에 다른 한국인 소년에게 마스코트가 하는 일에 관해 배웠는데, "미군들과 놀며

———————— 고아들의 땅에 온 미군과 선교사

즐겁게 지내는"것이 마스코트의 일이라는 말을 듣고 깜짝 놀랐다. 화이트는 조그마한 군복과 모자를 갖춰 입고 새로운 일을 연습하기 시작했다. 그리고는 마스코트가 되는 법을 알려준 친구가 설명한 것처럼 마스코트 일이 "재밌고 쉽다"는 사실을 깨달았다. "나는 우리 부대 군인들과 시끌벅적하게 놀았다. … 레슬링도 하고 장난도 치고 심지어 서로 욕을 하기도 했다. 그냥 재미로 하는 일이었다." 화이트는 마스코트라는 새로운 지위도 생기고 미군들의 심부름을 하고 돈을 받기도 했지만, 보수를 받는 직업이 없으니 불안했다. 그런 의미에서 마스코트는 확실하게 정해진 업무와 규칙과 보상이 있는 하우스보이보다 더 애매하고 불안정한 자리였다. 계약서도 없이 군인들과 불분명한 계약을 맺고 물질적 지원과 그 밖의 보살핌을 받는 대가로 정서적·육체적 서비스를 제공한다는 점에서 마스코트들은 매춘부들과 같은 종류의 경제 구조 안에 있었다.[48]

군인과 마스코트 소년 사이에 애착이 강해진 결과 한국에서 국가 간 입양이 처음 이뤄졌다. 군인과 그가 입양했거나 곧 입양할 예정인 한국인 아들이 활짝 웃는 사진이 〈스타스 앤드 스트라이프스〉에 자주 실렸다. 버나드 쿡Bernard L. Cook 병장은 여섯 살짜리 마스코트 와일드 빌Wild Bill이 제 724병참대대에 들어오자 곧바로 입양 절차에 돌입했다. 그러면서 그는 1954년 〈스타스 앤드 스트라이프스〉에 "빌리를 데려갈 수 있게 되면" 그때 고국에 돌아가겠다고 말했다. 이런 사연들은 군과 이민 당국 관료들을 설득하는 입양 부모의 투지와 인내심, 끈기를 보여주었다.[49] 해외 입양의 개척자였던 만큼 군인들은 입양 방법을 알려주는 곳을 찾지 못해서 미국 이민국, 대사관, 국방부 장관, 성직자, 국회의원 등 생각나는 대로 편지를 써서 정보와 조언을 구했고, 뭐라도 알게 되면 정보를 함께 공유했다.

〈스타스 앤드 스트라이프스〉는 군부대에서 마스코트로 활동하던 소년이 고아에서 미국인으로 탈바꿈하는 대변화를 전면에 내세우는 방식으로 마스코트의 입양을 묘사했는데, 이는 〈라이프〉 같은 주류 잡지들이 취하던 접근 방식과 같았다. 이 잡지들의 기사에서 군인에게 입양된 아동들은 더럽고 굶주리고 집 없는 아이에서 명랑하고 말쑥한 소년, 속속들이 미국인인 소년으로 변신했다. 심지어 입양되기 전부터 마스코트들은 행동거지와 옷차림에서 드러나듯이 미국 남성의 독특한 특성이 그들에게 얼마나 잘 어울리는지를 강조하는 방식으로 〈스타스 앤드 스트라이프스〉에 등장했다. 대부분 작게 줄인 군복이나 카우보이 복장 차림이었다. 〈스타스 앤드 스트라이프스〉는 레이먼드 힐Raymond L. Hill 병장에게 입양된 여섯 살 소년 정소용이 야구 경기 중에 타석에 오른 모습을 보도했다. 고용 직업복에 멜빵과 모자를 쓴 한국 소년, 그리고 그 소년과 비슷하게 옷을 입은 백인 미군이 함께 찍은 이 사진에는 미국인의 대표적인 취미와 외국임을 한눈에 알 수 있는 배경이 나란히 배치되었다. 이 사진은 정소용 같은 마스코트가 어떻게 한 세계에서 다른 세계로 넘어갈 수 있는지를 보여줌으로써 그가 입양하기에 적합하고 미국 사회에 동화될 가능성이 크다는 사실을 강조했다.[50]

한국에서 미국으로 가는 실제 여정은 한국의 고아였던 마스코트가 미국의 아들이 되는 여정에 빗대어 설명되었다. 입양된 마스코트는 대개 군 수송기나 군대 이동 방식으로 이동했다. 로저는 그를 호위하는 상등병 스탠리 카우프만$^{Stanley Kaufman}$이 손에 든 것과 비슷한 군용 배낭을 메고 네바다주 헨더슨에 있는 새집으로 향했다. 러빌 브랜햄 $^{Ravil B. Dorothy}$ 병장과 그의 아내 도러시 브랜햄$^{Dorothy Dorothy}$이 입양한 일곱 살 소년 어니 조$^{Ernie Joe}$는 여행복 차림으로 사진을 찍었다. 왼쪽 가슴에 'JEO'라는 이름이 새겨진 아동용 군복을 입고 오른쪽으로 모자를 비스듬히 젖혀 쓰고 있었다. 〈스타스 앤드 스트라이프스〉는 어니 조가 서울에서 도쿄까지는 군용 작업복을 입고 "미국으로 가는 비행기를 탈 때는 카키색 군복으로 갈아입을" 거라고 보도했다. 아들과 도쿄에서 비행기를 기다리는 동안 아버지 브랜햄은 "흰 강낭콩, 달걀부침, 아이스크림 등 어니 조가 좋아하는 미국 음식을 준비해서 먹일 생각"이었다. 그리고 미국에 가면 어니가 학교에 들어가기 전에 함께 동물원에 가기로 했다.$^{51)}$

언론 매체들은 이 소년들이 한국에서 출발해 새로운 조국인 미국까지 오는 길이 육체적으로만이 아니라 문화적으로도 얼마나 순조로웠는지 보여주려고 애썼다. 소년들의 관심사와 열정, 미국의 모든 것에 수월하게 적응하고 있다는 사실을 보여주고자 고심했다. 다섯 살짜리 지미 레이너$^{Jimmy Raynor}$는 "동전을 넣으면 작동하는 자동판매기에 호기심을 느끼고" "만화책에 몰입하고 다 읽으면 다른 사람과 바꿔 읽기 좋아하는 열렬한 만화광"으로 묘사되었다. 〈스타스 앤드 스트라이프스〉에 실린 한 사진에는 사우스다코타에 있는 집에서 우유와 쿠키, 그리고 제빵 재료를 주방 조리대에 펼쳐 놓고 바라보는 지미와 레이너 부인이 나온다. 이와 같은 집안 풍경은 '전쟁에 짓밟혀 황폐해지고 가난한' 한국에서 '청결하고 안전하고 현대적인' 미국까지

사진 1.3 빈센트 팔라디노가 이경수(리 제임스 팔라디노로 개명)를 입양한 사건은 지역 언론과 전국 언론에 보도되었다. _출처: 코비스 이미지

이 한국 소년들이 얼마나 먼 거리를 날아왔는지를 강조해서 보여주었다.[52]

갑판장 빈센트 팔라디노^{Vincent J. Paladino}가 입양한 이경수는 〈스타스 앤드 스트라이프스〉와 주류 언론 매체로부터 엄청난 주목을 받았다. 네 살 반 된 이 소년은 리 제임스 팔라디노^{Lee James Paladino}로 개명하고 1953년에 뉴욕주 뉴로셸에 있는 '집'에 왔다(도표 1.3 참고). 〈스타스 앤드 스트라이프스〉는 리 팔라디노를 "1학년생, 새 자전거를 받고 뿌듯해하는 소년, 서부극 TV 드라마 열혈 팬, 부모님과 조부모님, 서른 명에 달하는 삼촌, 고모, 사촌의 자랑이자 기쁨"으로 묘사했다. 이 기사

고아들의 땅에 온 미군과 선교사

에는 만면에 웃음을 띤 리 팔라디노가 가볍게 자전거 핸들을 틀어 방향을 바꾸는 사진과 교과서를 흔들며 명랑하게 길가를 활보하는 사진이 함께 실렸다. 〈뉴욕 타임스〉는 "미래의 시민, 도착"이라는 설명과 함께 리 제임스 팔라디노의 도착을 알림으로써 미국이 그를 비롯하여 그와 같은 한국의 마스코트 소년들을 포용한다는 사실을 보여주었다.[53]

입양된 아동들은 지극히 관습적인 방식으로 소개되었지만, 사실 마스코트 소년의 입양은 관습에서 벗어난 경우가 많았다. 첫째, 미국 사회복지 기준에서 보면 보통은 입양이 허용되지 않는 사람들, 즉 독신자와 나이 든 부부가 이 소년들을 입양했다. 리 팔라디노와 지미 레이너는 독신남에게 입양되었고, 어니 조의 양부모는 마흔세 살이었다. 더구나 어떤 군인들은 마스코트 소년을 자기가 직접 입양하는 대신 자기 가족 중에서 입양할 사람을 찾았다. 보상 부부는 한국에서 다친 자기 아들을 들것에 실어 운반했던 김 군을 입양했다. 아들이 부상으로 사망하자 그의 부모는 "김 군을 미국에 데려가 가정을 갖게 해달라는" 아들의 "마지막 소원"을 들어주었다. 로버트 필드[Robert W. Field] 중위의 부모는 아들이 속해 있던 중대 마스코트였던 열 살짜리 로키를 입양했다. 또 다른 군인은 동생처럼 여기던 일곱 살짜리 마스코트를 입양해 달라고 자기 부모에게 부탁했다.[54]

마스코트 소년의 입양 문제

마스코트들은 지나치게 남성적인 환경에서 군인들과 함께 살았다. 또한, 주변의 모든 젊은이가 마스코트 소년에게 부모나 큰형 역할을 한 것은 아니었다. 어떤 미군은 마스코트 소년에게 외설적인 발언을 했다가 동료에게 비난을 받기도 했다. 마스코트 생활을 했던 링크 화이트는 대다수 미국 남자들이 '섹스광'이라고 생각했고, 그가 배운 영어 단어 대부분이 섹스와 관련이 있었다고 털어놓았다. 그 때문에 사회복지사들은 마스코트 소년들이 군인들과 가까이 지내다 나쁜 물이 든 것으로 여겼다. 한 사회복지사는 군인들이 마스코트들을 다 버려놓았다면서 마스코트 생활을 했던 소년들이 "군림하려 들고 약자를 괴롭히고 허세 부리기 좋아하고 반항심이 강하다"고 묘사했다. 마스코트들은 군대 문화와 다른 고아원 생활에 적응하기 어려워했고, "거의 예외 없이 문제를 일으켰다." 그는 "미성년 범죄자의 상당수가 이 부류에서 나왔다"라고 판단했다. 사회복지사들은 마스코트 소년들, 그중에서도 특히 나이가 적지 않은 소년들을 입양 보내는 문제에 신중했다. 국제사회봉사회에서 일하는 한 사회복지사는 마스코트가 "엄마의 말을 듣고, 학교에 다니고, 그 또래 여느 미국 아이처럼 행동하면서 … 평범한 가정생활에 적응할 수 있을지" 예측하기 어렵다고 설명했다. 또한, 마스코트 소년의 입양을 주선하는 것은 권장되지 않았고 인종 간 입양의 경우에는 조율하기가 더 어려웠다고 말했다.[55]

아이러니하게도, 어떤 마스코트들은 미군과의 연줄 때문에 입양 기회를 얻었지만, 바로 그 때문에 입양에 적합하지 않다는 평가를 받았다.[56] 또한, 사회복지사들은 미국인과 이미 오랫동안 함께 지낸 마스코트 소년이 미국에 간다고 과연 행실이 더 나아질지 의심스러워했다. 국제사회봉사회의 한 사회복지사는 마스코트를 두는 것이 잘못된 관행이라고 안타까워하면서 이렇게 말했다. "친구도 없고 가족도 없으니 … 항상 한국에는 자기편이 거의 없다고 느꼈고, 오랫동안 미군과 가깝게 지내면서 부분적으로 미국화되었죠."[57]

미국화는 마스코트 소년들을 미국에 동화될 가능성이 아주 큰 후보자로 만들었지만, 나머지 마스코트들의 입양 가능성을 떨어뜨리는 요소이기도 했다. 어떤 이는 한 마스코트 소년을 보고 그 소년이 "자기네 민족에게 다시 동화되기 어려울 것"이라고 추측했다.[58] 실제로, 미국화가 부정적인 영향을 끼칠 가능성 때문에 가슴 따뜻해지는 마스코트 소년들의 사연 자체가 복잡해졌다. 국제사회봉사회의 한 사회복지사는 마스코트 소년이 미군들과 7~8년을 함께 살면서 어떻게 미국화되었는지 이야기했다. 그러면서 한국 환경을 불편해하고, 영어에 능통하고, 서양식 복장을 선호하는 것이 미국화의 증거라고 말했다.[59] 그 소년은 입양되어 한국을 떠날 테니 미국화가 그에게는 득이 되었지만, 다른 마스코트 소년들에게는 이 미국화가 앞으로 문제가 될 거라는 사실을 의미했다. 한국전쟁이 시작되고 6개월이 지났을 무렵 한 캐나다 기자가 두 살 반 된 마스코트를 만났다. 그의 말에 따르면, 군복 차림에 군대 배급 식량을 먹고 살이 통통하게 오른 그 사내아이는 한국어도 영어도 제대로 하지 못했다. "미군이 철수하면 그 아이가 어떻게 될지 아무도 알지 못하는 것 같았는데… 그런 건 사소한 문제였다."[60] 어린아이에게 앞으로 일어날 일에 무관심한 듯한 모순적인 그의 태도는 마스코트의 삶이 얼마나 불안정한지를 또렷이 보여주었다. 미군과 함께 지내는 동안에는 잘 먹고 잘사는지 모르지만, 군대가 철수하고 미국인 후원자들에게 보호받지도 못하고 부양해줄 한국인 가정도 없을 때 마스코트 소년들에게 무슨 일이 생길지 알 수 없었다.

언론에서는 마스코트들을 허레이쇼 앨저의 소설 속 주인공처럼 명랑한 소년으로 소개했지만, 이 소년들을 입양 및 이민 후보로 검토할 때면 의심의 그림자가 짙게 드리웠다. 한국인 사회복지사는 아홉 살짜리 마스코트 소년을 조사하다가 몇 가지 불미스러운 부분을 찾아냈다. 그는 이 소년이 게으르고 허영심이 강하고 입양을 미국에 가는 방편으로 이용하려 한다고 설명했다.[61] 한국 여성과 미군의 결혼 문제를 다루는 관료들 사이에는 이런 태도가 훨씬 더 폭넓게 퍼져 있었다. 사회복지사들이 어린 소년이 아니라 매춘부를 대하는 듯한 용어로 이 소년들을 묘사하는 것은 가히 충격이었다. 사내아이들만 마스코트가 되었지만, 미군들 주변에서 너무 많은 시간을 보낸 듯한 어린 여자아이들을 묘사할 때도 마스코트 소년들을 묘사할 때 쓰던 음탕하고 난잡한 언어를 똑같이 사용했다.[62] 엄마와 함께 미군 기지에서 살던 세 살 반짜리 한국 소녀는 오랫동안 미국인들 주변에서 산 탓에 말투와 몸짓이 특이하다는 평가를 받았다. 한 미국인 사회복지사는 교태 부리는 행동을 지적하면서 넘쳐나는 주변 남자들이 아이를 망쳐놓은 게 분명하다고 말했다.

입양될 때 언론의 관심을 한 몸에 받았던 리 팔라디노는 1954년에 한미재단에서 주최한 전국 모금 운동의 마스코트 역할을 하기도 했다. 그러나 그의 입양이 실패했다는 사실을 아는 사람은 그리 많지 않다. 미국에 온 지 5년 만에 리 팔라디노는 양부와 함께 살 수 없었다. 리를 입양한 양부가 미국에서 결혼해 자녀를 낳았는데, 새어머니를 비롯해 새로 생긴 동생들과 리 사이에 마찰이 생겼기 때문이다. 결국, 리 팔라디노는 위탁 가정에서 11개월을 지낸 뒤에 양조부모와 함께 살았다. 팔라디노의 경우에는 문제의 원인이 분명하지만, 사회복지사들은 마스코트 소년의 입양이 실패하는 이유가 어릴 때 군대에서 생활하며 안 좋은 영향을 받은 탓이라고 보았다. 마스코트 소년을 입양했다가 '대실패'였다고 묘사할 정도로 계획이 완전히 틀어진 사례도 있었다. 그 소년은 잔뜩 화가 나서 방에 틀어박혀 있다가 폭력으로 치닫기 일쑤였고, 양부모는 결국 그를 고아원에 맡겼다. 소년은 국제사회봉사회 소속 사회복지사에게 가족 구성원으로 살아야하는 일을 '받아들일' 수 없었다고 털어놓았다. 더 극단적인 사례도 있었다. 마스코트 출신의 열두 살짜리 소년은 양부모가 그를 받아들일 수 없다고 결정한 뒤 미국 전역을 떠돌았다. 결국, 그 소년은 한국으로 돌아갔고 한국의 또 다른 군부대에서 살고 있다고 보도되었다.[63]

이런 실패 사례들은 국가 간 마스코트 입양을 상시 허용하기에는 위험 부담이 너무 크다고 걱정하던 이들의 우려가 기우가 아님을 확인해주었다. 한국과 미국의 사회복지사들은 후원과 같은 다른 대안을 제시하면서 마스코트 소년을 입양하지 말라고 말렸다. 1951년 초, 군 당국은 미국 이민법에 따르면 합법적으로 입양한 한국 아동이라도 미국에 입국할 수 없다면서 마스코트 소년에게 너무 애정을 쏟지 말라고 군인들에게 경고했다. 마스코트 입양이 더는 한국 아동 입양의 다수를 차지하지 않게 된 1950년대 중반에는 마스코트 입양이 완전히 중단될 것처럼 보였다. 미군이 군부대에 마스코트를 두는 관행을 전면 금지할 태세였기 때문이다.[64]

군인들은 마스코트 외에도 순수 한국 소녀들과 남녀 GI 베이비들도 입양했다. 해외에 주둔하는 동안 군인이 아이를 선택해서 양자로 삼는 입양 방식은 군 생활의 본질과 관련된 몇 가지 이유로 꽤 인기가 있었다. 군인 커플은 미국에서 길고 긴 입양 절차를 끝까지 밟을 만큼 한곳에 오래 머물지 않았고, 더구나 예비 양부모의 직업과 상관없이 미국에는 입양할 아이가 부족했다. 이따금 군인들은 자기 가족이, 가끔은 친척이나 친구들이 입양할 아이를 찾기 위해 한국으로 향했다.[65] 군에서는 정책상 아내가 군인인 남편을 따라 한국에 가는 것을 권장하지 않았고, 따라서 입양할 아이를 찾는 일은 대개 남자들의 몫이었다. 남자들은 한국에서 특정 아이를 지목해서 아내에게 편지를 썼다. 편지에는 대개 사진 한두 장을 동봉했다.[66] 군인들은 실제로 한국에 머물렀기 때문에 입양하고 싶은 아이의 양육권을 얻어서 미국에 데려가기가 쉬웠다.[67] 전통적으로 여성이 하던 일을 누구보다 사내다운 남성들, 즉 현역 군인에게 맡긴 이러한 일들은 입양을 둘러싼 전통적인 성 역학을 바꾸어놓았다. 그전까지만 해도 원래 입양 절차는 여성이 시작하고 여성 사회복지사가 처리하는 일로 이해하는 것이 보통이었다.[68]

국제사회봉사회는 양어머니가 아이를 만나보지 못했다는 점을 우려하여 부부가 '따로 떨어져 있는 상태'에서 아동을 입양하지 말라고 말렸다. 그러나 그들의 노력은 의미가 없었다. 가정 조사와 다른 서류 작업을 진행하는 도중에 입양이 완료되었다는 말을 듣기 일쑤였다. 군인들은 국가 간 입양 절차에 관한 정보를 함께 공유했고, 그 덕분에 사회복지 기관보다 관련 지식이 더 해박해서 입양 절차를 밟는 데도 더 능숙한 경우가 많았다. 이런 경우, 국제사회봉사회와 주州 정부 사회복지과에서는 사후에 도움을 주는 것 외에 다른 도리가 없었다.

선교사들과 비정부기구들

미국 선교사들과 교회들도 국가 간 입양이 발전하는 과정에 결정적인 역할을 했다. 19세기 말, 한국에 온 이래 한국의 발전에 중요한 역할을 한 이들은 오랫동안 평범한 미국인들과 정부 관료들에게 한국에 관한 '지식 생산자' 역할을 했다.[69] 긴밀한 일대일 접촉을 강조하는 세계 선교 전략은 냉전 상황에서 남한과 같이 지정학적으로 중요한 국가에서 미국의 가치를 홍보함으로써 미국의 국익에도 이바지했다. 선교사들은 미국인과 한국인을 잇는 상상의 다리를 건설할 유형의 재화, 문화 지식, 정서적 유대를 전달하는 양방향 통로 역할을 했으며, 그 덕분에 한국 아동을 포괄하는 수준까지 가족의 정의가 확장되었다.

기독교 선교 단체들은 한국전쟁 이후 원조를 제공하기 위해 국제 구호 단체들과 협력했다. 전쟁으로 많은 가족이 뿔뿔이 흩어지는 바람에 한국인들은 역사적으로 사회복지에 해당하는 혜택을 제공해왔던 확대 가족에게 더 이상 의지할 수 없었다. 1950년대 내내 해외 원조에 의존해온 한국 정부 역시 그들에게 어떤 도움도 줄 수 없었다.[70] 미군, 선교사, 비정부기구들은 구호품과 돈을 모아 도움이 필요한 다양한 사람에게 전달하고자 힘을 합쳤다. 과부들, 상이군인들, 팔다리를 잃은 사람들, 나환자들, 극빈층 노인들, 아동들 등. 아동복지 활동에 가장 적극적이었던 선교 단체에는 제칠일안식일예수재림교회, 가톨릭전쟁구호봉사회, 그리고 주요 개신교 교단을 대표하는 기독교세계봉사회CWS가 있었다. 선교사들 외에도 방대하고 복잡한 비정부기구 네트워크가 광범위한 재건 활동과 구호 활동으로 한국 고아들을 도왔다. 여기에는 유엔의 다양한 기관들뿐만 아니라 국제원조구호기구CARE, 미 한국구호기구American Relief for Korea, 한미재단이 있었다.[71] 외국민간원조기관 한국연합회, 아동복지합동위원회-대한민국ROK/한미민사원조처KCAC/유엔한국재건단UNKRA-등 헷갈리는 이름의 통솔 기구들도 여럿 있었다.*

아동 구호 활동에 참여한다고 해서 꼭 국가 간 입양에 동참한다는 뜻은 아니었다. 메노나이트중앙위원회MCC 한국 지부는 직업학교와 고아원을 운영했고, 기독교세계봉사회는 고아원에 음식과 물질적 원조를 제공했고, 감리교해외구제위원회 한국선교회는 전국 곳곳에서 많은 고아원을 운영했지만, 이 중 어느 기관도 입양을 주선하지 않았다. 장로교 선교 단체는 한국전쟁 직후 고아원 운영을 중단했지만, 장로교도로 알려진 수십 명을 계속 후원했고, 한국에 온 장로교 선교사들 대부분은 지역 고아원을 후원하는 일을 일상 활동처럼 생각했다. 한국에서 규모가 가장 큰 교단인 장로교회와 감리교회도 간접적이긴 하나 중요한 방식으로 한국 아동 입양 제도의 확립과 발전에 영향을 끼쳤다. 20세기 내내 의학 훈련과 교육 훈련을 제공함으로써 아동복지와 사회복지 업무에 팔을 걷어붙일 한국인 의사, 간호사, 사회복지사, 성직자 등을 키워냈으니 말이다.[72]

월드비전, 아동구호연맹, 포스터 페어런츠 플랜, 기독교아동복리회 같이 특정 교단에 소속되지 않은 기독교 단체들은 미국인이 한국 고

---

* 외국민간원조기관 한국연합회(The Korea Association of Voluntary Agency)와 아동복지합동위원회(The Joint ROK/KCAC/UNKRA Committee for Child Welfare).

아를 '입양'할 수 있게 해주는 후원 프로그램을 만들었다. 후원 모집 광고에는 "당신이 이 어린 소녀를 구할 수 있습니다!"와 같은 표제 아래 수척한 한국 아동의 사진이나 그림이 실렸다. 이런 단체들은 대놓고 미국 기독교인들에게 책임을 지웠다. "다정한 미국인들에게 원조를 받는 것만이 이 아이들의 유일한 희망입니다." 후원자들은 아동 한 명에게 한 달에 몇 달러씩 보내야 하는 책임을 떠안았다. 그 아동은 후원자와 편지를 주고받았고, 후원자는 고아원장에게 아이 사진과 보고서를 받았다.[73] 이 후원으로 맺어진 미국인-아시아인 가족은 정서적 유대를 형성하는 중요한 터전이었고, 이 터전은 미국 정부가 아시아에서 펼치는 반공 활동을 미국 국민이 지지하도록 도왔다.[74]

아시아에서 선교사들, 그중에서도 특히 여성 선교사들은 "외국 사람들과 외국 문화에서 사람 냄새가 나게" 함으로써 미국 기독교인과 나머지 나라 사람들을 잇는 "문화의 다리" 역할을 했다. 평범한 미국인들은 한국에서 활동하는 선교사들을 통해 한국을 알게 되고 한국에서 아이를 입양할 생각을 하게 되었다. 친구들과 가족들에게 보내는 편지에, 교단이나 기관 사무실에 보내는 보고서에, 교회에 출석하는 사람들이나 주일학교 모임에 나가는 사람들이 1달러나 2달러를 내면 살 수 있는 소책자에, 그리고 교단 회보나 잡지에 배고픈 고아들과 절망에 빠진 과부들의 삶을 하나님이 어떻게 변화시키셨는지 증언하는, 연민을 불러일으키는 생생한 이야기가 실렸다. 또한, 선교사들은 라디오 방송을 통해 미국인들에게 한국에 관해 가르쳤다. 노벨상을 받은 소설가이자 중국에서 활동한 선교사의 자녀였던 펄 벅Pearl S. Buck은 교회의 담장을 넘어 일반 대중을 상대로 글을 썼다. 펄 벅은 소설과 수필, 선언문을 통해 서로 다른 문화를 이해하고 수용하는 토양을 만들고자 애썼고, 미국인들에게 아시아를 해설해주는 권위 있는 해설자로 널리 알려졌다. 또한, 펄 벅은 아시아에 있는 혼혈 아동들의 처지를 대변했고 직접 입양 기관을 설립하기도 했다.[75]

여성 선교사들과 펄 벅 같은 준準선교사들은 "여성들과 아동들에 관한 정보를 전하는 통로"로써 그 역할을 효과적으로 수행했다. 남녀를 불문하고 한국에 온 모든 선교사가 과부들이나 고아들과 접촉했지만, 여전히 그들을 보살피는 일은 여성의 몫이라 여겼다. 이런 믿음은 선교 사역을 "걸출한 여성의 대의"로 여기는 주류 교회의 선교관과 꼭 들어맞았다. 미국에서 교회에 다니는 여성들은 이런 관점을 받아들이고, 돈과 구호품을 모을 뿐만 아니라 한국에 보낼 담요와 벙어리장갑을 짜는 등 집안에서 일반적으로 하는 일에 참여함으로써 자신들의 대의를 위해 힘썼다.[76]

선교사들은 또한 자신이 출석하던 교회와 미국 전역에 있는 다른 교회들을 방문할 때마다 미국인들에게 한국을 소개했다. 이를 통해 그들은 교회에 다니는 평범한 미국인들 머릿속에 그들의 선교지가 생생히 살아나게 했다.

1960년 이전에 태어나 교회에 다닌 사람은 어린 시절 교회에서 선교사의 말을 들으며 느꼈던 전율을 잊지 못한다. 선교사들은 후원해준 교인들에게 고마움을 표현하기 위해 선교지의 전통 의상을 입고 등장해서 … 예배당에서 슬라이드를 보여주었다. 청중들은 아프리카에서 흰개미를 먹거나 인도 길거리에서 구걸하거나 난민촌에서 성경을 공

　　　　　　　　　　———— 고아들의 땅에 온 미군과 선교사

부하는 모습을 머릿속으로 상상하면서 꼼짝 못하고 앉아 있었다. 미국 밖의 세상이 갑자기 현실처럼 느껴져서 늘 똑같은 주일예배가 색다르고 흥미진진해졌다. 텔레비전에서 24시간 내내 뉴스가 나오기 전, 그리고 미국 중서부 소도시에까지 아시아와 라틴아메리카 이민자들이 들어오기 전에만 해도 휴가차 고국을 방문한 선교사들은 북미 기독교인들이 사는 세상과 나머지 세상을 잇는 주요 통로였다.[77]

선교사가 왔다 가면 교회에서는 기부금을 모으거나 고아원을 후원하기로 하는 등의 후속 활동을 했다. 또한, 교인들은 아동들을 개별적으로 후원했다. 후원은 심리적으로, 또 실질적으로 중요한 관계를 형성했다. 한국 아동과 미국에 있는 그의 '부모'가 주고받은 편지와 사진은 정서적으로 강한 유대감을 만들어냈다. 일단 이런 관계가 형성되면, 입양은 일사천리다. 후원하던 아이를 입양하는 것이 여의치 않을 때는 교회 선교사에게 입양할 아이를 찾아달라고 부탁했다. 때에 따라서는 선교사들이 자기가 아는 특정 아동을 입양해줄 양부모를 직접 찾아 나서기도 했다.[78]

한국의 기독교인들은 오래전부터 미국 기독교인들과 자신들의 관계를 인식하고 있었다. 그래서 일제로부터 독립하는 일부터 한국전쟁 이후 나라를 재건하는 일에 이르기까지 종교라는 공통의 유대와 자유에 대한 사랑에 기대어 미국인들에게 지지를 호소했다.[79] 장로교회 해외사역국 소속의 한 미국인은 1953년에 한국을 방문했다가 한국의 한 기독교인과 아주 감동적인 만남을 가졌다. "그는 가장 먼저 기독교 선교사들에게 고마움을 표현했습니다. 그리고 한국 사람들이 얼마나 고마워하는지 미국에 있는 기독교인들에게 전해달라고 내게 부탁하더군요. 기독교 선교사들이 한국의 고통을 함께 나눈다는 것이 어떤 의미인지 여러분에게 꼭 전해달라고 제게 당부했습니다."[80] 한국 정부는 관보官報를 통해 한국 기독교가 지향하는 반공·친미 기조와 함께 한국 기독교를 끊임없이 소개했다. 한국 정부와 한국 사람들도 국내외에서 이승만 대통령이 독실한 기독교 신자라는 점을 공들여 언급했다.

기독교는 한국 이민자들과 미국인들이 돈독한 관계를 맺게 해주었다. 20세기 초에는 조선총독부와 미국 이민법이 부과한 제한 규정 때문에 미국으로 이주한 한국인 수가 그리 많지 않았다. 1903년부터 1905년까지 미국인 선교사들의 도움과 격려에 힘입어 약 7,500명의 한국인이 하와이 사탕수수 농장에 일하러 갔다. 그중 일부는 하와이에서 미국 본토로 이주했다. 1924년에 존슨-리드 이민법이 도입되어 아시아 출신의 이민이 전면 금지되기 전까지 1천 명의 한국 여성이 이른바 '사진 신부'로 미국에 들어왔다. 마지막으로, 2천 명의 학생과 지식인이 정치적인 이유로 일제강점기에 미국으로 망명했다.[81] 미국인 선교사들이 이민을 도운 탓에 미국으로 이주한 한국인들은 기독교인(주로 개신교인)이 대다수였고, 적지만 의미 있는 수의 사람들이 교육 수준이 높은 상류층 출신이었다.[82] 그래서 미국인들이 미국에서 만난 얼마 안 되는 한국인들은 경제적·사회적 상황 때문에 어쩔 수 없이 비숙련 노동자로 살고 있지만, 교육 수준이 꽤 높고 기독교인인 경우가 많았다. 한국전쟁 이후, 매년 수백 명의 한국인 학생이 교회나 관련 기관의 후원을 받아 미국에서 공부했다. 1953년 크리스마스에 한국 정부 관보는 켄터키주 루이빌에 있는 교회의 여성 신도들에게 재봉틀을 선물 받은 한 한국인 가족의 사진을 1면에 실었다. 그 집 딸이 루이빌대학교에 다니는데, 어려운 집안 사정을 알게 된 교인들이 재봉틀을 보내준 거였다.[83] 매해 수백 명의 학생이 외국으로, 주로 미국으로 나가면서 직접적인 상호작용이 이뤄지다 보니 특히 교회 안에서 한국인과 미국인이 관계를 돈독히 할 기회가 생겼다.[84]

결론

많은 사람이 오리건주에서 농장을 운영하던 해리 홀트와 버사 홀트Bertha Holt 부부가 1956년에 홀트양자회를 시작하면서 한국 아동 입양이 시작되었다고 믿는다. 하지만 한국 아동 입양은 그보다 더 일찍, 한국전쟁 기간에 한국 아동들을 구출하려는 미국인 선교사들과 군인들의 노력으로 시작되었다. 마스코트를 입양한 군인들은 국가 간 입양을 개척하여 앞으로 이뤄질 수천 건의 입양을 위해 길을 닦았다. 이 초기 입양은 한국 아동 입양이 두 단계로 발전하는 과정에 결정적인 역할을 했다. 사실상, 사회복지사들과 정부 기관들은 이 초기 입양을 처리하고 규제하는 법을 배우면서 국가 간 입양을 체계화하는 데 필요한 절차상의 토대를 마련했다. 미국 이민법은 여전히 아시아 출신의 이민을 대부분 금지했기 때문에 국회의원들은 이런 입양 아동들의 입국을 허용하는 개별 법안을 통과시켜야 했다. 국회의원들이 한국 아동 입양에 익숙한 덕분에 미 의회는 1950년대에 항구적인 고아 법안을 만들려고 노력했다.

이데올로기 차원에서 군인들의 아동복지 활동은 한국에서, 그리고 냉전이 만들어낸 새로운 세계에서, 미국의 역할을 정당화하고 부정적 이미지를 완화하고 긍정적 이미지를 심으려고 애쓰던 미군과 미국을 위해 정치적으로 중요한 역할을 했다. 미군의 인도주의 활동은 미국의 제국주의에 대한 의심을 말없이 반박하는 한편, 고국에 있는 미국인들에게 개개인이 국제 친선 증진에 동참하는 법을 직접 보여주었다. 20세기 내내 한미 양국의 우호와 이해를 촉진해온 선교사들은 미국인들이 한국 사람들, 특히 한국 아동들에 대한 책임감을 키우도록 유도했다. 한국과 한국인, 그리고 특히 한국계 혼혈 GI 베이비들에게 미국인들이 느끼는 책임감은 1950년대 중반에 기독교적 미국주의자들이 추진한 입양 운동의 핵심 요소가 되었고, 나아가 한국 해외 입양의 발전과 제도화의 원동력이 되었다.

GI 베이비 문제 해결하기

02

누구도 그를 원치 않는 탓에 고아가 되어 아시아의 길거리를 배회하는 반^半미국인 아이의 모습보다 더 애처로운 광경을 나는 본 적이 없다. 그를 어찌해야 할지 그 누구도 알지 못하기 때문이다. … 그중 반 이상이 다섯 살이 되기 전에 죽는다. 강하고 똑똑한 자만 그처럼 잔인한 생활 환경에서 살아남을 수 있기 때문이다. 그러나 결국 살아남는 자가 최고다. 미국이여, 그대에게 호소한다! 이 아이들은 바로 우리 아들들의 자식들이다. _펄 벅[1]

한국인과 미국인이 GI 베이비 문제를 인식한 순간부터 이 문제의 해법은 한국에서 그 아이들을 치우는 것이었다. 일단 미국인이 이 아이들을 데려가길 열망한다는 게 분명해지자, 한국 정부는 국가 간 입양 프로그램을 만드는 일에 몰두했다.[2] 그와 동시에 미 의회는 1953년 난민구호법^{RRA}을 통과시켰다. 입양된 한국 아동의 이민을 허용하는, 전례가 없는 중요한 조처였다.

이승만 정부는 한국에 우호적인 미국 정부 관료들, 한국에서 활동하는 각양각색의 선교사들, 자원봉사 단체들과 손잡고 한국계 GI 베이비들을 입양하려는 미국인들에게 방해가 되는 복잡한 행정 절차를 타파하려고 애썼다. 한미 정부 간 협력은 GI 베이비들을 외국에 입양보내려는 노력이 단순히 미국인 한 사람 한 사람의 인도주의가 발현된 일이기만 했던 것이 아니라, 구책사업이기도 했다는 사실을 보여준다. 그때나 지금이나 해외 입양을 비판하는 사람들은 한국 정부의아동복지 정책은 사실상 해외 입양이 전부였다고 주장한다. 적어도초기에는, 국가 간 입양은 비상사태에 대처하기 위한 특별하고 일시적인 조처였다.

"가다가 태평양에 버리는 한이 있어도"

역사학자들은 외국 군대의 주둔, 매춘 증가, 사생아 출생 사이에 어떤 관련이 있는지에 주목했다.[3] 이는 2차 세계대전이 끝난 뒤 미군이 한국에 주둔하면서 나타난 주요 특징이었다. 미 군정기(1945~1948)에 한국 전역의 미군 기지 주변에는 기지촌이 빠르게 생겨났다. 미국위주의 매춘 시스템은 조선총독부(1910~1945)가 다져놓은 토대 위에만들어졌다. 공식적으로는 매춘이 불법이었지만, 미 군정은 이를 용납했고, 한국 정부는 기지촌의 성 산업과 연예 산업을 한미 우호 관계를 유지하고 외화를 벌 수 있는 수단으로 여겼다. 미군이 점령했던일본에서 그랬던 것처럼, 기지촌은 정숙한 한국 여성들을 미군 병사들에게서 보호하는 완충지대 역할을 했다. 사실, 프란체스카 도너 리Francesca Donner Rhee 여사는 외국 군인들이 자기 맘에 들면 아무 여성이나 '범하려고' 해서 정부가 기지촌을 설립할 수밖에 없었다고 주장했다. 유엔군의 현지 여성 강간 사건은 증거 자료가 없는 경우가 대부분이었지만, 한국 관료들이 항의할 정도로 만연했다.[4]

당시 매춘부 '대량 생산'에 필요한 조건이 갖춰졌다. 전후 수년간 빈곤과 절망이 한국의 젊은 여성들을 덮쳤고, 남성과 비교하면 돈벌이가 되는 일자리가 부족했고, 생계 활동을 할 남성 인구가 격감했고, 성 노동은 다른 일자리보다 수익성이 좋았고, 평범한 한국인과 비교하면 거의 모든 미국인이 부자에 속했다. 여성들은 주방, 카페테리아, 매점, 사무실에서 좋은 일자리를 찾을 수 있기를 바라며 미군 기지로 향했다. 그러나 일자리보다 구직자가 훨씬 많았고, 일자리를 얻으려면 언어 능력이나 인맥이 있어야 했다. 많은 여성이 접대부와 성 노동자의 구분이 모호한 다방, 식당, 술집에서 미심쩍은 일자리를 얻는 것 말고 다른 선택지가 거의 없었다. 어떤 여성들은 거짓 약속에 넘어가 성관계를 갖거나 강간당했다. 자식을 부양하기 위해 하는 수 없이 몸을 파는 과부들도 있었다. 1952년, 미 국무부는 서울에서만 5개월 동안 2,658명의 '유엔 이모'(외국인에게 몸을 파는 매춘부를 묘사할 때 쓰는 용어 중 하나다)가 체포되었다고 보고했다. 이 중 절반은 과부였다.[5]

한편, 미국의 군사 정책은 매춘 고객을 계속 확보해주었다. 1953년 7월에 맺은 휴전 협정은 한국전쟁에 종지부를 찍은 것이 아니었고, 따라서 북한과 계속 전쟁 중인 상태였기 때문에 남한은 전투 지대로 지정되었다. 배치 기간은 짧았다. 미군 병사들은 약 일 년가량 한국에 머물렀고, 한국 파병을 '격오지 해외 근무'로 여겼다. 군에서는 젊은 미혼남들을 한국에 보냈고, 아내와 부양가족이 있는 군인들에게는 식

———————— GI 베이비 문제 해결하기

구들을 한국에 데려가지 말라고 말렸다. 1950년부터 1971년까지 약 600만 명의 미군 병사가 한국에서 복무했고, 100만 명에 달하는 한국 여성이 기지촌에서 그들에게 몸을 팔았다.[6]

한국의 애매한 매춘 시스템은 한국 여성과 외국 군인이 그들의 관계를 이해하는 방식을 복잡하게 만들었다. 매춘은 단기 성매매부터 장기 동거 형태까지 모두 가능했다. 후자의 경우, 여성은 상대 남성이 한국에서 복무하는 동안 그 남성과만 성관계를 갖는 대가로 그에게 경제적인 지원을 받았다.[7] 동거 커플은 상대를 남자친구, 여자친구라 칭했고, 심지어 남편, 아내라 칭하기도 해서 매춘과 연인관계의 경계가 흐릿했다. 이런 상황에서는 출산이 무엇을 의미하고 그 결과로 어떤 요구와 의무가 생길지, 생각이 전혀 다른 부모 밑에서 아이가 태어날 수 있었다.

여성들이 임신하고도 중절 수술을 하지 않고 아이를 낳는 데는 몇 가지 이유가 있었다. 한국인과 미국인 모두 혼혈아를 낳은 여성들, 특히 매춘부로 알려진 여성들이 아이를 '앞세워' 순진한 애 아빠에게 결혼을 압박한다고 생각했다. 한 장로교 선교사는 군인 부인들에 대해 회의적인 태도를 보였다. "매춘부가 아닌 한국 여성과 결혼한 미군은 거의 없습니다."[8] 그러나 많은 여성이 아이 아버지가 결혼해주겠다고 약속해서 중절 수술을 받지 않았다고 주장했다. 실제로 이런 사례가 얼마나 많았는지는 알 길이 없다. 모든 혼혈아가 성 노동이나 강간의 산물은 아니었다. 비극적인 연애와 어긋난 결혼에 관한 사연도 많았다. 가끔은 지휘관들이 자신의 편견 때문에, 또는 그런 결혼을 말리는 미국의 군사 정책 때문에 커플을 갈라놓기도 했다. 때로는 한국 전통에 따라 결혼을 하고도 미국 법으로 결혼을 인정받지 못해서 이민이 좌절되기도 했다. 미국으로 돌아간 뒤 한국에 두고 온 부인과 이혼하는 미군도 있었다. 어떤 여성들은 이혼 사실을 통보받지 못해서 자식들과 함께 마냥 기다리느라 재혼하거나 자신의 삶을 찾아 나서지도 못했다. 또, 어떤 미군들은 여자친구와 자식들에게 돌아오겠다는 약속을 남기고 떠난 뒤 연락을 끊기도 했다.[9]

GI 베이비들은 삼중 낙인이라는 무거운 짐을 지고 있었다. 혼혈이었고, 아버지가 없었고, 한국인과 미국인 모두 그들의 어머니가 매춘부일 것으로 추측했다. 아버지가 없는 GI 베이비들은 한국의 출생증명서라 할 수 있는 '호적'에 올라갈 수 없었다. 호적은 남성을 가족의 호주로 보고 여타 가족 구성원은 모두 그와의 관계로 기재했다. 순수 한국 혈통의 사생아는 은밀하게 호적에 올리기도 했지만, GI 베이비들은 외모가 확연히 달라서 그것도 불가능했다. GI 베이비들은 호적에 오르지 못한 탓에 한국 국적을 얻지 못했고, 아버지의 인정을 받지 못한 탓에 미국 시민권도 얻지 못했다. 법적으로 국적이 없는 GI 베이비들은 사회적으로 존재하지 않는 사람이었다. 그러니 학교에 가거나 직장을 얻거나 결혼을 하기가 무척 어려울 게 뻔했다.[10]

한국인들은 GI 베이비들에게 대단히 모욕적인 의미의 '튀기' 또는 좀 더 중립적인 의미의 '혼혈'이라는 딱지를 붙이고 철저하게 이방인으로 대했다. 인종적 순수성을 오랫동안 강조하던 관습은 GI 베이비들을 대놓고 차별하는 행위를 정당화했다. GI 베이비들은 독특한 외모 때문에 어디에서든 눈에 띄었다. 연합장로교한국선교회는 "한국사회가 혼혈인을 완강하게 거부"해서 이들이 "도저히 견디기 힘든 상황"에 놓여있다고 말했다. 고아들의 상황을 지켜본 사람들은 거의 모두 신파조의 이런 평가를 그대로 반복했다. 어른이고 아이고 할 것 없이 혼혈아에게 돌을 던지고 뒤쫓고 때리고 박해했다. 이승만 대통령은 "한국 사회에는 그들이 설 자리가 없을 것"이라면서 혼혈아들이 배척당하는 현실을 인정했다.[11]

엄마들은 최대한 오래 GI 베이비들을 숨겼다. 국제사회봉사회는 엄마들이 "애처롭게도 머리카락과 속눈썹을 검게 염색하거나 머리카락을 늘어뜨려 얼굴을 덮는 식으로 아이의 정체를 숨기려고 애썼다"고 보고했다. 아이의 정체를 숨겨야 하는 어려운 상황에서도 한 엄마는 아이 아버지가 자기와 결혼해서 아이와 자기를 미국에 데려가길 바라면서 아이를 지켰다. 모든 희망이 사라지면, 엄마는 아이를 버릴 게 뻔했다. GI 베이비들은 "기차역, 상점 … 공중화장실, 시장, 현관 계단 등", 선교 단체, 교회, 고아원 내 생각할 수 있는 모든 곳에서 발견되었다. 더 극단적인 사례도 있었다. 쓰레기통이나 산비탈에 버려져 죽은 채 발견된 아이들도 있었고, "금발 머리 영아의 시신이 해안가에 떠밀려 오기도 했다."[12]

한국계 GI 베이비에 관한 추산은 아주 다양하지만, 실제 숫자보다 그들이 갖는 상징적 의미가 훨씬 중요하다. 국제사회봉사회에서 추산한 숫자는 300명에서 5,000명 사이로 다양했고, 미 대사관은 "1,500명은 된다고 확신했다." 1954년에 한국 보건사회부는 400명이 넘는 혼혈아가 있고 매년 300명 정도가 더 태어난다고 추산했는데, 이는 매주 80명이 태어난다고 보고한 해군군종단의 추정치보다 훨씬 적은 숫자다. 한국 보건사회부는 전쟁이 끝나고 5년이 지난 뒤에도 "혼인 관계에서 태어난 아이들 통계도 신뢰하기 어려운데 혼외 관계에서 태어난 아이들 숫자는 더 말할 것도 없다"고 말했다. GI 베이비 숫자에 관한 다양한 추정치가 보여주듯이, 한국 사회에는 '혼혈' 아동이 넘쳐날지도 모른다는 두려움이 컸다. 국제사회봉사회의 한 사회복지사는 "외국 군인이 많이 주둔하는 38선 근방에서 일하는 선교사들에 따르면, 그곳 숲에는 그런 아이들을 가진 여자들이 수두룩하다"라고 보고했다. 이승만 대통령은 "고아원에 혼혈아가 넘쳐난다고 생각했다"라고 말했다.[13]

'GI 베이비 문제'는 실제로 두 가지 문제가 아주 밀접하게 연결되어 있었다. 우선, 단일 민족 이미지를 앞세워 인종적 순수성을 지키려고 애쓰던 국가에는 인종 혼합의 산물인 GI 베이비들 자체가 문제였다. 이와 동시에, GI 베이비들은 혼혈, 사생私生, 낮은 신분 때문에 차별과 어려움을 겪었다. 따라서 'GI 베이비 문제'란, 'GI 베이비들이 한국에 제기한 문제'이자 '그들을 원하지 않는 나라에 남아 있을 때 그들에게 닥칠 문제'를 가리켰다. 입양과 이민을 지지하는 사람들은 주로 후자의 관점에서 이 문제를 이야기했다. 한국에서 이 아이들이 앞으로 맞닥뜨릴 어려움을 모면할 수 있게 해주어야 한다는 것이 골자였다. 그러나 기록에 따르면, 입양 옹호자들과 한국 정부가 훨씬 더 관심을 기울인 것은 이 문제의 첫 번째 차원이었다. 단일 민족이라 자부하던 한국에 GI 베이비들이 제기한 난제 말이다.

많은 한국인과 미국인에게 이 문제의 해법은 분명해 보였다. 한국에서 이 아이들을 치워버리면 될 일이었다. 한국 상황을 잘 아는 한 미국인은 이승만 대통령과 영부인을 포함하여 "교양 있고, 사려 깊고,

영향력 있는 한국인들"은 혼혈아를 최대한 많이 미국에 보내는 것을 최우선 과제로 여긴다면서 이와 같은 계획에 관심이 집중되어 있다는 사실을 확인해주었다.[14] 유일한 문제는 '방법'이었다. 부분적인 해답은 미 의회에서 나왔다. 1953년에 통과된 난민구호법으로 미국 시민에게 입양된 난민 고아에게 4천 건의 특별 비자가 책정되었고, 따라서 이 법률은 상상만 했던 한미 입양 제도의 핵심 요소로 자리 잡았다.

미국인들은 한국 아동을 입양하려는 열망을 충분히 보여주었다. 언론 매체, 국회의원, 아이젠하워 대통령 부부, 이승만 대통령, 미국아동복지연맹CWLA, 미국 아동국, 기독교아동복리회, 그리고 작가 펄 벅이 혼혈 아시아 아동을 위해 설립한 웰컴하우스Welcome House 같은 입양 기관들에 고아 입양을 신청했다. 1953년 7월, 미국 라디오 방송에서 한국 원조에 관해 보도하자 한국 아동에게 관심이 있는 미국인들에게서 약 100건의 입양 신청이 들어왔다. 그해 12월에는 제칠일안식일예수재림교회 소속 기관인 서울위생병원과 성육원에 관한 언론 보도가 있었다. 서울위생병원과 성육원을 운영하던 조지 루George Rue와 그레이스 루Grace Rue 부부는 "전시에 태어난 한국계 미국인 아이들" 50명이 가정을 찾고 있다고 호소했다. 보도가 나가자 양부모가 되길 원하는 사람들에게서 608건의 입양 신청이 들어왔다.[15]

실제로 루 부부는 병원 수간호사였던 아이린 롭슨Irene Robson이 한국 아동을 입양할 수 있게 도왔다. 군인이 아닌 일반 미국인이 한국 아동을 입양한 첫 사례였다. 아이린 롭슨은 한국계 백인 여자아이 페트리샤 리Patricia Lea를 입양했는데, 태어난 지 닷새밖에 안 되었을 때부터 자신이 돌보던 아이였다. 1953년 7월, 롭슨은 페트리샤 리를 데리고 미국으로 돌아갔고, 같은 달에 한국전쟁도 막을 내렸다. 성육원 원장이었던 그레이스 루는 페트리샤 리의 입양 절차를 도왔고, 병원에 있는 많은 아이가 외국에 입양될 수 있도록 힘썼다. 그러나 그레이스 루는 직접 입양 기관을 운영할 생각은 없다고 분명히 밝혔고, 다른 기관에서 도움을 요청할 때만 입양 업무에 관여했다. 루에게 입양 활동은 늘 편의성의 문제였고, 병원을 운영하다 보니 생기는 부차적인 업무였다.[16]

한국인들과 미국인들 모두 '겉모습이 다른 혼혈아는 단일 민족임을 자부하는 한국 사회에 적응할 수 없을 것'이라는 가정 아래 GI 베이비들을 치워야 한다고 주장했다. 단군의 후손으로서 혈통을 순수하게 보존해왔다는 믿음에 기반을 둔 한국의 민족주의는 한국전쟁 이전부터 있었다. 한국인은 인종, 민족, 국민을 하나로 합쳐서 이해했다. 이 셋을 따로 구분할 때조차도 한인, 한민족, 한국민과 같이 자기 강화 전략을 썼다. 예를 들어, '민족'이라는 한국어 단어는 'nation'을 의미하지만, 'ethnicity'와 'race'를 가리킬 때도 사용된다. 해방된 대한민국의 초대 대통령 이승만은 '일민주의一民主義'를 국가 정책으로 내세웠다. 이런 식의 민족주의는 한국을 "혈통과 조상을 공유하는 것이 특징인" 자연스러운 실체로 인식했다. 반공과 통일을 부르짖던 이승만은 "하나의 국민이 대동단결하여 … 하나로 통합된 조국을 장악해야 한다"라고 주장하기 위해 일민주의에 호소했다. 그의 뒤를 이은 박정희 대통령 역시 비록 나라는 분단되었을지라도 "우리는 공통의 운명을 지니고 하나의 언어와 하나의 역사와 같은 민족의 뿌리로 묶여

있다"라고 선언하며 인종에 뿌리를 둔 민족주의 언어를 사용했다.[17]

이런 민족주의가 GI 베이비들에게 미치는 영향은 분명했다. 단일 민족 국가인 한국에는 GI 베이비들이 설 자리가 없었다. 이승만 정부는 "우리는 … 할 수 있는 모든 방법을 동원해서 돕고 싶습니다"라면서 GI 베이비들을 외국에 치우고픈 욕망을 자애로운 언어로 포장했다. 그러나 사저으로 이승만은 이 아이들에게 그다지 연민을 느끼지 않았다. 국제사회봉사회 소속 사회복지사 마거릿 볼크Margaret Valk는 다음과 같이 보고했다. "어떻게든 이 아이들을 이 나라에서 내보내야 한다는 불안감이 있다. 국무회의에서 이 대통령은 … 이 나라에서 빨리 내보내기만 하면 그다음에 무슨 일이 생기든 상관없다고 말했다고 한다. 오스트리아 출신의 영부인도 같은 생각이다." 펄 벅은 그는 "'가다가 태평양에 버리는 한이 있어도' 한국계 백인 아이들을 치워버리고 싶어 했다"며 이 대통령의 말을 인용했다. 한국 대중들도 미국인들이 한국계 혼혈아를 입양하는 것을 반기는 분위기였다. GI 베이비들은 한국인으로 받아들여지지 않았고, 따라서 "아이들이 다른 곳에서 기회를 얻어야 한다", 한국인들은 "거지들과 원치 않는 아기들이 해외로 입양되어 기쁘다"는 것이 한국 사회의 "전반적인 분위기"였다.[18]

유엔 주재 한국 대사는 입양이 "미국 사람들이 한국에 보내는 훌륭한 인도주의적 제스처가 될 것이고, 한국 사람들이 미국에 느끼는 우애를 더욱더 깊게 해줄 것"이라면서 입양을 한미 우호의 관점에서 바라보았다. 가톨릭난민위원회CCR와 국제사회봉사회는 좀 더 솔직하게 해외 입양이 한국의 복지 및 재건 정책과 "완벽히 일치한다"라고 설명했다. 외국에 내보내는 아이들 대다수는 이제 제도적 보살핌과 지원을 받을 필요가 없을 테니 그들의 이주는 한국 경제에 보탬이 될 터였다.[19] 이승만 정부는 실행 가능한 국가 간 입양 프로그램을 예상하고 입양 및 이민 절차를 간소화하려고 애썼다. 한국전쟁이 끝나기도 전에 한국 보건사회부는 한국 아동의 양육권 포기, 입양, 이민 절차를 확립하기 위해 유엔한국재건단과 협력했고, 한국 정부는 국가 간 입양을 허용하는 새로운 법안을 만들기 시작했다.[20] 해외 입양을 허용하는 고아입양특례법 초안을 만들고, 6년 동안 7번이나 이 법안을 국회에 제출하려고 애썼다. 그러나 정당 간의 마찰로 이 법안은 법으로 제정되기는커녕 진지한 논의조차 이뤄지지 못했다.[21] 이승만이 몸담은 자유당 내부의 불안정, 파벌 싸움, 부패 역시 전후 한국에서 진정한 변화를 이뤄낼 입법 과정을 방해했다. 사실, 이승만은 남북통일이라는 목표에만 너무 몰두한 나머지 재건과 개발에는 별 관심이 없었다. 당연히, 혼혈아인 GI 베이비들을 어떻게 할 것인가 하는 문제 역시 해결하지 못했다.[22]

이승만 정부는 국가 간 입양을 허용하는 법을 통과시킬 수 없게 되자, 행정 조치를 통해 GI 베이비들과 전쟁고아들의 입양이 가능하게 만들었다. 국가 간 입양이 워낙 새로운 개념이라 정부와 대법원은 외국인들이 한국 아동을 입양할 수 있는가 하는 문제를 해결하기 위해 1898년과 1912년에 공포된 법률들을 우선 살펴봐야 했다. 1954년에 한국 법원은 "외국인도 … 법적으로 한국 국민을 입양할 수 있다"는 "공식 해석"을 내놓고, 많은 입양을 승인했다.[23] 나아가, 한국 정부는 "미국 이민 승인을 위한 기본 정책"을 시행했다.[24]

한국에 있는 미국 정부 대표들도 국가 간 입양이 가능하도록 이승만 정부에 최대한 협조했다. 미 대사관은 한국 정부가 "정치적인 이유로 GI 베이비 문제를 중요하게 여기고, 최대한 많은 아이를 한국에서 보내려 한다"라고 말했다. 미 국무부 극동난민구호프로그램 책임자는 난민구호법을 광범위하게 해석하여 이 지역 신청자들이 "적정한 비율의 비자"를 할당받을 수 있게 하겠다고 약속했다. 미 대사관 직원들은 신청 마감일 전에 서류 작업을 마치기 위해 입양 기관들과 협력했다. 1955년 12월, 미 대사관은 가능한 한 빨리 양부모들과 아이들을 연결해주고, 최대한 많은 수의 한국 아동이 미국 입국 절차를 밟을 수 있도록 돕기 위해 국제사회봉사회 사회복지사를 한 명 채용했다.[25]

1954년에 준準정부 입양 기관으로 한국아동양호회를 설립한 것이 한국 정부가 국가 간 입양을 지원하기 위해 한 가장 중요한 조처였다. 한국아동양호회는 한미재단에서 재정을 지원했고, 한미재단은 국가 간 입양에 관여하던 한국의 주요 기관들 전부와 더불어 이 새 기관을 부분적으로 감독했다. 한국 보건사회부에서도 1955년에 미화 60달러, 1956년에 400달러 상당의 보조금을 지원했고, 기독교세계봉사회와 미국 가톨릭복지협의회NCWC에서 각각 500달러를 기부했다. 한국아동양호회는 보건사회부에 딸린 "춥고 외풍이 심한" 사무실 두 곳에서 적은 예산으로 운영되었다. 전화선이 워낙 불안정해서 중요한 전화 통화를 하려면 직원들이 두 블록이나 떨어져 있는 사무실까지 가야 했다. 미국에 있는 예비 양부모들과 편지를 주고받을 때 드는 우편요금을 낼 돈도 부족한 형편이라, 한국아동양호회 직원 4명이 초창기 국가 간 입양 프로그램 운영에 필요한 거의 모든 일을 처리했다.[26] 친생모와 아이들을 면담하고, 아이들이 돌봄을 받을 수 있게 주선하고,

사진 2.1 초창기 한국아동양호회를 통해 입양된 아이들의 비행기 탑승
전 모습(1954년경). 뒷줄 왼쪽에서 두 번째가 한국아동양호회 초대 회장
홍옥순이다. _출처: 대한사회복지회 제공

한국 정부와 미국 정부에서 요구하는 서류를 준비하고, 고아원에 있
는 아이들에게 이상이 없는지 살펴보고, 건강 진단을 위해 아이들을
병원에 데려갔다.

한국아동양호회 회장은 감리교에서 설립한 서울 세브란스병원에
서 수련한 간호사 홍옥순이었다(사진 2.1 참조). 의료 훈련을 받긴 했지
만, 사회복지 업무에 필요한 자격 요건이나 경험은 전혀 없었다. 그런

데도 홍옥순은 한국 아동 입양을 시작하는 시점에 중요한 역할을 했다. 아주 열심히 일했고, 입양 프로그램 운영에 필요한 실전 기술을 빨리 익혔고, 아이들과 친생모들에게 상냥하고 다정했다. 해리 홀트가 그녀를 가리켜 '천사'라고 칭할 정도였다. 홍옥순은 무척 헌신적이어서, 고아원에 데려가는 것보다 그 편이 낫겠다 싶을 때는 고아가 된 아이들을 자기 집에 데려가곤 했다. 집에 가면 친자식이 다섯이나 있는데도 말이다.[27] 또한, 한국아동양호회에는 영어를 할 줄 아는 직원이 두 명뿐이었는데, 홍옥순이 그중 한 명이었다.

한국아동양호회 설립을 긍정적인 발걸음으로 이해하는 사람들이 많지만, 국제사회봉사회의 마거릿 볼크는 냉소적인 반응을 보였다. 좀 더 실질적인 관심이 필요한 문제를 일시적으로 땜질하는 미봉책에 불과하다고 생각했기 때문이다. 한국 보건사회부와 회의를 가진 뒤에 이런 생각은 더 굳어졌다. 그녀가 보기에 한국 정부는 GI 베이비들을 위한 해법을 모색하기 위해서 국가 간 입양 이상의 일을 할 계획이 없었다. 미국 정부 기관과 비정부기구 대표들도 그녀와 비슷한 인상을 받았다. 볼크는 한국 보건사회부가 "이 특수한 문제를 해결하기 위해 국제 원조에 너무 의존하고 있다"고 느꼈다.[28]

고아와 고아원

GI 베이비 숫자를 정확히 계수하기 어려웠던 것과 마찬가지로 시설에 있는 아이들과 거리를 떠도는 아이들의 전체 숫자도 정확히 파악하기 어려웠다. 유엔 한국재건단은 한국전쟁이 끝난 1953년에 약 317개 시설에서 38,700명의 아이를 수용하고 있는 것으로 추산했고,

한국 보건사회부는 전부 다 고아는 아니더라도 "아주 절실하게 지원이" 필요한 아이들이 총 5만 명에 이른다고 보았다.[29] 한국전쟁 이후 고아원이 우후죽순처럼 늘어났다. 1955년에는 500개 고아원에서 약 5만 3천 명의 아이를 수용하고 있는 것으로 추정되었다. 전쟁이 시작되었을 때보다 두 배 이상 늘어난 수치다. 1970년대까지도 고아원 수는 500개가 넘었다.[30] 역사적으로 외국 선교사들이 한국에 고아원을 설립하고 운영했다. 선교사들과 자원봉사 단체들은 전후에도 이 시설들에 자금을 지원하고 후원했다. 한국인들이 설립한 고아원도 전쟁 중에 설립되었다. 한국인 목사나 평신도가 집 없는 아동들 몇몇을 거둬서 먹이고 재웠다. 더러는 오갈 곳 없는 아동들을 자기 집에서 재우고 먹이기도 했다. 조그맣게 시작한 이런 활동이 결국 정식 고아원 설립으로 이어졌고, 구호 단체, 선교 단체, 후원 기관이 네트워크를 이루어 이런 고아원을 계속 유지해나갔다. 많은 토종 고아원이 외국의 영향을 받은 흔적이 남아 있다. 미군들이 지은 건물을 사용하기도 하고, 선교 단체가 운영하는 학교에서 공부한 사람이 고아원 원장을 맡기도 했다. 예를 들어, 서울 충현고아원은 한국인 원장과 직원들이 소유하고 운영했지만, 미군들이 낸 기부금으로 건물을 지었고 기독교아동복리회가 이 고아원을 후원했다.[31]

어마어마한 수의 고아원은 미국인 방문객들에게 잊을 수 없는 인상을 남겼고, 고아원 환경을 직접 본 방문객들은 예외 없이 몸서리를 쳤다. 많은 고아원이 아이들 수백 명을 수용하고 있었고, 고아원 직원들은 숫자도 턱없이 부족하고 교육도 제대로 되어 있지 않았다.[32] 아시아에서 폭넓은 경험을 쌓은 사람들마저도 영양실조에 걸려서 축 처

사진 2.2 한국의 고아원은 한국전쟁 이후 가족과 아동을 지원하는 핵심 기관이었다. 군인들은 아이들과 놀아주고 구호품을 나눠주기 위해 정기적으로 고아원을 방문했다. 이 사진은 알렉산더 맥냅(Alexander J. MacNab)이 한국에서 복무하는 동안 찍은 것이다. _출처: 알렉산더 맥냅 대령의 소장품

진 아동들과 "지저분하고 비위생적이고 … 어둡고 춥고 칙칙한" 환경을 안타까워하며 충격에 빠졌다.[33] 한미재단의 하워드 러스크Howard Rusk는 1953년 3월 일주일간 한국을 방문한 뒤 고아원의 궁핍한 상황을 이렇게 표현했다. "50명이 … 미국에서 용인하는 최저 수준에 미치는 보살핌을 받고 있는지 의심스럽다."[34] 군산의 한 고아원에서 기독교아동복리회 현장 감독 윌리엄 애즈버리William Asbury는 "방 두 개에 … 아이들 120명이 꽉 들어차 있는데, 두 방을 합친 전체 건축 면적이 37제곱미터가 채 안 되었다"라고 말했다.[35] 3년 뒤에도 상황은 별로 나아지지 않았다. 국제사회봉사회의 마거릿 볼크는 아이들로 발

디딜 틈이 없고 난방 및 수도 시설이 부족한 것을 한국 고아원의 일반적인 특징으로 꼽았다.

고아원에는 작은 방이 여러 개 있고, 각 방에서 많은 수의 아이가 앉아서 놀고, 먹고, 잔다. 침대도 탁자도 의자도 없고, 아이들은 온기를 느끼기 위해 꼭 붙어 잔다. 식사는 밥과 채소가 전부고 … 운이 좋으면 하루에 두세 번 외국 구호 단체에서 나눠준 분유를 먹는다. 유아들로 가득 찬 방은 열 살에서 열두 살쯤 된 여자아이가 혼자 관리한다. 정식 교육을 받은 적 없는 여성이나 10대 소녀가 관리하는 방에는 나무 상자가 여럿 있고 그 안에는 영아들이 가득하다.

마거릿 볼크는 다음과 같이 말을 마쳤다. "아이들은 오고 간다. 죽어서 나간다."[36]

이 비참한 시설들이 한국 아동복지의 전부였다. 고아원이 한국 정부에 기대할 수 있는 것은 아이 한 명당 정해진 쌀 배급뿐이었다. 나머지는 스스로 충당하거나 미군 부대와 미국 정부 기관, 자원봉사 단체의 자발적 후원에 의존했다. 외국에 대한 의존도가 너무 높은 탓에 마거릿 볼크 같은 사람들은 "외국 원조가 모두 끊기면, 그때는 대체 무슨 일이 벌어질지" 걱정했다. 수용 인원은 너무 많고 시설이 미비한 고아원을 감독하는 일은 한국 보건사회부의 몫이었다. 보건사회부는 자기네 조직을 두고 "대부분 전문 교육을 받지 않은 아주 소수의 사람이 … 국가 기관을 운영하려고 애쓰고 있다"고 설명했다. 아무리 정교한 정부 기관이라도 보건사회부에서 담당하는 사회복지 문제의 규모를 보면 압도당했을 것이다. "보건사회부에서 담당하는 문제의 규모와 복잡성은 말로 다 설명할 수 없을 정도"였다고 기독교아동복리회 윌리엄 애즈버리는 보고했다. 전쟁이 끝나고 3년이 지난 뒤에도 보건사회부 업무는 별다른 진척이 없었다. "일반 아동복지 프로그램이 없다. 예산은 … 결핵 치료 및 통제, 성병, 나병 같은 여타 문제를 처리하기에도 턱없이 부족하다."[37]

전후 경제, 정치, 사회를 재건해야 하는 중대한 도전 앞에서 제약이 많았던 것은 사실이지만, 한국 정부가 사회복지를 최우선 과제로 생각하지 않았던 것 또한 사실이다. 사회복지사업은 "서양의 기독교인이나 백만장자들"의 소관이고, 가정이 무너져서 고아가 생기는 것 같은 사회 문제는 국가 정책으로 바로잡을 수 없다는 인식이 한국 정부와 국민에게 퍼져 있었다.[38] 정부 예산은 대부분 군에 책정되었고, 보건과 복지를 포함한 다른 분야에 할당되는 예산은 아주 적었다.[39] 기독교아동복리회 윌리엄 애즈버리는 사회복지에 대한 이런 무관심이 역사적으로 뿌리가 깊고 나라 전체에 넓게 퍼져 있다고 보았다. "한국 정부는 아동복지를 위해 무언가를 해본 역사도 없고, 적절한 법률도 없고, 사회적 책임에 대한 이해도 부족하다."[40] 한국전쟁 기간과 전후에 구호품이 쏟아지는 모습을 지켜본 이승만 정부는 국가의 사회복지 필요를 채우는 일을 외국 기관과 개인들에게 계속 의존했다.[41] 1953년부터 1956년까지 한국 정부가 사회복지에 지출한 금액은 외국에서 받은 원조가 전부였고, 그 후 4년 동안도 외국 원조로 사회복지 지출의 대부분을 충당했다.[42]

자원봉사 단체들과 선교사들에게 얻을 수 있는 돈이 비교적 거액이었다는 점을 고려하면, 일부 고아원 원장들이 보육 시설을 이용해 이윤을 창출하려 한 것은 그리 놀랄 일이 아니다. 아이 한 명당 정해진 양의 돈이나 물품을 제공하던 원조 프로그램은 부주의하게도 최대 숫자의 아동을 계속 명부에 올려두도록 유도하는 장려책을 고아원에 제시한 꼴이었다. 원장들은 고아원 근처에 살고 인원수를 셀 때 부를 수 있는 '유령' 같은 아이들을 명부에 끼워 넣었다. 입양을 보내려면 고아원 원장이 양육권을 포기해야 하는데 이를 거부하기도 했다. 국제사회봉사사회 한국 지부에 따르면 다음과 같은 사례도 있었다. "아이를 고아원에서 빼내느라고 아주 애를 먹었다. … 원장은 계속 월드비전에서 수표를 받길 원했고, 입양을 막지 않는 대신 국제사회봉사회에서 뇌물을 받길 원했다." 구호품이 어떻게 사용되는지 감독이 소홀한 탓에 일부 고아원 원장들은 아동들을 위해 써야 할 돈을 착복하고, 기부받은 음식과 옷을 암시장에 갖다 팔고, 아동들에게 가사 노동을 시키는 등의 부정행위로 이득을 얻었다.[43]

더 못된 원장들은 특별히 미군을 대상으로 기부금을 뜯어냈다. 장로교 선교사에 따르면, 고아원 원장들은 미군들이 자주 이용하는 도로를 따라 "고아원을 가리키는 커다란 표지판과 화살표를 셀 수 없을 정도로 많이" 꽂아두고 "뻔뻔하게" 미군들을 착취했다.[44] 미군들은 호구나 다름없었다.

고아원 원장들은 미군들, 살인 훈련을 받은 무정한 전투병들이 … 고아들을 보고 눈물을 흘리는 걸 알게 되었다. 누더기를 입고 영양부족에 시달리며 지저분하고 딱지투성이의 가엾은 어린아이들을 데리고 있는 장로교 목사라고 하면 미군들은 아무에게나 5달러 또는 10달러 짜리 지폐를 건넨다. 더 지저분하고 행색이 더 초라하고 더 굶주리고 딱지가 더 심할수록 지폐를 얻어내기가 더 쉬웠다. 일단 이 사실을 알게 되면, 남은 문제는 얼마나 많고 다양한 미군 목사나 부대에 접촉할 수 있느냐 뿐이었다.[45]

한 사회복지사는 일부 고아원이 아동들, 특히 혼혈아들을 데리고 상황을 연출하는 모습을 비난했다. "한국의 고아원 관리자들이 자기네 고아원에 혼혈아를 받길 원하고, 방문객이 보고 측은히 여기도록 그들을 앞줄에 세우는 것은 범죄다."[46]

선교사들도 너그러운 미국 기독교인들을 표적으로 삼는 고아원 원장들을 비판했다. 미국 기독교인들은 자신들이 후원하는 고아원에서 "참된 기독교인의 삶이 이어질 수 있도록 체계적이고 정직하게 노력해준" 기독교아동복리회와 월드비전을 칭찬했지만, 다른 고아원들과 원장들은 그다지 정직하지 않았다. 비양심적인 후원 기관들과 고아원들은 모금 운동을 하는 과정에서 자기가 기독교인이라고, 또는 특정 기독교 교단에 속해 있다고 거짓말을 했다. 한 장로교 선교사는 이런 호소를 좋게 보지 않았다.

미국에 있는 기부자에게 직접 구걸하는 편지를 쓰는 고아원이야말로 절대 신뢰할 수 없는 곳이다. 그런 편지는 모두 공통된 양식을 따른다. 그들은 애교 넘치되 문법에 맞지 않는 영어로 (1)가장 경건한 표현을 써서 미국 사람들에게 고운 마음씨를 주신 하나님께 감사하고, (2)이런 편지를 쓰는 것이 얼마나 괴롭고 면목 없는지를 설명하고, (3)괴로움을 무릅쓰고 마음을 굳게 먹었다면서 숙련된 솜씨로 돈을 뜯어낸다. (4)그리고 사진을 첨부하는 게 보통이다.[47]

이들 기관 중 일부는 "문서상으로만 존재하는" 것으로 밝혀졌다.[48] 많은 고아원 원장이 문서 위조와 구호품 판매로 징역형을 선고받았다는 보도에서 알 수 있듯이, 1959년에는 고아원에 대한 감독이 강화되었다. 그해 가을, 한국 기독교세계봉사회와 여타 기관들은 최소한의 기준에도 미치지 못하고 아이들을 착취하는 것으로 드러난 한국의 많은 고아원에 물질적 원조를 중단했다. 그와 동시에 미군 군종감은 비무장지대에 있는 고아원들을 조사한 뒤 그중 일부는 폐쇄하고 일부 고아원에는 개선 명령을 내렸다.[49] 그러나 고아원 수가 계속 증가하면서 미심쩍은 관행은 계속 이어졌다.

역사적으로 미국과 다른 나라에서는 곤경에 빠진 부모들이 임시 또는 장기 보육 시설로 고아원을 이용했다. 한국전쟁 기간과 그 이후에 한국 부모들도 음식과 거처 때문에 자식을 잠시 고아원에 맡겼다. 부모들은 자녀를 입양 보내도 좋다고 말했지만, 가끔은 입양이 임박한 시점에 자식을 찾으러 오기도 했다. 물론 어떤 부모들은 영영 맡길 생각으로 자식을 고아원에 데려왔다. 약 50만 명의 전쟁 과부 중 상당수가 다시 찾으러 오지 못할 거라는 걸 알면서 자식을 고아원에 맡겼다. 유교 전통에 따라 한국의 과부들은 재혼하지 않았고, 가족의 지원을 기대할 수 없는 미혼모들은 자식을 키울 만한 경제적 능력을 갖추기가 쉽지 않았다.[50]

아동 후원 프로그램이 늘어나면서 한국 부모들이 자식을 고아원에 맡길 이유는 더 많아졌다. 고아원에 맡기면 받을 수도 있는 혜택을 집에서는 줄 수 없었기 때문이다. 이런 관행 탓에 아이가 고아인지를 판단하는 과정이 더 복잡해졌다. 고아원에서 살던 한 사내아이는 입양을 준비하고 있었는데, 아이 아버지가 입양에 동의해주지 않았다. 자신은 아이에게 아무것도 줄 수 없는데도 말이다. 어떤 이들은 이것이 기독교아동복리회 같이 좋은 의도에서 출발한 프로그램을 부당하게 악용하는 것이라고 보았다. 따라서 기독교아동복리회에서는 "책임감은 전혀 없으면서 자식을 떠나보내려고도 하지 않는" 이런 가족들이 있다는 사실을 염두에 두어야 했다. 다시 말해서, 고아원을 전략적으로 활용한 이 아버지의 행동은 고아원과 후원 프로그램을 모두 착취한 것이나 다름없다. 그의 아들은 고아원에서 사는데도 입양을 보낼 수는 없으니 말이다. 그러나 다른 관점에서 보면, 그 아버지는 자기 앞에 있는 선택지 가운데서 가장 합리적인 선택을 한 셈이다. 그래서 보육 시설에만 자원을 쏟아붓는 정책이 이런 행위를 부추긴다는 사실을 인정하고, 1960년대에 일부 후원 프로그램은 아이가 있는 가정을 돕는 활동에 중점을 두기 시작했다. 그렇지만 1990년대까지도 아동원조는 주로 시설을 통해 이루어졌다.[51]

'고아'라는 용어는 애매하고 포괄적이라서 조작하기 쉬웠다. 고아원들은 구호품과 돈을 최대한으로 받기 위해서 아이들을 최대치로 수용하길 원했다. 그래서 원장들은 부모가 버젓이 살아 있는 아이들까지도 고아로 둔갑시켰다. 친생부모는 상대적으로 부유한 고아원에서 혜택을 받을 수 있도록 자기 자식을 고아로 둔갑시켰다. 자식을 버림으로써 고아로 만드는 것이다. 양측의 동기가 맞물리면서 강화되다 보니 한국전쟁이 끝나고도 오랫동안 고아원에는 아동들이 가득했고 하나의 산업을 이루어 계속 번창했다. 이런 보육 시설들과 이 시설들이 부추기는 고아 조작은 국가 간 입양을 체계화하는 데 꼭 필요한 전제 조건이었다.

가지 않은 길

입양을 원하는 미국인들에게서 수백 건의 신청이 쏟아지는데도, 한쪽에서는 미국에 한국 아동에 대한 수요가 있는지조차 인식하지 못했다. 미 대사관은 입양을 원하는 양부모가 부족한 것이 "상당수 아동의 입양 준비 과정에서 직면하는 가장 큰 걸림돌"이라고 말했다. 기독교 아동복리회에서 양부모를 찾으면, 대사관 직원들이 "나머지 일을 처리하겠다"고 제안했다. 필요한 서류 작업을 끝내고 "아이를 미국에 있는 '부모'의 집에 인계하겠다"는 말이다. 예비 양부모가 남아도는지 부족한지도 제대로 파악이 안 돼서 벌어진 이런 혼란은 초기 한국 입양 산업에서 시장의 힘이 작동하던 방식에 의문을 품게 한다. 새로 찾아낸 한국 아동들이 입양을 원하지만 할 수 없었던 미국인들의 수요를 충족시킨 것인가? 아니면, 공급이 수요를 창출한 것인가? 1954년 국가 간 입양 관련 회의에서 한국사회복지사연맹의 로랑 윤Laurent Youn 신부는 한국 아동 입양이 가능하도록 애쓴 사람은 미국인들이었다고 말했다. 로랑 윤은 "한국사람들은 자식을 키우는 책임이 있다는 사실을 인정할 뿐 아니라 간절히 그렇게 하기를 원한다. … 한국의 기관들과 개인들이 한국 아동의 해외 입양을 고려하기 시작한 것은 어디까지나 한국 밖에 있는 사람들이 한국 아동에게 청하지도 않은 관심을 보이면서부터였다." 그러나 로랑 윤은 소수파였다. 한국에 있던 다수의 소식통은 이의 없이 국가 간 입양이 최선의 해결책이라고 믿었다.[52]

한국 정부 안에서 약간의 반대가 있긴 했다. 이민을 장려하는 것이 과연 현명한 일인지 의문을 제기하는 이들이 일부 있었다. 나라에서 국가 재건에 필요한 재능 있고 "생각이 올바르고 신체 건강한" 아동들을 유출하는 것은 아닌지 우려한 것이다. 그러나 이승만 정부는 GI 베이비들은 진정한 한국인이 아니라는 믿음을 강조하며 난민구호법의 고아 프로그램을 "전폭적으로 지지했다." GI 베이비들의 해외 이주는 한국의 국력을 떨어뜨리는 것이 아니라 혼혈아동을 제거함으로써 오히려 국력을 강화할 것이라고 보았다. 한국인들은 "우리 한국 사람"이 아닌 아이들을 국가가 직접 "치워야" 한다고 믿었고, 국가 간 입양 제도는 "인종 청소 방법과 배출구"를 제공했다고 설명하는 이들도 있다.[53]

반대 의견을 강하게 표출하지는 않지만, 미국인들은 국가 간 입양에 조금 더 비판적이었다. 특히, 국제사회봉사회, 유엔한국재건단, 한미재단에서 못마땅해했다. 이 세 기관은 서로 긴밀하게 협력했으니, 이 문제에 대한 공통된 입장은 기관들끼리 의견을 나눈 결과였을 것이다. 국제사회봉사회는 행정상의 이유로 한미 간 입양 사업이 불가능하다고 보았다. 한국에는 이 일을 맡을 만한 적격자나 적격 기관이 없을 뿐 아니라 미국에도 인력이 부족하다는 이유였다. 또한, 국제사회봉사회는 미국 사회가 한국 아동들을 얼마나 잘 받아들일지 걱정스러워했다. 유럽 아동의 입양은 기꺼이 지지했지만, "아시아 아동에 관한 한 잘 알지 못한다"는 이유로 주저했다.[54]

국가 간 입양에 회의적인 사람들은 해외 입양이 과연 한국 아동에게 최선인지 의문을 제기했다. 유엔한국재건단의 한 직원은 해외 입양이 한국 아동들에게 "위험할" 것으로 생각했다. 주로 서구 국가로 이주하게 될 텐데, 서구 국가에서는 "신체적으로, 인종적으로, 사회적으로 적응하기가 특히 더 힘들다"고 보았다. 다른 직원도 아동들은 "이중의 정서적 어려움을 겪으면서 자신이 집을 떠나 외롭게 뭍에 올라온 물고기"라는 사실을 깨달을 거라며 그와 의견을 같이했다. 장애아동지원협회^AACC도 국제사회봉사회와 마찬가지로 한 아동을 그가 태어난 나라와 문화에서 뿌리째 뽑아내는 행동을 우려했다. "아이의 고국은 물론이고 친척들, 친구들과도 갈라놓고 전혀 다른 환경으로 이주시키는 해외 입양은 많은 문제점을 드러냈다. 해외 입양은 아동을 같은 문화권에서 입양하는 사례보다 훨씬 더 심각한 위험이 따른다."[55]

소수였지만 한국 사회가 GI 베이비들을 받아들일 수 없다는 만장일치에 가까운 가설에 반대하는 이들도 있었다. 캐나다인 선교사이자 사회복지사인 앤 데이비슨^Anne Davison은 "이곳에서 그 아이들을 받아들이려는 시도조차 해보지 않았다"라고 주장했다. 월 후원 프로그램을 통해 1955년에 한국 고아원에 있는 아이들 4천 명을 후원했던 월드비전 역시 GI 베이비들이 한국 사회에 통합될 수 있다고 믿었다. 월드비전의 목표는 한국 안에서, 다시 말해 "언어와 관습을 잘 아는 익숙한 환경"에서 이 아이들을 보살피는 것이었다. 그러나 해외 입양에

GI 베이비 문제 해결하기

반대하던 이들이 공개적으로 반대 의견을 표명했던 것 같지는 않다. 국가 간 입양이 이뤄지도록 힘을 보탰던 한 한국인 사회복지사는 GI 베이비들을 외국에 보내는 정부 정책에 반대하는 목소리를 내거나 한국에서 살게 두면 결국 한국 사회가 그 아이들을 받아들일 수도 있다고 주장하던 기관이 있었는지 조차 기억하지 못했다.[56]

해외 입양을 비판하는 사람들은 외국에서 아동을 입양하려는 사람들의 미심쩍은 성품에도 우려를 표했다. 유엔한국재건단의 한 직원은 "정서적으로 애정에 굶주린" 예비 양부모를 향한 깊은 불신을 드러내면서 이런 우려를 간략히 정리했다. 그 직원은 많은 지원자가 자국에서 국내 입양을 신청했다가 "타당하고 정당한 이유로" 탈락한 뒤 해외 입양으로 눈을 돌렸다고 지적했다. 또한, 그는 "싼값에 가정부를 확보하는 수단"으로 입양을 이용하는 이들도 있다고 경고했다. 장애아동지원협회 역시 한국 아동을 입양하고 싶다고 신청한 많은 사람이 양부모 자격이 없는 이들일 것이라면서 비슷한 의구심을 표현했다. 1954년 9월, 홍옥순은 아동 167명의 비자를 신청했고, 입양을 원하는 미국인 지원자가 500명이 넘는다고 발표했다. 그러자 일부 자원봉사 단체에서는 "주(州) 입양법에서 정한 입양 자격을 갖춘 사람은 그중에 100명 정도"일 것으로 추정했다. 기독교아동복리회의 캘빗 클라크 Calvitt Clarke는 입양 신청자의 "50퍼센트에서 75퍼센트"는 고위험군일 것으로 추정했다.[57]

국가 간 입양의 가장 큰 걸림돌은 수송 문제였다. 양부모들 대부분이 엄두도 못 낼 정도로 한국을 오가려면 돈이 많이 들었다. 그래도 외국에서 입양한 아동이나 입양을 위해 미국에 오는 아동의 입국을 이민법이 허용한 까닭에 아이를 데려올 수는 있었다. 국제사회봉사회 같은 기관들은 선교사들이나 국외 거주자들, 또는 한국인 유학생들이 미국에 갈 때면 한 번에 여러 아동을 딸려 보냈다. 유럽, 팔레스타인, 홍콩에서 오는 이민자들은 미국 정부와 국제 비정부기관들로부터 수송 지원을 받았지만, 한국 고아들은 그런 지원을 받지 못했다. 1956년에 한국에서 미국까지 실어나르려면 아이 한 명당 253달러가 들었다. 1956년 초, 국제사회봉사회와 가톨릭난민위원회에서 입양을 추진 중인 아동 약 200명의 수송비를 보조하려면 자금 확보가 관건이라고 했을 정도로 비용이 만만치 않았다. "해상 수송비를 부담하지 못하면, 이 중 많은 아이가 미국에 이민 갈 기회를 얻지 못할 심각한 위험에 빠져 있다." 회의론자들은 "그 정도 돈이면 성인이 될 때까지 한국에서 충분히 키우고도 남을 것"이라면서 아이들을 외국에 보내려고 그렇게 많은 돈을 쓰는 것이 과연 타당한 처사냐고 물었다.[58]

실제로, 한국 입양 산업 전체에는 자금과 전문 인력과 에너지를 국가 간 입양 프로그램에 쏟아붓는 것이 자원 활용의 최선인가 하는 의문이 제기되었다. 한 아동의 이민 및 입양 절차를 밟으려면 일손, 시간, 돈, 그리고 다수의 기관과 정부 부처의 긴밀한 협력이 필요했다. 그런데 이 모든 자원은 "토종 아동복지 프로그램과 기관을 지원하고 전문 인력을 양성하고 대리 양육, 위탁 가정, 국내 입양 프로그램 등을 개발하는 일에 쓰는 것이 더 효과적"일 수 있다. 해외 입양을 비판하는 사람들은 한국 아동이 자기 가족과 살 수 있게, 최소한 자기 나라에서라도 살 수 있게 해주는 후원 프로그램을 선호했다. "나는 친생모가 아이와 함께 살고 있고 아이를 계속 키우길 원하면, 그 아이가 한국 아동이든 '유엔' 베이비든 외국으로 입양 보내면 안 된다는 의견에 우리 모두 동의하리라 생각한다."[59]

이런 이유로 유엔한국재건단, 한미재단, 국제사회봉사회 같은 단체들은 해외 입양을 "한국 아동복지 문제의 주된 해법 중 하나로 간주해서는 안 된다"고 생각했다. 이승만은 한미재단이 한국 아동의 해외 입양을 도와주길 바랐다가 실망했다. 한미재단 이사장 하워드 러스크 Howard Rusk는 한미재단이 회의론자들의 의견에 동의한다고 설명했다. "개인적으로 나는 … 한국인 어머니와 유엔군 사이에서 태어난 아이들 상당수를 미국으로 데려가기를 고대할 수 있다거나 고대해야 한다고 생각하지 않는다." 그러나 반대파는 대부분 목소리가 크지 않았다. 회의론자들은 해외 입양 관행에 적극적으로 저항하지 않았고, 다만 국가 간 입양 제도를 만드는 일에 협조하지 않을 뿐이었다.[60]

내키지는 않았지만, 국제사회봉사회는 결국 한국 아동 입양에 참여했다. 아마도 국가 간 입양이 장기적이고 건전한 정부 정책은 아닐지라도 GI 베이비 문제를 해결하고 용인할 수 있는 단기 해법은 된다고 인정했기 때문이었을 것이다. 국제사회봉사회는 일본에서 일본계 GI 베이비들의 입양 절차를 밟으면서 한국에서 귀중하게 쓰일 해외 입양 경험을 쌓았다. 또한, 국제사회봉사회는 아주 중요한 당사자들이 한국 아동 입양을 지지하고, 자기네 기관이 있든 없든 입양 프로그램을 계속 추진할 것이라는 사실을 깨달았을 것이다. 국제사회봉사회는 해외 입양에 반대한다며 손 놓고 구경만 하기보다는 사회복지 프로그램을 감독하는 국제기관의 역량을 살려서 한국 아동 입양에 참여해야 사회복지사업의 기본 원칙이라도 지킬 수 있다고 믿었을 것이다.

한국인과 미국인의 인종 개념으로 본 GI 베이비

국가 간 입양이 한국계 GI 베이비 문제를 해결할 최고의 방법이라는 초국가적 합의의 중심에는 인종과 민족에 관한 미국과 한국의 신념이 자리하고 있었다.[61] 1950년대 초반, 미국인과 한국인에게 '미국인다움'과 '한국인다움'을 둘러싼 인종적·정치적 개념은 국내외 정치와 최근의 역사에 따라 자주 바뀌었다. 냉전 초기에 미국은 인종에 관한 미국의 진보적 태도를 증명하고, 평등과 기회의 나라라는 이미지를 실현하려고 애썼다.[62] 한편, 일제에서 해방되고도 남과 북으로 두 동강이 난 한반도 남쪽의 새 정부는 독립과 자기규정에 힘썼다. 양국 모두 인종이 중심이 되는 국가관을 지지했다. 미국은 인종적 다양성과 관용을, 한국은 인종적 순수성을 중시했다.

한국인과 미국인은 대다수 혼혈 아동의 아버지가 미국인일 것으로 추정했다. 아마도 한국전쟁 기간에 한국군을 제외하고 유엔군사령부의 지휘 아래 싸운 병력 대다수가 미군이어서 그랬을 것이다.[63] 전쟁이 끝난 뒤에도 수천 명의 미군이 계속 한국에 주둔한 만큼 혼혈 아동의 아버지가 대부분 미국인일 것이라는 추측은 꽤 타당했다. 초창기에 쓰이던 '유엔 베이비'와 '유엔 고아'라는 용어가 재빨리 자취를 감춘 것은 비非한국인은 곧 미국인이라는 방정식이 반영된 것이고, 백인으로 보이는 아이들에게 '양키' 같은 용어를 쓴 것은 미국인 아버지 밑에서 태어난 혼혈 아동이 그만큼 많았다는 사실을 보여준다.[64] 친생모들 사이에는 반은 미국인이니 미국에 가서 사는 것이 자식에게 이로울 것이라는 믿음이 널리 퍼져 있었다. 당장 경제적으로 더 나은 환경에서 자랄 테고 자식의 앞날에도 도움이 될 테지만, 그것 말고도

GI 베이비들이 미국에 가면 '자기네' 사람들 사이에서 살게 될 테니 말이다.

아버지가 백인 또는 흑인이면 그 아이는 반은 한국인이지만 전체적으로 보면 미국인이라는 통념은 '한 방울 원칙'을 한국식으로 풀이한 것이었다.[65] 미국에서는 흑인 피가 한 방울이라도 섞이면 흑인으로 보았지만, 한국에서는 백인이나 흑인 피가 한 방울이라도 섞이면 미국인으로 보았다. 많은 한국인과 미국인이 '미국인'이라는 단어와 '백인'이라는 단어를 섞어 쓰던 20세기 중엽, 한국인의 인종 관념은 한국계 백인 아동과 한국계 흑인 아동을 똑같이 미국인으로 분류했다. 적어도 그들이 한국인이 아닌 것만은 분명했다. 편지와 기록에 한국계 흑인 아동을 '니그로Negro'라고 칭했던 미국 사회복지사들은 언급하는 대상이 한국 아동인 것이 분명했기 때문에 '한국인'이라는 꼬리표를 생각했을 수도 있다. 혹은, 미국식 '한 방울 원칙'을 충실히 따른 것일 수도 있다.

GI 베이비들을 어떻게 할 것인가 하는 딜레마의 핵심에는 그들의 인종적·민족적 정체성에 관한 의문이 자리하고 있었다. 이 아이들은 한국에 남아야 하는 한국인인가, 아니면 미국에서 살아야 하는 미국인인가? 대다수 한국인에게 이 질문의 답은 분명했다. GI 베이비들은 한국에서 법적 지위나 사회적 지위가 없었고, 따라서 그들이 있을 곳도 없었다. GI 베이비들은 미국에 속해 있었고 미국의 문제였다. 미국인들은 해외에 파병한 '우리 장병들'이 낳은 아이들에 대한 책임을 인정했지만, GI 베이비들의 인종적 정체성에 관해서는 한참을 골똘히 생각했다. 한국 '혈통'이니 외국인인데, 금발, 피부색, '동그란' 눈 등

뚜렷한 '서구적' 외모는 미국 백인과 흑인에게 강력하고 본능적인 정체감을 촉발했다. 사실, 일부에서는 GI 베이비들의 '백인 또는 흑인 형질形質'이 너무나 뚜렷해서 미국에서 쉽게 인정받을 수 있었다고 보았다. 그런가 하면, 또 일부에서는 이 아이들의 인종적 외모가 상황에 따라 다르게 해석된다는 점을 지적했다. 그들은 "한국에서는 … 미국인으로 보였지만, 일단 미국에 오면 한국인으로 보였다."[66]

미국인과 한국인은 '잡종', '혼종', '혼혈' 등 다양한 용어를 써서 이 아이들을 분류하려고 애썼다. 한국인은 GI 베이비들을 미국인으로 묘사했지만, 미국인은 그들을 한국인이나 한국계 미국인, 또는 반半미국인이라 불렀다. 여기서 미국인은 '백인'을 의미했다. 아프리카계 미국인 기자들은 흑인 아버지 밑에서 태어난 아이들에게 '한국계 갈색 아이들' 또는 '반半흑인'이라고 불렀다. 사회복지사들이 작성한 서류에는 좀 더 유사과학적인 표현이 쓰였다. 그들은 이 아이들에게 '한국계 백인', '한국계 흑인', '한국계 기타' 식의 꼬리표를 붙였다. 마지막 꼬리표는 아이 아버지가 백인도 흑인도 아닐 때 붙였는데, 예를 들면 아이 아버지가 필리핀인이나 푸에르토리코인인 경우가 여기에 해당했다. '한국계 동양인'이라는 용어도 가끔 등장했는데, 아마도 아버지가 아시아인이긴 하지만 한국인은 아닌 아이들을 가리키는 것으로 추정된다.

생물학과 한국인다움 또는 미국인다움에 관한 관념은 GI 베이비들을 묘사할 때 사용하는 용어뿐만 아니라 그 아이들을 처리하는 방식에 관한 제안 뒤에 숨겨진 논리에도 영향을 끼쳤다. GI 베이비들이 한국에 남아야 한다고 믿었던 소수의 한국인과 미국인은 한국인들이 이 아이들을 받아들일 수 있고 이 아이들을 그들이 태어난 문화권에서 뿌리째 뽑아내서는 안 된다고 주장하면서 생물학과는 무관해 보이는 논리를 폈다. 하지만 '반'은 한국인이라는 점을 앞세우는 이들의 논리는 '반'은 미국인이니 미국으로 데려가야 한다고 주장하는 사람들의 논리만큼이나 생물학에 바탕을 두고 있었다. 사실은 그들의 주장이 생물학에 더 크게 의존하고 있었다. 생물학적으로 반은 한국인인 아동은 한국인의 문화직 소양을 타고난다거나, 반은 한국인인데 외국에서 사는 아이는 한국인의 정수精髓가 생물학적으로 암호화되어 있어서 새로운 환경에 적응하지 못할 것이라고 가정했으니 말이다.[67]

자식은 법적으로도 사회적으로도 아버지에게 소속되어 있다고 보는 한국의 가부장적 아동관은 이 아이들의 인종적 혼합만큼이나 중요한 요소였다.[68] 국가 간 입양을 지지하는 사람들은 GI 베이비들을 미국에 보내는 조처가 그들을 친생모나 모국으로부터 떼어놓는 것이 아니라 '아버지의 나라'로 돌아갈 기회를 주는 것이라고 여겼다. 그런 의미에서 국가 간 입양은 이민이나 이주가 아니라 귀환歸還이었다. 미국인 아버지 밑에서 누릴 수 있는 특권을 마음껏 누리도록 원래 있어야 할 곳에 아이들을 돌려놓는 행위였다. GI 베이비들은 아버지의 나라에 갈 거라는 생각을 내면화했다. 어머니와 그들이 만나는 거의 모든 한국인이 그들에게 그렇게 말했으니까.[69] 훗날 홀트양자회에서 중요한 역할을 한 데이비드 킴David Kim은 딸 순자에게 곧 입양될 거라고 이야기하려는 한 젊은 엄마의 사고 과정을 상상했다. "그녀는 딸에게 천천히 이야기할 것이다. 너는 미국인이고, 네 아버지는 미군 장교였다고. 그러니 아버지와 같이 살려면 미국에 가야 한다고." 사실, 순자는 생부에게 갈 수 없었다. 어머니가 아버지에게 "수도 없이" 편지를 보냈지만, 아버지는 답이 없었기 때문이다. 그래서 순자 어머니는 딸을 "미국에 있는 아주 좋은 가정"에 보내 달라고 데이비드 킴에게 부탁했다. 어머니가 친권을 포기한 날, 순자는 그동안 어머니에게 들은 말을 떠올리며 당시 상황을 이해했다. "나는 이제 미국에 있는 아빠에게 갈 거예요." 한국인들 사이에서는 미국, 좋은 미국인 가정, 미지의 미국인 생부를 동일시하는 것이 일반적이었다.[70]

GI 베이비들의 소속에 관한 의문을 둘러싼 인종적·민족적 논리를 고려할 때, 한국계 GI 베이비 문제는 식민지 역사에서 태어난 혼혈 아동을 위한 장학 사업의 관점에서 접근하는 것이 온당하다. 표면적인 제국주의를 잠시 실험했을 뿐이지만, 어쨌거나 미국은 20세기에 비공식 제국을 건설했고, 이 제국은 태평양 연안에서 특히 눈에 띄었다. 한미관계는 힘의 축이 한쪽으로 심하게 기울어 있었고, 한국은 고분고분하게 말을 잘 듣는 쪽이었다. '형제(큰 형과 막내 동생) 같은', '아버지 같은'이라는 용어도 이 관계의 특징을 잘 보여주지만, 무엇보다 이 관계는 미군 병사와 한국인 여성 간에 가장 친밀한 형태로 이루어진 이성애異性愛로 구체화되었다.[71]

군인과 현지 여성의 교제는 미군에게서만 나타나는 독특한 현상은 아니다. 학자들은 여러 기록을 통해 전 세계 다른 나라 군대들에서도 비슷한 사례가 많았다는 사실을 입증했고, 식민 통치에서 성적이고 친밀한 관계가 중요한 역할을 했다는 사실을 밝혀냈다.[72] 동아시아와 동남아시아 곳곳의 영국과 프랑스, 네덜란드 식민지에 살던 유라시아 혼혈인들은 공식적으로 신분을 인정받았고, 유럽인 아버지의 국적을 취득할 권리가 있었고, 원주민보다도 사회적 지위가 높았다. 이와 대조적으로, 군인이나 정부 관료로 외국에 주재했던 미국 남성들은 필리핀-미국 전쟁(1898~1902) 이후 아이들의 아버지가 되었지만, 미국 정부는 그들의 존재를 모른 체했고, 1980년대까지도 그들에게 시민권을 취득할 기회나 미국으로 이주할 방법을 제공하지 않았다.[73] 유럽 국가들이 아시아 지역에서 펼친 식민지 정책을 살펴보다 보면, 미국 정부의 "책임감 부족"이라는 "역사상 극히 예외적인" 특성이 드러난다.[74]

2차 세계대전 이후 인도차이나의 유라시아 혼혈인을 다루던 프랑스 정책과 그로부터 채 10년도 지나지 않은 시점에 한국계 GI 베이비들을 다루던 미국 정책을 비교해보면, 두 강대국이 인종 혼합 문제에 접근하는 방식에 인종, 민족, 성별에 관한 생각들이 어떤 영향을 미쳤는지 알 수 있다. 1930년대 이전만 해도 프랑스 베트남총독부는 '버려진 유라시아 혼혈 아동들'(현지인 어머니에게까지 버림받은 것은 아니더라도 프랑스인 아버지에게 버림받은 아동들)을 '사회에서 버림받은 사람'으로 보았고, 법적으로 그들을 토착민으로 분류했다. 그러나 2차 세계대전이 시작될 무렵에는 이 아이들을 '백인 프랑스인'으로 재분류했다. 이러한 재개념화再槪念化 작업은 적극적으로 유라시아 혼혈 아동을 찾아서 베트남 사회의 해로운 문화에 물들지 않도록 그들을 친생모에게서 떼어놓는 총독부의 정책을 정당화했다. 총독부의 목표는 특수 고아원에서 이 아이들을 작은 프랑스인으로 키운 다음(즉, 이 아이들에게 흰 칠을 해서 개화시킨 다음), 총독부를 위해 봉사하게 하는 것이었다. 유라시아 혼혈 아동을 '확실한 백인' 정착민으로 키워서 식민지에서 백인 수를 늘리려 한 것이다. 혼혈 아동을 이런 식으로 이용하는 전략은 혼혈인들을 중

개인이나 중재자로 고용하던 오랜 전통과도 일치했다. 더구나, 유라시아 혼혈 아동도 프랑스인이 되게 가르칠 수 있다는 이 믿음은 문화가 인종에게서 출현한 것이 아니라 인종이 문화에서 나온다는 총독부의 신념을 보여주었다. 설사 그 문화를 습득하는 과정이 필요하다 할지라도 말이다.[75]

이 정책은 당시 본국의 인종 관념과 식민지의 인종 관념 사이의 모순을 분명하게 보여주었다. 프랑스에서는 인종에 관한 '과학' 이론들이 인기를 끌면서 인종의 범주가 좁아졌다. 그 결과, 유라시아 혼혈인은 "백인도 프랑스인도 아니다"라고 여겼다.[76] 이와 대조적으로, 프랑스 인도차이나총독부는 좀 더 포괄적인 인종 개념으로 유라시아 혼혈인을 프랑스인으로 분류했는데, 이는 일견 진보적인 태도로 간주될 수 있다는 점에서 주목할 만했다. 그러나 드러난 외모를 중심으로 인종을 분류하는 표현형phenotype, 表現型• 방식은 문제가 있었고 억압적이기까지 했다. 식민지 정부는 오직 백인으로 보이는 유라시안 혼혈아동에게만 흥미를 보였고, 백인으로 보이지 않는 혼혈 아동들은 그들이 살고 있는 곳에 그냥 버려두었다.

유라시아 혼혈인을 식민 정책에 이용하고자 온 힘을 쏟던 총독부는 탈식민지화가 한창이던 2차 세계대전 이후부터는 프랑스 '제국의 유산'을 보호하는 일에 주력했다. 1947년에 총독부는 유라시아 혼혈 아동들을 프랑스에 있는 고아원으로 옮기기 시작했다. 베트남에 남겨

• 표현형phenotype(表現型) 생명체의 관찰 가능한 특징적인 모습이나 성질을 의미하는 용어로 눈 색깔이나 키와 같은 생김새뿐만 아니라 행동, 발생, 생리학적 혹은 생화학적 특성 등 구별 가능한 다양한 생명현상의 차이에 주목하며 생명체를 범주화하는 방식이다.

진 유라시아 혼혈 아동들이 프랑스 제국의 실패를 상징할지 모른다는 두려움 때문이었다. 프랑스 정부는 본국에서 유라시아 혼혈 아동을 프랑스 사회에 동화시키려 했다. 그래서 위탁 가정이나 시설에 들어간 이 아동들을 경제적으로 후원했고, 교육비도 지원했다. 사회복지사들이 이 아동들의 발전 과정을 감독했다. 또한, 프랑스는 베트남계 유라시아인들이 어디에서 살든 그것과는 관계없이 다양한 방법으로 프랑스 시민권을 취득할 수 있도록 국적법을 개정했다.[77]

혼혈 아동에 관한 한, 프랑스의 식민지 인도차이나와 미국의 신식민지 한국 사이에는 현저한 유사점이 있다. 두 나라 모두 혼혈 아동의 정확한 숫자는 알려지지 않았지만, 많지 않을 것이라는 생각이 일반적이다. 숫자보다 더 중요한 것은 이 아동들의 상징성이었다. 유럽 국가의 식민지에서 유라시아 혼혈인을 문제로 간주한 부분적인 이유는 지배층 남성과 피지배층 여성의 결합으로 태어난 그들이 지배층과 피지배층의 명확한 구분에 이의를 제기할 수도 있기 때문이었다. 그런가 하면, 국가를 재건해야 하는 한국의 상황에서 GI 베이비들은 "민족적 순수성을 지켜왔다는 주장과 미 군정이라는 현실 사이에 흐르는 긴장감"을 구체화했고, 그리하여 한국은 단일 민족으로 구성된 독립 국가라는 국가관에 도전했다.[78] 그러나 이 긴장감은 한국인들에게나 큰 관심거리였지 미국에서는 거의 인식하지도 못했다. 냉전 시대에 미국인들에게 반향을 불러일으킨 주장은 따로 있었다. 그것은 방치된 GI 베이비들이 지정학적으로 미국의 국익에 아주 중요한 지역에서 반미 감정이 들끓는 위험인물로 성장할 수 있다는 주장이었다. 유럽인들은 해외 식민지에서 '원주민' 여성과 프랑스인 아버지 사이에서 태어난 뒤 아버지에게 버림받은 유라시아 혼혈 아동이 도덕적 퇴보, 국가의 타락, 정치적 파멸의 원인이 되고, 유럽의 위신을 떨어뜨릴 수 있다고 믿었다. 일부 미국인들도 버림받은 GI 베이비들에 대해 비슷한 우려를 표했다. 이 관점을 옹호한 이들 중 가장 저명한 인물인 펄 벅은 GI 베이비들이 가난, 낮은 사회적 지위, 범죄, 매춘으로 얼룩진 삶을 살 수밖에 없다는 견해를 널리 퍼뜨렸다. 펄 벅은 버림받은 아이들이 자라서 미국인 아버지를 원망하고 아버지의 나라를 적으로 돌릴 것이라고 경고했다.[79] 다시 말하자면, 공산주의자들의 영향을 받기가 무척 쉬울 것이라는 말이다.

모성과 부성에 관한 관념이 프랑스식 접근법과 미국식 접근법의 유사점과 차이점을 만들어냈다. 유라시아 혼혈 아동과 한국계 GI 베이비 모두 어머니와 함께 살았지만, 아버지에게 버려졌다는 이유로 '유기된' 것으로 간주했다. 이런 유기遺棄는 사회적 죽음이나 다름없었다. 아버지가 버리고 간 이 아이들은 가부장적 질서와 식민 통치 체계 너머에 있는 유럽(또는 미국) 사회에서도 추방당했다. 그와 동시에, 프랑스다움과 미국다움은 생물학적으로 물려줄 수 있을 만큼 강력하다고 생각했다. 프랑스인들과 미국인들은 적절한 환경과 교육이 뒷받침되면 휴면 중인 문명의 정수精髓를 계발할 수 있고, 따라서 혼혈 아동도 갱생시킬 수 있다고 믿었다. 물론 이 아이들을 프랑스인이나 미국인으로 생각하려면 천하고 열등한, 대개는 매춘부였던 친생모의 흔적을 지워야 했다. 그래서 유라시아 혼혈아에게는 '유기된' 아동이라는 딱지를, GI 베이비에게는 '고아'라는 딱지를 붙였다. 그중 많은 수가 실제로는 유기 아동도 고아도 아닌데도 불구하고. 그러나 미국 사례와 프랑스 사례는 여기서부터 달라진다. 프랑스인 아버지에게 인정받지 못한 유라시아 혼혈 아동은 그래도 프랑스 국적을 취득할 수 있었다(1928년 이후). 반면에, 미국인 아버지의 합법적인 자녀가 아닌 한국계 GI 베이비들은 미국 시민권을 얻을 수 없었고, 무국적자로 살았다.[80]

프랑스의 국적법 개정에서 알 수 있듯이, 베트남 사례와 한국 사례의 주된 차이점은 프랑스 주州와 미국 주州가 현저하게 다른 역할을 했다는 데 있다. 유라시아 혼혈 아동을 친생모에게서 떼어놓을 때 총독부 관료들은 대리 아버지처럼 행동했다.[81] 이와 대조적으로, 한국에서는 미국 정부도 군도 한국계 GI 베이비를 찾아내거나 친생모에게서 그들을 떼어놓는 일에 관여하지 않았다. 자국 식민지에서 태어난 혼혈 아동을 현지 문화에서 떼어놓고 프랑스 사회에 통합시키는 일은 프랑스의 국책사업이었지만, 미국 정부와 군은 GI 베이비의 존재를 애써 외면했다. 국가가 목적이 있어서 외국에 파견했던 남성들 밑에서 태어난 아이들인데도 말이다. 대신에 개개의 미국인과 국회의원이 공적인 문제에 대한 사적인 해법(해외 입양)을 옹호하고 실행함으로써 GI 베이비들의 곤경을 해결했다. 프랑스에서는 국가가 아버지 역할을 대신했지만, 미국의 경우에는 국가의 무대책과 무책임으로 생겨난 공백을 입양 가정들이 메웠다.

* * *

GI 베이비들을 아버지의 나라에 돌려보내라는 요구는 개념적·수사적 차원에서 확실히 유용했지만, 실제로 그 아이들이 살아야 할 곳을 결정할 때가 되자 상황은 더 복잡해졌다. 미 대사관 직원은 혼혈

인구가 많은 점을 고려할 때 하와이야말로 GI 베이비들이 재정착하기에 가장 좋을 것으로 생각하고, 기독교아동복리회가 하와이에 보육시설을 마련할 수 있을지 궁금해했다. 난민구호법의 유효 기간이 곧 만료되는 것 때문에 압박감을 느낀 기독교아동복리회의 캘빗 클라크는 미국 정부가 수송비만 대주면 "18세 이하의 아동을 전부 하와이로 보내자"고 제안했다. 클라크는 하와이 가정에 입양될 때까지 그곳 기관들이 아이들을 돌보면 된다고 생각했다. "하와이에서는 인종 갈등이 생기지 않을 겁니다. 그 점은 푸에르토리코도 마찬가지지만, 푸에르토리코에는 이미 인구가 넘쳐납니다."[82]

캘빗 클라크는 하와이나 푸에르토리코처럼 다양한 인종이 섞여 사는 곳을 제안했고, 또 다른 기관에서는 쿠바나 브라질을 언급했다. 이런 제안의 밑바탕에는 한국계 GI 베이비들을 미국의 인종적 위계질서 안에 아주 조심스럽게 끼워 넣어야 한다는 인식이 깔려 있었다. 한국에서는 GI 베이비들 안에 흐르는 백인 또는 흑인의 피가 문제가 되었지만, 미국에서는 그들 안에 흐르는 한국인의 피가 문제가 되었다. 비非백인 혈통에 혼혈이라는 점 때문에 미국인들이 다인종의 낙원으로 여기는 하와이 같은 곳이 GI 베이비들에게 더 적합하다고 본 것이다. 과거에는 유럽의 식민지였고 현재는 미국령인 지역을 미군들이 버리고 간 혼혈 아동들이 정착할 후보지로 거론한(실은 발탁한) 것이 아이러니하지만, 당시에는 이 아이러니를 지적한 사람이 아무도 없었다. 아시아계 혼혈 아동들을 미국 곳곳에 흩어 놓는 편이 더 나을 거라면서 반대 의견을 피력한 사람은 대만 주재 미국 영사였다. '분산을 통한 동화' 모델은 미국 정부가 2차 세계대전 이후 포로수용소에 있던 일본계 미국인을 재정착시킬 때, 그리고 베트남전쟁 이후 동남아시아 난민들을 재정착시킬 때 실행에 옮겼던 모델이다. 그런가 하면 또 어떤 이들은 인종 매칭을 고려하여 GI 베이비들을 미국에 배치해야 한다면서 아시아계 양부모들만 '동양의 고아들'을 입양할 수 있게 하자고 제안했다.[83]

미국인과 한국인은 한국계 흑인 아동을 위한 특별한 합의가 필요하다는 점을 일찌감치 인성했다. 아프리카계 미국인 부부들이 한국 아동 입양에 관심을 보였지만, 항공료와 대행 수수료가 크나큰 걸림돌이었다. 그러나 2부 2장에서 살펴보겠지만, 돈 문제가 일반적인 아프리카계 미국인들의 입양을 가로막는 유일한 요인은 아니었다. 이승만 대통령은 샌프란시스코 주재 영사에게 한국계 흑인 아동의 입양에 관한 정보를 수집해달라고 요청했고, 난민구호프로그램 동아시아 지역 책임자는 '흑인 국회의원 세 사람', 뉴욕주 하원의원 애덤 클레이턴 파월 주니어Adam Clayton Powell Jr., 미시간주 하원의원 찰스 딕스Charles C. Diggs, 일리노이주 하원의원 윌리엄 도슨William Dawson에게 한국계 흑인 GI 베이비들을 입양할 가정을 찾을 수 있게 도와달라고 부탁했다. 미 대사관도 기독교아동복리회에 "이중 한 아이를 입양할 준비가 되어 있을지도 모르는 미국의 저명한 유색인 몇 사람의 지지를 얻을 수 있게 도와달라"고 부탁했다. 그들에게 감명받은 다른 아프리카계 미국인들이 그들을 본받아 GI 베이비를 입양하기를 바라는 마음에서였다.[84]

결론

해외 입양이 GI 베이비 문제를 해결할 적절한 방법이라는 것이 기정사실은 아니었고, 다양한 기관과 개인들이 해외 입양에 의구심을 품고 반대 목소리를 냈다. 그렇지만 GI 베이비들을 치우려는 한국 정부의 의지와 이 아이들을 입양하려는 미국인들의 열망은 그 어떤 반대도 무시할 만큼 강경했다. 한국전쟁 이후 수년 동안 미국과 한국은 한국 아동을 입양할 수 있도록 법률과 행정을 바꾸어나갔다. 사회복지 기관, 종교 단체, 자원봉사 단체들은 국가 간 입양 절차를 밟는 데 필요한 전문 기술을 개발했다. 당시 상황은 관계자들 모두 한국계 GI 베이비를 입양 보내는 이 거대한 계획에 착수할 준비가 되어 있었다. (관계자 일동에 한국인 친생모들은 포함되지 않았다는 점에 주목해야 한다. 입양을 논하는 어떤 자리에서도 이들은 거론조차 되지 않았다.)

그러나 한국 아동 해외 입양은 가만히 두어도 필연적으로 일어날 일과는 거리가 멀었다. 아주 중요한 요소가 빠져있었기 때문이다. 미국인 수요자와 한국인 공급자 사이에 다리를 놓아서 입양을 촉진하고 조정할 사람 말이다. 이승만은 이렇게 말했다. "우리에게는 입양 신청을 받고 즉석에서 신속히 처리해줄 사람이 필요합니다. 미국 당국이 인정할 만한 권위자여야겠죠." 행정부 관료 한 사람도 그의 말에 동의했다. "우리에게는 입양을 간절히 원하는 미국 양부모들 품에 이 아이들을 안겨줄, 경건한 마음을 지닌 미국인의 개인적 관심이 필요합니다." 이들 앞에 나타난 사람이 바로 오리건주 출신의 농부 해리 홀트였다.[85] 해리 홀트는 머릿속으로만 생각하고 소망하던 한국 아동 입양의 제도화를 촉진해서 국경을 넘는 해외 입양을 불과 몇십 년 안에 세계적인 현상으로 만들고, 20세기 말까지 한국 아동 수만 명을 외국에 보냈다.

2부

기독교의
사역과
사회복지
사업

기독교적 미국주의와 GI 베이비 입양

03

주님이 직접 이 일을 시작하셨고, 이 일을 완수하고 계신 분도 주님이
시다. 청찬은 모두 주님이 받으셔야 한다. … 사람들은 우리가 청찬받을
자격이 있다고 생각한다. 그러나 우리는 시편 118편 23절을 인용할 뿐
이다. "이것은 주님께서 하신 일이니, 우리의 눈에는 기이한 일이 아니
냐?"_해리 홀트[1]

기독교인 부모로서 우리 부부는 이 아이들이 육체적으로뿐만 아니라
영적으로도 무시당하는 것을 가만히 보고 있을 수 없다. 우리는 하나님
이 우리 두 자식을 사랑하시듯 이 어린아이들을 몹시 사랑하신다는 사
실을 알고 있으며(그분은 이 아이들의 피부색이 우리 자식들보다 조금 어두워도 전혀
개의치 않으신다), 누구도 원치 않는 이 가여운 아이들에게 깊은 연민을 느
낀다. 우리는 물질적으로 이 입양 아동에게 아주 많은 것을 주지는 못
해도, 많은 사랑과 좋은 가정을 줄 수 있고 훌륭한 교육을 받게 해줄 수
있다. 기독교 신앙과 그 밖의 많은 것들을 가르칠 수 있다. 이 어린 고아

들을 둘러싼 가슴 아픈 상황을 모른 척하기가 너무 힘들다. 이 아이들은 자기들의 조국에서 직면해야 했던 그런 삶을 살아서는 안 되는 아이들이다. _로버트 버사겔과 도라 버사겔[2]

인간이라면 누구나 느끼는 연민은 한국전쟁 직후 미국인들이 한국을 도우려고 노력한 이유를 설명해준다. 그러나 여기서 한 걸음 더 나아가 한국계 GI 베이비를 입양했던 어떤 가족들에게는 더 복잡한 동기가 있었다. GI 베이비 입양 운동을 추진한 힘은 독특한 유형의 현세적 종교였다. 1954년, 〈크리스천 센추리Christian Century〉는 "미국에는 다소 막연한 '종교'에 대한 열정이 있는 것 같다"라고 했다. 내가 '기독교적 미국주의Christian Americanism'라고 부르는 이 막연한 종교는 애매하게 기독교적인 원리와 유난히 '미국적인' 가치, 즉 광범위한 책임 의식과 가족이 중요하다는 강한 신념의 융합물이다. 교리로 완전하고 분명하게 설명된 적은 없지만, 미국의 교회와 정부, 주류 언론이 이 종교를 장려했고, 백인 중산층 미국인들이 이 종교를 받아들였다. 이 계층이 GI 베이비 대다수를 입양했다. 기독교적 미국주의는 훌륭한 기독교인과 훌륭한 미국인을 동일시하는 기본 태도로 요약할 수 있다.[3]

광범위한 미국인들이 한국계 GI 베이비 입양을 새로운 유형의 선교 사역으로 받아들였다. 일반적으로 입양 가정들은 종교적 이유 또는 인도주의적 차원에서 아이를 입양했다. 미국 언론과 의회가 대변하는 기독교적 미국주의자들, 그들은 규모가 훨씬 큰 두 번째 집단의 부분 집합이었다. 이 두 번째 집단은 종교적 동기에서 출발한 입양에 애국주의적 의미를 부여했고, 입양을 통해 양부모의 기독교인다운 선량함뿐만 아니라 미국인다운 애국심까지 확인할 수 있다며 칭찬했다. 더욱이, 기독교적 미국주의자들은 피부색을 문제 삼지 않는 기독교인 입양 가정을 이용해서 냉전 당시 인종적 민주주의를 내세우던 미국의 주장을 뒷받침했다. 종교적 관심과 애국주의적 관심의 상호작용을 통해 주로 종교적 동기에서 출발했던 입양 운동은 독실한 기독교인과 기독교적 미국주의자들이 함께하는 혁신 운동이 되었다.

해리 홀트는 이 기독교적 미국주의 사업이 내세운 표면상의 대표였다. 1955년, 해리 홀트는 한국계 GI 베이비 12명을 미국에 데려왔다. 해리와 그의 아내 버사가 8명을 입양했고, 다른 세 가정에서 나머지 4명을 입양했다. 이 사업은 홍보가 아주 잘 되었고, 덕분에 홀트 부부가 감당할 수 없을 정도로 입양을 원하는 미국인들의 문의가 쇄도했다.(주4) 한국 고아들의 어려움과 그들을 원하는 미국의 수요를 목격한 해리 홀트는 두 나라를 오가기 시작했다. 이를 통해 한국계 GI 베이비를 미국인 양부모 품에 안겨주는 동시에 입양에 우호적인 이민법 개정 운동에 앞장섰다. 1956년에 홀트 부부는 고아 211명에게 가정을 찾아주고 홀트양자회를 설립했다. (지금은 홀트아동복지회로 불리는 이 기관은 12개국 이상에서 운영되고 있으며 여전히 국가 간 입양을 주도하고 있다.) 그러나 해리 홀트는 기독교적 미국주의자가 아니었다는 점에 주목해야 한다. 그는 자기가 하는 일이 하나님을 섬기는 일이라 여겼고, 단 한 번도 기독교 신앙과 애국주의적 신념을 연결 지어 이야기하지 않았다. 그런데도 해리 홀트는 기독교인다운 행동일 뿐 아니라 지극히 미국인다운 행동이라며 그의 선행을 칭찬하는 언론 보도를 통해 기독교적 미국주의 입양 운동의 상징이 되었다.

한국 아동 입양은 혼혈아를 치우려는 한국 정부의 열망과 이 아이들을 원하는 미국 대중의 수요가 만나면서 시작되었지만, 해리 홀트라는 기폭제가 없었으면 별 소득을 얻지 못했을 것이다. 해리 홀트는 아주 많은 한국 아동이 미국으로 이주할 수 있는 통로를 제공했다. 그는 초보적 수준에 머물러 있던 기존의 입양 체계를 개혁하고, 한 번에 다수의 한국 아동을 입양할 수 있게 해주는 중요한 혁신 두 가지를 도입했다. 바로 대리입양과 전세기다. 기독교적 미국주의자인 그의 동지들은 머릿속으로 구상만 하던 한국 아동 입양을 새로운 세상을 위한 새로운 선교 사역으로 재구성했고, 인종과 국경을 초월한 입양 가족까지 포괄할 수 있도록 '미국 가정'의 개념을 확장하는 일에 힘을 보탰다.

초창기 한국 아동 입양 운동에 동력을 공급했던 기독교적 미국주의는 수명이 짧아서 1960년대 초에 사라졌다. 1961년, 기독교적 미국주의자들이 벌인 로비 활동에 힘입어 미 의회는 해외 입양 관련 조항을 미국 이민법에 영구적으로 새겨 넣었다. 한국 아동 입양이 주류가 되자 이제는 제삼자가 나서서 이 운동의 의미를 설명하고 지지를 호소할 필요가 없었다. 이와 동시에, 혼혈아가 주를 이루던 입양 아동의 인종 구성이 순수 한국 아동 중심으로 재편되면서 미국인들이 미군 아버지 밑에서 태어난 아이들을 책임져야 한다는 주장도 설득력이 약해졌다(도표 3.1 참조). 그렇긴 하지만, 조직적인 실천으로 한국 아동 입양에 착수한 기독교인들과 기독교적 미국주의자들은 많은 면에서 대변혁을 끌어냈다. 국가 간 입양의 문을 열었고, 미국 이민법에 중요한

도표 3.1 1955년부터 1961년까지 외국에 입양된 한국계 혼혈 아동과 순수 한국 아동의 수

	1955	1956	1957	1958	1959	1960	1961	총
인종별								
한국계 백인	43	467	285	396	289	184	325	1,989
백분율	72.9	69.6	58.6	2.6	39.0	28.8	48.9	47.5
한국계 흑인	9	151	128	227	92	61	36	704
백분율	15.3	22.5	26.3	24.4	12.4	9.6	5.4	16.8
순수 한국인	7	53	75	307	360	393	304	1,499
백분율	11.9	7.9	15.4	33.0	48.6	61.6	45.7	35.8
계	**59**	**671**	**486**	**930**	**741**	**638**	**665**	**4,190**
기관별								
한국아동양호회	34	363	83	249	170	136	65	1,100
백분율	57.6	54.1	17.1	26.8	22.9	21.3	9.8	26.3
홀트양자회	—	211	322	546	407	411	523	2,420
백분율	—	31.4	66.3	58.7	54.9	64.4	78.6	57.8
미국가톨릭복지협회	14	34	29	31	41	26	17	192
백분율	23.7	5.1	6.0	3.3	5.5	4.1	2.6	4.6
제칠일안식일예수재림교회	11	63	47	42	32	18	18	231
백분율	18.6	9.4	9.7	4.5	4.3	2.8	2.7	5.5
국제사회봉사회	—	—	5	62	91	47	42	247
백분율	—	—	1.0	6.7	12.3	7.4	6.3	5.9
계	**59**	**671**	**486**	**930**	**741**	**638**	**665**	**4,190**

출처: 다음 자료에 나온 수치를 편집하고 조정해서 나온 결과다. Korean Ministry of Health and Social Affairs, "Measures for the Welfare of Mixed-Blood Children in Korea," prepared for 19th Social Work Summer School, Central Theological Seminary, 8 Aug. 1967, Seoul, Korea, 6, box 35, folder "Korea—Correspondence. Vol. I," ISS Records; Hi Taik Kim and Elaine Reid, "After a Long Journey: A Study on the Process of Initial Adjustment of the Half and Full Korean Children Adopted by American Families, and the Families' Experiences with These Children During the Transitional Period" (MA thesis, University of Minnesota, 1970).

주: 미국영혼클리닉(American Soul Clinic)과 예수가 해답(Christ Is the Answer) 같은 기관에서 진행한 소규모 입양 건은 수치에 넣지 않았다. 또한, 한국아동양자회와 홀트양자회가 함께 진행한 입양 프로그램 같은 일부 입양 건은 이중으로 집계했다.

변화를 유발했고, 가족은 어떤 것이고 어떻게 만들어야 하는지에 관한 미국인의 생각을 바꾸어내면서, 인종과 입양 적격성에 관한 사회복지 업무의 원칙을 뒤집었다.

기독교적 미국주의

미국 내 인종 갈등이 어떻게 냉전 시작 무렵의 국제 정치와 서로 떼어놓을 수 없는 관계가 되었는지 많은 학자가 설명한 바 있다. 격리와 폭력 같은 인종차별 행위는 비非백인 국가들의 충성을 얻으려는 미국의 노력에 찬물을 끼얹었다. 미국은 인종차별로 대표되는 국가 이미지를 바꾸기 위해 바삐 움직였다. 딘 애치슨Dean Acheson 국무장관은 인종차별 이미지가 "끊임없이 난처한 상황을 만드는 원흉"이라며, "미국이 전 세계 자유민주주의 국가들의 도덕적 지도자로서의 위치를 지키는" 데 큰 위협이 된다고 주장했다. 애치슨은 미국인들이 "전 세계 국가 및 민족"과 연결되어 있다고 느낄 법한 "상상의 세계"를 만들어서 정부가 추구하는 국제주의를 대중이 지지할 수 있게 도와달라고 사회 · 문화 기관들에 요청했다. 인종차별에 반대하는 미사여구를 사용하고 홍보하는 것도 이 목적을 이루는 한 방법이었다.[5]

애치슨의 지령은 미국 언론이 비교적 긍정적으로 한국을 묘사한 이유를 부분적으로 설명해준다. 당시 미국에는 한민족에 관한 인식이 거의 없었다. 그래서 미국 기자들은 한국 국민의 이미지를 상당히 자유롭게 재구성했고, 그들이 재구성한 풍경 속에 실제 한국인은 빠져 있었다. 아시아계 이민을 전면 금지한 1924년 이민법 이전에 미국에 들어온 한국인 수천 명은 하와이에 모여 있었고, 미국 본토에 사는 한국인은 소수에 불과했다. 중국인과 일본인을 겨냥한 반(反)아시아 감정은 한국인을 별개의 집단으로 인식하지 않았다. 미국인들은 한국인과 일본인을 같은 집단으로 분류했다. 1910년에 한국이 일본의 식민지가 된 뒤에는 이런 경향이 더욱더 강해졌다. 한국전쟁이 발발하자 미국 언론에서는 착한 남한 사람을 "나치, 메뚜기 떼, 원시인, 큰 떼거리, 도둑놈"인 나쁜 북한 사람(그리고 북한의 동맹인 중국 사람)과 정치적으로 구분하기 시작했다.[6]

한국인(남한 사람)을 긍정적으로 묘사하는 보도는 한국인이 미국인과 함께 공산주의라는 적에 맞서 싸웠다는 사실에서 비롯되었다. 그러나 한국인과 미국인의 성격이 비슷하고 기독교 신앙을 공유하고 있다는 인식 역시 미국인이 한국에 갖는 정서적 유대를 강화했다. 한미재단 이사장 하워드 러스크는 1956년에 〈라이프〉지에 기고한 글에서 이 "용맹한" 나라가 어떻게 재건되고 있는지 호의적으로 이야기했다. 그는 "극기에 가까운 용기와 자존감, 적응력, 유머의 놀라운 조합, 교육에 대한 열망, 사회의 기본 단위인 가정에 관한 뿌리 깊은 전통 등 한국 국민의 개인적·영적 자산"을 명확히 보여주기 위해 다양한 삽화를 활용했다. 무엇보다도 하워드 러스크는 미국인 못지않게 자유와 민주주의에 헌신적인 존재로 한국인을 묘사했다. 러스크는 익명의 한국인의 말을 인용하며 글을 마무리했는데, 그는 모든 한국 사람을 대변하여 러스크에게 다음과 같이 요청했다. "우리가 자유 세계를 위해 계속 싸울 수 있게 기도로써 우리를 도와주지 않으시겠습니까?" 냉전 시대의 미국인들은 형제와 친구가 아니더라도 그런 사람의 기대에 부응하지 않을 수 없었다.[7]

또한, 한국인과 미국인은 기독교 신앙을 공유했다. 사실, 한국전쟁 당시 한국인 중 기독교인은 소수에 불과했지만, 19세기 이후 동료 기독교인들과 아시아인들 사이에 공감대를 키우고자 애썼던 미국인 선교사들은 한국의 이미지를 기독교인으로 빚어나갔다. 폭넓은 독자층을 거느린 초교파적 기독교 주간지 〈크리스천 센추리〉는 거의 매주 한국전쟁에 관한 사설이나 특집 기사를 실었다. 이 기사들은 한국 국민의 끈기와 독창성을 문서로 증명했고, 한국을 대신해서 미국 교회에 원조를 요청했다. 또한, 기독교 매체들은 어쩌다 한국이 공비共匪들의 표적이 되었는지 상세히 보도하고, 피난민 임시 숙소에는 쉬지 않고 성경을 읽고 찬송가를 부르고 기도회를 여는 한국인들이 넘쳐난다고 설명함으로써 한국 기독교인들의 용기와 신실함을 강조했다.[8]

고아를 다룬 기사들은 늘 〈예수 사랑하심은Jesus Loves Me〉 같은 찬송가를 부르거나 기도하는 모습을 묘사함으로써 그 아동들이 기독교인이라는 점을 강조했다. 어쩌면 그 아동들은 자기가 무엇을 노래하는지도 몰랐을 수도 있지만, 그 노래는 미국 대중에게 큰 의미가 있었고, 기독교 교육을 받는 아동들의 이미지는 의심의 여지 없이 그들의 이질성異質性을 누그러뜨리는 데 도움이 되었다. 이런 식으로 미국 언론은 한국전쟁을 기독교인인 남한과 공산주의자인 북한 간의 싸움으로 소개했다. 이런 배경에서 기독교인인 남한 아동의 입양은 기독교적 미국주의의 대의를 전적으로 지지하는 신중한 반공 활동이었다.[9]

1950년대 초, 이제는 익숙한 냉전의 수사修辭, 즉 미국을 세계의 구원자요 민주주의와 자유의 기수旗手로 묘사하는 수식어들과 세상을 선과 악, 민주주의와 공산주의, 미국과 소련으로 구분하는 이분법은 미국인들에게 엄청난 불안감을 불러일으켰다.[10] 아시아의 상황은 이 불안감을 고조시키기만 했다. 마오쩌둥의 중국, 한국전쟁, 호찌민의 북베트남, 버마와 말레이반도, 필리핀에서 공산주의자들이 일으킨 반란의 틈바구니에서 미국이 소련에 급속히 밀리는 것만 같았기 때문이다. 그런 점에서 구호 활동은 미국인들이 '아시아의 충성'을 얻는 하나의 방법이었다. 평범한 미국인들은 한국의 전쟁고아들을 입양하고 (다시금 '백인의 책무'를 다하고) 양육함으로써, 다시 말해 한국 아동들을 자기 집에 데려가서 기독교 가치관과 미국인의 생활방식을 알아듣게 가르침으로써 이 일에 동참할 수 있었다.[11]

미국인들에게 국제사회를 미국화하고 기독교화 할 사명이 있다는 확신은 대중 매체와 기독교 매체에 고루 퍼져나갔다. 1955년 12월에 발행된 〈라이프〉 지 기독교 판에서 편집자들은 미국이 "세계에서 가장 크고 가장 역동적인 기독교 국가"이며 미국 기독교가 "기독교 세계"의 중심에 확고히 자리하고 있다고 말했다.[12] 이 호號는 1946년부터 1955년까지 아이젠하워 대통령이 했던 연설 7편을 모은 "독실한 대통령의 간증"으로 이야기를 시작했다. 아이젠하워는 미국의 사명과 이 세계에 대한 미국의 책임이 중요하다고 강조하면서 미국 국민의 의로운 행위를 칭찬했다. "우리 선조들은 신앙심이 깊은 사람들만이 폭정을 이겨내고 자신과 타인을 해방할 수 있을 만큼 강한 사람들임을 증명했습니다. 끊임없이 새로워지는 신앙으로 이 시대 폭군들의 도전에 대응할 수 있다는 사실을 증명하는 것은 지금 우리의 몫입니다." 아이젠하워는 하나님이 보시기에 미국은 이 세계에서 특별한 위치에 있으니 "우리를 계속 지켜달라고 전능하신 하나님께 기도하라"

고 미국인들에게 촉구했다. 이 연설에 숨겨진 메시지는 전능하신 하나님이 미국의 기도에 응답하시리라는 것이었다. 선과 악으로 분열된 세상에서 하나님은 당연히 미국 편이니까.[13]

교회나 유대교 회당에 출석하는 교인 수, 종교 유무에 관한 여론조사 결과, 종교적 주제와 내용을 다룬 대중문화 작품 등 어떤 기준에서 보아도, 1950년대 미국 전역에서 종교 부흥이 일어났던 것이 분명해 보인다. 동시대 신학자들은 이런 종교 활동이 대부분 피상적이라며 우려와 불신을 드러냈지만, 그 성격이나 깊이가 어떠했든 종교 활동이 만연했다는 사실에는 의심의 여지가 없다. 국기에 대한 충성 맹세에는 '하나님 아래under God'라는 문구가, 지폐에는 '우리가 믿는 하나님 안에서In God We Trust'라는 문구가 삽입된 사실, 그리고 1950년대 내내 개최된 '구국기도회'는 미국에 퍼져 있던 경건한 분위기를 잘 보여준다.[14]

미국의 가치와 기독교 신앙을 융합하는 세태를 비판하는 목소리는 〈라이프〉 같은 대중잡지가 아니라 기독교 매체에서 나왔다. 종교학자 로이 에카르트A. Roy Eckardt는 〈크리스천 센추리〉에 기고한 글에서 "새로운 유형의 미국 신앙"을 규탄하면서 "비非미국적인 것은 비非신앙적인 것"으로 보게 하는 당대의 시대정신을 걱정스러워했다. 에카르트는 미국 냉전 문화를 "우리와 저들의 대결에 열광하는 신흥 종교"라고 칭했고, 미국의 대의가 곧 하나님의 대의라고 아전인수 격으로 결론 짓는 미국의 독선을 맹렬히 비난했다.[15] 〈크리스차니티 앤 크라이시스Christianity and Crisis〉의 전속 풍자작가 세인트 헤리티쿠스Saint Hereticus는 이 문제를 훨씬 더 강하게 비판했다. 그는 미국 기독교인들이 "미국 밖에는 구원이 없다"는 교리를 앞세운 '미국교美國敎'라는 종교를 추종하느라 기독교 신앙을 저버렸다고 주장했다.[16] 냉전이라는 종교는 "미국의 생활방식만이 아니라 미국 자체에 열광하는 종교"였다.[17]

1950년대에 많은 미국인이 기독교라 부르던 것이 실제로는 입맛에 따라 선별한 기독교적 가치를 희석한 것에 불과했다. 기독교 교리에 대한 믿음과 실천은 찾아보기 어려웠고, 친절을 베풀고 남을 대접하는 일에 관한 애매한 원칙들이 대신 자리를 채웠다. 또한, 이 신앙은 교파를 막론하고 누구나 공통된 미사여구를 사용할 정도로 일반화되었다. 사실, 이 신앙은 특별히 기독교적인 의미가 없어져서, 유대인인 오리건주 상원의원 리처드 뉴버거Richard Neuberger도 고아에게 우호적인 이민 법규를 주제로 토론할 때면 동료 의원들의 신앙심과 애국심에 호소하기 위해 상원에서 기독교적 미국주의의 언어를 자주 사용했다. 그는 자유의 여신상 받침대에 새겨진 엠마 래저러스Emma Lazarus의 시를 의원들에게 상기시킨 뒤, 예수 그리스도부터 토머스 제퍼슨 Thomas Jefferson까지 한 줄로 연결했다. "나는 산상수훈을 말씀하신 분과 미국 독립선언서의 저자가 부모에게 버림받은 고아들, 질병과 빈곤에 시달리는 사람들에게 미국이 피난처를 제공하도록 허락하리라 생각합니다."[18]

기독교적 미국주의에서 이 독실함은 두 가지 영역에서 '미국 예외

• **미국 예외주의**American exceptionalism 알렉시 드 토크빌의 저서에서 유래한 용어로 미국은 다른 나라들과 다른 '예외적인' 국가로서 자유와 인권, 민주주의를 증진할 소명이 있다는 사상이다.

주의American exceptionalism'•와 교차했다. 하나는 책임 의식이고, 또 하나는 가족의 중요성에 대한 믿음이다. 한국 상황과 관련하여 미국인들은 삼중의 책임이 있다고 믿었다. 첫 번째는 전 세계에 대하여, 두 번째는 한국에 대하여, 세 번째는 한국계 GI 베이비에 대하여. 미국은 세계적인 강대국이요, 민주주의의 보호자요, 자유의 수호자요, 공산주의 세력을 막는 방어벽으로써 새로운 임무를 완수할 책임이 있었다. 이 중 몇몇은 영향력 있는 출판업자 헨리 루스Henry Luce가 한국전쟁이 발발하기 약 10년 전에 20세기는 '미국의 세기'라고 선언하면서 한 세기 동안 미국이 맡게 될 임무라며 정리했던 것들이다.[19] 이 임무들을 완수할 수 있게 국가에 힘을 실어주려면, 애국적인 미국 시민들이 자유 세계의 지도자로서 도덕적 의무와 시민의 의무를 진지하게 받아들여야 했다. 만약 '자유에 대한 책임'을 어깨에 짊어지지 못하면, 미국 시민들은 희생자와 노예가 될 것이다.[20] 아이젠하워 대통령이 주장했듯이, 미국이 이 과업을 성공리에 완수하려면 신앙이 꼭 필요했다. "신앙은 믿음의 사람들, 소망의 사람들, 사랑의 사람들을 길러냅니다. 하나님의 영광을 비추는 신세계를 만들려면 그런 사람들이 필요합니다."[21] 지구상에서 가장 강한 나라이자 하나님이 가장 사랑하시는 나라인 미국은 새롭고, 기독교적이고, 미국적인 세계질서를 구축할 특별한 책임이 있었다.

미국인의 두 번째 임무는 전쟁으로 황폐해지고 엄청난 수의 피난민과 고아와 민간인 사망자가 나온 남한에 대한 책임을 다하는 것이었다. 미국은 공산 국가인 북한을 상대로 완벽한 승리를 거두지는 못했어도 남한 국민을 보살피고 국가 재건을 도움으로써 이념상의 승리나마 지킬 수 있었다.[22] 미국 언론은 아주 능숙했다. 공산 침략의 진정한 피해자는 한국 아동이라는 점과 이름도 생소한 저 먼 반도에 자리한 이 나라가 전쟁에 연루된 '진짜' 이유를 아주 유창하게 설명했다.[23]

한국전쟁을 다룬 기사에는 어김없이 아이들의 사진이 실렸는데, 앙증맞고 지저분한 얼굴은 이상하게도 사진을 참 잘 받았다. 이런 사진 밑에는 고아들이 살아가는 방법에 관한 자세한 설명이 달렸다. 어디에서 자고, 먹을 음식과 몸을 따듯하게 해줄 옷은 어디서 구하는지. 〈콜리어스Collier's〉에서 소개한 아홉 살 소년 태 군의 사연은 생사의 갈림길에서 비틀거리는 고아들의 전형적인 모습을 보여주었다.

고아가 된 지 3년이 다 되어가는 동안 태 군이 먹은 음식은 훔치거나 구걸하거나 자기가 번 몇 푼 안 되는 돈으로 산 음식이 전부였다. 가까운 곳에서 찾아낸 피신처가 그의 유일한 집이었다. 폭격당한 건물 내부 마른 바닥이나 골목 구석의 판자 더미. … 당시 태 군은 아팠다. 전쟁고아에게 일어날 수 있는 최악의 상황 중 하나가 바로 병에 걸리는 것이다. 아프면 나가서 음식을 구할 수도 없고, 누구도 돌봐주는 이가 없다. 치료를 받지 못해 죽을 수도 있고, 음식을 먹을 수 없으니 굶어 죽을 수도 있다.[24]

이런 유형의 기사는 미국인들이 이 고아들을 도움으로써 북한을 비롯한 공산 국가들과의 이념 전쟁에서 승리할 수 있다는 점을 분명히 했다. 전쟁이 끝나기도 전에, 〈라이프〉와 〈콜리어스〉 같은 대중 잡지들은 미군들이 삐쩍 마른 한국 아동들을 어떻게 보살피는지 소개하는 기사와 사진을 게재했다. 미군들은 아이들을 껴안고, 아이들을 위해 해진 손수건과 외투와 인형을 꿰매주고, 아이들을 먹이고, 크리스마스 선물을 나누어주었다. 미군 부대는 고아원과 병원을 짓거나 후원했고, 고국에 있는 친구들과 가족들로부터 음식과 옷과 돈을 기부받아 구호품을 마련했다. 병든 고아 태 군의 사연을 대표적인 사례로 꼽은 이유는 그의 사연이 한국 고아들의 비참한 삶을 보여주기 때문만은 아니다. 이 사연은 착한 사마리아인인 미군의 기본 성품도 아주 잘 보여준다. 태 군은 미군 병장을 만났고, 그는 태 군을 병원에 데려가 치료해주었다. 여러 비슷한 사례에서 그랬듯이, 고아의 비참한 인생에 행복과 희망의 한 줄기 빛을 비춰준 사람은 바로 미국인이었다.

미국이 짊어져야 할 세 번째 책무, 즉 미군에게서 태어난 아이들에 대한 책임은 가장 구체적이고 가장 강렬했다. 미국인들은 광범위한 언론 보도를 통해 GI 베이비들이 배척과 박해를 당하는 사연을 접했다. 주류 언론들은 이 아이들의 아버지인 미군들을 대놓고 비난하지 않았지만, 미국인들은 개인적으로 주고받은 서신을 통해 언론보다 더 엄격한 태도를 내비쳤다. 입양을 허용하는 법을 제정하라고 압박하면서 예비 양부모들은 국가와 개인 차원에서 GI 베이비들에게 느끼는 강한 책임감을 드러냈다. 한 부부는 이렇게 썼다. "우리 미국인들은 보살핌을 받지 못하는 모든 아동에게 도덕적 책임을 느껴야 할 뿐만 아니라, 버림받은 이 한국 아동들에 대한 책임이 바로 우리 군인들에게 있다는 사실을 분명히 알아야 한다." 또 다른 부부는 똑같이 광범위하되 더 규범적인 정서를 표출했다. "우리는 이 불행한 아이들을 돌보는 것이 미국 정부가 마땅히 져야 할 의무라고 생각한다. 미국 정부가 이 아이들의 아버지들을 외국에 보냈고, 따라서 그들의 행동에 책임을 져야 하기 때문이다." 오리건주 상원의원 웨인 모스Wayne Morse는 서른 명이 넘는 사람이 서명한 편지 한 통을 받았다. 그 편지에는 다음과 같이 쓰여 있었다. "너무나 많은 미군이 아버지로서 의무를 이행하지 않았다는 사실이 증명되었으니, 부모가 되길 원하는 다른 미국 가정들에 집이 절실히 필요한 이 아이들을 입양할 기회를 주어야 한다고 우리는 생각합니다." 이 편지를 쓴 사람들은 자기들과 같은 시민 개개인이 미국 정부의 대리인 역할을 할 수 있고, 이 고아들의 "양육을 책임짐으로써" 애국심을 발휘할 수 있다고 믿었다.[25]

반공 사상은 미군들이 아시아 전역에 버리고 온 혼혈 아동 문제를 국가에서 반드시 해결해야 한다고 요구했다. 자유 세계의 지도자가 "반은 미국인인 아이들이 부랑인과 잠재적 범죄자로서 아시아 거리를 쏘다니게" 놔둘 수는 없는 노릇이니 말이다. 소설가 펄 벅은 1958년에 일본계 흑인 GI 베이비를 입양할 생각이라고 발표하면서 독자들에게 다시금 이야기했다. "아시아에 남게 될 그 아이들의 미래에 관심을 쏟는 것은 인도주의적 관점에서 뿐만 아니라 정치적 관점에서도 중요하다." 교육을 받고 일자리를 구하기 어려울 것이라는 점을 고려할 때, 이 아동들은 "향후 몇 년 안에 자연스럽게 반체제 인사가 될 것이고, 공산주의 선전에 요긴하게 쓰일 최고의 먹잇감이 될 것"이라고 펄 벅은 경고했다.[26]

미국인들이 냉전이라는 새로운 세계에 대응했던 한 가지 방법은 안으로 시선을 돌리는 것이었다. 사람들은 결혼하고, 아이 낳고, 교외로 이사했다. 정치라는 공적인 영역에서 위험과 불확실성이 커지는

　　　　　　　　　　기독교적 미국주의와 GI 베이비 입양

시대에 미국인들은 사적인 삶에 집중하며 안전감과 안도감을 느끼고자 가정과 가족에게 매달렸다. 그런 사회에서 볼 때, 황폐해진 나라 한복판에서 소외당한 채 거리를 떠도는 한국 아동 수천 명은 "외부 세계의 위험이 미치지 못하는 안전한 사적 둥지"로서 가정과 가족의 이미지가 얼마나 취약하기 짝이 없는지를 적나라하게 보여주는 존재였다. 한국 고아들의 곤경을 보고 있으면, 마치 자기들의 악몽이 현실이 된 것 같았다. 철저하게 혼자인 아이들, 그 아동들이 가정이 주는 안락함을 누리지 못하고 가족의 사랑도 받지 못한다는 단순한 사실은 미국 백인 중산층이 중요하게 여기는 핵심 가치를 공격했고, 이 세상은 마땅히 이러이러해야 한다는 그들의 세계관에도 어긋났다.[27]

고아들을 주제로 기사를 쓰던 기자들은 미국인의 가정에 대한 집착을 부추겨서 글의 호소력을 높였다. 그 시대의 다른 많은 기사와 마찬가지로, 〈타임〉 지 기사에도 궁핍한 고아의 삶에 관한 일반적인 묘사가 담겼다. "아이들은 문간에서 잠을 자고, 정오가 되면 평양국수집에 간다. 손님들이 먹고 남은 음식물 찌꺼기를 식당 주인이 양동이에 모아두기 때문이다. 아이들은 모두 맨발이다." 그러나 〈타임〉 지 기사는 다른 어떤 기사보다 가슴을 아프게 하는 구석이 있었다. 없어진 집과 가족을 떠올리는 고아의 사연이 담겨 있었기 때문이다. "처음에는 엄마가 내게 두 팔을 벌리는 꿈을 꾸곤 했어요. 비가 올 때면, 따뜻했던 우리 집 마루가 아직도 생각나요. 하지만 지금은 엄마 생각을 많이 안 해요."[28] 이와 비슷하게, 다섯 살 소년 강구리 군에게 "웃지 않는 소년"이라는 별명을 붙여준 〈라이프〉 지 기사 역시 소년이 살던 가족적인 분위기의 작은 마을, 아버지가 애정을 기울여 만들어주신 소중한 장난감, 공산군이 침략하기 전까지 가족이 누리던 평범한 일상을 소개함으로써 독자들의 감정을 자극했다. 이런 목가적인 배경을 묘사한 뒤, 기자는 시체 썩는 냄새가 코를 찌르는 폐가에서 미군들이 어떻게 강구리 군을 발견했는지 이야기했다. 벌거벗은 소년이 부패 중인 어머니의 시신 옆에 앉아 있었다.[29]

이런 사연과 사진은 미국인 예비 양부모들에게 강렬한 반응을 불러일으켰다. 많은 사람이 사진 한 장과 간략한 설명밖에 없는 상태에서 실제로 보지도 않고 아동을 입양했다. 미국인들은 다양한 정부 부처와 아동복지 기관에 신문과 잡지 기사를 오려 보내면서 사진에 나오거나 기사에서 언급한 특정 아동을 입양하게 해달라고 부탁했다. 실제로, 〈라이프〉지가 "웃지 않는 소년"의 사연을 대서특필한 뒤, "무릎을 꿇고 기도하다가 그를 입양하라는 기도 응답을 받은" 독자가 강구리 군을 입양했다. 극적인 사연이지만, 한국 고아 수천 명이 대부분 이런 방식으로 입양되었다. 번거로운 절차에도 불구하고, 사진 몇 장과 기도 몇 번으로 입양이 성사되었다.[30]

기독교적 사명

해리 홀트는 한국 아동 입양의 공식적인 얼굴이었다. 성공한 벌목꾼이자 농부인 해리와 아내 버사는 슬하에 아홉 살부터 스물한 살까지 6명의 자녀를 두었다. 이들은 오리건주 크레스웰이라는 작은 마을에서 풍족하고 독실한 기독교인으로 살았다. 1955년, 두 사람 다 50대였을 때 홀트 부부는 한국계 GI 베이비 8명을 입양했다. 이 입양으로 세간의 주목을 받고 언론에서 이들의 이야기를 보도하면서 홀트 부부는 미국인의 모범이요 기독교인의 모범이자 기독교적 미국주의 운동을 대표하는 가족이 되었다. 버사 홀트는 1955년에 있었던 홀트 가족의 모험을 다룬 《동방의 자손들The Seed from the East》이라는 책을 출간했고, 이를 통해 1956년에 활성화된 이 담론에 크게 이바지했다. 이 책에는 홀트 부부가 입양하기로 마음먹은 계기, 해리 홀트가 한국에서 겪은 일, 홀트 부부와 뜻을 함께하는 동지들이 입양 허용 법안을 통과시키기 위해 애쓴 과정, 해리 홀트가 8명의 새로운 아들딸과 함께 미국에 돌아오는 여정, 그 아이들이 새로운 가정에 적응해가는 과정이 담겼다. 버사 홀트가 이 책을 쓴 목적은 한국 고아들을 구제할 기금을 마련하기 위해서였지만, 그녀는 이 책을 통해 가족과 홀트양자회에 대한 대중의 인식에도 영향을 끼쳤다.[31]

홀트 부부의 사연은 다마스쿠스로 가는 길에 예수를 만난 바울의 경험을 연상시키는 현현顯現의 순간과 함께 시작되어 계속 되풀이된다. 1954년 가을, 홀트 부부는 설립자 밥 피어스Bob Pierce가 이끄는 월드비전 모임에 참석했다. 당시 밥 피어스는 아동 후원 프로그램에 동참할 사람을 모집 중이었다.[32] 피어스는 그 모임에서 두 편의 다큐멘터리를 상영했는데, 그중 하나인 〈다른 양들Other Sheep〉은 한국의 전쟁 과부와 고아들에게 초점을 맞춘 다큐멘터리였다. 그 다큐멘터리에는 팔다리를 잃은 사람, 나환자, 전쟁의 트라우마로 시각장애인과 청각장애인, 언어장애인이 된 아동들이 등장했다. 영화 전체가 홀트 부부에게 큰 감동을 주었지만, 버사 홀트가 "가슴이 찢어지는 듯했다"라고 말한 장면은 누구도 원치 않는 GI 베이비들의 "비참한 처지"를 묘사한 장면이었다. 한국의 상황을 알지 못했던 홀트 부부는 큰 충격을 받았다. 곧 온 가족이 한국 고아 13명을 후원하기로 약정했다. 그러나 후원은 고아가 된 아이들이 한국에서 굶어 죽어갈 때 부유한 삶을 영위하는 것에 대한 죄책감을 덜어주지 못했다. 1955년 봄, 홀트 부부는 GI 베이비 8명을 입양하기로 했다. 월드비전을 통해 순수 한국 아동들도 계속 후원하겠지만, 형편이 가장 어려운 이들은 GI 베이비들이었고, 그 아이들에게 유일한 해결책은 한국을 떠나는 것이라고 홀트 부부는 생각했다.

1955년 5월, 해리 홀트는 한국을 찾았다. 선교사 신분으로 한국에 입국했는데, 선교사와 정치인만 입국이 허용되었기 때문이다. 버사 홀트가 책에 썼듯이, "해리는 그저 농부일 뿐이었지만, … 그에게는 분명한 사명이 있었다."[33] 특정 종교 기관에 소속되어 있지는 않았지만, 하나님께 부름을 받았으므로 해리 홀트는 실제로 선교사였다. 사실, 홀트양자회 창립 신화의 핵심 요소는 해리 홀트가 하나님으로부터 "진격 명령"을 받은 방식이다.[34] 그해 5월, 한국에 가는 게 과연 옳은 일인지 확신하지 못하고 괴로워하던 해리 홀트는 하나님이 나와 함께하신다는 표식을 달라고 기도했다. 나중에 그는 가족에게 편지로 그때 일을 다음과 같이 이야기했다.

성경책을 펼치고, 펼쳐진 페이지 일부에 엄지를 대고, 불을 켰다. 하나님의 위대한 말씀들 가운데 내 엄지손가락이 가리키는 구절은 이사야 43장 5~7절이었다. "내가 너와 함께 있으니 두려워하지 말아라. 내가 동쪽에서 너의 자손을 오게 하며, 서쪽에서 너희를 모으겠다. 북쪽에다가 이르기를 '그들을 놓아 보내어라' 하고, 남쪽에다가도 '그들을 붙들어 두지 말아라. 나의 아들들을 먼 곳에서부터 오게 하고, 나의 딸들을 땅끝에서부터 오게 하여라. 나의 이름을 부르는 나의 백성, 나에게 영광을 돌리라고 창조한 사람들, 내가 빚어 만든 사람들을 모두 오게 하여라' 하고 말하겠다."[35]

새로운 자식들과 함께 일단 오리건주로 돌아온 홀트 부부는 이사야서에 나오는 이 중요한 구절을 다시 연구했고, 하나님께서 그들에게 양자회를 설립하라고 명령하고 계신다는 사실을 깨달았다. 버사 홀트는 이렇게 설명했다.

우리는 "내가 동쪽에서 너의 자손을 오게 하며"와 뒤에 나오는 "나의 아들들을 먼 곳에서부터 오게 하고"가 같은 명령이라고 보았다. … 수백 명이 아이를 입양하게 해달라고 애원하는 지금, 우리는 이 두 문장이 같지 않다는 걸 깨달았다. "내가 … 오게 하며"는 약속이다. 하나님께서 8명의 우리 아이들을 데려오겠다고 말씀하신 것이다. 뒤의 문장은 명령이다. 우리더러 "데려오라"는 명령.[36]

그리하여 원래 홀트 가문의 새로운 자녀 8명을 데려오려고 출발했던 여행은 해리 홀트가 9년의 여생을 쏟아부을 입양 사업의 시작점이 되었다. 그것은 1950년에 해리 홀트가 심장 발작을 일으킨 이후 홀트 부부가 줄곧 기다려왔던 사명이었다. 죽을 고비를 넘기고 나자 원래도 독실했던 홀트 부부는 신앙심이 훨씬 더 깊어졌다. 두 사람은 해리 홀트의 목숨을 살려주신 하나님께 감사하며 "그들이 수행할 수 있는 일을 하나님이 우리에게 주시기를" 기도했다.[37] 1955년부터 심장 마비로 사망한 1964년까지 해리 홀트는 한국계 GI 베이비가 미국에서 지낼 집을 찾아주기 위해 지칠 줄 모르고 일했다. 심각한 난치병을 앓으면서도 해리 홀트는 자기에게 주어진 일을 수행했다. 가족들은 이렇게 애쓰는 그를 전적으로 지지했고, 그가 죽은 뒤에도 그 일을 계속했다. 홀트 부부는 저축해둔 돈을 입양 사업에 쏟아붓는 한편 월드비전도 계속 후원했다. 1956년에 부부는 36명의 아이를 후원하고 있었다.[38]

1955년 5월, 해리 홀트는 8명의 새 아들딸을 데려올 생각으로 한국에 갔는데, 아이들의 미국입국에 필요한 비자도 발급받지 않은 채로 갔다. 1953년 난민구호법 때문이었다. 외국 고아의 입양을 일시적으로 허용한 이 이민법은 미국인이 외국에서 입양할 수 있는 고아 수를 2명으로 제한했다. 홀트 부부가 아동 8명을 입양하려면 의회에서 특별 법안을 가결해줘야 했다. 한국으로 떠나기 전, 해리 홀트는 오리건주 상원의원 리처드 뉴버거에게 법안 통과를 위해 힘써 달라고 부탁했다.[39] 같은 오리건주 상원의원인 웨인 모스가 공동 발의자로서 이 법안에 열성적으로 서명했고, 하원의원 에디스 그린$^{Edith Green}$은 하원의원들에게 이 법안을 설명했다. 원래 리처드 뉴버거는 1956년 초까지는 '홀트 법안'이 통과되기 어려울 거라고 경고했지만, 버사 홀트는 자신 있었다. "걱정하지 마세요. 이 일은 주님의 일이에요. 우리는 기도하고, 주님이 주님의 몫을 하실 거라고 믿으면 돼요." 실제로 개별 법안이 통과되려면 수개월이 걸리는 게 보통인데, 미 의회는 '기적적으로' 그해(1955년) 여름에 이 법안을 가결했다.[40]

해리 홀트는 1955년 5월부터 10월까지 한국에 머물렀다. 그는 월드비전의 도움을 받아 자신이 입양할 아이 8명은 물론이고 다른 세 가족이 입양할 아이 4명도 찾았다. 그리고 미국 입국에 필요한 신체검사를 통과할 수 있도록 이 아이들을 간호했다. 또한, 그는 선교사들과 사회복지사들을 만나고, 나환자들이 있는 나병원과 고아원을 방문했다. GI 베이비들을 고아원에 맡기기보다는 버리거나 숨긴다는 사실을 알게 된 해리 홀트는 월드비전과 손잡고 혼혈 아동을 모아서 외국 가정에 입양될 때까지 보살피는 공공 수용 시설을 설립했다. 그 사이에 언론에서 그에게 관심을 보이기 시작했다.

사진 3.1 한국에서 아이들을 만나는 해리 홀트 _출처: 홀트아동복지회 제공

지역 신문과 라디오방송국을 필두로 언론 매체들이 홀트 부부의 농장에 찾아왔다. 곧이어 〈타임〉과 〈라이프〉 지는 해리 홀트를 만나 보라며 사진기자들을 서울에 보냈다. 이와 동시에, 버사 홀트에게는 한국 아동 입양에 관심이 있는 사람들에게서 이따금 문의가 오기 시작했다. 해리 홀트가 12명의 GI 베이비를 데리고 미국을 떠날 때는 언론의 관심이 엄청났다. 경유지인 도쿄와 호놀룰루에 도착하자 언론사 특파원 상당수가 그를 맞이할 정도였다. 새로 맞이한 자녀 베티, 헬렌, 메리, 크리스틴, 로버트, 폴, 내서니엘, 조셉과 함께 마침내 오리건주에 도착한 해리 홀트는 공항에서 가족들과 친구들, 그리고 50명이 넘는 취재기자와 사진기자를 만났다. 또 다른 사진기자 16명은 그의 집에서 그를 기다리고 있었다.[41]

　홀트 부부와 그들이 새로 맞이한 8명의 자녀에게 쏟아진 언론의 관심은 한국 아동 입양에 관한 문의를 촉발했다. 해리 홀트가 돌아온 바로 다음 날 아침부터 전국에서 문의 전화가 빗발쳤다. 그다음 주에는 600통의 편지가 도착했다. 대부분 입양을 원하는 사람들이 보낸 편지였다. 사람들의 관심은 해리 홀트가 돌아온 첫 주에 세차게 타올랐고, 그 이후에도 사그라지지 않았다. 1956년까지 홀트 부부의 집에는 매주 예비 양부모들에게서 평균 25통의 편지가 왔다. 지속적인 언론 보도는 미국인들이 GI 베이비에게 계속 관심을 기울이게 도왔다. 예를 들어, 포틀랜드의 한 신문사에서 홀트 가족의 추수감사절 이야기를 보도하자 또다시 편지가 빗발치기 시작했다. 그해 말까지, 미국 46개 주와 하와이, 캐나다에서 편지가 왔고, 500쌍이 넘는 부부가 입양 관련 정보를 보내 달라고 요청했다. 또한, 자그마한 8명의 유명인을 보려고 매주 수백 명의 예비 양부모가 홀트 부부의 농장을 방문했다.[42]

1955년 10월 미국에 돌아온 해리 홀트에게 쏟아진 언론의 관심은 향후 언론 매체가 홀트 부부의 인생에서 맡게 될 역할을 암시하는 첫 번째 징후에 불과했다. 그 후 몇 달, 그리고 몇 년에 걸쳐, 홀트 가족은 지역 신문과 전국 신문, 〈라이프〉와 〈룩〉 같은 주요 잡지, 텔레비전과 라디오에 출연했다. 홀트 부부가 전세기 한 대에 꽉 채워 미국에 데려온 고아들은 매번 이전보다 더 많은 취재 기자와 사진기자들을 만났다. 매번 새롭게 언론 보도가 쏟아지면, GI 베이비 입양에 관심이 있는 미국인 부부들의 문의도 쇄도했다. 1950년대 후반, 미 의회에서 고아에게 우호적인 이민 법규를 영구 조항으로 만드는 문제를 붙들고 계속 씨름하자, 홀트 부부의 동지들인 오리건주 상원의원 리처드 뉴버거와 웨인 모스 같은 국가 간 입양 지지자들은 해리 홀트와 그가 한국계 GI 베이비를 구하기 위해 기울인 숭고한 노력을 거듭 언급했다.

미국 언론들은 해리 홀트라는 현대판 성인을 발견했다. 그의 아내가 "가슴에 큰 흉터가 있는 쉰 살의 농부"라고 소개했던, 겸손하고 솔직한 이 남자를 묘사할 때 언론은 성경적 용어를 사용했다. 해리 홀트가 하는 일을 '선교', '십자군 운동'이라 불렀고, "사실상 그는 수백 명의 아동에게 생명을 주었다"면서 그에게 창조주의 능력을 부여했다. 상원의원 리처드 뉴버거는 의회에서 이렇게 선언했다. "해리 홀트는 … 내게 성경에 나오는 착한 사마리아인을 상징합니다." 실제로, 〈아메리칸 머큐리American Mercury〉는 "한국의 착한 사마리아인"이라는 제목의 기사를 실었다. 독실한 기독교인인 한국의 이승만 대통령도 해리 홀트를 "국제사회의 이해와 친선을 위해 애쓰는 사도"라고 부르며 기독교식 표현을 사용했다. 해리 홀트의 주님이 단순히 목수가 아니었던 것처럼, 그 역시 단순히 농부가 아니었다.[43] 예수의 제자들이 사람을 낚는 어부가 되기 위해 그물을 버렸듯이, 해리 홀트는 "쟁기를 버리고 북태평양을 건너가 고아 수백 명의 목자가 되는 과업을 시작했다." 상원의원 리처드 뉴버거는 다음과 같이 상원에서 속죄라는 주제를 꺼내 들었다. "이 갓난아기들의 아버지인 미군 병사들이 남긴 비열한 유산을 생각하면 … 홀트가 하는 일은 한 줄기 빛처럼 돋보입니다. 한국 국민이 조금이라도 그를 기준으로 미국을 평가해주었으면 하는 바람입니다."[44]

해리의 아내를 묘사할 때도 똑같이 찬사를 아끼지 않았다. 월드비전의 밥 피어스는 이렇게 썼다. "버사 홀트는 미국을 가정생활의 성소로 만들기 위해 애써온 여성들의 표상이다." 땋은 머리를 이마 위에 둘둘 감은 옛날식 머리 모양에 화장 안 한 얼굴, 수수한 옷차림에 실용적인 신발을 신은 버사 홀트는 2차 세계대전 이후 가정생활의 "유토피아적 비전"을 구체적으로 보여주었다. 이 가족관에는 "안정된 일자리를 가진 남성 부양자와 안락한 집에서 아이들을 완벽하게 길러낼 여성 전업주부로 꽉 채운 가정이 들어 있었다." 버사 홀트는 이상적인 아내일 뿐만 아니라 이상적인 어머니였다. 그녀가 낳은 자녀 6명이 그 증거였다. 자녀들 모두 신앙심이 깊고 근면하고 가정적이었다. 한마디로 "완벽한 아이들"이었다. 더욱이, 그들은 홀트 가문의 '가업'에 온전히 참여했다. 새로 생긴 8명의 형제자매를 돌보는가 하면, 오리건주에 있는 농장과 한국에 있는 고아원에서 일하고, 세계 다른 지역에

——————— 기독교적 미국주의와 GI 베이비 입양

서 선교사로 일하기도 했다. 해리 홀트는 선교사 겸 개혁 운동가로 두 번째 직업을 시작하기 전에 벌목꾼과 농부로 성공했다. 요컨대, 홀트 가족은 모범적인 미국인 가정이었다.[45]

홀트양자회와 한국 아동 입양 제도 개편

해리 홀트는 딱 한 가지를 목표로 1956년 2월 홀트양자회를 설립했다. 그해 12월 31일에 난민구호법이 만료되기 전에 가능한 한 많은 GI 베이비를 미국 가정에 입양 보내는 것이 그 목표였다. 홀트양자회를 짧은 기간만 운영할 생각이었으므로 절차는 최대한 간소화했다.[46] 홀트가 이룬 첫 번째 혁신은 대리입양을 이용해 수천 명의 미국인이 더 빠르고 더 싸고 더 쉽게 국가 간 입양에 접근할 수 있게 한 것이다. 미국인 양부모들은 홀트(또는 다른 대리인)에게 권한을 위임했고, 홀트(또는 다른 대리인)는 한국법에 따라 한국 법원에서 입양 절차를 마무리했다. 그러고 나면 그 아이는 미국인 부부의 법적 아들 또는 딸의 신분으로 인종별 이민 할당량에 영향받지 않는 비자를 가지고 미국에 입국했다. 미국 법률은 이런 방식의 입양을 허용했고, 일본과 그리스에서 아동을 입양할 때 이 방법이 많이 쓰였다. 한국 정부도 이 방식을 선호했다. 해당 아동이 이민 가기 전에 법적으로 입양이 마무리되었기 때문이다. 대리입양을 이용하면 양부모들이 엄청난 돈과 시간을 들여 한국까지 올 필요가 없을뿐더러 입양 절차도 훨씬 빨리 마무리되었다. 주류 사회복지사업 경로로 입양을 진행하면 보통 1~2년이 걸리는데, 대리입양을 이용하면 3개월밖에 안 걸렸다. 대리인을 통해 입양한 양부모들은 공인된 사회복지 기관을 통해 가정 조사를 받을 필요가 없어서 기간이 단축되었다. 보통 가정 조사가 시작되면 수개월씩 걸리기도 했다. 미국 사회복지 당국은 적절한 절차에 따라 철저한 조사를 받지 않은 가정에 아동을 맡기는 대리입양을 극도로 경계했다. 홀트양자회는 주류 사회복지사들이 격렬히 반대하는데도 고집스럽게 대리입양 방식을 고수했다. 이는 홀트식 한국 아동 입양의 특징인 편의성과 실용성을 보여주는 전형적인 사례다.[47]

예비 양부모들은 홀트양자회 소식지 〈친애하는 벗에게〉에 동봉된 양식을 작성하여 입양을 신청했다. 반 페이지정도인 이 양식에는 아버지의 이름, 나이, 인종, 직업, 주소, 어머니의 이름, 나이, 인종을 묻는 항목이 있었다. 입양 신청자에게 자녀가 있으면 자녀들의 이름과 나이는 물론이고, 신원 보증인 두 사람의 이름과 주소도 적어 내야 했다. 난민구호법의 제한 규정 탓에 양부모들은 2명까지만 입양을 신청할 수 있었다. 신청자들은 선호하는 성별, 나이, 피부색을 구체적으로 명시하기도 했고, 친구나 교회 인맥을 통해 이미 알고 있는 아동이 있으면 그 아동의 이름을 써내기도 했다. 신청서 마지막 항목에는 다음과 같은 문장이 적혀 있었다. "만약 당신이 기독교인이라면, 신청서 뒷면에 신앙 간증을 간략히 기술해주십시오." 〈친애하는 벗에게〉는 이 간증이 "가장 중요한 사안"이라고 설명했다. 홀트양자회는 "될 수 있으면 교회 활동에 적극적으로 참여한 기록과 충실함을 갖춘 기독교 가정"을 선호했고, "사교 활동을 위한 음주"마저도 "부정적인 조짐"으로 여겼다.[48]

해리 홀트는 "생명을 구하기, 그 아이들에게 가정을 찾아주기, 그 아이들을 기독교 가정에 맡기기, 이 세 가지 목적을 이루기"를 바랐다. 게다가 그는 특정 유형의 기독교 가정을 찾는 것을 자신의 책임으로 여겼다. 역시 아시아의 혼혈 아동을 위해 힘썼던 펄 벅은 해리 홀트와 그가 믿는 기독교 신앙을 처음 접하고 받은 충격을 다음과 같이 회고했다.

> 그것은 설문지 형식으로 되어 있었다. 예비 양부모 모두에게 보낸 듯했다. 나로서는 믿기 힘든 문서였다. 실질적으로 입양 가족에 관한 질문은 거의 없었다. 대부분 종교에 관한 질문이었는데, 내가 보기에는 원시적인 종류의 종교에 관한 것이었다. 나는 선교사인 부모 밑에서 자랐고, 온갖 유형의 기독교인을 만났고 알고 있었다. 그 설문지는 명백히 근본주의자의 것이라고 할 만했다. … 요점은 해리 홀트가 기독교 교리를 믿는 부부에게만 아이를 주고, 부모가 될 자격은 훨씬 더 잘 갖췄어도 기독교 교리를 믿지 않는 부부에게는 아이를 주지 않는다는 것이다.

홀트 부부의 딸 중 한 명은 아버지를 변호하고자 펄 벅에게 이렇게 설명했다. "그건 아버지 나름대로 사람들이 선한지를 알아보는 가장 빠른 방법이에요. … 아버지도 그게 부적절한 방법이라는 건 알지만, … 아버지의 경험에 비춰볼 때, 단순하고 실천적인 기독교를 믿는 사람들이 대개는 선한 사람들이고 아이들에게도 잘하리라고 생각하시는 거죠."[49] 홀트의 가장 중요한 목표는 아이들을 "거듭난 신자들 가정"에 맡기는 것이었다.[50] 해리 홀트는 특정 종파, 예를 들면 모르몬교, 여호와의 증인, 크리스천사이언스를 믿는 사람들의 입양 신청을 거절하는 것이 정당하다고 주장했다. 그는 이 종교 '집단'들을 "사탄이 직접 만들고 세웠다"고 여겼기 때문이다. 홀트는 이 종파에 속한 사람들에게 다른 입양 기관을 알아보라고 말했다. 유대인과 가톨릭교도에게도 다른 곳을 알아보라고 했지만, 가톨릭교도에 대해서는 결국 태도를 바꾸었다.[51]

홀트양자회의 배정 관행은 사회복지사업 원칙보다는 하나님의 인도하심에 더 많이 의존했다. 홀트의 설명대로, "우리 주님을 위해 이 중요한 사역에 착수한 위탁자가 가정을 위해 기도하면서 세심하게 아이를 선택했다." 버사 홀트는 입양 아동과 입양 가족이 아주 잘 어울려서 서로 닮아간 사례를 언급하면서 이 방침을 옹호했다. "나는 '그 애는 자기 아버지 어릴 적 사진과 꼭 닮았어요'라는 이런 기적적인 편지를 여러 통 받았다. … 그 아버지는 한국에 가본 적도, 아이를 버리고 온 적도 없는데 말이다."[52] 아동과 양부모를 연결하는 일은 처음에 한국아동양호회 홍옥순이 맡았다가, 결국에는 홀트양자회 대표들과 최소한 한 명 이상의 미국인 선교사를 포함하여 당시 한국에 있던, 몇 명인지 알 수 없는 사람들이 이 일을 분담했다. 오리건주에서는 홀트양자회에서 '사회복지사'라고 부르던 사람들뿐만 아니라 홀트양자회 사무직원이 매칭 업무를 담당했다. 버사 홀트가 나중에 시인했듯이 '사회복지사'로 불리던 이들 역시 늘 "전문 교육을 받은 사람들은 아니었다."[53] 매칭을 아주 중요하게 여기던 전문 사회복지사들은 입양 절차에서 이렇듯 중요한 단계에 전문 교육을 받지 않은 사람들이 참여하자 무척 불안해했다.

홀트는 예비 양부모들에게 몇 가지 다른 기준을 적용했다. 자식이

──────── 기독교적 미국주의와 GI 베이비 입양

없는 부부와 자식이 한 명뿐인 부부에게 우선권을 주었고, 이혼 경력이 있는 사람에게는 아동을 맡기지 않으려 했다. 홀트양자회는 여자아이가 부족한 탓에 여자아이는 한 가정에 한 명만 배정했다. 입양 신청자들은 아동의 나이와 성별을 선택할 수 있었고, 홀트는 그들에게 "여러분이 특별히 요청하지 않는 한, 기형아가 배정되는 일은 절대 없을 겁니다"라고 말했다. 신청자들이 자신이 알고 있는 특정 아동을 입양하길 원하면, 홀트양자회는 요청을 들어주려고 노력했다. 자기 아들이나 친척이 한국에서 복무하는 동안 한국인 여성에게서 낳은 아이를 입양하길 원하는 부부는 다른 기관을 알아봐야 했다. 국제사회봉사회와 다른 입양 기관들은 이런 상황에 놓인 이들을 돕는 것을 철학상 반대하지 않았지만, 홀트는 전혀 모르는 사람에게 입양되는 것이 혼외자로 태어난 아동에게 더 낫다고 믿었다. "반은 동양인이라는 점도 아이에게는 큰 문제지만, 가까운 누군가의 사생아로 살려면 더 많은 차별과 수치를 감당해야 한다." 마지막으로, 홀트는 "유색인종 아동은 유색인종 가정에만 입양한다"라는 인종에 기초한 매칭 원리에 대한 자신의 견해를 분명히 밝혔다.[54] 그런가 하면 미국 정부가 부과한 제한 규정도 있었다. 미국 정부는 과부, 홀아버지, 미혼자를 포함하여 한부모 가정에 입양된 아동에게는 비자를 발급하지 않았다. 아동을 2명 이상 입양하길 원하는 가족은 국회의원에게 자기들을 위해 특별 법안을 통과시켜 달라고 호소해야 했다. 한국 정부는 나이가 좀더 든 아동의 경우 경제적으로 더 여유가 있는 나이 든 부부에게 우선권을 주었다.

홀트는 경제력을 입양 요건으로 고려하지는 않았지만, 〈친애하는 벗에게〉라는 소식지에서 한국 아동을 입양할 때 드는 비용을 언급했다. 1955년 말과 1956년 초, 한국에서 미국 서해안까지 가는 비행기 요금은 아동 한 명당 253달러였다. 한국아동양호회에도 입양 수수료 50달러를 내야 했는데, 비자 발급에 필요한 신체검사 비용뿐만 아니라 서류 작업과 여권 발급 비용이 포함된 금액이었다. 홀트양자회는 일시불에 부담을 느끼는 이들을 위해 매월 조금씩 나눠 내는 할부 제도를 제안했다. 버사 홀트는 필요한 돈을 준비하지 못한 예비 양부모를 돌려보낸 일을 떠올렸다. "아기를 주문해놓고 돈이 없다며 한 푼도 안 내는 사람이 많았다. 그런 사람들 탓에 막대한 비용이 들었고, 그 때문에 우리는 수년간 경제적 곤경에 빠졌다. 결국, 우리 가족이 가진 돈으로 손실을 메워야 했다."[55] 그녀는 '주문order'만 하고 돈을 내고 찾아가지 않은 아동들은 오리건주에 있는 홀트 가족들이 데리고 있었다고 덧붙였다. 입양 부모가 돈을 내지 않으면, 홀트양자회는 그 아동을 다른 가정에 배정했다.

또한, 홀트양자회는 가정 조사 비용으로 10달러를 청구했는데, 입양 가정으로 적합하다는 승인이 떨어지지 않으면 돌려주었다. 미국 사회복지 당국은 홀트양자회가 가정 조사를 요청하지 않았다고 주장했지만(사회복지 당국이 대리입양과 홀트양자회를 위험하다고 여긴 가장 큰 이유다), 사실 홀트양자회는 주로 생명보험 회사의 의뢰를 받아 신용 평가 보고서를 작성해주는 전국단위동업조합인 미국서비스사무소ASB를 통해 예비 양부모를 심사했다.[56] 물론, 미국서비스사무소의 심사는 사회복지 당국이 적절하다고 여길 만한 조사가 아니었다. 전문 교육을 받은 사회복지사들에게 가정 조사를 맡기지도 않았고 사회복지 업무 규범을 따르지도 않았기 때문이다.

대리입양 외에도 홀트는 한국 아동 입양을 촉진하는 두 번째 혁신을 도입했다. 전세기를 활용한 것이다. 2장에서 지적했듯이, 한국 아동을 미국까지 어떻게 수송할 것인가 하는 질문은 초창기 국가 간 입양 제도를 만들려는 노력에 걸림돌이 되는 심각한 문제였다. 소규모 프로그램을 통해 입양된 아동들은 보통 한 번에 5명이 보호자escort 1명과 함께 노스웨스트 항공사의 비행기를 탔다.[57] 그러나 홀트양자회는 한 번에 많은 아동을 미국까지 실어날랐다. 애초에 홀트양자회는 1956년 12월에 난민구호법이 만료되기 전에 최대한 많은 아동을 미국에 입양 보낼 목적으로 설립된 기관이었다. 처음 6번의 비행을 마친 뒤, 홀트는 정기적으로 전세기를 띄워 50명에서 100명이 넘는 아동을 한 번에 미국으로 실어나르기 시작했다. 미국인 선교사들, 미국으로 공부하러 가는 한국인 유학생들, 홀트양자회 직원들, 홀트가※ 식구들이 이 아이들을 호위했다. 1956년 12월부터 1961년 12월까지 26편의 전세기로 2천 명에 가까운 아동을 미국에 데려왔다. 그리고 미 의회가 대리입양을 금지하자, 1961년 12월 16일에 홀트양자회의 마지막 전세기가 미국으로 떠났다.[58]

비행은 길고 지루했다. 한국에서 출발한 비행기는 괌이나 하와이, 또는 알류산열도에 잠깐 들렀다가 최종 목적지인 미국 서해안으로 향했다. 시애틀이나 포틀랜드, 샌프란시스코, 로스앤젤레스로 떠난 비행기는 홀트양자회 한국 사무실에 필요한 장비와 물품, 보호자, 그리고 가끔은 새로운 자원봉사자나 방문객을 싣고 돌아왔다. 홀트 부부는 한국에서 필요한 시설과 물품을 장만할 때 그랬던 것처럼 미국에 있는 부동산과 주식을 팔아서 초기 전세기 비용을 해결했다. 이 비행기는 아동 수송 목적에 맞게 특수 제작되었다. 좌석을 없애고 아기 두세 명을 누일 수 있는 큰 침대나 아기를 한 명씩 누일 수 있는 두꺼운 흰색 마분지 상자를 놓았다(사진 3.2 참조). 대한항공에서 가장 좋은 가격과 조건을 제시했지만, 비행기 자체는 최적이 아니었다. 대한항공 비행기의 객실은 비가압실이 아니어서 9천 피트 이상 날 수 없었다. 9천 피트 이상 올라가면 비행기는 더 부드럽게 날았지만, 승객들은 호흡곤란을 겪었고 아이들은 입술이 파래졌다. 9천 피트 이하로 비행하다 난기류를 만나면, 비행기에 가득 탄 아이들과 호위하는 어른들 모두 구토를 했다.[59]

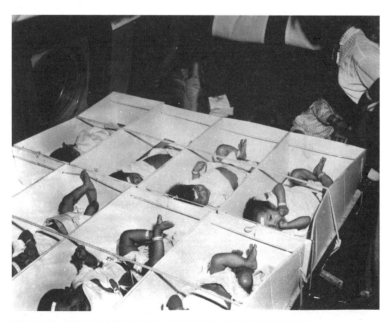

사진 3.2 홀트양자회에서 운행한 비행기는 아기 침대를 놓기 위해 일부 좌석을 없앴다.
출처: 홀트아동복지회 제공

비행 조건도 이상적이지 않았다. 1958년 3월에 홀트양자회 전세기에 탑승했던 한국인 소아과 의사는 국제사회봉사회에 "끔찍한 경험"이었다고 보고했다.[60] 그녀를 빼면 수행원은 10대 소녀 네댓 명이 전부였다. 그들이 90명이 넘는 아동을 돌봤다. 대부분은 한 살도 채 안 된 영아들이었다.[61] 이 증인에 따르면, 한 아동은 도중에 장티푸스로 사망했고, "아이들 4분의 1이 결핵을 앓고 있었다." 일반적으로 "아이들의 건강 상태를 볼 때 비행기를 타기 전에 치료를 더 잘 받았어야 했다"라고 그녀는 보고했다.[62] 그러나 이 소아과 의사가 설명한 상황은 그리 놀랍지 않았다. 한국에서는 가장 현대적인 시설에서조차도 적절한 의료 서비스가 이루어지지 않았다는 점과 결핵 같은 질병의 전염되기 쉬운 특성을 고려하면, 아이들은 미국까지 길고도 험난한 비행을 하기에 최상의 몸 상태가 아닌 경우가 많았고, 그래서 일부는 도중에 사망했다.[63] 호위하는 사람들의 수와 자질도 부족할 수밖에 없었다. 그렇게 고통스러운 환경에서 아이들을 미국까지 호위할 의지와 자격을 갖춘 사람이 많지 않았기 때문이다. 홀트양자회 한국 지부의 데이비드 킴은 아동 87명을 태운 1957년 3월의 비행을 귀청이 터질 듯한 울음소리, 귀통증, 메스꺼움, 구토, 설사, 더러워진 옷으로 가득 찬 시간으로 기억했다.[64]

이따금 '아기 비행기'로 불리던 홀트양자회 전세기는 전국 단위 언론과 지역 언론 양쪽 모두의 관심을 받았다. 포틀랜드의 〈오리거니언 Oregonian〉은 오리건주에서 오래 산 주민이 한국에서 하는 활동에 특별한 관심을 보였고, 전국 곳곳의 지역 신문들은 자기네 지역사회에 새

사진 3.3 1956년 12월 17일, 홀트 전세기를 타고 샌프란시스코에 도착한 아동들.
출처: AP Photo/어니스트 베넷(Ernest K. Bennett)

로 들어온 꼬마 주민들의 사진과 사연을 특집으로 보도했다. 아프리카계 미국인들이 보는 전국 단위 주류 신문들도 이 전세기를 보도했다. 홀트양자회가 전세기에 관한 언론 보도를 기획했는지는 확실치 않지만, 국제사회봉사회는 비행기가 착륙할 때 기자들이 취재할 수 있게 허락해달라고 양부모들에게 요청했다. 입양 가정을 찾기 쉽지 않은 한국계 흑인 아동에 대한 입양 신청이 늘어나도록 자극하는 일에 언론 보도가 도움이 된다고 판단되면 특히 더했다.[65]

언론은 새로 입양된 한국 아동들을 태운 비행기가 미국 땅에 도착했다는 소식을 전했고, 이런 보도는 태평양을 사이에 둔 양국에서 한

——————— 기독교적 미국주의와 GI 베이비 입양

국 아동 입양을 대중화하는 역할을 했다(사진 3.3 참조). 처음 홀트 전세기가 한국에서 출발할 때는 한국 정부 대표들과 그 밖의 사람들이 나와 환송했다. 그들은 비행기가 이륙할 때마다 환호했다. 1956년 12월 16일에 첫 번째 전세기가 서울에서 출발한 뒤, 홀트양자회 한국 사무소의 데이비드 킴은 이렇게 말했다. "아이들과 홀트양자회 직원, 자원봉사자를 합한 것보다 취재 기자가 더 많은 것 같았다." "전후 한국에서 생긴 아주 인간미 넘치는 일"을 다룬 기사를 접하고 "전쟁으로 고초를 겪은 모든 사람이 인도주의에 바탕을 둔 가슴 따뜻한 소식에 생기를 되찾았다"라고 그는 설명했다. 한국 신문과 라디오 방송에서는 초창기 홀트 전세기 관련 소식을 광범위하게 보도했고, 한국 고아들의 도착 소식을 전하는 미국 언론 보도를 발 빠르게 퍼날랐다.[66] 미국에서는 어리둥절한 표정의 사랑스러운 한국 아동을 양부모가 활짝 웃으며 껴안는 모습을 포착한 사진들이 도움이 되었다. 신문에 실린 이런 사진 덕분에 미국인들은 인종이 다른 부모와 자녀로 구성된 가정의 풍경과 개념에 익숙해졌다. 가끔은 당시의 축하 분위기를 강조하는 짤막한 설명을 붙인 제목 없는 사진으로 기사를 갈음하기도 했다. "집이 없었는데 이제 생겼어요", "크리스마스에 집이 생겼어요", "이제는 고아가 아니에요" 등등.[67] 이런 기사들은 연휴 기간에 크게 늘었는데, 이는 이런 보도가 사람들의 기분을 좋게 해주는 특징 때문이었다.

이 비행기를 타고 오는 아동들을 마중하러 양부모들이 전국에서 왔다. 그들 곁에는 취재 기자들과 사진기자들이 있었다. 미국에 거주하는 한국인들도 그 자리에 함께했고 호기심에 구경 나온 이들도 있었다.[68] 비행기에서 내린 아동들은 공항 출입국 관리소로 향했다. 그곳에서 공중보건의들이 아동들을 진찰하고 자원봉사자들이 아동들을 씻기고 먹이는 동안 양부모들은 밖에서 기다렸다. 때로 아동들은 새 부모님이 주신 새 옷으로 갈아입기도 했다. 아동들을 선보일 준비가 되면, 홀트양자회 직원이 양부모들을 차례로 호명했다. 그러면 양부모들은 작은 사무실로 가서 아이를 처음 만났고, 법적 절차에 필요한 남은 서류 작업을 마무리했다. 그 후에 양부모들은 새로 맞은 아들딸을 집에 데려갔다.

홀트 전세기가 미국 땅에 도착하면 축하하고 기뻐하는 것이 보통이었지만, 아놀드 리슬로Arnold Lyslo는 조금 다른 관점에서 이 모습을 지켜보았다. 미국 정부의 인도 아동 입양 사업을 이끌었던 아동복지국 직원 아놀드 리슬로는 '플라잉 타이거Flying Tiger'가 1958년 12월 27일 포틀랜드에 도착할 때 그 자리에 있었다. 이 비행기에는 해리 홀트와 생후 몇 개월부터 열 살까지의 한국 아동 107명이 타고 있었다. 다정한 부모들과 그들이 입양한 가난한 한국 아동이 마침내 상봉하는 순간을 언론들은 "기쁨에 겨운 날"이라며 보도했지만, 리슬로는 그렇게 보지 않았다. 리슬로는 양부모들의 겉모습과 행동을 비판하며 그들에 대한 의구심을 감추지 못했다. 리슬로는 국제사회봉사회를 지지했는데, 이것이 그의 관점에 영향을 끼친 것이 분명했다. 국제사회봉사회는 1958년까지 기본적으로 홀트양자회의 활동에 반대했다. 리슬로는 입양 부모들이 중산층에 못 미치는 하층 계급이 대부분이라고 말했다. 그는 대다수 여성의 수수한 외모에 "깜짝 놀랐다." "화장도 안 한 얼굴에 극도로 검소한 옷을 입었는데, 그마저도 대부분 칙칙했

——————— 기독교적 미국주의와 GI 베이비 입양

다." 이 여성들의 외모는 입양 가정들이 "엄격한 종파"에 속해 있다는 걸 암시한다면서, 홀트양자회의 심사 기준에서 보면 이는 안전한 선택이었을 거라고 리슬로는 추정했다. 아프리카계 미국인 양부모들이 "이 중 가장 멋지게 차려입었다"라고 그는 보고했다.[69]

입양 아동들을 만난 뒤 양부모들은 다양한 반응을 보였는데, 리슬로는 그마저도 못마땅해했다. 그는 어떤 양부모들은 아이를 보고도 감정을 제대로 드러내지 않았고, 어떤 양부모들은 아이를 보자 너무 흥분해서 얼싸안고 입을 맞췄으며 행복에 겨워 눈물을 터뜨렸다고 비판했다. 입양 가족이 낯선 이들, 친구들, 확대 가족 앞에서 포즈를 취하는 곳마다 카메라가 있었다. 구경꾼들은 "카메라 앞에서 잡는 이런저런 포즈와 깜빡거리는 플래시 전구에 당황해서 어쩔 줄 모르는" 아동들을 "툭툭 건드리고" "노골적으로 훑어보았다."[70]

리슬로는 아동들을 재빨리 데려가지 않고 공항에 남아서 구경거리로 내놓은 부모들을 비판했지만, 아이러니하게도 이는 그가 공항에 직접 가서 목격한 광경이다. 만남을 고대하는 부모들, 도착하는 비행기, 양부모와 입양 아동의 드라마 같은 첫 만남은 입양 절차에서 가장 중요한 이 날의 주요 의식이었다. 너무 중요해서 혹자는 이를 '입양 기념일Gotcha Day'이라고 불렀다. 미국 언론이 도착 행사를 보도할 때 사용한 유쾌하고 감동적인 사진들은 전국적으로 입양을 대중화하고 정상화했다. 이 기사들은 인종이 다르거나 외국에서 태어난 아동의 입양을 반대하는 주장들을 무너뜨리는 기사들이었고, 이런 입양에 대해서 진보적이고 긍정적인 입장을 취했다. 결국, 부모와 자식 간의 사랑보다 더 자연스럽고 더 아름다운 것이 어디 있겠는가? 이제껏 사람

사진 3.4 1974년 8월 29일에 도착한 김영희 _출처: 김영희 제공

들은 입양을 아주 사적인 행동이라 여겼는데, 비행기 도착 현장은 인종과 가족에 관해 새롭게 확장된 미국인의 관념이 구체적으로 표현되고 축하받는 매우 공적인 장소가 되었다(사진 3.4 참조).

　기뻐하는 부모들과 구경꾼들, 취재 기자들 사이에서 아이들은 약간의 정신적 외상을 입었다. 리슬로는 나이가 좀 있는 아동들 가운데 일부는 새 부모가 어루만질 때마다 뻣뻣하게 굳거나 부들부들 떨었다고 말했다. 미국에 도착했을 때를 기억할 만큼 나이가 좀 있었던 입양 아동들은 성인이 되어 그때 느꼈던 공포와 혼란을 떠올렸다. 여행자지원협회TAS의 한 직원은 다섯 살짜리 한국계 백인 소년이 미국 중서부에 있는 한 공항에 도착했을 때 펼쳐졌던 끔찍한 광경을 다음과 같이 묘사했다.

──────── 기독교적 미국주의와 GI 베이비 입양

그는 도착 후 거의 쉬지 않고 울었다. 비행기에 타고 있는 보호자escort에게 돌아가길 원했다. 누군가 그를 데려가야 했다. 그는 심장이 터질 듯 악을 쓰고 발을 구르고 울음을 토했다. 위로하려고 다가오는 이들을 모두 뿌리쳤다. 아이의 모습을 보고 있기가 힘들었고, 승객들은 간식, 사탕, 껌을 건네려 했다. 사람들이 손을 내밀 때마다 울음소리는 더 커졌다. 사람들에게 아이의 상황을 설명하고, 아이를 개인 사무실로 옮겨야 했다.

그 소년을 입양한 양어머니는 "매우 상냥하고 이해심이 많았다." 그래서 갈아탈 비행기가 이륙을 준비할 때쯤 소년은 "진정되었고, 살짝 흐느끼면서 새어머니와 함께 비행기를 타러 갔다."[71]

기독교적 미국주의, 인종, 피부색에 연연하지 않는 태도

'인종차별 반대'가 냉전 시대의 공식 언어였는지는 몰라도, 고매한 언론과 정부 영역 아래에 있는 평범한 사람들에게 미국은 여전히 인종차별과 인종분리 정서가 아주 깊고 강한 곳이었다. 어떤 미국인이든 제3세계 출신의 외국 혼혈 아동을 자기 집과 학교, 교회, 지역사회에 들이는 것은 기이해 보일 정도로 진보적인 행동이었다. 더욱이 초기 입양 부모들의 특징을 고려하면 더더욱 기이한 일이 아닐 수 없었다. 초기 입양 부모들은 대부분 아주 독실했고, 정치적으로는 보수파였고, 나이는 중년이었고, 사회 계층은 중산층이었고, 고등학교를 나온 백인 개신교도였으며, 소도시나 시골 마을에 살고 있었다. 보통은 친자식이 한두 명 있었고, 대부분 한국 아동을 한 명 이상 입양했다.[72] 입양 부모들은 사랑 덕분에, 선교사 정신 덕분에, 또는 그 둘 덕분에 인종 문제를 초월할 수 있었다고 했다. 한 양부모는 이렇게 말했다. "우리 딸들이 우리의 선교지예요. 우리에게 엄청난 자부심을 안겨주죠. 민족 차이는 느껴본 적이 없어요." 버사 홀트는 "편지를 읽어보면, 그들은 아이들이 동양인처럼 생겼는지 아닌지 신경 쓰지 않는다는 걸 알 수 있다"라고 했다. "한 여성은 편지에 이렇게 썼다. '못생긴 아기나 누구도 원치 않는 지적장애아를 보내주세요. 내가 사랑과 따뜻한 보살핌으로 그 어린 생명을 변화시킬게요.'"[73]

GI 베이비의 인종을 문제 삼은 이들은 홀트 부부의 활동에 반대하는 사람들이었다. 사람들은 이따금 전화를 걸거나 편지를 써서, 병에 걸리고 "눈초리가 치켜 올라간 동양인 아동", 한국 여자와 도덕성이 의심스러운 미국 남자의 자식을 미국 땅에 들이는 것에 항의했다. 1956년에 버사 홀트는 이렇게 보고했다. "한 괴짜가 … '눈초리가 치켜 올라간 괴물들을 데려오는' 해리 홀트를 찾아가 총으로 쏘려고 총과 버스표를 살 돈을 모으고 있다는 편지를 보내왔다. 해리는 총값은 자기가 내겠다며 그에게 답장했다." 이 아동들은 "자기 아버지의 나라로 돌아가는 것뿐"이라면서 버사 홀트 역시 남편과 똑같은 태도로 이런 위협을 무시했다. 이전 세대에 노예제 폐지 운동을 벌였던 독실한 활동가들, 그리고 시민 평등권 운동을 벌인 동시대 활동가들과 마찬가지로, 인종과 관련하여 홀트 부부는 언론을 통해 드러난 전통적인 미국 가정의 이미지와는 양립할 수 없을 것 같은 진보적인 태도를 보였다. 흥미롭게도, 홀트 부부는 자신들의 노력과 시민 평등권 운동의 관계를 인정하지 않았다. 실제로, 버사 홀트는 의회가 앞서 발의된 시민 평등권 법안을 심의하느라 고아 법안을 살펴볼 여력이 없다는 걸 알고 불만스러워했다. "의회는 고아들이 다 죽어 나갈 때까지 시민 평등권만 붙들고 티격태격하겠지."[74]

홀트 부부가 마주해야 했던 더 강력한 상대는 국제사회봉사회와 여기에 협력하는 주·사립 사회복지 기관들로 대표되는 미국 사회복지 당국이었다. 오리건주 복지부는 홀트 부부가 아동 8명을 입양하는 것을 여러 가지 이유로 도와줄 수 없다고 했다. 첫째, 홀트 부부는 난민구호법이 정한 2명 한도를 훨씬 초과한 8명을 입양하길 원했다. 둘째, 해리와 버사의 나이도 문제였다. 셋째, 홀트 부부에게는 이미 친자식이 6명이나 있었다. 넷째, 홀트 부부는 "의무교육 학령이 넘었는데도 자식들을 학교에 보내길 주저했다." 다섯째, 복지부는 그들의 입양 동기가 "비현실적"이라고 보았다. 오리건주 복지부가 도움 주기를 거절한 것 때문에 이미 감정이 상해 있던 차에, 나중에 국제사회봉사회와 주州 복지부들이 한국 아동의 입양을 추진하는 홀트양자회와 협력하길 거부하자 사회복지사에 대한 해리 홀트의 반감은 더 커졌다.[75]

대리입양 도입은 홀트양자회와 전문 사회복지사들 사이에 불화를 조장한 불쏘시개였다. 국제사회봉사회와 그 협력 기관들은 전문 교육을 받은 사회복지사들의 감독 아래 제대로 된 입양 절차를 밟는 것이 현대 아동복지 업무의 기준인 "아동 최선의 이익"에 따라 보호하는 가장 좋은 방법이라고 믿었다. 이와는 대조적으로, 홀트는 물론이고 한국에 온 국제 구호원들과 선교사들을 포함하여 대리입양을 지지하는 사람들은 가능한 한 빨리 아동들을 한국에서 내보내는 것이 아동을 보호하는 길이라고 믿었다. 국제사회봉사회의 승인을 받은 입양이 완료되기까지는 몇 달에서 몇 년이 걸리는데, 그 사이에 아동들은 한국 고아원의 열악한 환경에서 병들어 죽을 수도 있었다. 홀트를 포함하여 대리입양 관계자들은 속도를 강조하다 보니 "가끔은 절차를 무시할" 수밖에 없었다는 점을 인정하면서 대리입양에 대한 양가감정을 드러냈지만, 그래도 "사회복지사업의 기준과 아동의 생명 중에서 하나를 선택해야 한다면, 우리는 아동의 생명을 선택할 것"이라고 주장했다.[76] 대리입양을 둘러싼 싸움은 1961년까지 계속되었다. 1961년에 미 의회는 대리입양을 금지하는 동시에 해외 입양에 관한 조항을 이민법의 영구 조항으로 만들었다(5장 참조).

홀트 부부는 주류 사회복지사들이 홀트양자회에 맞선 이유는 홀트양자회에서 대리입양을 도입했기 때문만은 아니고 그들이 일반적인 해외 입양에 반대하기 때문이라고 믿었다. 홀트 부부가 대리인들에게 설명한 사회복지사업의 정설에 따르면, 성격이 비슷할 뿐 아니라 머리카락과 눈동자 색이 비슷한 이들끼리 만나도록 입양 아동과 양부모의 조합에 세심하게 신경 써서 입양 사실을 감출 수 있어야만 입양이 성공할 수 있다. 이 지침에 따르면, 아시아 아동은 백인 혼혈이라고 해도 미국 백인 가정에 배정할 수 없었다. 버사 홀트는 "이런 이유로 해서 주류 사회복지사들이 3년 동안 해외로 입양보낸 아동이 겨우 7명 뿐이었다."고 말했다.[77] 홀트 부부는 사회복지사업의 원칙을 아이들의 생명보다 우선시하는 미국 사회복지 당국을 비난했다. 사회복지 당국이 빨리 조처하지 않아서 아동들이 위험에 빠졌다고 말이다.

그러나 속사정은 이보다 더 복잡했다. 전문 사회복지사들이 GI 베

——— 기독교적 미국주의와 GI 베이비 입양

이비의 해외 입양에 의구심을 드러낸 것은 사실이다. 그러나 오로지 인종 매칭에 대한 완고한 신념 때문에 반대했던 것은 아니다. 오히려, 사회복지사들은 한국에 남는 가능성을 포함하여 다른 이들보다 더 적극적으로 GI 베이비를 위한 대안을 모색했다. 다른 이들이 GI 베이비를 한국에서 내보내려고 서두르는 동안 다른 대안을 찾던 전문 사회복지사들은 쉽게 결단을 내리지 못했고, 그러자 상대 진영에서는 사회복지사들이 의심할 여지 없이 숭고한 이 사업에 참여하기를 꺼린다고 해석했다.

사회복지사들이 인종 매칭을 중시한다는 점 역시 인종차별에 적극적으로 맞서지 않는다는 비판의 빌미가 되었다. 미국 사회복지 당국을 대표하는 국제사회봉사회는 인종 편견에 대한 비난을 강력히 부인했다. 이런 비난은 사회복지사들이 예비 양부모를 철저히 심문한 데서 비롯되었다. 사회복지사들은 입양 부모가 혼혈 아동을 어떻게 생각하는지 알아보고 분석하기 위해 꼬치꼬치 묻고 따졌다.[78] 4장에서 살펴볼 테지만, 대다수 전문 사회복지사들은 실제로 국가 간·인종 간 입양이 미국의 인종 관계와 입양 아동의 장래 행복에 어떤 영향을 끼칠지 세심하게 따져보고 고민했다. 일부 사회복지사가 한국계 GI 베이비에게 관심이 있는 입양 신청자들을 설득해 입양 가정이 필요한 국내 아동들을 입양하도록 유도한 것은 사실이다. 이는 사회복지 당국이 한국 아동 입양을 거부한다고 오해할 만한 행동이었다. 미국 사회복지사 중에는 한국계 GI 베이비의 곤경을 정확히 이해하지 못하는 이들이 있었다. 국제사회봉사회에 따르면, 그들은 "자기네 지역사회에 있는 시설에서 살면서 입양 가정을 찾는 아동들, 특히 흑인 아동들에게 더 관심을 쏟는 경향이 있었다."[79] 국제사회봉사회는 미국 사회복지사들에게 한국의 상황을 제대로 알려서 한국계 혼혈 아동에게 국가 간 입양이 정말로 필요하다는 사실을 이해시킴으로써 이 문제를 해결하려 했다.

해리 홀트는 기독교인의 사랑 앞에서 인종은 문제가 되지 않는다는 신념 때문에 피부색에 연연하지 않았지만, 인종 매칭을 거부한 다른 이들 역시 피부색에 연연하지 않는다는 원칙을 다른 형태로 내세웠다. 이 논리는 인종은 중요하지 않다고 주장했다. 그런데 역설적이게도 이 논리는 또한 인종적 관용을 확대하고 인종차별을 끝맺기 위해 인종 혼합의 가능성을 칭송했다.[80] 사람들의 이목이 쏠리는 국가 간·인종 간 입양은 대부분 조세핀 베이커 Josephine Baker 같은 유명인들의 소관이었다. 조세핀 베이커는 1950년대와 1960년대에 세계 곳곳에서 12명의 아동을 입양해 이른바 '무지개 가족'을 만들었다.[81] 펄 벅은 혼혈 아시아 아동 입양을 전문으로 하는 입양 기관을 설립하고 인종 혼합의 장래성을 주제로 광범위한 글을 썼을 뿐만 아니라, 1920년대와 1930년대에 백인 아동 5명을 입양한 데 이어 1953년에는 독일계 흑인 딸을, 1958년에는 일본계 흑인 딸을 입양했다.[82] 평범한 미국인들도 입양을 통해 대규모 다인종 '무지개 가족'을 만들었다. 그중 도스 가족과 드볼트 부부의 사례가 눈길을 끌었다. 도스 가족은 인종 간 국내 입양으로 얻은 12명의 자녀로 이른바 "한 가족 UN"을 만들었고, 친자식이 6명인 드볼트 부부는 14명의 아동을 입양했는데, 대부분 동아시아와 동남아시아 출신이었고, 또 대부분 장애 아동이었다. 이 두 가족의 사연은 전국에 보도되었고, 두 가정의 여가장女家長들은 회고록을 출간했다. 드볼트 부부에게 영감을 받아 제작한 다큐멘터리 영화가 아카데미상을 받기도 했다.[83] 이런 다채로운 조합은 혼혈인 개개인과 다인종 가족이 대표하는 다양성과 화합의 장래성을 상징했다.

입양 부모들과 일반 대중은 해리 홀트와 인연을 맺게 된 기독교적 미국주의에 반응했고, 기독교적 미국주의 담론은 한국 아동 입양 운동의 언어가 되었다. 인도주의적 충동과 아이를 갖고 싶은 욕망이 입양의 주된 동기였지만, 기독교적 미국주의의 논리도 입양 부모들에게 스며들었던 것 같다. 많은 양부모가 한국계 GI 베이비를 입양하는 것이 자신의 기독교 신앙을 증명하고 선교의 의무를 다하는 길이라 여겼다. 그 의무는 기독교인의 의무인 동시에 기독교적 미국주의자의 의무였다.

냉전 시대 미국에서는 기독교화의 대의와 미국화의 대의가 아주 밀접하게 뒤얽혀 있었다. 구출에 대한 자기들만의 독특한 논리를 갖춘 두 그룹의 목적은 다음 한 문장에 그대로 녹아 있다. "이 아이들을 미국 기독교 가정에 데려와서 미국 시민으로 길러내는 일은 선교에 동참할 수 있는 아주 놀라운 기회다."[84] 어느 쪽이 더 큰 영향을 끼쳤는지는 사례마다 다르겠지만, 기독교 신앙과 기독교적 미국주의 둘 다 입양의 동기로 작용했다.[85]

예비 양부모가 종교적인 이유로 입양을 원한다고 말했더라도 그에 못지않게 중요한 동기가 있었으니 바로 애국심에서 비롯된 충동이었다. 한 부부는 입양을 결정한 주된 동기가 기독교 신앙이라고 설명했다. "우리 둘 다 기독교인이라고 고백하며 살아가려면, 영양실조와 죽음의 고통에서 단 한 명이라도 구출하기 위해 뭐라도 해야 한다는 생각이 강하게 들었어요. … 단순히 돈만 보내는 것 말고요. … 그때, 한국이 적당할 것 같더라고요." 이들은 GI 베이비에 대한 책임감도 입양 결정에 영향을 끼쳤다는 점을 넌지시 내비쳤다. "우리 미국인 형제들이 버린 이 사생아들이 우리가 봉사해야 할 선교 현장이라는 생각이 들었거든요."[86] 어떤 부모들은 입양을 원하는 종교적 이유와 애국주의적 이유를 노골적으로 드러냈다. 한 부부는 웨인 모스 상원의원에게 보낸 편지에 이렇게 썼다. "우리는 우리 미군 병사들의 자식들이 기독교 국가에서 훌륭한 시민으로 자랄 수 있도록 이 법안을 통과시키기 위해 의원님이 할 수 있는 모든 일을 하기를 촉구하는 바입니다." 웨인 모스에게 편지를 쓴 또 다른 부부는 긍정적인 일을 하고 싶은 본인들의 욕망과 아이 아버지들의 무책임함을 대비시켰다. "이 가없은 아기들이 우리 미군 병사들에게서 태어났으니, 이 아이들에게 자유 국가의 시민으로서 우리나라에서 살아갈 기회를 주기 위해 진정한, 그리고 정직한 미국인으로서 우리가 최선을 다해야 마땅하다고 생각하지 않으십니까? 이 나라에서 훌륭한 교육을 받고, 평화로운 환경에서 당연히 누려야 할 유산을 누리며 훌륭하게 성장하도록 말입니다."[87]

기독교인 또는 기독교적 미국주의자인 입양 부모들은 수긍하기 어렵겠지만, 한국 아동 입양 초창기에는 시장의 힘이 생각보다 훨씬 크게 작용했다. 미국에서는 20세기 내내 국내 입양 아동에 대한 수요가 공급을 초과했다. 1950년대에는 수요가 공급의 9배에 달할 정도였다.[88] 입양을 원하는 부모들은 공식 통로로 아이를 입양하려고 노력했지만 아무 소득이 없었다고 말한다. "병원 네 군데에 이름을 올려놓았지만, 소용이 없었어요. 아이를 입양하는 게 불가능해 보였죠."[89] 어떤 부부들은 나이가 너무 많다는 이유로, 소득이 기준에 미치지 못한다는 이유로, 친자식이 있다는 이유로, 또는 그 밖의 다양한 이유로 입양 기관으로부터 거절당했다. 숫자를 특정할 수는 없지만, 이 중 많은 부부가 미국에서 아이를 찾을 수 없어서 한국 아동에게 눈을 돌렸을 가능성이 크다. 이들 예비 양부모가 호소력을 높이기 위해 기독교적 미국주의 언어를 사용한 것도 충분히 이해가 된다. 한국 아동을 입양해서 아이를 갖고 싶은 개인적인 욕망을 채운 것도 사실이지만, 외국 고아들에게 "기독교 가정"과 "정상적인 삶을 살 기회"를 줌으로써 이타적인 목적도 달성했다고 강조하기 위해서 그들은 기독교적 미국주의 언어를 사용했다.[90] 이렇게 전략적 차원에서 기독교적 미국주의 언어를 사용했던 부모들이 진짜 입양 이유를 항상 거짓으로 둘러댄 것은 아니다. 그리고 어떤 경우에도 입양 부모들의 진짜 동기가 무엇인지는 알 수 없다. 중요한 건, 자신이 원하는 것을 손에 넣으려면 기독교적 미국주의 용어를 사용해야 한다는 점을 그들이 이해했다는 사실이다.

미국과 세계를 돕는다는 미사여구로 기독교적 미국주의는 국회의원들에게 한국에서 아동을 입양하게 도와달라는 입양 부모들의 애원에 설득력과 타당성을 부여했다. 아이를 원하는 간절함이나 입양할 아동이 부족한 미국의 현실, 또는 종교적 동기에만 의존하는 주장은 신앙심과 애국심이 뒤엉킨 기독교적 미국주의 언어로 얻어낸 호소력과 영향력을 얻지 못했을 것이다. 게다가, 기독교적 미국주의는 미국 백인들이 한국에서 비非백인 아동을 입양하는 것을 두고 제국주의적이고 식민주의적인 관행이라고 비판하는 이들에게 반박할 수 있는 사랑의 언어를 제공했다.

결론

미국 남부에서 백인 여성의 손에 자란 흑인 여성이 1958년에 출간한 회고록《백인 어머니White Mother》에 관해 논평하면서, 펄 벅은 저자가 제시한 인종 갈등 해법에 찬사를 보냈다. "무슨 말이 더 필요할까. 우리 모두 이 백인 어머니의 발자취를 따라가야 한다. 어떻게 하면 세계 평화를 이룰 수 있는지 물을 필요도 없다. 그녀가 걸어간 길을 따라가면, 평화가 올 테니까." 펄 벅에게는, 그리고 그녀와 같은 기독교적 미국주의자들에게는, '백인 어머니'가 했던 인종 간 국내 입양과 마찬가지로, 해외 입양은 단순한 개인의 행동이 아니었다. 해외 입양은 관심이 있는 미국인이라면 누구나 할 수 있는 지극히 정치적인 행위였다. 해외 입양을 통해 인종 갈등을 끝냄으로써 종국에는 공산주의 세력을 파멸시킬 수 있을지 모른다. 비백인 아동들에게 그런 사랑을 보여준 미국이 자유 국가 전체는 물론이고 아시아 국가들로부터 충성을 얻어낼 게 확실하니 말이다.[91] 한국계 GI 베이비 입양은 기독교인과 기독교적 미국주의자들이 자신의 신념을 실천하는 길이 되었다. 해리 홀트처럼 독실한 기독교인들에게는 GI 베이비 입양이 곧 선교 사역이었다. 그들은 입양을 통해 자신의 신앙을 증명하고 하나님을 섬길 수 있었다. 기독교적 미국주의자들에게 GI 베이비 입양은 냉전 시대를 사는 애국심 강한 미국인이 세계를 기독교화하고 미국화해야 할 조국의 임무에 동참하는 길이었다.

미국 사회복지 당국은 눈에 띄게 이 대열에서 벗어나 있었다. 기독교인들과 기독교적 미국주의자들은 입양 아동의 인종이 뭐든 신경 쓰지 않노라고 주장했지만, 사회복지사들은 훨씬 더 인종에 집착했다. 그들이 인종에 신경을 쓴 이유는 입양 대상에 대해 솔직했기 때문일 것이다. 기독교인들과 기독교적 미국주의자들은 "의도적으로 인종에 신경을 안 쓰면" 인종 갈등도 끝날 거라고 다소 순진하게(또는 정직하지 못하게) 믿었다. 이들은 이렇듯 순진한 사고방식을 옹호했지만, 여기에는 솔직함이 없었다. 인종차별을 근절하고 싶다는 소망이 입양의 주된 동기는 아니었을지 모르지만, 두 집단 다 피부색에 연연하지 않는 태도의 힘과 기독교인 어버이의 순전한 사랑으로 모든 것을 극복할 수 있다는 견해를 지지했다.[92]

그러나 피부색에 연연하지 않는다는 것 자체가 인종 이데올로기이고, 피부색에 연연하지 않는 인종 간 입양은 인종 차이를 부인하는 동시에 강조한다. GI 베이비의 양부모들은 한편으로 인종에 초연하려는 의지와 역량을 보여주었다. 그러나 또 한편으로, 그들은 제국 담론의 중심이 되는 우화를 실연해 보였다. 이 우화에서 백인 부모와 비非백인 자녀의 결합은 백인종과 비非백인종의 계층적 권력 관계를 정당화하고 그 위계질서에 순응한다. 사회복지사들은 의식적으로 피부색에 신경 쓰지 않는다고 해서 인종 또는 인종차별이 사라지는 것은 아니라는 사실을 정직하게 인정한 유일한 사람들이었는지도 모른다. 관련자들이 인종의 존재를 인정하든 안 하든, 인종은 인종 간 또는 국가 간 입양에 계속해서 영향을 끼칠 것이다.[93]

미국 정부는 냉전 기간에 아시아에서 제국주의자처럼 보일 만한 미국의 행동을 중화시키기 위해 '사랑'이라는 개념을 활용했다. 어떤 의미에서, 가족의 사랑이 "인종과 민족의 경계를 초월"할 수 있다는 걸 보여줌으로써 미국 정부에 이 도구를 제공한 장본인은 해리 홀트 와 GI 베이비의 양부모들 같은 기독교인이었다. 기독교적 미국주의자들에게 미국이라는 나라는 '사랑으로 경계를 뛰어넘고 곳곳에서 인종차별과 공산주의를 박멸해줄 기독교와 미국의 가치를 퍼뜨리는 가족'이었다.[94]

뉴프런티어'에서 가족 만들기

04

위에서 설명한 대로, 저는 1950년에 한국전쟁이 발발하면서 가족을 모두 잃었고, 소득이 전혀 없어서 경제적 어려움이 극에 달했습니다. 그러다 한 미군을 알게 되었고 몇 개월 동안 그와 잠자리를 같이 했습니다. 임신한 지 두 달이 되었을 때 그는 제가 임신한 줄도 모르고 최전방으로 근무지를 옮겼습니다. … 그 후 저는 아기를 낳았습니다. … 정기적인 수입이 전혀 없는 상태에서 딸을 키우는 일이 제게는 큰 부담이었습니다. 딸을 다른 사람에게 보내는 게 … 무척 마음 아프지만, 미국인 가정에 입양 보내기로 동의했습니다. … 저는 다음과 같이 서약합니다. a. 저는 입양하는 것에 동의합니다. … b. 저는 친권을 포기하고 … 엄마로서 어떤 권리도 주장하지 않겠습니다. _어느 친생모[1]

• **뉴프런티어**New Frontier 1960년 미국 민주당이 존 에프 케네디 행정부 시기에 내건 슬로건. 빈곤층을 위한 사회복지정책의 확대와 흑인 시민권에 대한 우호적 정책들이 만들어졌다. 피부색과 인종에 대한 분리주의적 태도가 완화되기 시작했고, 백인 가정에 피부색이 다른 아동들이 입양될 수 있는 사회적 분위기가 형성되었다.

그녀는 무릎을 꿇고 내게 입을 맞췄다. 그리고 내 해진 웃옷 안에 사진 두 장을 숨겼다. 하나는 그녀의 사진이었고, 다른 하나는 내 생부의 사진이었다. … 그녀는 사진 뒷면에 간략한 정보를 적었다. 그것이 언제나 우리를 이어주었다. 그녀는 내게 미국에서 아버지를 찾으라고 했다. 비행기 창문으로 엄마가 보였다. 엄마는 울고 있었고 나도 울었다. 내 생애 그때처럼 심하게 울었던 적이 없다. 비행기 전체가 울음바다였고, 그것이 내가 본 엄마의 마지막 모습이다. 나는 미국에 도착할 때까지 계속 토했다.[2]

1956년까지 국가 간 입양은 한국 복지의 가장 중요한 요소였다. 이승만 대통령을 비롯한 한국 정부는 난민구호법이 만료되는 1956년 12월 31일까지 GI 베이비를 가능한 한 많이 미국에 보내는 것이 "최고의 복지 사업"이라고 공개적으로 밝혔다.[3] 그러나 한국의 해외 입양에 대한 의존은 1956년 12월에 끝나지 않았다. 당시 도입한 한국 입양 제도를 개선하려는 외국 선교사들과 입양 기관들, 사회복지사들의 지속적인 노력과 함께 반복 갱신되는 난민구호법 고아 조항 덕분에 한국 아동의 해외 입양은 단순히 명맥을 유지하는 수준에서 그치지 않고 한층 성장했다.

2차 세계대전 이후 합법적인 입양 절차를 확립하려고 고군분투했던 미국 사회복지사들은 주 정부와 연방 정부에 정책과 법률을 도입하여 해외 입양 전문가로서의 위치를 확고히 다지려고 애썼다. 그러나 한국 아동을 포괄하기 위해 지리상으로나 개념상으로 입양의 범위가 넓어지면서 사회복지사업 관행의 적절성을 두고 새로운 의문이 제기되었다. 수십 년간 많은 양부모가 사회복지사들을 건너뛰고 독자적으로 입양을 추진했다. 입양 부모들은 사회복지 당국이 자기네 가정과 가족의 성스러운 영역을 침범하는 것을 예전부터 반대했다. 빠른 입양을 원하던, 또는 사회복지계의 규칙과 절차에 조바심이 난, 예비 양부모들은 해외 입양을 단속하려는 사회복지사들의 노력을 사생활에 대한 국가 감시를 과도하게 확대하려는 시도로 여겼다.

한국에서는 해외 입양이 사회복지계의 발전을 자극했다. 한국 사회복지사들은 발전 중인 해외 입양 산업을 지지했고, 해외 입양 산업의 발전은 더 많은 사회복지사를 배출하도록 자극하고 요구했다. 그런데도 전문 사회복지사 수는 여전히 부족했고 전문 교육을 제대로 받았는지도 의심스러웠다.[4] 1980년대에 들어설 때까지 한국 아동 입양이 주로 비전문가들 손에 이루어졌다는 사실은 제도화된 뒤에도 한국 아동 입양이 여전히 주먹구구식이었던 이유다. 고아가 아닌 아이들을 고아로 둔갑시키고, 입양 부모들을 심사하고, 가족을 만들 때 적용하던 일관성 없고 미심쩍은 방법들은 해외 입양이라는 멋진 신세계로 나아가려던 사람들이 낳은 산물이었다.

현대 입양의 합리화

역사적으로 미국에서는 친생모들과 양부모들이 현대 입양 관행을 주도했고, 정책 입안자들과 사회복지사들이 그 뒤를 따라갔다. 친척이 아닌 사람이 아동을 입양하는 이른바 '타인' 입양은 20세기 초에 시작될 때부터 그 숫자가 상당했고, 초기 형태의 사설 보육 기관의 역할을 대신했다. 처음에 아동복지 담당관들은 아동을 한 가정에 영구적으로 입양하는 것에 반대했다.[5] 가족 보존과 혈연 우선에 대한 우려, 그리고 부모들이 입양 아동을 진심으로 사랑할 수 있을까 하는 의구심 때문에 아동복지 담당관들은 위탁 가정에 돈을 주고 아동을 '위탁하는' 쪽을 선호했다. 그러나 미국인들은 입양하길 원했고, 그래서 입양했다. 대개는 친구, 친척, 변호사, 의사, 간호사, 조산사, 사회명사, 성직자 등의 인맥을 통해 입양할 아동을 찾았다.[6] 또한, 부부들은 사설 기관과 영리 위주의 산원産院을 통해 아동을 입양했다. 미혼모들과 양부모들은 정부 개입 없이 다양한 방식으로 입양에 합의했다.

혁신주의 시대Progressive Era•의 아동복지 개혁가들을 대체한 1920년대의 전문 사회복지사들은 입양이 자신들의 소관이라고 주장했고, 정식 문서와 전문가의 감독, 정신분석 이론으로 입양을 관리하려 했다. 1912년에 설립된 미국 아동국은 입양 관행과 표준에 관한 '전문가들의 합의'를 끌어내는 일에 적극적으로 관여했다. 정부에 아동국이 있다면, 민간에는 미국아동복지연맹이 있었다. 미국아동복지연맹은 민간 아동복지 기관들의 협의체로 1915년에 설립되었다. 이 두 조직의 지휘 아래 전문 사회복지사들은 입양을 현대화하고 체계화(합리화)하기 시작했다. 이 합리화 작업을 통해 그동안 지극히 사적인 행동이라 여기고 옹호했던 입양이 명백하게 공적인 행동으로 바뀌었다. 미국아동복지연맹은 입양이 "친생부모, 아동, 양부모, 사회 전체, 최소 이 네 그룹에" 영향을 미친다고 믿었다. 따라서 입양은 "사회 전체가 관여

• 혁신주의 시대Progressive Era 19세기에 자본주의의 병폐가 나타나고 정치 부패가 기승을 부리자 '혁신 운동'이 미국 사회 곳곳에서 일어났다. 대략 1890년부터 1차 세계대전 발발 때까지를 혁신주의 시대라 부른다.

할 권리가 있는 행위"였다. 그리하여 현대 입양은 "유년기와 친족의 영역에서 공공의 영역으로 자리를 옮겼다."[7]

2차 세계대전 이후 입양에 관한 권한이 늘어나긴 했지만, 사회복지사들은 전문가로서의 위치를 확고히 다지지 못했다. 대신에 권한이 아니라 영향력을 행사하는 '협상 세력 중 하나'로서 입양에 관여했다. 예를 들어, 1940년대 중반에 이루어진 전체 '타인 입양' 사례 중 사회복지사들이 관여한 사례는 절반에 불과했다. 그러는 사이, 해리 홀트 같은 독자적인 중개인들이 관리·감독을 거치지 않고 국내외 아동과 입양 가정을 연결해주었다. 그러나 외국에서 아동을 입양한 미국인들은 명명백백한 국가 권력을 피할 수 없었다. 예비 양부모들은 1950년대에 아직 확정되지 않은 상태였던 연방 정부의 난민·이민법을 놓고 협의해야 했다. 입양 법률과 정책은 주마다 달랐지만, 전후 국내 입양과 해외 입양이 증가하고 신생아 밀매에 대한 우려마저 있어서 각 주 정부들은 입양법을 강화하는 움직임을 보였다.[8]

20세기 초, 국제사회봉사회는 사회복지사를 자의식 강한 전문직으로 만들었다. 제네바에 본부가 있는 국제 사회복지 기관인 국제사회봉사회는 국경을 초월하여 사회복지 활동을 조율하기 위해 1924년에 국제이민봉사회라는 이름으로 설립되었고, 1946년에 지금의 이름으로 바꾸었다. 말하기 좋아하는 사람들은 국제사회봉사회의 사회복지사들이 상식과 식견, 균형 잡힌 '모성 본능'만 있으면 되는 분야에 학위를 들이미는 자칭 전문가들이라고 깎아내렸다. 국제사회봉사회는 일본에서 활동하는 동안 GI 베이비 문제에 익숙해졌다. '점령군 베이비'인 혼혈아들은 한국에서와 똑같이 일본에서도 편견과 적대감에 시달렸다. 국제사회봉사회는 1953년에 한국 아동의 해외 입양 사례를 처음 처리했지만, 혼혈 아동 문제를 해결하는 방법으로 해외 입양을 장려하지는 않았다. 그 대신 일본에서 그랬던 것처럼, 한국에서도 두 가지 경로로 이 문제에 접근했다. 일부 GI 베이비를 외국에 입양 보내는 동시에 한국 내에서 해결 방법을 찾아야 한다고 강조했다. 국제사회봉사회는 이 아동들이 계속 한국에서 살 수 있도록 이들을 대하는 한국인의 태도가 바뀌기를 바랐다. 국제사회봉사회가 한국 아동 입양에 적극적으로 참여하기 시작한 것은 홀트 부부가 1956년에 홀트양자회를 설립하고 대리입양을 대중화하고 나서였다.[9]

국제사회봉사회가 인정한 유형의 해외 입양은 시간이 걸리는 미국 내 입양 절차를 국경 너머에 그대로 옮겨 놓은 것이었다. 국제사회봉사회는 직접 입양을 주선하지 않고, 미국의 지역 입양 기관이나 주州 사회복지부와 한국 기관(주로 한국아동양호회) 사이에서 업무를 조율했다. (미국가톨릭복지협회도 비슷한 방식으로 운영되었다.) 예비 양부모가 사는 지역에 입양 업무를 맡아줄 기관이 없고 해당 주州 사회복지부에서 해외 입양 서비스를 제공하지 않는 경우에만, 국제사회봉사회가 대리인을 통해 한국 아동 입양에 필요한 절차를 밟았다.

사회복지사들은 아동과 양부모를 철저히 조사하여 위험 요인을 관리하고자 애쓰며 아주 조심스럽게 국내외 입양에 접근했다. 미국 입양 기관에서 예비 양부모들과 사전 면담을 진행하는 것이 해외 입양의 첫 번째 단계였다. 자격이 있다고 판단되면, 가정 조사 일정을 잡았다. 가정 조사가 끝나기까지 수개월이 걸리기도 했고, 사전 면담을 하고 몇 달이 지났는데도 가정 조사를 시작조차 못 하기도 했다. 입양 동기와 입양 신청자의 적합성을 조사하는 것이 가정 조사의 목적이었다. 인종, 계층, 성별을 기준으로 엄격하게 정의된 이상적인 가정관과 가족관을 토대로 사회복지사들은 신청자의 부부관계부터 성 역할 순응 여부, 가정의 물리적 환경까지 모든 것을 평가했다.[10] 가정 조사 원칙이 표준화되고 있었지만, 조사 자체는 일정하지 않았다. 기관과 사회복지사에 따라 가정 조사의 기간과 질이 달라졌다. 여러 번 방문하여 세부 사항을 꼼꼼히 살피고 분석하는 사례가 있는가 하면, 설명과 간략한 권고로 끝나는 사례도 있었다.

사회복지사들은 해외 입양의 다양한 동기를 인정했는데, 보통은 국내 입양의 동기와 비슷했다. 예를 들면, 신청자들은 불임이나 가족 내 성비 불균형을 해결하고 싶은 욕망 때문에 입양을 원했다. 친자식이 있다는 이유로, 나이가 너무 많다는 이유로, 소득이 기준에 미치지 못한다는 이유로 국내 입양을 거절당한 부부들도 해외 입양을 신청할 때는 요건을 충족시키기가 수월했다. 전문 사회복지사들은 이타적이거나 종교적인 이유로 한국 아동 입양에 지나치게 열성적인 신청자들을 미심쩍은 눈으로 바라보는 경향이 있었다. 한 사회복지사는 이런 동기가 입양 동기로 적합하다고 기록했다. "모든 인종은 동등하다는 종교적 신념에서 입양을 신청했다. 그들은 입양이 자신의 신념을 증명하는 가장 좋은 방법이라고 생각한다." 이와 대조적으로, 다른 사회복지사는 어떤 부부가 "아동의 이익을 위해서가 아니라 종교적 열정"이 동기가 되어 입양을 신청했다면서 더 살펴볼 필요가 없다고 탈락시켰다.[11]

병력 조사와 건강 진단, 지능 검사와 심리 검사 등 미국에서 국내 입양에 적용하던 철저한 아동 평가를 진행할 수 없는 한국의 여건 탓에 사회복지사들은 예비 양부모들이 아동의 건강에 신경 쓰는지 세심히 살폈다. 한국 기관은 전반적인 건강 상태, 발달 상태, 가정환경 등 가능한 한 많은 정보가 담긴 아동 조사 결과를 제공했다. 이 문서는 형식적이거나 엉터리 영어로 쓰여 있을 때가 많았고, 항상 전문 사회복지사가 작성하는 것도 아니었다. 한국 기관들이 예비 양부모들에게 할 수 있는 단 한 가지 약속은 미국 입국 비자를 받기 위해 한국에서 실시한 건강 진단 결과 해당 아동이 미국 이민법 요건을 통과했다는 것뿐이었다. 이는 해당 아동이 결핵에 걸리지도 않았고 정신적으로도 문제가 없다는 뜻이었다. 그 외에도, 한국에서 아동을 입양한 가정들은 "싫든 좋든 그 어린아이를 자기 집에 데려가 자기 가족으로 받아들여야 할 전적인 책임이 있다는 사실을 깨달아야 한다"고 국제사회봉사회의 한 사회복지사는 말했다. 1970년대까지도 미국에 입양된 많은 아동이 "정상적으로 성장할 거라는 말은 확신이 아니라 기대에 더 가까웠다."[12]

예비 양부모들은 사회복지 기관들의 기준을 충족시키는 것 외에도 이민귀화국[INS]의 요건을 충족시켜야 했다. 일단 지역 입양 기관이 해당 가정을 승인하면, 양부모는 입양 아동이 사회의 걱정거리가 되지 않게 하겠다고 서약하고, 국제사회봉사회에서 이 서약을 보증하고 주[州] 사회복지부가 이를 확인했다. 이와 동시에 입양 부모는 결혼 증명서, 은행 예금 내역서, 재직 증명서 사본을 제출했다. 이후 한국 입양 기관은 한국 외무부에 아동의 여권 발급을 요청했고, 해동 아동이 이민 건강 진단을 통과하면 미 영사관에서 비자를 발급했다. 아동이 미국에 도착한 뒤에도 6개월에서 12개월 동안은 국제사회봉사회가 입양 아동의 법적 보호자였다. 그 기간에 지역 아동복지 기관은 입양 가정을 정기적으로 방문했다. 아동과 가족들이 서로 잘 적응하고 있다고 판단되면, 지역 아동복지 기관은 그 가정에 아동을 맡기라고 국제사회봉사회에 권고했고, 그러면 국제사회봉사회에서 이를 보증했다. 그리고 나서야 부모들은 미국 법원에서 입양 절차를 마무리할 수 있었다. 그래서 입양 절차를 완료하기까지 몇 년이 걸리기도 했다.

서류상의 고아 만들기

해외 입양이 도입되자 한국의 관료들, 고아원 원장들, 사회복지사들은 미국의 동지들과 함께 전례에 없던 절차를 간소화하려고 급히 서둘렀다. '입양 가능한' 아동을 찾고 모으는 일부터 외국에 입양 보낼 수 있게 아동을 준비시키고, 인종 매칭이 불가능한 아동을 가족과 연결하는 일까지, 그들은 거의 모든 일을 즉석에서 처리했다. 한국 사람들에게 '타인 입양'은 그야말로 낯설고 이상한 일이었다. 전통적으로 한국에서는 부계 혈통의 사내아이만 입양했고 대代를 잇는 것에만 관심이 있었다. 20세기 초 미국 사회복지사들이 그랬던 것처럼, 한국 사람들은 양부모가 입양 아동을 진심으로 사랑할 수 있을지 의심스러워했다.

한국에서는 사회복지사라는 직업과 입양 제도가 동시에 출현했고 미국의 방식과 기준을 그대로 답습했다. 한현숙은 이제 막 첫발을 뗀 이 두 분야에서 사회생활을 시작했다. 1960년대 초 국제사회봉사회에서 근무한 한현숙은 한국 최초의 사회복지학과 중 하나를 졸업했다. 하지만 한현숙은 학사 학위를 그리 가치 있게 여기지 않았다. 한국의 사회복지학 학사 과정은 학생들에게 이론적인 지식만 가르칠 뿐 실제적인 경험을 제공하지 못했다. 신입 사회복지사를 제대로 양성할 시간과 자원을 갖춘 기관이 거의 없었고, 입양 기준이나 가정위탁 기준 역시 아직 정립되지 않은 상태였다. 한현숙은 현장 경험을 통해 업무를 익혔고 자신의 뒤를 따르는 사회복지사들을 직접 가르쳤다.[13] 그 일을 감당하기에는 자신이 많이 부족하다고 느꼈지만, 한현숙은 일류 대학이라는 연세대학교를 졸업한 동료들보다 훈련이 더 잘 되어 있었다. 연세대에는 사회복지학과가 없어서 영문학과에서 사회복지사를 뽑았다. 아마도, 기관들은 사회복지학을 전공하지 않은 결함을 영어 실력이 채워주리라 믿었을 것이다.

2장에서 살펴보았듯이, 전후 한국에서는 '고아'의 범주가 아주 넓었다. 고아원에서 산다는 사실만으로 그 아동이 고아라고 단정할 수 없었다.[14] 매우 유동적인 전후 상황에서는 부모 없이 혼자 있는 아동이 길을 잃었는지 버려졌는지 확실하지 않을 때가 많았다. 그래서 고아원과 입양 기관에서는 단순하게 고아라는 기정사실을 문서로 정리하는 대신 행정 조치로 아동을 고아로 만들어야 했다. 한국의 호적 제도 아래서 아이가 태어나면 출생 증명서가 따로 발급되지 않고 한 가족의 일원으로 등록되었다. 호적에는 호주戶主인 남성 밑으로 그의 아내와 부양가족이 등재되었다. 가문들은 작명가에게 의뢰해서 자녀 이름을 신중하게 지었다. 아버지의 성을 따르고 이름에 돌림자를 넣는 작명 관습은 자식을 부계 혈통에 단단히 끼워 넣을 뿐만 아니라, 그를 과거와 현재의 대가족과 이어주었다. 따라서 아이 이름을 호적에 올렸다는 것은 사회적으로나 법적으로 그 아이가 완전한 의미의 한국 시민이 되었다는 뜻이었다. 가부장적 가계의 일원이자 국가의 일원이 되었다는 뜻이다. '서류상의 고아'를 만들기 위해 시청 또는 군청 공무원들은 해당 아동이 호주가 되는 새 호적을 만들고 부모가 누구인지 알 수 없다고 기재했다. 덜렁 이름 하나만 있는 이 문서는 가족도 역사도 나라도 없는 그 아동의 현실을 적나라하게 보여주었다.[15] 이 문서를 통해 표면상으로 가족이 없는 고아, 즉 외국에 입양 보낼 수 있는 고아가 만들어졌다.

고의로 버린 것 같은 아동들은 기아棄兒로 분류되었고, 친권 포기 문서가 따로 필요하지 않았다. 병원이나 고아원, 교회 문간에 담요에 싼 젖먹이를 두고 가기도 했는데, 담요 안에는 이름과 생년월일이 적힌 쪽지가 들어 있었다. 가끔은 아이를 외국에 입양 보내 달라는 쪽지가 들어 있기도 했다. 그렇지 않으면, 시장처럼 사람들로 북적이는 장소에 아이를 버리기도 했는데, 그러면 아이를 발견한 어른이 경찰서에 데려갔다. 경찰서에서는 그 아동을 고아원이나 임시보호소로 보냈고, 고의로 버린 게 아니라 길을 잃은 아동의 경우 부모가 그리로 찾으러 왔다. 나이가 있는 아동들은 가족에 대한 기억은 선명한데 부모의 이름과 주소를 몰라서 집에 돌려보내지 못할 때도 있었다.[16] 어쨌거나, 대다수 아동복지 기관은 이미 지고 있는 짐이 너무 무거워서 아동의 친생부모를 찾아 나설 여력이 없었다. 친권을 포기하겠다는 의사가 확고하지 않을 때도 있었다. 때로는 자녀의 친권을 포기한 뒤에도 친생부모나 친척이 고아원에 찾아와 형식상의 절차도 밟지 않고 아동을 데려갔다.[17]

친생모나 친척이 아이의 손을 잡고 정식으로 친권을 포기하러 오기도 했다. 한국 사람들은 공문서에 서명 대신 빨간색 인주를 묻힌 나무 도장을 찍었는데, 친생모들은 친권 포기 서류에 인주 대신 립스틱을 손가락에 묻혀서 지장을 찍었다. 입양 아동들에게는 이것이 특히 가슴 아픈 기억으로 남았다. 친생모들은 자신이 겪은 어려움과 해외 입양을 결정한 이유를 서면으로 제출하기도 했다.[18] 어떤 친생모들은 자신이 일하는 동안 자식을 나이 많은 여성에게 맡겼다. 이 여성들은 자신이 더는 아이를 돌볼 수 없을 때, 또는 친생모가 돈을 보내지 않을 때 아이의 손을 잡고 친권을 포기하러 왔다. 때로는 친생모의 동의 없이, 친생모도 모르게 이런 일이 벌어졌다.

기관들은 외국에 입양 보낼 GI 베이비를 적극적으로 찾아 나섰다. 국제사회봉사회 사회복지사들은 GI 베이비가 많은 지역을 찾아다녔다. 대개는 군사 기지 부근이었다. 혼혈 아동을 발견하면 아이어머니를 찾고 앞으로 어떻게 할 생각인지 이야기를 나눴다. 첫 만남에서 친생모와 사회복지사는 정보를 교환하고, 사회복지사는 친생모의 머릿속에 입양에 관한 생각을 심어놓았다. 그 여성이 궁핍하게 살고 있으면, 사회복지사는 밀가루나 연탄, 또는 다른 물품을 가져다주겠다고 약속했다. 때로는 친생모들이 빨리 수긍하고 때맞춰 친권을 포기하기도 했다. 두세 번 찾아가 설득에 성공하면 사회복지사는 서울로 돌아갈 때 아동을 데려갔다. 해리와 버사의 친딸 몰리 홀트는 홀트양자회의 차를 몰고 다니며 GI 베이비를 모으던 기억을 떠올렸다. 쉐보레에서 출시한 스테이션 왜건으로 빨간색과 흰색이 섞인 독특한 자동차였다. 몰리에 따르면, 친생모들은 "다음에 그 빨간색 차가 오면 아이를 포기해야 해"라고 서로 이야기했다. 또한, 홀트양자회 직원들은 고아원에서 혼혈 아동을 빼냈다. 아동의 인종 구성을 판단하는 절차가 없었지만, 그들은 그 문제를 고민하지 않았고 순수 한국 아동 몇 명을 잘못 뽑을 위험 정도는 감수 할 만하다고 보았다.[19] 1950년대 후반, 해외 입양이 늘어나자 기관들은 혼혈 아동을 한곳에 모으려고 애썼다. 그래야 찾기도 쉽고 이민 준비도 수월했기 때문이다. 전국 각지 고아원에 흩어져 있던 혼혈 아동을 서울에 있는 몇몇 기관에 모으는 구조가 빠르게 발달하기 시작했다. 월드비전은 1956년 2월에 자체 아동센터를 설립하기 전까지 이 아동들을 수용하기 위해 다양한 시설을 활용했다.[20] 얼마 후, 홀트양자회는 효창공원에 별도의 고아원을 지었고, 국제사회봉사회는 해외 입양 절차를 밟고 있는 아동들을 충현영아원 별관에 수용했다.

홀트양자회는 신문 광고와 전국에 배포되는 소책자를 통해 GI 베이비를 보내 달라고 간청했다. 소책자를 통해 홀트양자회는 "혼혈 아동의 친척들에게 지체하지 말라고 촉구했다. 머뭇거리다 올해(1956년) 말에 법이 만료되면 기회가 사라진다고." 소책자 뒷면에는 "어머니들에게 생활방식을 바꾸고 기독교인이 되라고 촉구하는 복음의 메시지"를 실었다. 홀트양자회의 활동을 다룬 뉴스가 널리 보도되자, 혼혈 아동의 친권을 포기하려는 사람들이 "와서 아기를 데려가세요"라고 홀트양자회에 전화했다. 홀트의 오른팔이었던 데이비드 킴은 해외 입양을 수상하고 불길하게 생각하는 사람들의 불안을 덜어줌으로써 대중의 인식을 세심하게 관리했다. 당시 입양한 아이들을 가정부로 쓰거나 곡예사로 키우거나 장기를 적출한다는 소문이 돌았다. 많은 한국인과 마찬가지로, 처음에는 데이비드 킴도 혼혈 아동을 입양하길 원하는 미국인들을 의심했지만, 미국에 직접 가서 가정과 지역사회에 잘 적응하며 사는 아동들을 보고 그들을 신뢰하게 되었다. 그는 미국에 입양 보낸 자식의 소식을 묻는 사람들뿐만 아니라 친권을 포기해야 하나 고민하는 여성들에게도 자기가 미국에 가서 본 장면을 이야기해주었다. 데이비드 킴은 한국 정부 및 언론과 좋은 관계를 쌓아나갔다. 그 결과 언론에서는 해외 입양을 긍정적으로 보도했고, 정부에서는 홀트양자회를 특별 대우했다. 예를 들어, 정부 부처는 다른 입양 기관들보다 홀트양자회의 서류를 빨리 처리해주었다. 한국 보건사회부는 어머니들에게 혼혈 아동의 친권을 포기하라고 권유하는 편지를 보내는 방식으로 해외 입양을 홍보했다.[21] 1957년에는 인도주의 활동에 매진한 공로를 인정하여 해리 홀트에게 훈장을 수여했다.

선한 의도였든 응징의 의미였든, 사회복지사들과 그 밖의 사람들은 입양 보낼 수 있게 혼혈 아동의 친권을 포기하라고 친생모들을 압박했다. 미 공군 기지가 있던 오산 기지촌을 포함한 지역을 담당하던 사회복지사 한현숙은 1960년대 초반 12~18개월 동안 500명의 아동을 미국 가정에 입양 보냈다. 한현숙은 "당시 국제사회봉사회 소속 사회복지사 중에서 내가 가장 많은 아동을 입양 보냈다"라고 회고했다. 그때는 "어렸고 경험도 없어서, 그게 좋은 일이라고 생각했다." 몇 년 뒤, 한현숙은 자기가 마을에 가면 여자들이 겁에 질려서 아이를 숨기라고 서로 귀띔한다는 사실을 알게 되었다. 한현숙은 "그때는 어머니들이 나를 무서워한다는 사실을, 자신들을 설득해서 입양에 동의하게 할까 봐 겁을 먹는다는 사실을 몰랐다"고 썼다. 동료들이 그랬던 것처

사진 4.1 다이앤 샤글리(주정순)와 한국인 어머니(주미선), 1961년 5월 _출처: 다이앤 샤글리 제공

럼, 한현숙은 그 아동이 한국에서 맞게 될 암울한 미래와 미국에서 맞게 될 밝은 미래를 대비하여 친생모들을 설득했다. "아이를 어떻게 하실 생각이세요? 한국에서 이 아이의 미래는 과연 어떨까요? 한국 사람들은 이 아이를 받아들이지 못할 겁니다. 그럼, 이 아이는 어떻게 살아갈까요?"라고 한현숙은 물었다. 한현숙은 혼혈 아동이 한국에서 살면 조롱과 배척에 시달릴 거라는 사실을 친생모들에게 일깨워주었다. 홀트양자회 직원들도 비슷한 전략을 썼다. "물론, 아이를 우리에게 넘기라고 친생모들을 설득하지는 않습니다. 하지만 한국 사회에는

그 아이가 설 자리가 없다는 사실을 친생모들도 잘 압니다."[22]

한국 아동 입양 초창기와 자신이 사회복지사 일을 시작했던 초년기를 돌아보면서, 한현숙은 해외 입양에 열성적으로 임했던 것을 후회했다. "어리고 순진해서, 나는 내가 정말로 그 아이들을 위해 최선을 다하고 있다고 믿었다. 아이들에게 더 나은 기회를 제공하고 있다고 생각했다. 당시 한국의 사회복지 기관들은 그렇게 운영되었다." 한현숙은 이렇게 설명했다. "나는 내 직업을 잘못 이해했다. 친생모들이 자식을 포기하게 만드는 게 내 일이라고 생각했다. 그래서 어머니들이 서류에 서명하도록 밀어붙였다." 한국아동양호회 홍옥순도 한현숙과 철학이 같았다. 여러 외국 자원봉사 단체들과 만난 자리에서 홍옥순은 입양을 보내려면 친권 포기 절차를 밟아야 하는데, 어머니들이 이를 꺼린다고 지적했다(사진 4.1 참고). 회의 참석자들 대부분은 그런 경우 아이가 어머니와 살게 놔둬야 한다고 믿었지만, 홍옥순은 그 의견에 수긍하지 못하는 눈치였다. 사실, 홍옥순은 "모든 한국 고아는 미국에 있는 어떤 가정에 가든 여기보다 잘살 것이다"라는 한 가지 생각에 사로잡혀 있었다.[23]

어떤 친생모들은 자식을 포기하라는 압박을 노골적으로 받았다. 국제사회봉사회는 어머니들에게서 혼혈 아동을 떼어놓으려고 경찰력을 동원한다며 홀트양자회를 비난했다. 한 한국인 소아과 의사는 홀트양자회 직원이 친생모들에게 자식의 친권을 포기하라고 강요하는 세 가지 사례를 목격했다고 주장했다. 홀트양자회에 친권을 넘겼다가 마음을 바꾼 한 여성은 아이를 돌려달라고 요구하다 폭행을 당했다. 해리 홀트의 딸 바버라와 그녀의 남자친구는 그 여성을 때린 사실은 인정하면서도 히스테리를 멈추기 위해서였다고 주장했다. 해리 홀트는 친생모의 요구를 들어주는 것이 홀트양자회의 공식 정책이라고 주장했다. "나는 항상 아이를 엄마에게 돌려줍니다"라고 그는 말했다. "우리는 어떤 아동도 유괴하지 않습니다." 그러나 폭행당한 그 여성은 아이를 돌려받지 못했다. 이미 외국에 입양 간 뒤였기 때문이다.[24]

자식을 포기하도록 강요받지 않더라도, 곧 들이닥칠 것만 같은 어떤 현실이 친생모들을 압박했다. 해외 입양을 가능하게 한 미국 법률은 1950년대 내내 계속해서 바뀌었다. 그래서 해외 입양이 언제까지 가능할지 확실치 않았다. 미국 이민법은 이민 고아의 나이를 10세 이하로 정했지만(나중에 14세로 상향 조정했다), 실제로는 다섯 살만 넘어도 입양 보내기가 무척 힘들었다. 친생모들은 자식이 노골적인 차별을 당하기 전까지는 친권을 포기하지 않고 미뤘다. 노골적인 차별은 대개 아동이 학교에 들어가면서 시작되었다. 학교에 입학하면 혼혈 아동은 괴롭힘과 집단 따돌림을 당했다. 더 끔찍한 일은 교사들과 학생들이 똑같이 그런다는 점이었다. 학교생활이 시작되고 처음으로 주변 사람들에게 노골적으로 배척당할 무렵 '입양하기 가장 좋은 시기'도 함께 끝나간다. 자식의 친권을 포기할지 말지 망설이던 친생모에게는 이제 우물쭈물할 시간이 별로 없었다.[25]

혼혈 아동의 입양에 관한 긍정적 기사가 퍼져나가면서 입양 아동을 찾기가 한결 수월해졌다. 적어도 홀트양자회의 경우에는 그랬다. 친생모, 경찰관, 군인, 선교사가 혼혈 아동을 맨 처음 데려가는 곳이 홀트양자회였다. 홀트양자회의 기세가 얼마나 월등했던지, 1956년부터 1960년까지 전세기로 한 번에 수십 명의 아동을 미국에 실어날라서 고아원이 텅 비었다가도 금세 더 많은 아동으로 채워지곤 했다. 이와 대조적으로, 국무부에서 국가 간 입양 담당 기관으로 추천했는데도 불구하고 국제사회봉사회는 한국 아동 입양의 주요 통로가 되지 않았다. 해외 입양이 가장 활발했던 1955년부터 1963년까지 외국에 입양된 한국 아동의 13.7퍼센트만이 국제사회봉사회를 거쳐갔다.[26]

1950년대 후반, 홀트양자회는 입양이 가능한 한국계 혼혈 아동의 공급을 사실상 독점했다. 이와 달리, 국제사회봉사회는 입양 가능한 아동을 찾아다녀도 최소 일주일에 이삼일은 빈손으로 돌아왔다. 국제사회봉사회는 사회복지사업의 기준을 준수하지 않는다며 정부와 선교사들을 비난했다. 국제사회봉사회가 보기에는 자기네 기관과 관련 협력 기관들만 아동을 입양 보낼 자격이 있고, 홀트양자회 같은 기관들은 위험한 변절자였다. 홀트양자회는 비단 대리입양만 하는 것이 아니었다. 국제사회봉사회는 홀트양자회가 어머니들과 상담하거나 제대로 된 친권 포기 서류도 작성하지 않고 혼혈 아동을 모은다고 믿었는데, 이 주장은 어느 정도 근거가 있었다. 그러나 홀트양자회와 그 동지들의 견지에서 보면, 비상시국인데도 국제사회봉사회는 움직임이 너무 굼떴다. 신속하게 입양 절차를 진행하지 않고 사회복지사업 기준을 강조하느라 아동들의 생명을 위험에 빠뜨리고 있는 것으로 보였다.[27]

짐작건대, 한국 아동 입양은 입양 관련자 세 사람 모두에게 두 번째 기회를 주었을 것이다. 아이가 없는 미국인 부부는 가족을 꾸릴 수 있었고, 아동은 사생아에 혼혈이라는 수치심과 가난에서 구출되었고, 친생모는 과거를 뒤로하고 다시 부끄럽지 않은 사회의 일원이 될 수 있었다. 또한, 국내 입양과 달리 국가 간 입양은 지리적 거리가 먼 탓에 입양을 결정하고 나면 돌이킬 수 없다는 독특한 특징이 있었다. 덕분에 친생모는 향후 자식이 다시 나타나서 자기 인생을 복잡하게 만들지 않으리라 확신할 수 있었고, 입양 부모는 어느 날 친생모가 나타나 자식을 돌려달라고 요구하지 않으리라 확신할 수 있었다.[28]

친생모가 성 노동자였든 강간당했든 애정운이 없었든, 한국 사회복지사들은 그들을 '전쟁의 피해자'로 표현했다. 사회복지사들은 중립적으로 또는 긍정적으로 친생모들을 묘사했다. 단정한 아가씨 또는 과부가 절망적인 상황 때문에 성 노동에 의존할 수밖에 없었다는 사연이 가장 흔했다. 사회복지사들은 친생모가 들려준 이런 사연을 기록했다가 동료들과 나누었고, 때로는 입양 부모들에게 들려주었다. 처음에 한국 사회복지사들은 친생모가 매춘부이면 매춘부라고 있는 그대로 기술했다. 그러다 입양 부모들이 불평하자 '연예인' 같이 완곡한 단어를 사용하거나 친생모가 미군과 함께 살았다고만 기술했다. 한국과 미국의 일부 사회복지사는 매춘부를 불건전하고 비정상이라고 여겼다. 인격에 문제가 있어서 매춘을 직업으로 선택했다고 믿었다. 그러나 국제사회봉사회 서류에는 이런 식의 비난이 담겨 있지 않았다. 홀트양자회나 제칠일안식일예수재림교회처럼 명백하게 종교적인 기관에서 이 문제를 어떻게 다루었는지는 분명하지 않지만, 확실히 국제사회봉사회 같은 기관들은 한국 여성들의 죄보다 이 여성들에게 행한 사회적 잘못에 더 초점을 맞추었다.[29]

그러나 생부들에게는 훨씬 냉정했다. 혼혈 아동의 친조부모가 해리 홀트에게 이미 정해진 입양 가정 대신에 자기들에게 손녀를 보내

달라고 애원하자, 해리 홀트는 경멸스럽다는 듯이 이렇게 답장했다. "솔직히 말씀드려서, 개인적으로 저는 이 아이들의 아버지들이나 그들의 … 친척들을 전혀 동정하지 않습니다. 우리 기관에서는 두 여자의 인생을 망친 아들[당신 아들은 미국으로 돌아간 뒤 결혼과 이혼을 두 번이나 했죠]을 키운 가정에 아동을 입양 보낼 생각이 전혀 없습니다." 국제사회봉사회는 해리 홀트가 미국인 생부를 대하는 "아주 일반적인 태도"를 이 말이 보여준다고 여겼다. 실제로, 해리가 한국에 처음 갔을 때 아내에게 쓴 편지를 읽어보면 자식을 고통과 죽음의 구렁텅이에 던져놓고 떠나버린 무책임한 남자들을 향한 분노가 뚜렷하다. "아마도 이 아이들의 생부들은 미국에 돌아가 가족들과 편히 살고 있겠지요. 하지만 그들의 죄를 아시는 하나님께서 그들을 심판하실 거예요."[30]

사회복지사들과 한국 사람들은 친권 포기가 어머니의 사랑과 희생을 보여주는 궁극적 표현이라 여겼다. 많은 친생모가 사회에서 외면당하고 가족을 부양할 경제력이 없는 미혼모였고, 사생아로 태어난 혼혈 아동의 존재는 상황을 악화시켰다. 부유하고 힘 있는 미국에 가면 이 아동들의 삶이 더 나아지리라는 통념은 친권 포기 압박을 가중시켰다.[31] 사회복지사들은 "외국에 입양 보내면 … 자기가 데리고 살 때보다 더 많은 기회를 자식에게 줄 수 있다"라는 사실을 "깨달은" 용감하고 이타적인 어머니들을 칭찬했다. 이 여성들은 모성 본능이 부족한 사람이 아니라 영웅이었다. "전쟁, 가난, 불의 …에 짓밟힌" 것도 모자라 "인종에 대한 편견, 민족에 대한 자긍심, … 한국 사회의 도덕주의"에 희생당했는데도, 이 여성들은 외국에서 더 나은 삶을 살도록

자식들을 놓아줌으로써 "어머니의 의무"를 다하고자 있는 힘을 다했다.[32]

이와 대조적으로, 사회복지사들과 그 밖의 사람들은 자식으로 자신의 공허한 삶을 채우고 든든함을 얻으려 한다며 자식을 내놓지 않는 친생모들을 비난했다. 사회복지사들은 자식을 지키려는 친생모들이 자식을 "협박용"으로 이용하거나 공상空想을 즐기려고 자식을 붙들고 있다고 믿었다. 아이 생부가 돌아와서 자기와 결혼하고 가족을 미국에 데려가리라는 공상 말이다. 많은 남자가 한국을 떠나면서 다시 돌아오겠다고 약속했지만, 대부분은 다시 돌아오지 않았다. 사회복지사 한현숙은 친생모들의 꿈이 좌절된 원인이 '순진함'과 '문화 차이'에 있다고 보았다. 일반적으로 사랑의 감정을 말로 표현하지 않는 사회에서 살아온 한국 여성들은 미국인 연인이 하는 말을 믿고 싶었다. "'사랑해. 당신이랑 결혼하고 싶어. 우리 아이를 키우고 싶어.' 이런 말을 믿고 기다리느라 많은 친생모가 가능한 한 혼자서 아이를 키웠다"라고 한현숙은 설명했다.[33]

결혼과 이민이 불가능하다는 사실이 분명해지면, 아이어머니들은 미국에 있는 생부나 부계 혈족에게 자식을 보내려 했다.[34] 자식의 손을 잡고 생부를 찾아 군사 시설로 향하는 이들도 있었다. 생부를 찾지 못하면, 자식을 그곳에 두고 가기도 했다. 한국 여성과 미국 군인은 헤어질 때까지도 성姓과 주소, 그 밖의 기본 식별 정보를 포함하여 상대방에 대해 아는 게 거의 없는 경우가 많았다. 국제사회봉사회 입양 기록에는 '키 크고 힘세고 쾌활하다'라는 식의 애매한 표현과 '계급'처럼 그다지 유용하지 않은 정보 한두 가지 외에는 아이아버지에 관해 알지 못하는 친생모들의 사례로 가득하다. 한국인들에게 지극히 이질적인 '국가 간·인종 간·타인 입양'이라는 개념에서 가장 이질적인 요소는 최종성이었다. 최종성finality*이란, 부모·자식 관계를 완전히 끊는 것을 의미했다. 해리 홀트에 따르면, 어떤 친생모는 "사무실에서 히스테리에 가까운 발작을 일으켰다. 그 여성은 자식을 미국에 보낸 뒤에 자식이 어디서 어떻게 사는지 알 수 있다고 생각했다. 나는 그 여성에게 한번 보내면 완전히, 영원히 끝이라고 말해야 했다. 가엾은 딸아이는 아직 젖도 떼지 않은 상태였다. 그 여성은 울고 또 울었다."[35] 미국에서 자식의 행방을 찾아내고 연락을 취한 친생모들 사연에서 알 수 있듯이, 친권을 포기하면 돌이킬 수 없다는 사실을 이해하지 못하거나 받아들이지 않는 친생모들이 더러 있었다.

심지어 자식을 포기해놓고도 친생모들은 입양 과정에 개입하려 했다. 속도가 중요했다. 일단 자식을 포기하기로 마음먹으면, 빠른 조처를 원했다. 그렇게 많은 사람이 홀트양자회를 통한 대리입양을 선호한 이유가 여기에 있다. 어떤 친생모들은 가능한 한 빨리 입양 가정이 정해지길 바라고 한 곳 이상의 기관에 자식을 내놓았다.[36] 또한, 친생모들은 신원과 사연을 조작하여 결과에 영향을 끼치려 했다. 예를 들어, 한 친생모는 자기 자식을 입양한 가정에서 자기 친구의 아이도 입

• **최종성** 한국은 전통적으로 단순 입양을 실행해왔다. 입양되더라도 원가족과의 완전 단절은 인정되지 않았다. 천륜을 끊을 수 없다는 이해가 깔려 있었기 때문이다. 그러나 해외 입양은 미국을 중심으로 만들어졌고 이는 완전 입양이었다. 아동의 친생가족과의 완전 단절을 전제로 하고 시행되는 제도였다. 실제적 층위에서 친생가족과 입양 보낸 친생자 사이에 법적으로 완전히 남이 되는 제도였다. 한국인들은 친족 관계의 완전해소는 천륜에 반하는 것으로 이해했기에 최종성을 받아들이기가 어려웠다.

양하게 하려 했다.[37] 기관들이 해외 입양에 적합한 아동을 모으려고 경쟁하자, 어떤 친생모들은 이를 경제적 이득을 취할 기회로 삼았다. 국제사회봉사회는 친생모들과 위탁모들이 다른 기관들은 돈을 준다면서 아이를 내주는 대가로 돈을 요구한다고 보고했다. 이런 소문을 뒷받침할 증거는 없었다. 하지만 국제사회봉사회는 한 아동의 복지에 관심이 생긴 군인이 그 아동을 입양 보내는 조건으로 아이어머니에게 돈을 준 사례를 알고 있었다. 결과적으로, "많은 아동이 이런 시선을 받고 있다"라고 국제사회봉사회는 믿었다.[38] 어떤 위탁모들은 자기에게 아이를 맡긴 여자들이 진 빚을 누군가 대신 갚아주기를 기대했다. 아동을 넘기기 전에 돈을 갚으라고 요구하면, 아동을 파는 것처럼 보이지 않고 밀린 대금을 받는 것처럼 보일 수 있었다.[39]

극도의 무력감에도 불구하고 친생모들이 어느 정도 힘을 행사했다는 점을 인정해야 한다. 친생모들의 배경은 다양했다. 혼혈 아동을 키우는 성 노동자인 경우도 있었고, 전쟁 통에 남편을 비롯한 대가족과 헤어져 자식 여럿을 혼자 키우는 여성도 있었다. 1960년대 중반까지, 외국에 입양된 아동 대다수는 혼혈아라서가 아니라 다른 사회적·재정적 압박 때문에 부모가 양육을 포기한 순수 한국 아동이었다. 그들의 친생부모는 아들을 선호하는 사회에서 딸을 너무 많이 낳은 번듯한 부부일 수도 있고, 자식이 많아서 하나를 더 키울 여력이 없는 부부일 수도 있다. 수년간 한국에 주둔한 미군 덕분에 한국 사람들은 미국이 물질적으로 풍요로운 나라라는 사실을 잘 알았고, 많은 친생부모가 자기 자식이 세계에서 가장 부유한 나라에서 지금보다 나은 삶을 살기를 원했다. 많은 사람이 해외 입양을 기회라고, 가난한 집 자식이 교육을 받을 수 있는 유일한 길이라고 생각했다. 친생부모가 속아서 또는 강압에 못 이겨 아이를 내준 경우도 실제로 있었다. 심지어 아동을 훔쳐 가는 사례도 있었다. 그러나 많은 사람에게 자식을 포기하는 일은 괴롭기는 하되 불합리한 결정은 아니었다. 해외 입양은 친생부모들이 몹시 나쁜 몇 가지 선택지 중에서 골라낸 최선이었다.[40]

인종, 피부색, 입양 적격성

한국인과 미국인의 상호보완적인 인종 관념이 한국 아동 입양을 가능하게 했다. GI 베이비는 혼혈이라는 이유로 한국 사회에서 받아들여지지 못했지만, 바로 그 덕분에 해외 입양이 가능했다. 미국 백인 부모들은 순수 한국 아동이나 국내에서 입양할 수 있는 아메리카 인디언 아동 또는 아프리카계 미국인 아동을 받아들이지 못했다. 그런 그들에게는 같은 백인 혼혈인 GI 베이비가 구미에 맞았다. 그러나 미국 사회복지사업의 정설에 따르면, 혼혈 아동인 GI 베이비는 문제가 있었다. 미국 사회복지계에서는 나이가 있는 아동, 건강에 문제가 있는 아동, 정신이나 신체에 장애가 있는 아동과 함께 비非백인 혼혈 아동을 "입양하기에 적합하지 않은" 아동으로 분류했다. 처음에 사회복지사들은 순수 한국 아동의 경우 입양하기 어렵다고 보았다. 주된 이유는 아시아인을 탐탁지 않아 하는 미국인의 태도 때문이었다. 예비 양부모들도 예외가 아니었다. 한 사회복지사는 자기가 조사 중인 가정에 순수 한국 아동보다 한국계 백인 아동이 더 잘 맞을 거라고 권면했다. 예비 양어머니가 "거무스름한 피부"를 마뜩잖아했고, "그 어머니가 보고 마음에 들어 했던 한국 아동은 피부색이 밝은 아동"이었기

때문이다.[41]

백인 피가 흐른다는 사실은 한국계 백인 아동의 '특이성'을 완화했다. 미국인의 인종 관념에 따라 흑인 피 한 방울은 그 사람을 흑인으로 만들지만, 아시아인 피 한 방울은 구제할 수 없을 정도로 그 사람을 아시아인으로 만들지 않았다. 도리어, 한 방울 원칙을 거꾸로 뒤집어서 백인 피가 흐른다면서 한국계 백인 아동에게 흰 칠을 하고 그들을 구출했다. 적절한 환경에서 잘 키우면 혼혈의 단점을 극복할 수 있다는 '양육의 힘'에 대한 믿음을 바탕으로 미국인들은 한국계 백인 GI 베이비를 '우리' 아이로 보았다. 여전히 '다르긴' 해도 용납할 수 있는 수준이었다. 실제로, 한국에 왔다가 GI 베이비의 딱한 처지를 미국에 처음 알린 미국인들은 금발이나 푸른 눈을 가진 한국 아동들의 모습에 본능적으로 반응했다. 국제사회봉사회에서 일하는 한 사회복지사의 말대로, "반은 미국인인 이 아동들에게 동질감을 느낀 어떤 가족과 지역사회" 덕분에 GI 베이비 입양에 대한 미국인의 지지를 끌어모을 수 있었다.[42] 미국인들이 혼혈 아동에게 느끼는 연민과 동질감은 한 세기 전에 노예제 폐지론자들이 느꼈던 감정과 비슷했다. 당시 노예제 폐지론자들은 대중의 지지를 얻으려고 백인과 아주 흡사한 노예의 사진을 유포했다. 미국인들이 혼혈 한국 아동을 받아들이면서 나중에는 순수 한국 아동 입양의 길도 열렸다. 인종적 삼각 분할 논리는 한국계 백인 그리고 훗날 순수 한국 아동의 운명을 극적으로 바꾸어 놓았다. 한때 백인이 아니어서 "입양하기에 부적합하다"라는 꼬리표가 붙었던 아동들이 이제는 흑인이 아니라는 이유로 "입양하기에 적합하다"라는 판정을 받았다.

미국 백인들이 한국 아동 대다수를 입양했기 때문에 대부분은 인종 매칭이 불가능했다.[43] 사회복지사들은 같은 인종끼리 이어주는 인종 매칭이 중요하다고 여겼다. 그래야 입양한 티가 나지 않았기 때문이다. 입양 사실을 숨길 수 있어야 아동은 사생아라는 낙인을 피할 수 있고, 부모는 불임이나 다른 결함이 있다는 사실을 드러내지 않을 수 있었다.[44] 그러나 사회복지사들이 인종 매칭 없이 이상적인 가정을 만드는 방법을 찾으려고 애를 태우는 동안, 한국 아동을 입양한 미국인들은 누가 봐도 뻔한 입양 사실을 당당하게 밝혔다. 입양 부모들은 가족을 만들기 위해 기관들보다 더 적극적으로 인종과 종교의 경계를 넘나들었다.[45] 미국인들이 사회복지사들만큼 인종 매칭에 관심이 있지 않다는 사실이 분명해지자, 인종 매칭은 도중에 길을 잃었다. 사회복지사, 심리학자, 그 밖의 사람들은 국가 간·인종 간 입양이 좋지 않은 결과로 이어질까 봐 계속 걱정했지만 말이다.

입양 기관들은 한국계 백인 아동과 순수 한국 아동을 백인 가정에 입양 보내는 데 익숙해졌다. 하지만 흑인과 백인을 차별하는 건 여전했다. 백인 가정이 한국계 흑인 아동을 입양한 사례는 거의 없었다. 홀트양자회는 어쩌다 흑인 가정에 배정된 순수 한국 아동을 다른 가정에 다시 배정했다.[46] 버사 홀트는 홀트양자회가 백인 가정에 입양하는 방식으로 한국계 흑인 아동에게 가정을 찾아주는 문제를 해결했다고 주장했지만, 이 주장을 뒷받침할 만한 증거는 없다.[47] 한국 아동 입양이 시작되었을 무렵, 미국의 여러 주州에는 인종 간 출산 금지 법령이 여전히 존재했다. 이들 법령은 아시아인과 백인의 결혼을 금지했다. 한편으로는 아시아인과 백인의 구분을 넘어서는 동시에 또 한편으로는 흑백 차별의 질서를 조심스럽게 유지하는 한국 아동 입양은 흑백 이분법의 위력이 얼마나 끈질긴지를 보여준다.

일부 GI 베이비의 인종적 모호성은 "백인 아동이 아프리카계 미국인 부모에게 입양되는 무시무시한 일"이 벌어질지 모른다는 두려움을 불러일으켰다. 1958년, 뉴저지에 사는 어떤 가족이 한국인과 아메리카 인디언 사이에서 태어난 것으로 짐작되는 거무스름한 피부의 여자아이를 홀트양자회를 통해 입양했다는 사실이 알려지자 국제사회봉사회에 경보음이 울렸다. 국제사회봉사회의 정보원은 그 여자아이를 보고 다음과 같이 보고했다. "나는 세미놀 인디언과 흑인이 많이 사는 플로리다에서 수년간 살았다. 그래서 그 둘을 구분할 수 있다. … 이 아동은 … 흑인 혈통이 분명한데, 백인들 동네에 사는 백인 가정에 … 입양되었다." 정보원은 그 가정이 집을 팔고 이사할 계획이라는 사실을 나중에 알게 되었다. 동네 사람들이 백인 부부가 입양한 딸을 지역사회의 일원으로 받아들이지 않았기 때문이다.[48]

사회복지사들은 혼혈 아동을 정확히 분류하려고 애썼다. 일부는 분류하기가 너무 어려워서 사회복지사들은 그 아동들을 받아줄 만한 입양 가정을 다양하게 추천했다. 국제사회봉사회 한국 지부는 한 소년을 밝은 피부색의 흑인 가정이나 필리핀인 가정, 또는 라틴아메리카계 가정에 배정할 수 있다고 보았다. 입양이 가능한 아동들의 사진에는 유사과학을 동원해 인종적 뿌리를 확인하려고 시도했던 흔적이 남아 있다(사진 4.2 참고). 부산에 있는 한 고아원은 어떤 여자아이에게는 '한국인 & 필리핀인(?)'이라는 꼬리표를, 또 다른 여자아이에게는 '몽골족-필리핀인'이라는 꼬리표를 붙였다. 어떤 유아의 경우는 '몽골

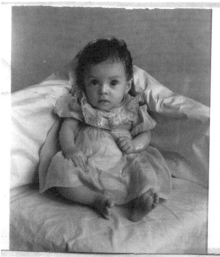

사진 **4.2** 이민연구센터(CMS)가 보관 중인 앨범에 들어 있는 아동 사진 두 장. 이 신상 카드에는 수정 흔적이 없지만, 다른 신상 카드에 적힌 메모들은 고아원 직원들이 아동의 인종을 분류할 때 어려움이 많았을 거라는 사실을 보여준다. _출처: 뉴욕 이민연구센터

족-필리핀'으로 분류했다가 나중에 '필리핀'이라는 단어에 줄을 긋고 그 밑에 '흑인'이라고 썼다. 한 여자아이의 신상 카드에도 수정한 흔적이 있었는데, '흑인'이라는 단어 뒤에 붙인 감탄 부호는 인종을 수정했다는 점을 강조했다. '몽골족-흑인!' 나이가 조금 있는 어떤 사내아이의 경우에는 '몽골족-필리핀인'으로 분류해놓고, '또는 흑인'이라는 메모를 손글씨로 적어 넣었다. 어떤 메모에는 "지금은 팔다리가 꺼멓다"라고 적혀 있었다. 국제사회봉사회 사회복지사들은 몽고점을 이용해 아동의 인종 구성을 구별하는 등 혼혈 한국 아동과 순수 한국 아동을 과학적으로 감별할 방법을 연구했다.[49] 비非한국인 또는 비非아시아인을 만나본 적이 거의 없는 한국의 젊은 사회복지사들은 한현숙의 말대로 "혼혈 아동의 인종을 알아내려고" 고군분투했다. 한현숙은 이렇게 말했다. "우리에게 어떤 의견을 제시하거나 조언을 해주는 사람이 아무도 없었다. … 내가 몇 년간 미국에서 살면서 각양각색의 인종과 혼혈인을 많이 보았다면, 구분법을 터득했을지도 모르지만, 나는 한국에서 사는데 … 내가 어떻게 알겠는가?"[50]

혼혈 한국 아동을 묘사할 때면 사회복지사부터 지나가다 우연히 본 목격자까지 모두가 인종 전문가를 자처했다. 국제사회봉사회 한국 지부 책임자는 한 여자아이를 두고 "흑인의 확실한 특징들이 색이 바랜 결과 동양의 피부색과 짙은 갈색 머리가 조화를 이룬 모습"이라고 묘사했다. 국제사회봉사회의 또 다른 사회복지사는 한국계 흑인이라는 가정 하에 입양 가정을 선정 중인 두 아동의 사례에 의문을 제기했다. "내가 보기에 그 아이들은 흑인이 아니라 멕시코인이나 푸에르토리코인 혼혈인 것 같다. 여자아이는 짙은 갈색 피부, 곧은 머리카락,

갸름한 코, 오뚝한 콧마루, 가늘고 또렷한 입술, 크고 맑은 검은색 눈동자를 지니고 있다. 남자아이는 … 부드러워 보이는 황갈색 곱슬머리, 섬세하게 균형 잡힌 이목구비, 황금색에 가까운 얼굴빛을 지니고 있다." 결국, 두 아동은 포르투갈 혈통의 가정에 입양되었다. 인종 전문가를 자처한 이는 비단 사회복지사들만이 아니었다. 한국에서 사는 한 미국인은 자기가 아는 혼혈 아동을 입양해줄 부부를 찾고 있었는데, 그 혼혈 아동을 다음과 같이 세심하게 묘사했다. "피부색이나 이목구비를 보면 순수한 동양인이 아니라 백인의 모습에 가장 가깝다. 피부색은 꽤 밝은 편이고 머리카락은 적갈색이다. 눈매는 아몬드 모양이 살짝 있지만, 눈동자는 파랗다."[51]

한국계 흑인 아동들은 한국계 백인 아동들보다 훨씬 어려운 상황에 직면했다. 20세기 초 일제의 통치와 함께 등장했던 인종 이데올로기는 피부색의 서열에 관한 한국인의 기존 관념을 확증해주었다. 한국인은 2차 세계대전 이후 미국인을 가까이에서 접하면서 미국 사회에서 흑인의 지위가 가장 낮다는 사실을 알게 되었다. 한국계 흑인 아동은 흑인에게 적대적인 이런 인종차별에 시달렸다. 일부 관찰자들은 한국계 흑인 아동이 한국계 백인 아동보다 훨씬 높은 비율로 죽는다고 믿었다. 버림받는 사례도 더 많고, 발견되어도 보살핌을 받지 못했기 때문이다. 고아원에 수용된 모든 혼혈 아동은 순수 한국 아동, 심지어 고아원 직원에게 괴롭힘을 당할 위험에 처했지만, 한국계 흑인 아동은 시설 안팎에서 학대를 당할 위험이 특히 더 컸다. 일부에서는 국가 간 입양이 한국계 백인 아동에게 가장 좋은 해법인지 의문이라고 이야기했지만, 한국계 흑인 아동이 외국으로 이주해야 한다는 사실을 의심하는 이는 없었다. 국제사회봉사회의 한 사회복지사는 동료에게 상황이 얼마나 위급한지 알리며 이렇게 썼다. "우리가 해법을 찾지 않으면, 이 아동들은 그냥 죽게 될 겁니다."[52]

한국 아동 입양을 담당하는 모든 기관은 애초부터 한국계 흑인 고아를 받아줄 미국인 가정을 찾기 어려웠지만, 여기서도 성별에 따라 차이가 있었다. 다른 입양 부모들과 마찬가지로 한국계 흑인 아동을 입양하려는 예비 양부모들도 여자아이를 선호했다. 1956년에 홀트 부부는 고아원에 한국계 흑인 소년들이 가득하다고 말했다. 1959년에는 "한국계 흑인 소년들을 입양할 가정"을 보내주시도록 기도해달라고 요청했다. 버사 홀트에 따르면, 몇몇 백인 가정에서 한국계 흑인 아동을 입양하고 싶다고 제안했지만, 남편과 자신은 "자기 아버지가 속한 사회에서 자라는 편이 그 아이들에게 더 좋으리라" 생각했다고 한다.[53] 미 국무부는 한국계 흑인 아동의 딱한 처지를 알리고 이 아동들을 입양할 흑인 양부모를 모집하기 위해 〈제트Jet〉 지와 손을 잡았다.[54] 아프리카계 미국인이 주요 독자인 언론 매체들은 유럽(특히 독일)과 일본에서 "갈색 아기들"을 데리고 비슷한 일을 해봐서 이런 일에 익숙했다. 그러나 이런 노력에도 불구하고, 미국인이 입양한 한국계 흑인 아동은 절대 많지 않았다. 1950년대 말에 정점을 찍었다가 1970년대에는 한 자릿수로 줄었다.[55]

한국계 흑인 아동을 입양할 가정을 찾는 문제는 미국에서 흑인 아동을 입양할 가정을 찾는 더 큰 난제의 일부였다. 1952년 4월, 아프리카계 미국인들에게 영향력이 큰 〈시카고 디펜더Chicago Defender〉에서 "부모 구함!"이라는 다급한 제목의 기사를 3부에 걸쳐 신문 1면에

연재했다. 석 달 뒤, 〈에보니Ebony〉 지는 "왜 흑인들은 아동을 입양하지 않는가?"라는 질문에 답하고, 입양 가능한 아동과 입양 가능한 가정의 불균형을 한탄했다. "백인 영아 한 명당 열성적인 예비 양부모가 최소 열 명은 몰려든다. 흑인의 경우에는 상황이 정반대다." 〈에보니〉는 약 5만 명 이상의 흑인 아동이 일시적·영구적 거처가 필요한데, 매해 입양되는 흑인 아동은 3천 명에 불과하다고 보도했다. "집 없는 흑인 아동이 1명이면, 자녀 없는 흑인 부부는 6쌍"이었지만, 이 부부들은 "입양 과정에 관한 잘못된 정보, 경제적 요인, '다른 사람'의 자식을 들이는 것에 대한 뿌리 깊은 편견" 때문에 입양 신청을 하지 않았다.[56] 많은 입양 기관이 흑인 부부나 이인종異人種 부부의 입양 신청을 받지 않을 것이 뻔했다. 전국도시연맹NUL은 1950년대 초 아프리카계 미국인들에게 국내 입양을 홍보하려고 애썼지만, 흑인 입양 가정은 계속 부족했다.[57]

해외 입양 비용은 아프리카계 미국인이 한국 아동을 입양하지 못하게 막는 주된 걸림돌이었다. 흑인 입양 가정을 찾기 위해 국제사회봉사회와 협력한 몇 안 되는 기관 중 하나인 보스턴아동봉사협회BCSA에 따르면, 한국 아동 입양에 관심이 있는 흑인 가정을 찾더라도 그중에 수백 달러에 이르는 필수 비용을 감당할 수 있는 가정은 거의 없었다. 모든 예비 양부모가 비용을 문제 삼았지만, 아프리카계 미국인 부부에게는 이 문제가 특히 심각했다. 보스턴아동봉사협회는 많은 아프리카계 미국인 부부가 비용 문제 때문에 지원할 생각조차 하지 않는다고 보았다. 홀트양자회는 국제사회봉사회와 그 제휴 기관들보다 입양 비용을 적게 청구한 덕에 흑인 양부모를 더 쉽게 구했지만, 텔레비전과 소식지를 통해 호소하는 등 흑인 양부모를 모집하기 위해 공을 많이 들였다. 한 아프리카계 미국인 논객이 흑인들은 홀트양자회를 "기본적으로 흑인 아동을 위한 입양 기관으로 여긴다"고 말할 정도로 이 노력은 결실을 보았다.[58] 국제사회봉사회는 사람들이 관심을 더 기울이도록 한국계 흑인 아동 입양을 홍보했고, 보스턴아동봉사협회는 '입양 가정 찾기' 운동을 벌였다. 보스턴아동봉사협회는 한국 아동 입양을 촉진하기 위해 시간을 두고 대금을 지불하는 시스템을 도입하자고 제안했다. 선지급 비용 전액을 명시하고, 나중에 내도 되는 비용과 몇 번에 걸쳐 나눠 내도 되는 비용, 외부 지원이 가능한 비용은 무엇인지 입양 기관들이 예비 양부모에게 알려주자는 얘기였다.[59] 한국계 흑인 아동을 입양할 가정을 하루빨리 찾아야 하는데 비용에 대한 부담이 너무 컸다. 그래서 보스턴아동봉사협회는 양부모가 항공료를 모을 때까지 미루지 말고 사회복지 기관들이 수송비를 대신 내줘야 한다고 판단했다.[60] 어떤 경우에는 한국에 있을 때 들어가는 특수 의료비뿐만 아니라 아동 운송료까지 국제사회봉사회에서 부담했다.[61]

아프리카계 미국인 대다수는 입양 기관들이 지원자들에게 요구하는 경제적·사회적 기준을 충족시키지 못했다. 흑인들은 흑인 격리 정책과 여타 형태의 인종차별 탓에 교육, 취업, 주택 마련의 기회가 제한적이라서 경제적으로 성공하기 어려웠다. 대다수 아프리카계 미국인은 아내가 집에서 아이들을 돌보는 동안 남편 혼자 밖에 나가 생계비를 버는, 성 역할에 충실한 규범적인 가족의 모범을 따를 여유가 없었다. 또한, 입양 기관들이 보고 싶어 하는 물리적 환경이나 물질적 안락함을 줄 수 없는 가정이 많았다. 국내 입양을 주선하는 많은 기관이 이런 한계를 인식하고, 불합리한 기준을 강행하는 행태가 지속적인 흑인 양부모 부족의 주요 원인이라는 사실을 깨달았다. 그래서 아프리카계 미국인 지원자들을 평가할 때 좀 더 융통성을 발휘하게 되었다. 국제사회봉사회는 한국계 흑인 아동의 예비 양부모를 심사할 때도 이와 비슷한 융통성을 발휘해달라고 협력 기관들에 당부했다.[62]

입양 절차가 시작되면 지원자 대부분이 정서적으로 취약해졌지만, 흑인 양부모들의 경우에는 자기를 심사하고 떨어뜨릴 수도 있는 사회복지사들이 사생활을 침해할지 모른다는 불안감이 유난히 컸다. 많은 사람이 홀트양자회 같은 기관을 찾은 주된 이유가 여기에 있었다. 홀트양자회는 가정 조사를 많이 하지 않았기 때문이다. 2차 세계대전 전에 아프리카계 미국인들은 입양 기관과 엮이고 싶지 않아서, 또는 기관들이 입양 신청을 받아주지 않아서 사적으로 아동을 입양했다. 2차 세계대전 이후, 사회복지 전문 기관을 중심으로 입양이 이뤄지면서 아프리카계 미국인들도 더는 이 기관들을 피할 수 없었다. 흑인 부부들은 오해와 편견으로 가득한 아주 힘든 과정을 헤쳐나가야 했다. 대개 백인인 사회복지사와 백인 중심의 사회복지 당국은 흑인 가정이 입양 가정으로 적당하다고 보지 않았고, 그런 그들과 일을 진행하다 보면 갖은 오해와 편견에 시달려야 했다. 누구보다 성공리에 한국계 흑인 아동을 입양 보낸 사회복지사들은 아프리카계 미국인 가정이 만들어지는 과정과 이들의 가정생활에 인종 간 불평등이 어떤 역할을 하는지 알아챈 이들이었다.[63]

지역 기관들은 다른 방식으로 한국계 흑인 아동의 입양을 방해하기도 했다. 사회복지사들은 국내 입양을 권하면서 아프리카계 흑인

사진 4.3 1960년 추수감사절 당시 앤더슨 가족. 노엘 크로스(가운데 여자아이)는 한국계 흑인이고, 그녀 왼쪽에 있는 여자아이는 순수 한국인이다. 두 아동은 한 달 간격으로 입양되었고, 보스턴 근교에서 사촌 지간으로 자랐다. _출처: 노엘 크로스 제공

부부가 한국에서 아동을 입양하지 못하게 방해했다. 1956년 9월부터 1957년 말까지 아프리카계 미국인 가정이 국제사회봉사회에 한국 아동 입양을 문의한 건수는 80건에 불과했다. 국제사회봉사회는 그중 심사를 통과하는 가정은 "몇 곳에" 불과하리라고 전망했다. 국제사회 봉사회가 이토록 비관적이었던 이유는 지역 기관들이 외국 아동을 위한 가정 조사에 자발적으로 나서려 하지 않았기 때문이다. 지역 기관들은 미국 내에도 입양할 수 있는 흑인 아동이 많은데, 굳이 외국에서 흑인 아동을 입양하는 것을 못마땅해했다. 실제로, 중서부아동원조회 (이 지역에서 유일하게 아프리카계 미국인들의 입양 신청을 받아주는 기관)에서 일하는 한 사회복지사는 "외국 아동을 입양하길 원하는 가정, 특히 흑인 가정

에 입양을 주선하는 것에 상당한 반감을 드러냈다." M가족이 뉴저지 아동복지국에 한국 아동을 입양하게 도와달라고 부탁하자, 아동복지국 국장은 한국 아동 대신 뉴저지에서 입양할 수 있는 많은 흑인 아동 가운데 한 아동을 입양하라고 제안했다. M가족은 그렇게 아동 3명을 입양했고, 한국 아동 입양 신청을 취소했다.[64]

　대다수 백인 양부모의 경우에는 인종 매칭이 불가능했지만, 부부 중 한 명이 흑인인 가정을 포함하여 흑인 양부모들은 인종 매칭이 가능해 "배 아파 낳은 가족인 체"할 수 있었다. 국제사회봉사사회의 한 사회복지사는 이렇게 말했다. "흑인 혼혈 아동의 특징은 대부분 흑인처럼 보인다는 점이다. 그래서 이 아동들은 흑인 가정에 잘 어울린다." 어떤 흑인 양부모들은 아동의 나이와 성별뿐만 아니라 얼굴빛까지 선택해서 가족의 전반적인 외모를 구미에 맞게 설계했다. 한 아프리카계 미국인 부부는 최소 2명의 한국계 흑인 아동을 입양하고 싶다고 신청하면서 "황금빛 갈색 피부"를 선호한다고 적었다. 하지만 피부색은 흑인 사회 내부에서나 민감한 사안이었지, 외부인과는 그런 이야기를 나누려 하지 않았다. 백인이 대부분인 사회복지사들은 흑인 부모가 한국계 흑인 아동을 입양하는 경우 얼굴빛이 중요하다는 점을 인지했다. 이와 동시에, 그들은 흑인 양부모가 비非흑인 사회복지사와 피부색을 놓고 이러쿵저러쿵하길 원하지 않는다는 사실을 깨달았다. 그러나 솔직히 말하지 않고 뭉그적거리면 오해로 이어지게 마련이다. 예를 들면 이런 사례가 있었다. 국제사회봉사사회는 L부부와 한국계 흑인 소녀를 연결해주고 입양 서류를 작성하기 시작했는데, L부부가 돌연 마음을 바꿨다. 담당 사회복지사는 이렇게 설명했다. L부부는 피부색이 밝은 아동을 요구했는데, "그들이 생각하는 밝은 얼굴빛과 한국에서 생각하는 밝은 얼굴빛이 달랐다. 부부는 한동안 그 아동의 사진을 들여다보다가 그 여자아이가 자기들보다 얼굴빛이 훨씬 밝다는 사실, 그래서 외모상 자기들과 어울리지 않는다는 사실을 깨달았다." 결국, L부부는 다른 한국계 흑인 소녀를 입양했다. 담당 사회복지사는 입양 가정의 부모와 아동이 서로를 받아들이는 과정에서 피부색이 아주 중요한 역할을 한다는 교훈을 얻었다. "이해할 수 있다. 모든 양부모는 … 자식이 자기를 조금이라도 닮길 바란다. 흑인 부모의 경우에는 다른 요인도 작용한다. 아이의 피부색이 부부 둘 보다도 밝으면, 그 아이가 자기 부부를 부모로 받아들이기 힘들어할지도 모른다는 두려움 말이다."[65]

S가족의 사례는 피부색에 대한 입양 부모의 양가감정이 입양을 얼마나 복잡하게 만들 수 있는지 보여준다. 한국 아동 2명을 입양하고 싶다고 보스턴아동봉사협회에 신청했던 S가족은 보스턴아동봉사협회 사회복지사들 사이에서 큰 화제였다. 이들의 표현에 따르면, 남편은 피부색이 아주 밝아서 백인이라고 해도 믿을 정도이고, 아내는 밝은 갈색 피부라고 했다. 당연히, 담당 사회복지사는 S가족이 "피부색이 아주 밝은 아동을 가장 마음에 들어" 하리라 여기고, 한국에서 보낸 간략한 설명서에 "밝은 갈색"으로 묘사된 여자아이와 남자아이를 그 부부와 이어주었다.[66] 새 딸이 도착한 뒤, S여사는 "샐리"의 피부색이 "너무 어둡다"고 생각했다. 그러나 "자기 피부색이 남편의 피부색보다 훨씬 어두운 탓에 S여사가 느꼈던 불안감"은 남편이 너무나 행복해하는 모습을 보는 순간 감쪽같이 사라졌다." 사실, S씨는 샐리

를 보고 너무 기뻐서 "샐리가 진짜 흑인처럼 새까매도 상관없다"라고 사회복지사에게 말했다. 그러나 S부부의 두 번째 자녀 아서가 도착하면서 문제가 생겼다. 샐리보다 피부색이 더 밝은데도, S여사는 아서의 피부색이 "너무 어둡다"며 받아들이지 못했다. "그녀는 남편에게 피부색이 검은 아이를 둘이나 줄 수는 없다고 생각했다." S여사가 생각하는 이상적인 가족 안에서 피부색은 성별에 따라 중요도가 달랐다. 그녀는 남편이 피부색이 어두운 아이를 계속 사랑할 수 있을지 불안해했고, 남편이 샐리를 받아들인 건 자기를 사랑하는 마음이 반영된 거라 여겼다. 그러나 아들에 관한 한, 피부색을 타협할 수 없다고 보았다. S여사는 "남편에게 가능하면 그를 닮은 아들을 안겨줄 수 있도록" 아서의 피부색이 더 밝았으면 했다. S씨는 아서의 피부색이 더 밝을 줄 알았다고만 짧게 언급했고, S여사는 남편이야 "겉으로는" 어떤 아이든 받아들일 거라고 말했다. 이들을 지켜본 담당 사회복지사는 S씨가 "자기와 비슷한 피부색을 가진" 아들을 선호한다고 느꼈다.[67]

보스턴아동봉사협회는 아서가 미국에 온 지 하루도 되지 않아 그를 입양할 새로운 가정을 찾아 나섰다. 그리고 몇 달 전에 보스턴아동봉사협회에 입양을 신청했던 Y가족에게 아서를 보냈다. 보스턴아동봉사협회는 안도의 한숨을 내쉬며 Y가족이 피부색에 상관없이 "자기네 인종을 오롯이 받아들였다"라고 설명했다. Y여사는 "연한 갈색" 피부였고, 친딸은 "보통 갈색" 피부였고, Y씨는 "짙은 갈색" 피부였다. 보스턴아동봉사협회에 따르면, 아서의 피부색은 Y씨의 피부색과 같았다. 보스턴아동봉사협회는 아서를 받아들인 것이 Y가족의 정신이 건강하다는 증거라고 보았다. "그들에게는 자신에 대한 확신이 있다. 그래서 거의 백인에 가까운 피부색부터 완전히 까만 피부색까지, 어떤 피부색을 지닌 아동이든 흔쾌히 받아들일 줄 안다." 이와 대조적으로, 사회복지사들은 죄책감과 친구들의 질책을 무릅쓰고 아서를 받아들이지 않은 S여사의 행동에 병적인 측면이 있다고 해석했다. 그녀의 행동에는 "아주 뿌리 깊고, 우리가 건드리지 말아야 한다고 믿는 문제"가 깔려 있다고 말이다.[68]

사진술이 발달하지 못한 탓에 한국 사회복지사들이 미국 사회복지사들과 피부색이나 얼굴빛에 관한 의견을 주고받는 데는 한계가 있었다. 피부, 눈, 머리카락을 포함한 신체의 색色이 입양에 아주 중요한 한국계 흑인 아동의 경우에는 낙후된 사진술이 특히 문제가 되었다. 국제사회봉사회는 흑인 아동의 컬러 사진과 흑백 사진을 둘 다 보내줄 수 있느냐고 국제사회봉사회 한국 지부에 요청했다. "그러면 입양 가정과 이곳 지역 기관에 아동의 신체 색에 관한 정보를 더 많이 제공해서 매칭 과정을 도울 수 있을" 거라면서. 한 사회복지사는 한국계 흑인 소녀를 가능한 한 정확히 묘사하기 위해 물건을 활용했다. 그 사회복지사는 해당 아동의 얼굴색과 비슷한 연한 갈색 종이와 나일론 스타킹을 보냈다. 또한, 여자아이의 복부 색과 비슷한 크레용 견본과 허벅지 색과 비슷한 짙은 갈색 견본도 함께 보냈다. 그리고는 짙은 갈색 견본을 가리키며 "이렇게 색이 짙긴 하지만 갈색에 좀 더 가깝고 초콜릿 색은 아니다"라고 설명했다. 한국 사회복지사와 미국 사회복지사 간의 문화와 언어 차이 때문에 혼혈 아동을 묘사하는 방법은 더 복잡해졌다. 미국의 한 사회복지사는 한국 사회복지사에게 아동을 '블랙black'이라고 칭할 때 그것이 무엇을 의미하는지 명확히 알려달라고 요청했다. "여기서 말하는 '블랙'은 흑인이라는 뜻인가요, 아니면 피부색이 거멓다는 뜻인가요?" 한국 사회복지사는 이렇게 답했다. "우리가 말하는 '블랙'은 피부색이 아니라 흑인을 의미할 겁니다. 그런데 사실, 우리가 돌보는 아동 중에 흑인은 없습니다."[69]

입양 아동이 지역사회의 일원이 되게 하려는 노력

일반적으로, 사회복지사들과 관련 분야 전문가들은 미국인들이 입양된 한국 아동에게 친절하지 않으리라 예상했고, 인종차별이 아동의 행복에 미칠 부정적 영향을 우려했다. 한 인류학자는 입양 아동의 향후 결혼 문제를 염려했다. "증가 추세이긴 하지만, 이 나라에서는 인종 간 결혼을 여전히 골칫거리로 여긴다. … 만약 그 아동이 경쟁에서 이겨서 출신 배경과 신체적 차이를 보완하는 법을 배운다면, 인종 간 결혼이 늘어나지 않겠는가?" 결혼에 대한 우려는 영아와 유아들에 관한 논의와 관계가 없어 보일지 모른다. 하지만, 역사적으로 인종차별주의자들이 인종 분리를 강력히 요구했던 이유는 사회적 접촉과 평등이 인종 간 성관계로 이어지고, 거기서 한 걸음 나아가 한국계 GI 베이비가 상징하는 혼혈아 출생으로 이어지리라는 두려움 때문이었다.[70] 더욱이, 한국 아동 입양은 미국의 인종 관계가 격변하던 시기에 시작되었다. 1954년에 '브라운 대 교육위원회 재판'에 대한 연방 대법원의 선고가 나온 직후, 시민 평등권 운동에 전 국민의 관심이 집중되던 때였다.

국제사회봉사회는 입양된 한국 아동들이 인종차별에 직면하리라는 사실을 직시했다. 사회복지계를 이끄는 세계적인 지도자로서 국제사회봉사회는 협력 기관들과 그 밖의 사회복지 종사자들에게 이 문제를 설명하고자 애썼다. 국제사회봉사회의 마거릿 볼크는 사회복지 분야 간행물에 이 문제를 다룬 글을 기고하면서 미국 백인 입양 부모들이 이 문제에 대비할 수 있게 도와야 한다고 언급했다. "차별이라는 고통스러운 현실을 외면하려고만 하고 이를 인정하지 않으면, 자식에게 도움이 되지 않는다는 사실을 부모들에게 보여주는 것이 … 유익하다. 입양 아동에게 차별은 현실이다. 따라서 부모는 자식과 함께 그 현실을 직시하고, 자식에게 그것이 어떤 의미인지 이해해야 한다."[71] 사회복지사들은 입양 아동과 양부모가 인종차별에 어떻게 대처할지 걱정했지만, 애초에 미국 입양을 고려했던 이유와 거기에서 비롯된 모순을 직시하지 못했다. 그 아동이 이미 한국에서 인종차별을 당하고 있어서 미국 입양을 결정했다는 사실 말이다.

때로 국제사회봉사회는 의도적으로 피부색에 신경 쓰지 않으려는 양부모들이나 지역 사회복지사들보다 인종과 인종차별 문제에 사려 깊게 접근했다. 국제사회봉사회는 국가 간·인종 간 입양 관련 문제를 이해하도록 지역 기관들을 교육하려고 노력했지만, 교육이 얼마나 효과가 있었는지는 확실치 않다. 입양 가정을 사후 방문했을 때 부모들은 몇몇 아이들이 한국에서 입양한 자기 딸들을 놀리고 "중국 소녀들 China girls"이라고 불렀다고 털어놓았다. 부모와 담당 사회복지사는 딸아이들이 아직 영어를 알아듣지 못해서 그 일로 상처받지는 않았을 거라고 판단했다. 그 사회복지사는 그 지역에서 "동양인"을 잘 받아들였고, 소녀들에게 닥친 유일한 편견은 사람들이 빤히 쳐다보는 것인데, "나쁜 의도가 있는 것은 아니다"라고 결론지었다. 이와 같은 상황은 준비가 부실한 지역 사회복지사들은 양부모와 아동이 인종 관련 주제를 놓고 이야기를 나누도록 도와주지 못한다는 사실, 그리고 선한 의도가 무색해질 정도로 백인의 특권 의식이 아주 강하다는 사실을 보여주었다. 성인이 된 입양인들은 양부모들이 인종 차이를 다루던 방식을 설명하면서 거리감을 느꼈던 비슷한 사례를 이야기하곤 한다. 백인 양부모들은 선의의 호기심뿐만 아니라 빤히 쳐다보고, 부적절한 질문을 던지고, 경멸의 뜻이 담긴 별칭으로 부르는 행위를 대수롭지 않게 넘겼다.[72] 1960년대에 전문 사회복지사들을 채용하기 전까지 홀트양자회는 편견 없는 마음보다 신앙심에 더 관심을 기울였다. 홀트양자회가 입양 부모의 인종관을 자세히 조사했다는 증거는 거의 없다.

국제사회봉사회는 가정 조사를 시행할 때 가족과 지역사회가 인종을 대하는 태도를 철저히 조사하라고 지역 기관들에 지시했다. 사회복지사들에게는 입양 아동이 불가피하게 맞닥뜨릴 차별과 편견에 양부모가 어떻게 대응할지 살펴보라고 권장했다. "차별과 편견에 부딪힐 때 입양 아동이 양부모를 통해 힘을 얻고 안심할 수 있겠는가? 특히, 사춘기에 접어들어 이성 친구를 사귀고 데이트를 할 때 생길 수 있는 문제를 양부모가 입양 아동과 함께 직시하고 대면할 수 있겠는가?" 국제사회봉사회는 입양 부모의 지인들뿐만 아니라 그 지역의 "평범한 사람들", 이를테면 "약국, 식료품점, 은행에서 만난 사람들, 그리고 다른 아이어머니들"과도 이야기를 나눠보라고 지역 기관들에 조언했다. "한국 출신 고아나 한국계 혼혈 아동을 지역사회에 들이는 문제"를 어떻게 생각하는지, "그 지역에 그런 아동이 또 있는지, 지역사회가 그 아동들을 잘 받아들이고 있는지" 알아보라는 뜻이었다. 사회복지사들은 지역사회가 한국 아동이나 한국계 혼혈 아동을 얼마나 편견 없이 받아들일지 평가할 때 활용 가능한 지표를 모두 동원했다. 주민 대부분이 백인인 중서부 도시의 한 가정을 조사한 사회복지사는 그 지역에 아시아인은 극소수이지만, 그리스에서 입양된 몇몇 아동은 잘 지내고 있다고 언급했다. 이런 관찰을 토대로 가정 조사서에는 "사회복지사가 보기에, 동양인 아동이 이 지역사회에서 특별히 차별을 당할 것 같지는 않다"라고 적혀 있었다. 사회복지사는 그 지역사회에 동양인 수가 적으니까 큰 편견에 시달리지는 않으리라 판단했다. 한 양어머니는 교회 사람들이 하와이 출신의 가족을 잘 대하는 것을 보면, 자기 양아들도 문제없을 거라고 담당 사회복지사에게 말했다.[73]

지역사회의 반발이 너무 심해서 가정 조사를 통과하지 못한 가정도 있었다. 한 지역의 아동복지 담당관은 중서부 지역에 사는 한 가정에서 신청한 한국계 혼혈 소년의 입양이 이루어지기 어려울 것이라고 결론지었다. 소식통에 따르면, 이전에도 그 주州에 혼혈 아동을 배정하려고 했지만 실패했고, "그런 아동을 받아줄 가정이나 지역사회를 찾는 건 아주 드문 일"이라고 했다. 추가 조사를 통해 이 의심은 사실로 판명되었다. 학교 이사회의 한 임원은 이렇게 말했다. "저는 자질이 어떤지 알 수 없는 사내아이를 이 지역에 들이는 걸 찬성하지 않습니다. 내 자식들이 그 아이와 어울리게 될 테니까요. 장차 친밀한 관계가 형성될 수도 있는데, 이는 제가 결단코 반대하는 일입니다." 한 농부도 같은 생각이었다. "우리 지역사회는 그 사내아이를 절대 받아주지 않을 겁니다. 그 아이만 배척당하는 것이 아니라, 그 집의 다른 아이들까지 배척당할걸요."[74]

입양 부모들은 가정과 지역사회에서 자기만의 방식으로 인종 문제에 대처했다. 미리 대책을 세우는 부부도 있었다. 입양을 신청할 당시에 생애 처음으로 집을 장만하려고 알아보던 한 부부는 "멕시코인과 동양인, 백인" 등 다양한 인종이 살고 혼혈 아동도 있는 동네를 알아보았다. 한국계 흑인 소녀 로렌을 담낭한 사회복지사의 후속 보고서에 따르면, 로렌의 양부모인 B부부는 딸 로렌이 자신의 인종적 정체성을 이해하도록 돕기 위해 몇 가지 방법을 동원했다. 사회복지사의 설명에 따르면, 로렌은 "자신의 흑인 혈통에 관심이 많다. 항상 자신이 한국인이라고 생각했고, 지금은 미국인이라고 믿는다. 로렌은 자신을 지키기 위해 학교에서 '깜둥이'라고 놀리는 남자아이와 싸워야 했다." 흑인과 백인 혼혈인 B여사와 멕시코계 혼혈인 B씨는 편견과 혼혈을 주제로 딸 로렌과 이야기를 나눴다. 그리고 로렌을 데리고 〈톰아저씨의 오두막Uncle Tom's Cabin〉을 보러 갔다. 로렌이 "너무나 좋아하는" 작품이라고 했다. 많은 입양 부모가 실질적이고 잠재적인 차별 앞에서도 희망을 잃지 않았다. 한국계 백인 소년을 입양하겠다는 말에 친척들이 반대했지만, T부부는 스티븐을 만나면 친척들도 그 아이를 사랑하게 되리라 자신했다. T부부는 앞으로 "동양인이라는 아들의 뿌리를 애써 무시하거나 흐릿하게 만들 생각이 없다. 오히려 자기들이 그랬듯, 아들이 자신의 뿌리를 받아들이는 법을 배우길 바란다. 부부는 아들에게 하와이대학교를 추천할 생각이다. … 물론, 스티븐이 대학에 진학할 나이가 되기 전에 지역의 상황과 태도가 바뀔 수도 있다는 생각을 안 하는 건 아니다."[74]

그런가 하면, 어떤 부모들은 자기가 입양한 아동이 혼혈이라는 사실을 불편해했다. 자기 아들이 한국에서 낳은 아이를 입양한 H여사는 그 아이가 딱 백인처럼 보여서 가끔은 그냥 그렇게 알게 내버려 두고 싶다고 담당 사회복지사에게 말했다. 실제로, 입양 아동의 외모가 전혀 아시아인 같지 않으면 그냥 그렇게 넘어갈 가능성이 농후했다. 국제사회봉사회가 한국계 흑인 소년을 입양한 양부모에게 아프리카계 미국인 양부모를 모집하고 입양을 홍보하기 위해 가족사진을 사용해도 되느냐고 묻자, 양어머니는 자기 아들이 한국인이라는 사실을 상기시키고 싶지 않다며 주저했다. "그녀는 흑인 혼혈이라서 받는 불이익만으로 충분하다고, 한국계라는 점을 상기시켜 아들을 더 힘들게 할 필요는 없다고 생각했다."[75]

결론

한국 아동의 입양이 시작되면서 2차 세계대전 이후 미국에서 입양에 영향력을 행사하려고 애쓰던 미국 사회복지사들의 활동이 복잡해졌다. 이제 아동들은 주州 경계선뿐만 아니라 국가와 인종의 경계선까지 넘나들었다. 기존 국내 입양 관행 중에는 가정 조사처럼 해외 입양에 그대로 적용할 수 있는 요소도 있지만, 인종 매칭처럼 그대로 적용할 수 없는 요소도 있었다. 그래서 사회복지사들은 입양 아동, 양부모, 지역사회를 심사하는 방식을 재고해야 했다. 이제는 '배 아파 낳은 자식인 척할 수 있는 가족을 만드는 것'이 목표가 아니라면, 어떤 원칙을 토대로 가족을 설계하도록 양부모를 안내해야 할까? 한편, 한국에서는 새로 생긴 분야에 처음 발을 디딘 젊은 사회복지사들이 본보기와 지침이 거의 없는 외래의 관행을 시행하려고 고군분투했다.

　태평양을 사이에 둔 양국의 사회복지사들은 해외 입양에 필요한 실질적이고 이념적인 틀을 즉석에서 만들었다. 집 없는 아동에게 가정을 찾아주는 일은 한편으로 지극히 자연스러운 일이었다. 그러나 또 한편으로, 아동을 부모 또는 가족에게서 일부러 떼어내어 전혀 알지 못하고 관련도 없는 사람들이 사는 외국에 보내는 일은 너무나 부자연스러운 일이었다. 이 자연스러웠던 일과 부자연스러운 일이 해외 입양의 이념적인 틀 안에서 제도화되었다. 미국인과 한국인은 아주 신속하게 'GI 베이비는 한국에 남을 수 없다'고 결론지었다. 이제 남은 일은 해외 입양 절차를 합리화하는 것뿐이었다. 한국 법과 미국 법의 요건을 충족시키기 위해 아동들에게 이름, 생년월일, 그리고 이들이 고아이므로 입양 보낼 수 있다는 사실을 보여주는 호적을 선물했다. 실제로 고아든 아니든 상관없었다. 이런 행정 조처들은 아동들을 고아로 둔갑시켰고, 입양을 정당화하고 합법화하고 필요하게 만들었다.

　꼭 고아는 아니었던 아동들을 한국에서 치우려는 행동을 떠받치던 이데올로기는 성별과 계급에 관한 오래된 가설, 그리고 지정학적 권력 관계에 관한 새로운 가설에 뿌리를 두고 있었다. 미혼 여성이 자식을 키우는 것은 도덕적으로도 맞지 않고, 자식에게 우수한 가정의 일원이 될 기회를 줌으로써 그들 자신의 인생도 구원할 수 있다는 가설. 자식에게 미국에서 자랄 기회를 주는 것이 가난한 부모가 훌륭한 부모가 되는 가장 좋은 방법이라는 가설. 물질적으로 풍요로울 뿐만 아니라 자유롭고 민주적인 사회에서 사는 미국인들은 누구도, 심지어 친생부모조차도 할 수 없는 방식으로 아동의 육체적, 정서적, 심리적 필요를 채워줄 수 있으리라는 가설. 이런 생각과 믿음이 해외 입양과 함께 널리 퍼져나갔고, 오늘날 우리가 해외 입양을 이야기하는 방식에도 이런 생각과 믿음이 여전히 깔려 있다.

3부

———

세계적
입양 산업의
창출

사랑과 상업의 모순

05

해외 입양은 모두 승자가 되는 상황 중 하나다. 아이를 원하는 서양 가정들은 꿈을 이룰 수 있다. 아동은 비참한 사회 부적응자가 되는 대신에 외국에서 새 인생을 찾고 행복과 성공을 손에 쥘 진정한 기회를 얻는다. 고아원은 먹여야 할 입이 하나 줄어들고, 그리하여 바라건대, 완전히 문을 닫을 날에 한 걸음 더 다가간다._해리 스티클러Harry C. Stickler, 〈아시아 매거진Asia Magazine〉[1]

전쟁고아의 역사에는 1950년대부터 미국 가정에 입양된 혼혈 GI 베이비와 순수 한국 아동 수천 명이 빠져 있다. 이 아동들은 난민 법률·정책의 역사에도 등장하지 않는다. 난민 법률과 정책은 대개 2차 세계대전 이후에 시작되어 유럽인과 쿠바인에게 주로 초점을 맞추다가, 베트남전쟁 이후에는 동남아시아에서 밀려온 난민에게 초점을 맞추었다.[2] 한국인 난민 고아들이 역사 기록에서 자취를 감춘 이 상황은 이들이 어린 이민자로 재해석된 방식을 보여준다. 실제로, 한국 고아들은 아시아계 미국인 이민사에서 초기 이민자 집단으로 묘사된다. 여기에서 우리는 난민이었던 그들의 뿌리가 얼마나 철저하게 지워졌는지를 알 수 있다.

1950년대부터 1980년대까지 한국 아동은 법적으로나 문화적으로 난민이자 고아였다가 이민자이자 가족 구성원으로 신분이 바뀌는 우여곡절을 겪었다. 미국인들이 한국 아동을 잠재적 가족 구성원으로 이해하면서 1953년부터 1961년 사이에 한국 고아의 법적 지위는 난민에서 이민자로 바뀌었다. 각 입양 가정에서는 물론이고 전국적으로, 가련한 한국의 부랑아가 사랑받는 미국의 아들딸이 되는 여정을 끊임없이 이야기하고 또 이야기했다. 이 이야기들이 한국 아동 입양을 뒷받침했고 성장을 견인했다. 한국 아동 입양은 처음에는 냉전 시대 기독교적 미국주의자들의 당연한 의무로 자리매김했고, 나중에는 좀 더 일반적인 인도주의 정신에 의존했다.[31]

이민법의 다른 조항을 완화할지 말지, 완화한다면 어떤 식으로 완화할지를 놓고 협상에 협상을 거듭하던 와중에, 고아 규정은 눈에 띄는 비판이나 반대에 부딪히지 않고 영구 조항이 되었다. 인종에 기초한 이민 할당제로 입국이 금지되었던 한국 아동은 '미국 시민에게 입양된 고아'라는 신분 덕분에 입국 자격을 얻었다. 실제로, 한국 아동은 어리고 유순해서 모범적인 이민자를 상징했다. 한국 아동은 일가친척이 살아 있는지와 상관없이 고아로 그려졌고, 이전의 역사는 존재하지 않는 것처럼 생각되었기에, 훌륭한 미국인으로 성장할 수 있다고 보았다. 덕분에 미국인들은 '이민자들의 나라', 즉 혈연이 아니라 선택에 바탕을 둔 관계로 연결된 나라를 만들겠다는 약속을 지킬 수 있었다. 한국 아동은 전형적인 이민자였다. 미국에 도착한 그 날부터 전기(傳記)가 시작되었고, "아주 오래된 의미의 미국인"이 되었다.[4]

한국 아동은 서로 얽혀 있는 인종, 국민, 가족에 대한 미국인의 관념을 바꿔놓았지만, 그 변화는 어디까지나 기존의 정의를 재확인하는 수준이었다. 생김새가 확연히 다른 한국 아동을 입양하는 행동은 미국 백인의 인종적 관대함을 입증하는 동시에 인종과 성(性), 남녀의 경계를 다시 각인시켰다. 미국인은 한국 아동을 가족의 일원이자 합법적인 시민으로 받아들였다. 이로써 1950년대 내내 공격받다가 1965년 하트셀러법(이민국적법)을 통해 마침내 폐지된 국가별 이민 할당제의 밑바닥에 깔려 있던 반(反)아시아 정서가 조금 누그러졌다.

1970년대에 한국 해외 입양 시스템이 다른 송출국에 전파되면서 해외 입양 산업이 전 세계에서 발흥하자 인도주의와 소비지상주의 사이, 아동 구출에 관한 서사와 아동 매매에 대한 비난 사이에 갈등이 치열해졌다. 현대 입양은 '아동 최선의 이익'을 최우선시했다. 아동 중심의 이런 접근 방식은 여러 나라의 초창기 입양 관행과 대조를 이룬다. 예전에는 상속, 종교, 노동력 확보를 위해, 한마디로 '어른들의 이익'을 위해 아동을 입양했다. 그러나 해외 입양이 발달하고 급증하면서 사기, 영아 도둑질, 부패 관련 의혹사건이 여럿 터졌고, 이는 여전히 어른들, 특히 제1세계 국가에 사는 백인 특권층의 이익을 중심으로 입양이 이뤄지고 있다는 사실을 암시했다.

미국 법률이 말하는 난민과 이민자

한국 아동 입양은 이민을 제한하는 제도와 난민법의 의도치 않은 결과에도 불구하고 미국 역사에서 예상 밖의 순간에 뿌리를 내렸다. 1950년대 내내 진보적인 정치인들과 학자들은 두 가지 방식으로 미국 이민법을 완화하려고 애썼으나 실패했다. 첫째로, 1924년 존슨리드법을 통해 도입하고 1952년 매캐런월터법(이민국적법이라고도 하고 줄여서 INS라고도 한다)에서 그대로 보존된 국가별 할당제를 폐지하려 했지만, 1965년까지 목표를 이루지 못했다. 둘째로, 진보주의자들은 '세계 강국'이라는 미국의 새로운 역할에 어울리는 더 인간적인 난민법이 필요하다고 주장했다.[5]

공산주의자가 침투할까 두려우니 이민을 제한해야 한다는 분위기가 팽배한 상황에서 임시변통이긴 했지만 어쨌거나 난민 정책이 등장했다. 난민 법률의 일부로 제정되었으니 고아 법률 역시 임시변통이었다. 2차 세계대전 이후 유럽에서 난민이 쏟아져 나오면서 국가별로 할당된 수량을 훨씬 초과할 정도로 비자 신청이 밀려들었다. 해리 트루먼Harry Truman이 대통령령으로 유럽 고아 1,387명의 입국을 허락했지만, 이민법은 1948년까지 국가 간 입양에 비자를 발급하지 않았고, 1948년에 실향민법이 제정되고 나서야 유럽 고아에게 5,000건의 비자를 발급했다. 이 법이 발효된 1948년부터 1952년까지 사용된 비자는 4,065개였다. 할당량이 고갈되지 않은 비자는 고아 비자가 유일했다. 이 중 1,246명은 그리스 출신이었고, 1,154명은 독일, 568명은 이탈리아 출신이었다. 유럽 아동 입양은 더딘 재정 지출, 인력 부족, 교통편 부족과 같은 구조적 문제에 부딪혀 활기를 띠지 못했다. 실향민법이 만료된 뒤, 1953년 7월 29일 난민구호법에 따라 외국에 파견된 미군과 정부 관료들이 입양한 아동을 위해 500건의 비자가 추가로 발급되었다. 고아 요건에 국적을 명시하지 않아서 일본 아동에게도 문이 열렸다. 발급된 비자 466건 중 287건을 일본 아동이 받았다.[6]

실향민법의 결실이 비교적 적었던 두 번째 이유는 미국인의 입맛에 맞는 유럽 아동이 충분하지 않았기 때문이다. 언론에서는 아주 어린 아동의 사진을 유포했지만, 많은 난민 아동이 청소년이었다. 특히, 유대인 아동은 대부분이 청소년이었는데, 너무 어려서 일을 할 수 없는 아이들은 나치가 다 죽였기 때문이다. 미국인들은 신문에서 본 금발의 여자아이를 입양하려고 신청했다가 그렇게 어린아이는 거의 없다는 걸 알고 실망했다. 입양이 가능한 아동은 대부분 유대인이었고, 유대인 기관들은 이 아동들에 대한 권한이 자기들에게 있다고 주장하면서 유럽에서 살 곳을 찾거나 팔레스타인에 정착시키려고 애썼다.

전후 유럽 전역에서는 출산을 장려했고 각국 정부는 자국의 난민 아동을 되찾으려고 치열하게 노력했다. 몇몇 국가는 타국 국적의 양부모가 자국 아동을 입양하지 못하게 했다. 미국인이 입양한 유럽 아동 상당수가 7개국 출신이었지만, 독일과 그리스, 이탈리아 출신이 주를 이뤘다. 입양 가능한 고아가 가장 많은 나라는 이탈리아와 그리스였지만, 독일과 오스트리아에 입양 가능한 "고아가 무수히 많을" 거라는 추측은 맞지 않았다. 독일, 그리스, 이탈리아, 오스트리아 국적의 아동을 입양하려는 미국인의 수요가 상당해서 공급량을 초과했다.[7]

1953년 난민구호법은 한국에서 대규모 입양 시스템이 발전할 기회를 주었다. 한국 아동 입양에 꼭 필요한 첫 단추였다. 입안부터 집행까지 냉전의 정치학이 깊이 스며 있던 난민구호법은 애초에 유럽에서 생긴 문제를 해결하려고 마련한 법률이었다. 이 법률로 "난민, 유

　　　　　　　　사랑과 상업의 모순

럽인 대항 세력, 공산주의 희생자 간의 연관성이 법과 정치 담론에 깊게 뿌리 박혔다." 아시아와 중동에도 난민 수가 상당했지만, 난민구호법에서 말하는 '난민'은 '유럽인'과 동격이나 마찬가지였다. 유럽 중심의 난민구호법에 힘을 실어준 데서 알 수 있듯이, 미국 이민 업무를 담당하는 사람들 사이에는 비백인과 비유럽인에게 비자를 발급하지 말아야 한다는 편견이 팽배했다.[8]

난민구호법은 '난민', '동포', '도피자', '추방자' 등 별개이되 중복되는 범주를 명시하여 국적별로 의도한 수혜자를 지정했지만, '고아' 범주에는 그런 표현이 전혀 없었다. 그래서 고아는 국적과 인종을 대체하는 예외적이고 비정치적인 범주로 설정되었다. 더욱이, 고아로 비자를 발급받지 못하면, 군사 작전상 이주당한 것을 근거로 난민의 지위를 요구할 수 있었는데, 그렇다고 난민의 요건을 충족시킬 필요는 없었다. 의회는 미국 예비 양부모들이 제출한 수백 건의 개별 법안에 답하는 의미로 마지막 순간에 고아 조항을 난민구호법에 추가했다.(주9)

원래는 유럽 난민을 도우려고 제정한 난민구호법은 아시아 아동을 입양한 미국인들에게 아주 유용했다. 실제로, 4천 건의 고아 비자 중 절반 이상을 아시아 출신 아동들이 사용했다. 난민구호법은 한국 아동에게 "유감스러운 이민 제도를 우회할 뒷문"을 열어주었다. 이 뒷문이 없었으면, 한국 아동에게는 연간 100건으로 제한된 할당제가 적용되었을 것이다.[10] 난민구호법이 발급한 고아 비자 중 한국 아동이 사용한 비자는 460건(12.2퍼센트)에 불과했지만, 이는 한국인 이민사에서 전례가 없는 숫자였다. 시작은 미약했지만, 성장세는 가팔랐다. 이후 임시 고아 법률이 발급한 비자 중 가장 많은 몫을 한국 아동이 사용했다. 고아 법률이 이민법에 영구적으로 통합된 1961년까지 한국 아동은 1953년 이후 발급된 전체 고아 비자의 4분의 1을 사용했다.

난민구호법 고아 조항은 인기가 아주 많아서 발급된 고아 비자 4천 건이 1956년 9월에 모두 소진되었다. 난민구호법이 만료되려면 아직 석 달이나 남은 시점이었다. 의회에서는 아홉 달 동안 해외 입양을 가능하게 하는 법을 통과시키지 않았고, 이로 인해 입양 부모들은 거의 공황 상태에 빠졌다.[11] 미국인들은 다양한 나라에서 아동을 입양했지만, 새로운 고아 법률을 마련해달라고 투쟁에 나선 이들은 한국 아동을 입양하려는 사람들과 그 동지들이었다.[12] 해리 홀트는 대리입양을 통해 아동을 입양 보냈고, 그가 운영하는 홀트양자회는 당시 한국 아동을 입양하는 주요 통로였다. 논란이 많았지만, 어쨌거나 대리입양 덕분에 미국 양부모들은 미국에 가만히 앉아서 한국에 있는 대리인을 통해 법적으로 아동을 입양할 수 있었다. 전문 사회복지사들은 대리입양 관행을 비난했지만, 한국 아동 입양에 발을 담근 양부모들과 기관들은 대리입양을 폭넓게 지지했고, 그리스 아동을 미국에 입양할 때도 대리입양을 널리 활용했다. 해리 홀트는 국회의원들에게 고아 법률을 확대하고 대리입양을 계속할 수 있게 해달라는 편지를 보내자고 지지자들을 설득했다. 그러면서 그는 편지 작성 요령을 개략적으로 설명했다. "여러분 가정에서 아이를 얼마나 간절히 원하는지, 미국 내에서 아이를 입양하기가 얼마나 어려운지, 간단하게, 그러나 신랄하게 설명하세요. 대리입양이 중단되면 여러분이 아이를 입양할 수 없게 된다고 설명하세요."[13] 해리 홀트의 조언을 충실히 따른 편지가

──────── 사랑과 상업의 모순

의회에 쏟아져 들어왔다. 대다수는 한국에서 아동을 입양하려는 사람들이 보낸 편지였다. 예비 양부모들은 개별 법안을 제출하여, 새 고아 법률을 통과시키도록 의회를 압박했다.[14] 홀트 가족이 사는 오리건주의 상원의원 리처드 뉴버거와 웨인 모스는 목소리를 높여 한국 아동 입양을 옹호했다. 두 사람은 1956년부터 1961년까지 새로운 고아 법률을 통과시키도록 의회를 압박했다. 임시법들은 계속 만료되고, 입양 부모들은 한국 아동을 미국에 데려올 수 있을지 없을지, 데려온다면 어떻게 데려올 수 있을지 불확실한 상황에 부딪혀 있던 때였다.[15]

이런 열렬한 운동 덕분에 한국 아동 입양을 계속할 수 있게 해주는 임시법이 계속 제정되었다. 첫 번째 임시법은 1957년 9월 11일 법이었다. 존 F. 케네디John F. Kennedy가 제출하고 입양에 찬성하는 국회의원들이 지지한 이 법률은 1956년에 헝가리에서 반공 봉기가 실패하면서 생긴 난민들이 주 대상이었다.[16] 그러나 한국 아동 입양 옹호자들에게도 1957년 법은 기뻐할 만한 일이었다. 1957년 법 4항은 난민구호법의 고아 조항을 연장했을 뿐만 아니라, 숫자 제한 없이 2년 동안 외국 고아의 입국을 허용하고 '고아'의 나이를 10세에서 14세로 상향 조정함으로써 난민구호법 고아 조항을 확대했다.[17] 1957년 법이 1959년 6월 30일에 만료된 뒤, 미 의회는 1959년과 1960년에 고아 법률을 1년씩 연장했다(1960년에 연장된 법률은 공정배분난민법의 일부였다).[18] 해외 입양이 미국 이민법의 영구적인 부분으로 자리 잡게 될 게 확실해졌는데도, 미 의회는 기존 고아 조항을 평가하고 오용이 있을 수 있다는 우려를 조사할 시간을 벌기 위해 임시로만 기간을 연장했다.

1961년 9월 26일 개정 통과된 이민법은 국가 간 입양이 발전하는 과정에 아주 중요한 역할을 했다. 이 법은 외국에서 태어난 입양 아동용 비非할당 비자를 영구적으로 사용할 수 있게 이민법을 수정함으로써 국가 간 입양 관행을 제도화하고, 외국 아동을 입양하려는 미국인의 수요를 합법화하고, 한국에서 막 움트기 시작한 해외 입양 산업이 계속 성장할 수 있도록 보장하고, 다른 나라에도 해외 입양이 퍼져 나가도록 장려했다.[19] 또한, 대리입양에 대한 사회복지 당국의 우려를 받아들여 비자 발급 기준에서 대리입양을 삭제했다. 다시 말해서, 이제 미국인들은 외국에서 아동을 입양할 때 대리인을 내세울 수 없었다. 1961년부터는 해외 입양 절차를 진행하기 전이나 진행하는 과정에서 양부모가 입양할 아동을 직접 봐야만 입양할 수 있었다. 아동이 미국에 도착한 뒤에 입양되는 경우에는 공인 기관이 입양 절차를 완료해야 했다. 홀트처럼 대리입양을 옹호하는 사람들은 대리입양이 금지되자 분개하고 낙담했지만, 이민귀화국의 조지프 스윙Joseph Swing 국장이 곧 그들을 위해 구멍을 하나 열어주었다. 조지프 스윙은 미국에서 입양 절차를 다시 밟을 계획이라는 점을 공인 입양 기관에 입증하기만 하면, 입양 아동을 직접 보지 않고도 미국인이 외국에서 아동을 입양할 수 있도록 이 법을 해석했다.[20] 그 결과, 대리입양 방식을 계속 활용하는 대신 사회복지 당국이 입양 과정에 관여하게 되었다.

1961년 법은 '고아' 신분이었던 외국 태생의 입양 아동을 '직계 가족'으로 승격시킴으로써 한국 아동의 법적 지위를 난민에서 이민자로 확실하게 바꿔놓았다. 1957년 법 아래서는 아동이 미국에 입국하려면 우선 할당제를 통해 비자를 신청해야 했다. 신청자가 너무 많아서 출신 국가에 할당된 비자가 동나면, 그 아동은 '고아'라는 신분에 근거하여 비非할당 특별 이민 비자를 받을 수 있었다. 그러나 1961년부터 한국 아동은 할당제를 아예 건너뛰었다. '직계 가족' 신분으로 미국에 들어온 한국 아동은 인종을 이유로 입국을 거부당할 때조차도 '가족의 재결합'을 강조하는 이민 제도의 혜택을 보았다.[21] 1955년부터 1961년까지 혼혈 한국 아동과 순수 한국 아동 4,190명이 미국에 들어왔다. 매캐런월터법이 한국 출신에게 부여한 연간 할당량 100건을 크게 상회하는 수치였다. 1950년대에 미국으로 이주한 한국인 7,025명 중 상당수가 이 아동들이었다.[22]

고아 조항은 외견상으로 반대가 거의 없이 조용하게 영구 조항으로 자리 잡았다.[23] 실제로, 전반적인 이민법 개정을 놓고 싸움이 계속되는 상황에서도, 2차 세계대전 이후 임시 고아법을 신설하거나 연장할 때, 그리고 1961년에 고아 조항을 영구 조항으로 만들 때 눈에 띄게 반대하는 사람은 없었다. 물론 반대가 아예 없었던 것은 아니다. 오리건주 상원의원 마우린 노이버거Maurine Neuberger에 따르면, "다른 이민자뿐만 아니라 외국 아동의 입국을 반대하는 목소리가 조금" 있었다. 홀트 부부도 한국 아동 입양 활동에 반대하는 사람들에게 협박 편지와 전화를 몇 통 받았다.[24] 몇몇 의사는 한국 아동들이 미국에 결핵을 옮길 거라며 걱정했다. 그러나 전반적으로 국가 간 입양이나 한국 아동 입양에 조직적으로 반대하는 움직임이 있었다는 증거는 없다. 아마도 미국에 들어와 체제 전복을 시도할지도 모르는 성인 난민 수천 명을 놓고 골머리를 앓느라 비교적 숫자가 적은 국가 간 입양 문제는 크게 신경 쓰지 않았기 때문일 것이다.[25] 더욱이, 한국 아동 입양을 반대했을 법한 사람들도 GI 베이비의 아버지가 미국인임을 참작하고, 미국이 그 아동들에게 져야 할 도의적 책임을 생각해 침묵했을 것이다.[26] 위험에 처한 죄 없는 아이들의 이미지는 너무나 강렬했고, 그 아이들을 구해야 할 의무는 너무나 자명했다. 그래서 한 상원의원의 말마따나, "물 건너편에서 울고 있는 고아들" 또는 그들을 입양하길 염원하며 미국에서 "눈물 흘리는 어머니들"의 이익에 반하는 운동에 앞장서는 정치인이 아무도 없었다.[27]

가족, 국민, 인종의 재정의

1953년에 난민구호법이 제정되고 1961년에 이민법이 개정되는 사이에 한국 아동 입양이 체계화되자, 미국인들은 한국 아동이 상징하는 게 무엇인지 생각해내려고 애썼다. 아이들이 다 그렇듯이, 한국 아동은 사회적·문화적 무게가 엄청났다. 변화무쌍하고 영향력 있는 상징인 동시에 법적, 사회적, 인종적, 정치적으로 여러 범주에 속해 있었다. '이민자'이자 '난민'이었고 '고아'이자 '아시아인'이었다. 그리고 '한국 아동이 무엇을 상징하는가'라는 질문의 답은 미국인이 인종, 국민, 시민권, 가족을 재정의하는 데 큰 영향을 끼쳤다.[28]

한국 아동의 법적 지위는 간단했다. 그는 미국 시민이 입양한 '유자격 고아'였다.[29] 유자격 고아란, 부모의 사망 또는 실종으로 고아가 되었거나 살아 있는 부모가 입양 보내려고 내놓아서 고아가 된 아동을 가리켰다. 관官에서 일하는 사람들은 '자유롭게' 입양 보낼 수 있는 '유자격 고아'를 만들기 위해 태어난 나라와 가족에게서 아동을 떼어 놓았다. 법적으로, 수사적修辭的으로 고아가 된 아동은 "미국에서 '직계 가족'과 '재결합'"했다.[30]

———— 사랑과 상업의 모순

언론들은 고아에서 입양 아동으로 변신한 모습을 부각했다. 지저분하고 굶주리고 오갈 곳 없던 부랑아가 잘 차려입고 사랑을 듬뿍 받는 아들딸이 되어 가족들에게 둘러싸여 활짝 웃는 모습을 보도했다(사진 5.1 참조). 양부모들은 입양 아동이 미국 가정에서 얼마나 잘 자라고 있는지, 아이가 예전과 어떻게 달라졌는지를 강조했다. "영양실조에 걸려 삐쩍 마르고", "겁을 먹고 절망에 빠진 조그만 어린애"에서 "행복하고 건강하고 잘 적응하고", "오동통하고 주위를 환하게 밝힐 만큼

사진 5.1 1968년 샌프란시스코의 샤글리 가족. 다이앤(오른쪽)은 한국에 주둔 중이던 육군 대령 부부에게 1965년에 입양되었다. 다이앤은 자기 생부가 미군이었다는 사실을 나중에 알게 되었다.
_출처: 다이앤 샤글리 제공

천진난만한 아이"로 바뀌었다고 말이다. 많은 양부모가 입양을 마친 뒤에도 고아 법률을 새로 제정하라는 요구를 멈추지 않았다. 그들은 국회의원에게 편지를 보낼 때 무럭무럭 자라는 입양 아동의 사진과 그 아이가 "우리 집안에 완전히 스며들었고" 학교도 잘 다니고 있다는 보고서를 함께 동봉했다.[31]

이런 사연을 통해 미국 가정은 변화의 장으로 자리매김했고, '정상화하는 기관'으로서 가정의 힘이 얼마나 대단한지 한국 아동을 통해 재차 확인하게 되었다. 한국 아동 입양은 가히 혁명적이었다. 인종 차이를 숨길 수 없는 한국 아동의 존재는 단(單)인종 백인 가정의 머릿속을 헤집어놓았고, 혈통과 생물학에 뿌리를 둔 친족 관념을 뒤집어버렸고, '배 아파 낳은 척'할 수 있는 입양 가정을 꾸리기 위해 인종 매칭에 심혈을 기울이던 사회복지사업의 기본 원칙에 도전했기 때문이다. 그러나 또한 한국 아동 입양은 아주 보수적이었다. 한국 아동의 존재는 냉전 시대에 이성애자들이 만든 핵가족이라는 '이상적인 친족 개념'을 강화했기 때문이다. 한국 아동은 부모라는 지위를 시민권과 동일시하던 시기에 입양 아동을 미국 사회에 끼워 넣을 수 있는 양부모의 진가를 확인해주었다. 이렇듯 미국 양부모들은 한국 아동을 통해 이성애 규범성異性愛 規範性(세상 사람은 모두 이성애자이고 이성애 관련 규범을 따라 산다는 가정)과 인종의 위계질서를 강화하고, 전통적인 가족 형태 안에 녹아들도록 한국 아동의 타자성을 억눌렀다. 보수적인 미국 복음주의자들이 한국 아동 입양이라는 얼핏 급진적으로 보이는 대의를 끌어안은 이유를 짐작할 수 있는 대목이다.[32]

해외 입양은 사적 영역과 공적 영역이 정확히 구분되지 않는다는

사랑과 상업의 모순

사실을 보여주었지만, 국가를 대하는 많은 미국인의 마음에 애증이 섞여 있다는 점을 부각했다. 입양 부모들은 사적인 문제와 국가는 아무 상관이 없다면서 가정 및 가족의 영역을 침범하는 사회복지사들에게 반발했다. 그러나 그들은 국가 권력과 완전히 결별할 수 없었고, 결별하지도 않았다. 입양 아동을 미국에 데려오려면 고아 법률이 필요했기 때문이다. 입양 부모들은 냉전 시대에 국가가 추구하는 목표를 이루도록 이바지하고자 입양을 간절히 원한다면서 입양에 우호적인 법률을 제정해달라고 국회의원들에게 호소했다.[33] 그렇게 함으로써 그들은 가족을 "개인적으로 선택한 사적 자유"로 여기는 자신의 가족관을 보호하는 동시에 "국가의 공적 상징"으로서 가족이라는 기관의 상징적 의미를 강화하려 했다.[34] 이렇듯 입양 가정은 한국 아동 입양에 필요한 지원을 얻어내고자 국가의 관심사를 이용했다. 이는 공적 영역과 사적 영역이 기왓장처럼 서로 겹쳐져 있다는 사실을 보여준다.

실제로, 입양된 한국 아동은 사적 영역과 공적 영역의 얽히고 설킨 관계를 구체적으로 나타냈다. 핵가족의 일원이자 '국가라는 가족의 구성원'으로 동시에 선택된 한국 아동의 입양은 가족을 국가의 축소판으로 여기는 오래된 사고방식을 상기시키고, 가족 안에서 이뤄진 것과 똑같은 사회적·인종적 통합이 지역사회와 국가 안에서도 이뤄질 수 있으리라는 희망을 불러일으켰다.[35] 한 저명한 입양지지자는 국가 간 입양이 "우리나라의 문화와 우리 국민의 힘, 그리고 인류 전체의 안녕에 크게 이바지할 것"이라면서 훨씬 더 거창한 생각을 피력했다.[36] 입양지지자들은 미국 사회 한가운데 한국 아동을 들여놓으니 미국인의 시야가 넓어졌다며 입양을 찬양했다.[37] 한 양아버지는 한국에서 입양한 딸아이가 "편견과 두려움을 없애고, 우리나라의 미래를 위해 꼭 필요한 국민의 이해심을 키우고 시야를 넓혔다"라고 선언했다.[38]

한국 아동은 입양을 통해 "도움을 베풀어야 할 대상"에서 "소중히 여겨야 할 대상"으로, "불쌍한 아이"에서 "우리의 귀한 아이"로 바뀌었다.[39] 객체든 주체든, 한국 아동은 어린아이였다. 힘은 없어도 문화적, 사회적, 이념적, 정치적 상징으로서 영향력이 컸다.[40] 고아라고 믿었던 한국 아동은 정치인, 양부모, 언론인, 사회복지사가 수많은 이상理想과 부담을 투영할 수 있는 백지상태白紙狀態였다. 공산주의가 낳은 피해자였고, 여러 인종이 조화롭게 살아갈 날이 곧 오리라는 징조였고, 이상적인 시민이었다.

아시아계 미국인과 한국계 미국인의 역사는 일반적으로 국가 간 입양과 입양인들을 간과하지만, 입양된 한국 아동들은 냉전 기간에 아시아성性을 폭넓게 재설정하는 데 도움이 되었다. 이 과정은 2차 세계대전 중에 시작되었다. 당시 미 의회는 '중국인 배척법'을 폐지하고 필리핀인과 동인도인에게 소량의 비자를 할당했다. 전후, 미국 정부와 아시아계 미국인 공동체는 미국 사회에 동화되지 않는 민족으로 소문난 중국인과 일본인의 이미지를 '모범적인' 아시아계 미국 시민으로, '백인이 아닌 게 확실한 사람들'에서 '흑인이 아닌 게 확실한 사람들'로 바꾸려고 애썼다. 아시아계 미국인들은 세계전쟁, 냉전 시대가 불러온 인종에 대한 관대한 태도, 이제 막 움튼 시민 평등권 운동이 인종 지형을 변화시키는 틈을 타 모범적인 소수자로 자리매김했

──────── 사랑과 상업의 모순

다. 그들은 근면하고 가족과 교육을 중시하는 자산가였다. 따라서 훌륭한 미국 시민이 될 최상의 준비가 되어 있었다.[41]

미국 내 인종 구조에 생긴 이런 변화에는 새로운 국면으로 접어든 지정학적 관계가 반영되었다. 당시 미국은 아시아 국가들과 미국의 관계를 사랑과 관심이 필요한 남녀관계나 가족 관계로 제시하고 있었다. 이전까지는 '막노동꾼'이나 '수컷 냄새가 진동하는 황인종'이 아시아인을 대표하는 이미지였는데, 이제는 그보다 조금 더 매력적인 전쟁신부와 전쟁고아가 아시아인의 대표 이미지가 되었다. 예전에는 아시아인이라고 하면 식민지와 동양의 이미지를 떠올렸는데, 이제는 아이 같고 여자 같은 이미지를 떠올리게 되었다.[42] 물론, 전쟁신부는 문제가 전혀 없는 존재는 아니었다. 전쟁신부는 인종 간 결혼이라는 무시무시한 망령을 생각나게 했고, 미국에 오려고 결혼을 이용한 교활한 매춘부일지 모른다는 의심을 받았다. 그러나 아이들은 그런 의심을 받지 않았다.

반反아시아 정서가 계속 이어지면서 아시아인에게 영향을 끼치는 미국 이민법을 완화하려는 움직임도 더뎌졌다. 1952년 이민법은 아시아-태평양 삼각 구도를 설정하고, 이 지역에 속한 각 국가에 매년 100건의 이민 비자를 할당했다. 또한, 아시아-태평양 지역에 할당된 이민 비자는 총 2천 건으로 제한했다. 진보주의자들은 아시아에서 미국의 이미지를 훼손하는 '인종차별 정책'이라고 비난했다. 그러나 영향력 있는 국회의원 프랜시스 월터Francis Walter 같은 보수주의자들은 이민 할당제를 없앨 생각이 전혀 없었다. 프랜시스 월터는 아시아계의 이민에 반감을 숨기지 않았다. 해외 입양 조항이 이민법의 한 부분으로 영구히 자리 잡은 1961년에 그는 "미국에 아시아인 떼거리가 들끓지 않도록 온 힘을 다해 막겠다"고 선포했다.[43]

그러나 미국 사회는 인종에 기반을 둔 이민 할당제 아래서는 입국 자체가 불가능했을 혼혈 및 순수 '아시아' 아동을 받아들였을 뿐만 아니라, 이민 정책과 난민 정책을 논할 때 아시아 아동이 이상적이라고들 말했다. 미 국무부는 "고아들은 어리고 유연하고 다른 문화에 전혀 물들지 않았다는 점에서 최고의 이민자가 될 수 있다"라고 선언했다. 양부모들은 자식들이 미국 시민이라는 특별한 신분을 자랑스러워한다고 말했다. 세 살짜리 한국계 백인 소녀의 어머니는 딸아이가 "나는 시민이에요"라고 말하고 국기에 대한 맹세를 암송한다고 전했다. 캘리포니아에 사는 한 아버지는 한국에서 입양한 두 딸이야말로 "이제껏 자기가 만나 본 사람 중에 가장 열성적이고 충성스러운 미국인"이라면서 두 딸과 다른 한국 아동들이 "우리나라의 훌륭한 시민"이 될 거라고 주장했다. 미국 시민권("그들에게 주어진 가장 큰 선물!")이라는 행운을 거머쥔 이 아이들은 언젠가 자기들이 받은 행운과 선물을 이 나라, 나아가 이 세계에 돌려줄 것이라고 했다.[44]

미국인들은 건강한 백인 영아를 이상적인 입양 대상으로 여겼다. 1930년대부터 수요가 공급을 초과하기 시작했고, 1970년대까지 미국인들은 극심한 '백인 영아 부족'에 시달렸다. 신청자들은 대기자 명단에 이름을 올려놓고 몇 년씩 기다렸다. 대기자 명단에 이름을 올리는 데만도 몇 달이 걸렸다. 1975년에는 백인 영아를 입양하기까지 3년에서 7년을 기다려야 했다.[45] '아기 가뭄'에는 크게 네 가지 요인이 있었다. 출생률이 감소했고, 1973년에 낙태가 합법화되었고, 피임약 또는 피임기구 사용이 증가했고, 미혼모에 대한 부정적 인식이 줄면서 혼자서 아이를 키우는 여성이 늘어났기 때문이다. 입양 부모들이 오랫동안 불만을 토로했던 관료주의도 문제를 악화시켰다. 기관들은 절차를 제대로 밟아야 한다고 주장했지만, 인력이 부족한 기관이 대다수였다(공공 기관은 특히 더 심했다). 그 결과 절차를 밟는 시간이 길어졌다.

대안을 찾던 부부들은 '회색시장'이나 암시장을 통해 직접 아기를 구했다. 역사적으로 대다수 미국인이 이 방식을 택했고, 2차 세계대전 이후 사회복지 업무가 전문화되고 입양 기관이 급증했는데도 전체 입양 건수 중 절반은 기관을 거치지 않고 개별적으로 아이를 입양했다. 회색시장을 이용하는 양부모들은 개인 인맥을 동원하거나 변호사와 의사에게 돈을 주고 입양할 아기를 찾았다. 암시장 중개인들은 훨씬 더 파렴치했다. 가장 비싼 값을 부르는 사람에게 아기를 팔고, 터무니 없는 수수료를 요구하고, 취약한 상황에 놓인 친생모들을 착취했다. 의회에서는 1950년대에 아기를 사고파는 암시장을 조사했지만, 백인 영아가 부족하니 영아 밀매 조직이 또 나타날 거라고 걱정하는 이들이 많아서 1975년과 1977년에는 국회 청문회까지 열렸다. 청문회에 출석한 증인들은 영아 밀매 시장이 공급은 적은데 수요가 많아서 가격이 높게 형성되어 있다면서 주(州) 경계선과 국경을 넘어 영아들이 거래된다고 설명했다. 필사적인 부부들은 백인 영아(아주 운이 좋으면 갓난아기) 한 명당 8천 달러에서 2만 5천 달러를 낸다고 했다.[46]

기관을 통해 입양하는 사람들은 시야를 넓혀야 했다. 소위 입양할 곳을 찾기 어렵거나 입양하기에 적합하지 않은 아동, 즉 나이가 좀 있거나 정신 또는 신체에 장애가 있거나 형제간이거나 백인이 아닌 아동에게 눈을 돌려야 했다. 미국 백인 부모들에게 흑인 아동이 인기가 있었던 적은 한 번도 없었다. 2,500명(전체 입양 건수의 1.4퍼센트)을 입양한 1970~1971년이 정점이었다. 1972년에 전국흑인사회복지사협회 NABSW는 "문화적 집단학살"이라며 백인 부모가 흑인 아동을 입양하는 관행을 규탄하는 성명을 발표했다. 백인 양부모들은 인종차별이 심한 사회에 잘 대처할 수 있게 흑인 아동을 제대로 준비시킬 수 없다고 이 협회는 주장했다. 1960년대에 시민 평등권과 '블랙파워' 운동(흑인의 정치력과 경제력을 동원해 흑인의 지위를 높이려던 흑인 지위 향상 운동)의 결과로, 그리고 1970년대 정체성 정치학(개인의 주요한 관심과 협력 관계는 인종, 민족, 종교, 성에 기초하여 만들어진다는 이론)을 배경으로, 이들의 주장에 힘이 실렸다. 몇몇 사람들이 지적했듯이, 전국흑인사회복지사협회의 성명으로 흑-백 입양 관행이 막을 내리지는 않았다. 그러나 많은 기관이 흑-백 입양에 반대하는 정책을 세웠다. 미국아동복지연맹CWLA은 흑인 아동에게는 흑인 부모를 배정하는 것이 바람직하다는 점을 강조하기 위해 1973년에 입양 기준을 수정했다. 전국흑인사회복지사협회의 성명은 백인 가정이 흑인 아동을 입양하는 것이 과연 적절한지 의심하던 아동복지 당국의 의심이 옳았다고 증명해주었다. 무엇보다 중요한 점은 이 성명이 흑-백 입양을 둘러싼 정치적 이해관계를 엄청나게 부각해서, 흑인 아동을 키울 때 따라오는 사회적·정치적 문제들과 씨름하고 싶지 않았던 백인 부모들이 해외 입양에 더 매력을 느끼게 했다는 점이다.[47]

1970년대에 미국 입양 부모들 사이에서는 국내에 있는 흑인 아동보다 외국에 있는 비백인 아동을 선호하는 경향이 확고해졌다. 백인 아동을 구할 수 없고 흑인 아동을 입양할 의사나 능력이 없는 미국인들은 한국 아동에게 눈을 돌렸다. 한국 아동은 백인 부모들에게 팽팽한 긴장이 감도는 흑백의 경계선을 넘으라고 요구하지 않는 '인종적 중간지대'였다. 또한, 한국 아동은 구출할 가치가 더 있어 보였다. 비정상적인 문제 가정이라며 흑인 가정을 나쁘게 묘사하고, 마약에 빠진 복지 사기꾼이라며 흑인 미혼모를 희화화하는 사람들 탓에 흑인 아동을 바라보는 시선이 좋지 않았다. 흑인 아동의 가치가 떨어지자 외국 아동이 더 좋아 보였다. 건강해 보이지 않고 낙후된 곳에서 태어나긴 했지만, '범죄나 폭력'에 연루된 바 없으니 현대적인 미국 가정에서 구출하기에 적당해 보였다. 사실, 아프리카계 미국인 아동을 수용할 시설이 부족한 탓에 미국은 수령국인 동시에 송출국이라는 독특한 위치를 차지하고 있었다. 미국은 매년 수백 명의 흑인 아동을 유럽과 캐나다로 입양 보냈다.[48]

미국인들은 아메리카 인디언 아동도 입양했다. 적지만 정치적으로 의미 있는 숫자였다. 1958년부터 1967년까지 인디언입양사업[AP]을 통해 연방 정부는 아메리카 인디언 아동 395명을 미국인 가정에 입양 보냈다. 대부분 미국 동부에 사는 백인 가정이었다. 인디언입양사업은 인디언사무국에서 후원했으며 미국아동복지연맹이 운영을 도왔다. 1968년에 미국아동복지연맹은 새로 출범한 북미입양자원교환소[ARENA]와 인디언입양사업을 통합했다. 북미입양자원교환소는 그 후 10년간 비非인디언 가정에 인디언 아동 '수백 명'을 입양 보냈다. 또한, 주 정부에서도 복지제도를 통해 1960년대와 1970년대에 비인디언 가정에 인디언 아동 수백, 수천 명을 입양 보냈다. 주 정부와 연방 정부에서 추진한 이 사업들은 오래전부터 이어져 내려온 동화 정책의 일환이었다. 인디언 아동을 인디언 문화에서 떼어내어 미국 사회에 동화시키려는 정책이었다.[49]

한국 아동 입양과 마찬가지로, 인디언 아동 입양은 백인 양부모들이 선호하는 인종의 강점과 체형을 알려주었다. 인디언 아동을 입양한 많은 양부모가 아시아 아동을 입양할 생각은 있지만, 흑인 아동을 입양할 생각은 없다고 시인했다. 아시아 아동을 입양하려는 부부와 아메리카 인디언 아동을 입양하려는 부부가 겹치는 경우가 많았다. 두 집단은 아동을 구출하려는 열망을 드러냈고(비록 그것이 입양의 주된 동기는 아닐지라도), 아시아인과 아메리카 인디언의 '인종적 특성'이 비슷하다고 보았다. 이 두 집단은 문화와 정서도 중시했다. 아메리카 인디언 아동의 양부모들은 아메리카 인디언의 잃어버린 유산을 되찾거나, 아메리카 인디언 문화를 접하거나, 아메리카 인디언들에게 저지른 잘못을 만회하려는 열망을 드러냈다.[50]

인디언 아동 입양과 흑인 아동 입양은 공통점이 있었다. 각 공동체의 반대로 입양이 활기를 띠지 못했다는 점이다. 전국흑인사회복지사협회와 마찬가지로, 아메리카 인디언 활동가들과 그 동지들은 인디언 아동 입양을 집단학살이라고 매도했고, 1978년 인디언아동복지법이 통과되도록 영향력을 행사했다. 이 법은 인디언 아동의 입양 및 양육권 소송을 부족에서 자체적으로 담당하게 했고, 이로써 백인들이 아메리카 인디언 아동을 입양하기가 무척 어려워졌다.[51]

흑인 아동과 아메리카 인디언 아동을 둘러싼 논란에 비춰볼 때 한국 아동은 문화적·정치적 부담이 없어 보였다. 이따금 북한에서 '아동을 팔고있다'는 비난을 퍼붓는 것을 제외하면, 한국 아동 입양은 논란이 거의 없었고, 남한 정부는 최선을 다해 해외 입양을 지원했다. 한국 아동은 중요한 다른 의미에서도 자유로워 보였다. 자식을 버리거나 포기했던 친생부모가 머나먼 곳까지 자식을 되찾으러 올 일은 없어 보였기 때문이다. 따라서 양부모들은 한국에서 입양한 자식과 친생부모의 인연이 완전히 끊겼다고 안심할 수 있었다. 입양인들과 친생부모들이 공개 입양, 출생 기록 공개를 비롯한 입양 개혁을 지지하기 위해 준비할 때 이 사항이 중요하게 작용했다. 양부모들에게 해외 입양이 인기가 있었던 이유는 이 방식이 '폐쇄적'이라고 여겼기 때문이다.[52]

미국인들은 한국 아동이 흑백 이분법을 넘어 삼자 구도를 형성하는 것도 매력적이지만, 어떤 인종적 유연성, 즉 쉽게 동화되고 이국정취마저도 온순할 것 같은 "유순한 … 인종 차이"를 지니고 있다고 생각했다. 언론 매체들은 불과 몇 년 만에 삐쩍 마른 부랑아에서 하버드 졸업자로, 미인대회 우승자로, 해군사관학교 학생으로 변신한 이들의 사연을 보도하며 한국 아동들이 거둔 성과를 부각했다. 1970년대까지 홀트양자회 소식지에는 성공한 한국계 입양인의 사연을 다룬 "할머니의 자랑거리"라는 칼럼이 실렸다. 여기서 말하는 성공은 학업 성과와 신앙심을 의미했다. 이런 성공 사례들은 한국 아동이 미국 사회에 쉽게 동화될 뿐만 아니라 우월한 존재임을 증명했다. 한국 아동 입양을 지지하는 사람들은 힘과 지성을 갖췄으니 미국에 당도하기까지 그 긴 시간을 버틸 수 있었던 거라면서 한국계 입양인이야말로 최고

라고 주장했다.[53]

예전에는 사회복지사들이 양부모들에게 자녀들이 가능한 한 빨리 미국에 적응하여 미국 사람이 되게 하라고 조언했지만, 1970년대에 는 민족 정체성에 관심을 쏟는 이들이 많아지면서 문화를 강조하기 시작했다. 양부모들은 입양 아동의 인종적·문화적 정체성을 키워줘 야 한다는 사실을 깨닫고, 자식들과 함께 한국 문화를 접할 방법을 모 색하다가 한국 요리, 춤, 음악, 한국어 수업 등에 참석했다. 나중에는 1970년대 말에 시작된 문화 캠프와 1990년대 초에 시작된 모국 방 문에 참여했다. 여건이 되면, 같은 지역에 사는 한국 사람들을 찾아가 그들에게 한국의 문화를 배웠다. 대다수 부모가 자식에게 이름을 새 로 지어줬지만, 민족 정체성에 관한 관심이 늘면서 새 이름을 지을 때 한국 이름을 한두 글자 따서 넣는 경우가 많아졌다.[54]

아시아 문화에 대한 무지 또는 동양 문화를 한 덩어리로 보는 시각 은 한국 아동의 인종적 유연성을 높이는 역할을 했다. 한 양어머니는 "우리는 동양 사람들과 동양의 문화를 높이 평가하기 때문에 동양 아 동을 입양하기로 했다"라고 설명했다. 아시아에서 아동을 입양하려 는 미국인들이 듣는 조언에는 늘 동양에 대한 고정관념이 담겨 있었 다. 유명한 작가이자 양아버지인 얀 데 하르토흐Jan De Hartog는 1968년 에 다른 입양 부모들을 위해 쓴 안내서에서 한국 아동과 베트남 아동, '아시아' 아동을 하나로 취급했다. 그는 아시아 아동이 고집이 세고, "석기 시대"에서 왔고, 제대로 된 문명을 접할 필요가 있긴 하지만, 평 범한 아이들보다 매력적이고 공손하고 똑똑하다고 했다. 그들은 "대 체 무슨 생각을 하는지 파악하기 어려운, 동양인 특유의 굳은 표정"

으로 스트레스에 반응하고, 아첨을 잘하는 "꼬마 미스터 차이나타운" 또는 "푸 만추 박사의 축소판"처럼 행동하며 새로운 부모를 기쁘게 하려고 노력한다고 했다. 비슷한 맥락에서, 기자이자 양어머니인 마저리 마골리스Marjorie Margolies는 회고록에서 까다로운 증조할머니를 자기편으로 만든 한국계 딸아이의 능력에 경탄했다. "그런 지혜는 대체 어디에서 왔을까? 수 세기 동안 어른을 공경해온 동양 출신이기 때문일까?" 덧붙여, 마골리스는 절제력, 단정함, 성공하겠다는 확고한 결심 등 딸아이가 갖춘 "한국적 가치"를 극찬했다.[55]

인종차별과 결합한 성性 고정관념은 아시아 아동의 입양 가치를 더 올려놓았다. 입양되는 한국 아동은 대부분 여자아이였다. 한국 여아들이 흑인 남아들보다 훨씬 덜 위협적이라는 인식 때문이었다. 흔히 한국 여아를 인형 같다고들 했는데, 여기에는 분명히 성차별적이고 인종차별적인 의미가 담겨 있었지만, 덕분에 한국 여아는 인종적으로 덜 위협적이라는 인식이 강해졌다. 마저리 마골리스가 한국 고아원에 방문했을 때, 한 사회복지사가 어떤 아이를 찾느냐고 물었다. 마골리스는 중국계 미국인을 다룬 영화 "〈플라워 드럼송Flower Drum Song〉에 나오는 여자애처럼 이국적이고 예쁜 아이'라고 답했다. 성적 특색과 이국정취를 연관 짓는 행동의 폐단을 잘 알면서도 자기도 모르게 그렇게 말했단다." 그래놓고도 마골리스는 한국계 딸아이를 묘사할 때 인형같이 예쁜 외모와 범汎아시아적 신체 특징을 끊임없이 언급했다. "아몬드처럼 쭉 찢어진 눈", "중국 인형처럼 고전적인 얼굴", "동양 무희처럼 우아하고 섬세한 체형" 등. 얀 데 하르토흐가 아시아 아동을 바라보는 시선에도 마찬가지로 성적 특색이 담겨 있었다. 그는 한국계 두 딸아이의 매력을 한국 유교 사회와 연결 지었다. "여자가 남자보다 열등하다고 여기는 문화 탓에 수 세기에 걸쳐 한국 여아들은 장난기를 누르며 얌전하게 굴었고 쾌활한 기질을 교묘히 숨기며 두 눈을 반짝거렸다. 그런 두 딸의 모습이 얼마나 매력적인지, 나로서는 거부할 수가 없다." 자신을 꼼짝 못 하게 하는 두 딸의 행동을 묘사하는 그의 말을 듣다 보면 동양의 요부妖婦에 관한 정형화된 이미지가 떠오른다. "어린 딸을 둔 아버지가 다들 나처럼 노예가 되는지 모르겠지만, 한국계 여자아이들이야말로 사자 길들이기 전문가다. 남자들이 지배하는 나라에서 온 여자가 다 그렇듯이, 한국계 여아들에게는 어떤 마력魔力이 있어서 자만심에 가득 차 한창 거드름 부릴 시기의 남자들을 꼼짝 못 하게 한다."[56]

미국에 사는 한국인들, 특히 입양 분야에 종사하는 한국인들이 현지 정보원 역할을 했다. 그들은 양부모들이 한국에서 입양한 자식들을 이해할 수 있게 한국 문화와 전통을 알려주었다. 그런데 그들의 조언은 동양 전문가를 자처하는 자들의 태도를 강화할 때가 많았다. 한 작가는 '아시아인은 소극적이고, 다정하지 않고, 권위적이고, 공통된 사고방식을 공유한다'고 믿는 이른바 동양통들의 인식을 입증해주었다. 그 작가는 살아 있는 부모 및 가족과 헤어지거나 보육 시설에서 살면서 생긴 트라우마 같은 비非문화적 요인들을 제대로 고려하지 않은 채, 한국 아동이 미국 가정에 적응하는 일련의 과정을 한국 유교 사상과 미국 개인주의의 차이로 설명했다. 심지어 한국인을 동양의 다른 민족과 한 덩어리로 묘사하지 않고 한국 문화에 관한 정보를 제공하는 안내서조차도 문화가 유전자 안에 새겨진다는 관점에서 볼 때 한국 아동의 이질성은 바뀌지 않으리라는 시각을 제시했다.[57] 선의에서 나온 이런 조언은 한국 문화(아주 오래되었고 바뀌지 않는다고 여기던)로 한국계 입양 아동(설사 영아 때 입양되었을지라도)의 많은 부분을 설명할 수 있다고 믿는 '문화 본질주의'를 조장할 위험이 있었다.

한국계 입양 아동의 사연은 우스꽝스럽되 해롭지 않은 약간의 문제가 있긴 했어도 미국 가정에 자연스럽게 녹아들었다는 가슴 따뜻한 이야기로 이어졌다. 양부모들은 아이들이 영어를 빨리 배웠고 피자, 초콜릿 칩 쿠키, 땅콩버터 같은 전형적인 미국 음식에 푹 빠졌다고 보고했다. 어떤 미국 아동도 한국 아동만큼 미국 사회에 잘 동화되지는 못할 거라는 농담을 하기도 했다. 미국에 처음 왔을 때 "전형적인 동양 아동"답게 "조용하고 공손했던" 한국 여아 둘은 불과 몇 달 만에 입양하지 않은 다섯 형제와 마찬가지로 자야 할 시간에 자지 않으려고 버텼다. 신체적 차이마저도 차츰 사라지는 듯했다. 한 양어머니는 한국계 딸을 두고 이렇게 말했다. "처음 봤을 때는 눈이며 조그만 이목구비가 내 생각보다 훨씬 더 동양적이었어요. 그런데 둘째 날부터는 내 눈이 이상해 보이기 시작하더라고요." 한 양아버지는 한국계 백인 아들을 두고 이렇게 말했다. "인종 때문에 아들에게 무슨 문제가 생길 거라고는 생각하지 않습니다. 내가 보기에는 내 눈이 아들 눈보다 더 가늘거든요. 그리고 우리 아들은 피부색이 정말 예뻐요."[58]

1970년대에는 전문가들이 한국 아동 입양을 긍정적으로 바라보도록 촉진했다.[59] 사회복지, 소아의학, 심리학 같은 분야의 연구들은 한국계 입양 아동이 아주 잘 적응한다는 사실을 증명했다. 국내에서 입양한 아동이나 같은 인종 안에서 입양한 아동과 비교해도 손색이 없었고, 입양하지 않은 형제들 못지않게 미국 사회에 잘 적응했다.[60] 이 연구들은 입양 아동이 영아기나 유아기에 겪었을 수도 있는 신체적·정서적 결핍을 극복하는 데 사랑 충만한 가정이 도움이 된다고 양부모들을 안심시켰다. 해외 입양이 대중화되면서 한국 아동 입양에 관한 이런 연구가 점점 더 유의미해졌다. 나중에 입양에 나선 부부들은 먼저 한국 아동을 입양한 양부모들의 경험에 의존하는 경우가 많았고, 한국 아동 입양의 성공 사례를 홍보하는 연구가 정책 결정에 중요한 역할을 했기 때문이다.[61]

사진 5.2 1976년 영국 노팅엄에서 아버지의 안식년 기간에 가족과 함께 있는 킴 핸슨(Kim Hanson)
_출처: 킴 핸슨 제공

——————— 사랑과 상업의 모순

해외 입양을 옹호하는 사람들에게야 요긴했지만, 이런 연구들은 여러 면에서 결함이 있었다. 오로지 부모의 관점에서만 바라보거나, 자식의 행동과 감정이 이러이러했다는 부모의 말에만 전적으로 의존했다. 많은 연구가 입양이 완료된 직후에 이루어졌다. 입양 아동들이 아직 적응 중일 때였다. 어떤 연구들은 아직 청소년기에 접어들지 않은 입양 아동의 자료를 수집했다. 청소년기가 되어야 많은 문제가 수면으로 올라오는데 말이다. 게다가 대부분의 연구가 어른이 된 입양인들의 삶을 추적하지 않았다. 그러니 이들 연구가 성공을 정의하고 측정하는 방식에 의문을 품지 않을 수 없다. 그런데도 초국가적 입양이 '성공'했다는 일치된 견해가 1990년대까지 별 의심 없이 받아들여졌다.[62]

어른이 된 한국계 입양인들은 이제 자신의 경험을 자기 입으로 분명하게 이야기하기 시작했다. 그들은 한국 아동 입양에 관한 논의를 지배했던 칭찬 일색의 논조에 반박하는 이야기를 들려주었다. 한국 아동은 입양 아동이라면 누구나 겪게 마련인 심리적 문제 외에도 인종에서 비롯된 복잡한 문제를 헤쳐나가야 했다. 많은 입양인, 특히 1950년대와 1960년대에 입양된 이들은 백인이 압도적으로 많은 지역사회에서 몇 안 되는 유색인종으로서 극도로 고립되었다. 더 늦게 입양되었거나 인종이 좀 더 다양한 환경에서 살았던 이들조차도 일상생활과 정체성을 복잡하게 만드는 신체적 차이를 예민하게 인식했다. 열일곱 살의 입양인은 한 기자에게 "나는 내가 완전한 미국인이라고 생각해요"라고 말했을 때 그 기자가 짓던 표정을 잊을 수 없다고 말했다. "가끔 잊어버릴 때가 있는데, 사람들이 생각나게 해주죠." 어떤 이들은 노골적인, 가끔은 폭력적인 인종차별을 견뎌냈다. 놀리고 빤히 쳐다보고, 반감이나 호의를 품고 하는 다양한 행동이 그들에게 이방인이라는 사실을 끊임없이 상기시키기도 했지만, 그들 스스로 이방인이라고 느꼈고 자신의 외모에 당황하기도 했다.[63] 미국인들은 한국을 낙후되고 가난한 나라로 표현했다. 그런 표현들은 한국 아동을 구출해야 할 이유를 설명해주었지만, 한편으로 한국계 입양 아동이 자신의 출생을 부끄러워하게 만들었다. 이와 동시에 한국계 입양인들은 이른바 '모범적인 소수자'인 자신들에게 거는 미국 사회의 높은 기대에 부응하기 위해 고군분투했다.[64] 흑인 아동을 입양한 백인 부모가 자식의 손을 잡고 인종차별 사회에 대처해나갈 수 있을지 의심하던 흑인 사회복지사들은 인종차별에 맞닥뜨렸을 때 철저히 혼자였다고 털어놓는 한국계 입양인들의 말에 조금도 놀라지 않았을 것이다. 그들은 백인 부모의 지도를 거의 받지 못했다고 느끼는 입양인이 많았다. 백인 부모들은 자식을 도울 준비가 되어 있지 않거나, 공공연히 드러나지 않는 한 인종차별을 알아볼 능력 또는 의지가 없었다. 한국 입양인이 참여했거나 한국 입양인을 다룬 회고록, 영화, 학술 연구가 최근 몇 년 사이에 기하급수적으로 늘어났는데, 여기에는 이런 유형의 사연이 가득하다.[65]

물론, 1950년대부터 1980년대 사이에 입양된 한국 아동 수만 명의 개인 경험을 간략히 요약하는 건 불가능하다.[66] 그러나 자신의 삶을 있는 그대로 설명하고, 한국 아동 입양 및 해외 입양을 둘러싼 정치적·경제적·사회적 역학 관계를 알아내기 위해 한국계 입양인들이 내놓은 작품들은 "가족의 성취, 너그러움, 피부색에 연연하지 않는 조건 없는 사랑이 돋보이는 지극히 긍정적인 경험"으로 입양을 묘사하던 "주요 진술"에 이의를 제기한다.[67] 요컨대, 그들은 그 작품들을 통해 단순히 욕망이나 조사의 대상(객체)에 머물지 않고 사연의 주체가 되었다.

값을 매길 수 없는 아동 구출하기

한국 아동 입양을 지지하는 사람들은 미국 문화에 깊이 뿌리 내린 '부모 없는 아동'에 대한 이해심과 근거 없는 믿음을 이용하기 위해 '고아'라는 용어를 사용했다. 하지만, 고아의 범주는 꽤 넓었고 조작하기도 쉬웠다.[68] 고아원 원장이나 사회복지사가 간단한 행정 조처로 아동을 고아로 만들 수 있었고, 실제로 많이들 그렇게 했다. 또한, 살아 있는 부모가 입양 보내려고 자식을 내놓은 경우에도 해당 아동을 '사회적 고아'로 분류했다. 진짜 고아든 아니든, 고아 신세에 관한 서사는 입양에 꼭 필요한 전제 조건이었다. 국제 정치와 국내 가정사(무너지는 가정과 세계)가 하나로 합쳐지는 감상적인 구출 서사에서 구출 대상인 아동은 고아여야 했다. 입양 옹호자인 펄 벅의 말을 빌리자면, "국가가 원하지 않는 쓸쓸하고 가련한 아동"이어야 했다.[69]

실제로, 한국 아동은 곧 한국을 상징했다. 미국은 자국 안보 이익과 무관하다는 판단 아래 1948년에 한국을 버렸다. 한국전쟁 기간과 그 후에 미국 주류 언론과 군 매체는 여러 모양으로 한국 아동을 보살피는 미군의 모습을 전시했다. 미군들은 고아원을 짓고, 크리스마스 파티를 열고, 구호품을 나눠주었다. 미군의 인도주의 활동이 고착 상태에 빠진 한국전쟁에서 도덕적 승리나마 지킬 길을 미국인에게 제시했다면, 한국인 고아 입양은 미국이 그 아이들의 모국인 한국을 버린(고아로 만든) 잘못에 대해 속죄하는 길이었다. 2차 세계대전 이후 한국은 미국의 새로운 식민지나 다름없었는데, 미국인 부모와 한국인 아동의 관계에는 한미관계의 불균형을 초래한 지정학이 그대로 투영되어 있었다.

1960년대와 1970년대에는 한국전쟁이 최악의 고비를 넘긴 상태였지만, 한국 아동은 '구출'의 의미가 있다는 점에서 여전히 매력적이었다. 미국인들은 가난과 방치로부터, 영구적인 시설로부터, 기회가 제한된 옹색한 삶으로부터 한국 아동을 구출할 수 있었다. 초창기 한국 아동 입양 운동을 주도했던 지극히 종교적이고 애국적이었던 기독교적 미국주의가 1960년대 초에 소멸한 뒤, 미국인들은 한국 아동을 입양하려는 자신의 욕망을 좀 더 일반적인 용어로 설명했다. 빈곤과 인구 과잉에 대한 염려, 다문화주의와 인권에 대한 자신의 신념을 실천하고 싶은 욕망을 언급하는 식이었다. 그러나 한국이 부유해지면서 구출 논리는 흔들리기 시작했고, 미국인이 한국 아동을 구출한다는 게 대체 무슨 뜻인가 하는 의문이 제기되었다.

한국 아동 입양이 인도주의 운동으로 시작되었다가 장터로 변해버렸다고 말하는 건 상황을 지나치게 단순화한 발언이다. 하지만, 1970년대에 공급 중심에서 수요 중심으로 중심축이 이동하면서 하나의 산업이 된 것만은 분명해 보인다. 처음에는 "아동에게 가정을 찾아주는 것"에 방점을 찍다가 나중에는 "가족에게 아동을 찾아주는 것"에 방점을 찍게 된 것이다.[70] 상업적으로 보면, 해리 홀트는 1950년대에 누구도 손대지 않은 한국 시장을 개척했다고 말할 수 있다. 그는 미국의 어마어마한 입양 수요를 충족시킬 아동을 한국에서 찾아냈고, 수요를

———————— 사랑과 상업의 모순

맞추기 위해 "수직 통합형" 공급망을 개설했다.[71] 해리 홀트는 아동들을 모아 고아원에 수용하고, 전세기를 이용해서 그 아동들을 대량으로 운송했고, 가장 효율적인 방식인 대리입양을 활용했다. 또한, 해리 홀트와 그의 지지자들은 아시아인에게 적대적인 이민법을 개정하라고 의회에 압력을 행사하여 유리한 환경을 조성했다. 다른 기관들도 서둘러 자신의 몫을 챙기려 했고, 그 결과 1960년대 말엽 한국 아동 입양은 아주 조직적이고 경쟁이 치열한 사업이 되었다.

시장식 사고와 관행은 입양 역사의 처음과 끝을 함께했다. 19세기 미국에서는 노동력을 근거로 아동에게 값을 매기는 것을 허용했고, 고아 열차를 타고 서쪽으로 이송된 아동들은 플랫폼에 나란히 전시되어 선택을 기다렸다. 그들은 그렇게 입양 시장에 "나왔다."[72] 그러나 20세기 초, 유년기를 감상적으로 다루는 풍조가 생기면서 아동은 '값을 매길 수 없을 만큼 소중한 존재'로 신성시되었다. 이제는 돈을 매개로 사고팔면 안 되는 존재가 된 것이다. 따라서 20세기에는 오직 정서적 가치로만 아동의 가치를 정해야 했고, 이 가치는 그 아동의 경제적 가치와 "양립할 수 없는" 것이었다. 그러나 이 변화는 "대단히 역설적이고 가슴 아픈 결과"를 낳았다. 입양할 수 있는 아동이 부족해지자 국내외에서 영아를 사고파는 암시장이 출현했고, 이는 결국 "아동의 목숨에 값을 매기고 상품화하는 풍조를 심화시키는" 결과를 낳았다.[73]

한 양부모가 "활기찬 시장에 비유"하며 비판했던 풍조가 수십 년간 입양 담론에 스며들었다. 해외 입양을 다룬 언론 보도도 다르지 않았다.[74] 기자들은 "아기가 부족한" 국가에 사는 미국인들이 전쟁, 가난,

과도한 생식 능력으로 인한 공급 과잉으로 "아기가 많아진" 개발도상국을 찾아가 어떻게 "전 세계 아기 편중" 문제를 해결하는지 추적하는 기사를 썼다. 신문들은 대기 시간, 예상 비용, 그 밖의 국가별 정보를 나열하며 "입양 시장"에서 이용 가능한 "다양한 선택지"를 다룬 기사를 내보냈다. 〈뉴욕 타임스〉의 개인 금융 칼럼니스트는 독자들에게 기관을 이곳저곳 "돌아다니며" 수수료와 절차에 관해 꼼꼼히 질문하라고 조언했다.[75]

한국은 1990년대까지 입양 가능한 아동을 가장 많이 보유한 공급자였지만, 미국인들은 다양한 송출국 가운데서 입맛대로 고를 수 있었다(도표 5.1 참조).[76] 해외 입양은 신新식민지 관계가 다져놓은 길을 따라 계속 퍼져나갔고, 송출국들은 해외 입양이 가능하도록 법률을 개정했다. 1970년대 말엽 미국인들은 깊은 신뢰를 바탕으로 중남미 국가에서 아동을 입양했다.[77] 콜롬비아는 많은 아동을 입양 보내는 국가가 되었다. 1976년에는 한국에 이어 2위를 차지할 정도였다. 콜롬비아 아동은 대부분 기관을 거치지 않고 사적으로 입양이 이뤄졌다. 그래서 한국 아동을 입양할 때보다 더 위험하고 더 비쌌지만, 일 처리가 더 신속한 경우가 더러 있었다. 또한, 콜롬비아에는 입양 가능한 젖먹이가 훨씬 많았고, 운이 좋으면 백인(또는 백인처럼 보이는) 아동을 입양할 수도 있었다. 선택의 폭이 넓어지자 예비 양부모들은 마치 소비자가 물건을 고르듯 입양 과정에 관여하기도 했다. 시간도 덜 걸리고 규정도 까다롭지 않고 더 건강한 아동이 있는 곳을 찾아 여러 국가의 '아기 시장'을 비교하거나, 아프거나 장애가 있거나 나이가 좀 있는 아동을 입양하겠다고 제안함으로써 입양 가능성을 높이려고 시도했다.[78]

도표 5.1 1971년부터 1976년까지 미국에 가장 많은 아동을 입양 보낸 5대 국가

연도	송출국	아동 수(명)	백분율(%)
1971	한국	1,174	43.1
	캐나다	345	12.7
	독일	295	10.8
	필리핀	153	5.6
	베트남	89	3.3
	기타	668	24.5
	계	2,724	
1972	한국	1,585	52.4
	캐나다	355	11.7
	독일	204	6.7
	필리핀	136	4.5
	베트남	119	3.9
	기타	624	20.6
	계	3,023	
1973	한국	2,183	54.5
	베트남	324	8.1
	캐나다	289	7.2
	필리핀	205	5.1
	독일	197	4.9
	기타	817	20.3
	계	4,015	
1974	한국	2,453	51.4
	베트남	561	11.8
	콜롬비아	245	5.1
	필리핀	223	4.7
	캐나다	188	3.9
	기타	1,100	23.1
	계	4,770	
1975	한국	2,913	51.7
	베트남	655	11.6
	콜롬비아	379	6.7
	필리핀	244	4.3
	멕시코	162	2.9
	기타	1,280	22.7
	계	5,633	
1976	한국	3,859	58.9
	콜롬비아	554	8.5
	베트남	424	6.5
	필리핀	323	4.9
	멕시코	127	1.9
	기타	1,265	19.3
	계	6,552	

출처: 다음 자료를 바탕으로 편집했다. US Congress, House of Rep., Comm. on the Judiciary, Alien Adopted Children: Hearing before the Subcommittee on Immigration, Citizenship, and International Law, 95th Cong., 1st sess. (15 June 1977), 72~76.
주: 미국 이민귀화국의 회계연도 종료시점은 6월 30일이다.

가능한 선택지 중 한국 입양 제도가 가장 오래되었고, 일 처리도 가장 투명하고 가장 수월하다는 평가를 받았다. 한국은 아동 유기율이 높고 국내 입양률이 낮아서 건강한 아동을 공급할 준비가 되어 있었다. 게다가 한국 아동 입양은 갈수록 편리해졌다. 중남미 국가에서 아동을 입양하려면 직접 가서 아이를 데려오고 서류 작업을 마무리해야 했는데, 절차를 마무리하기까지 몇 주씩 걸리기도 했다. 이와 달리, 한국 아동을 입양하는 양부모들은 근처 미국 공항에 가면 아이를 만날 수 있었다. 베트남전쟁이 터지면서 베트남 아동에게 관심을 보이는 양부모, 입양 기관, 친구들이 생겼지만, 시간과 비용, 복잡한 입양 절차 때문에 한국으로 다시 눈을 돌렸다. 한국 아동이 입양하기 더 쉬웠고, 결과적으로 한국 아동이나 베트남 아동이나 비슷했다. 둘 다 아시아인이었고, 구출의 의미가 있었고, 미국 사회에 잘 동화되었다.

사실, 베트남의 사례는 해외 입양의 성장에 인도주의와 소비지상주의가 서로 깊게 얽혀 있다는 사실을 보여준다.[79] 미국인들은 한국 아동 입양 초창기 때 했던 방식 그대로 1960년대 말에 베트남 아동을 입양하기 시작했다. 기관을 거치지 않고 개인적으로 아동을 입양했고, 숫자가 아주 적었고, 군이나 정부 기관, 자원봉사 단체에서 일하거나 선교사로 활동하느라 베트남에 머물던 개인들이 아동을 입양했다. 그러나 한국 아동 입양을 본떠서 대량 입양 사업을 추진하려던 계획은 큰 저항에 부딪혔다.[80] 구호 단체들은 확대 가족 관계망이 여전히 튼튼해서 진짜 고아는 거의 없다고 말했다. 한국에서처럼 GI 베이비가 심한 차별을 당할 거라는 합의도 이뤄지지 않았다. 베트남이 프랑스 식민지였던 시절에 이미 인종 혼합을 경험했던 역사가 있었기 때

　　　　　　　　　　　　　　———— 사랑과 상업의 모순

문이다. 아동복지 종사자들은 흑인 혼혈 아동을 내보낼 필요가 있다고 인정했지만, 75만 명에 이르는 베트남 고아 중 혼혈 아동은 1만 5천 명에서 2만 5천 명 사이인데, 소수에게만 도움이 될 해외 입양 사업을 광범위하게 벌이는 것에는 신중한 태도를 보였다. 사실, 아동복지 전문가들은 한국 사례를 일종의 경고이자 교훈으로 받아들였다. 국제사회봉사회는 한국에서의 경험을 토대로 국제 후원 프로그램과 해외 입양에 의존하는 방식이 아동 유기와 고아원 확장을 부채질한다고 결론지었다. 홀트양자회는 베트남 아동 입양을 서둘러서는 안 된다고 경고하며, "우리가 정말로 원하는 게 아이들을 돕고 생명을 구하는 것인지, 아니면 그저 입양할 아이를 손에 넣는 것인지" 구분해야 한다고 강조했다. 무엇보다 남베트남 정부가 자국 아동을 외국에 내보내는 대규모 입양 사업을 강력히 반대했다. 1969년에는 이를 위해 대규모 아동 이민 사업을 금지했다.[81]

베트남 아동의 해외 입양을 요구한 이들은 베트남 국민이 아니라 미국과 다른 서구 국가에 사는 예비 양부모들이었다.[82] 예를 들어, 1967년에 홀트양자회는 베트남 아동 입양을 시작하자고 지지자들로부터 압력이 들어오고 있다고 보고했고, 1975년에 미국아동복지연맹은 '수많은' 미국인이 베트남 아동을 입양하려면 어떻게 해야 하느냐고 문의했다고 밝혔다.[83] 해외 입양을 위해 아동을 사고파는 사람들이 있다는 보고가 나돌았다. 1972년에 남베트남 정부는 엄격한 규제를 조금 완화했고, 그 결과 그해에 약 500건(미국 입양이 397건)의 입양이 이뤄졌다. 이는 1970년과 1971년 수치를 합친 것보다 두 배나 많았다.[84] 1973년에 남베트남 정부는 입양 기관이 해외 입양을 주선할 수 있게 허용했다. 같은 해, 미 의회와 대중의 압력에 대응하여 사이공 주재 미 대사관도 베트남 아동 입양을 늘리고자 노력하기 시작했다.[85]

베트남 아동을 입양할 수 있게 해달라는 미국인의 요구는 두 가지로 해석할 수 있다. 인도주의 정신의 발로라고 볼 수도 있고, 좀 더 냉소적으로 해석하면 베트남 아동을 손에 넣으려는 소비지상주의적 욕망을 드러낸 것으로 볼 수도 있다. 베트남에서도 해외 입양 사업을 추진하라는 압박은 이 관행에 확장력이 있다는 사실을 암시한다. 홀트양자회는 이를 "자연스럽고 뻔한 이치"라고 했다.[86] 인도주의적 충동은 베트남 아동을 구하러 나선 사람들이 이웃 나라인 캄보디아와 태국에서도 비슷한 환경에서 고통받는 아동을 입양한 이유를 부분적으로 설명해준다. 그러나 고무 시장이든, 다이아몬드 시장이든(또는 아기 시장이든), 자고로 시장은 확대되어야 한다. 해외 입양은 하나의 산업이었고, 고객들(입양 부모들)과 중개인들에게는 새로운 공급원과 더 폭넓은 선택지가 필요했다.

1975년에 베트남 아동 2,700명을 대피시킨 아기 수송 작전을 둘러싼 격렬한 논쟁은 인도주의와 소비지상주의, 그리고 해외 입양의 윤리 문제를 조사할 프리즘을 제공한다. 아기 수송 작전을 둘러싼 논란은 미국 정부가 정치적 목적으로 아동을 착취하고 있다는 의혹에 부분적으로 뿌리를 두고 있다.[87] 양부모와 친생부모 간에 양육권 분쟁이 이어졌고, 친권을 완전히 포기할 의사가 전혀 없었던 친생부모들이 자식이 사는 집을 찾아 나섰고, 고아도 아닌데 외국에 잘못 입양 보내졌던 베트남 출신 입양인들이 집단 소송을 제기했다. 이 모든 사건은 국가 간 입양의 윤리 문제에 불편한 질문을 던졌다.[88] 아동들이

———————— 사랑과 상업의 모순

알고 있는 유일한 나라이자 확대 가족이 아동을 찾아서 보살필 수도 있는 나라에서 굳이 아동들을 떼어내는 게 과연 옳은가? 자기가 태어난 나라에 있는 고아원에서 가난하게 사느니, 열악한 상황일지도 모르는 미국 가정에 입양되는 편이 정말 더 나은가? 고아라는 사실을 입증할 증거도 충분하지 않은 아동을 외국에 입양 보낼 구실로 전쟁의 긴급성을 운운한 건 아닌가? 자식을 직접 키우려는 마음이 있고 바라는 것은 물질적 지원뿐인데, 미국인이 그런 친생부모의 자식을 굳이 입양해야 하는가? 그러나 가장 문제가 되는 질문은 이것이었을 것이다. 이 아동들은 구출된 것인가, 납치된 것인가? 인종, 문화, 소속, 권리가 뒤얽힌 도덕적·법적 문제가 한국 아동 입양을 그림자처럼 따라다녔고, 국가 간 입양이 성장함에 따라 논란도 계속되었다. 이와 동시에, 호소력 강한 구출 서사는 제3세계 구호, 재건, 발전 관련 논의에 입양을 더 깊숙이 끼워 넣었다.[89]

20세기에 미국인들이 입양을 이야기할 때 화제는 늘 둘 중 하나였다. 부랑아 구출, 아니면 아기 매매. 인종 간 국내 입양을 둘러싸고 격렬한 논쟁이 벌어진 것과 비교하면 해외 입양에 대한 비판은 잠잠한 편이었지만, 해외 입양 지지자들은 미국인이 아기를 수입하고 있다는 생각과 가능한 한 얽히지 않으려고 애썼다. 그러나 얼마나 자애로운 동기에서 출발했는지와 상관없이, 입양 부모는 아기를 얻기 위해 시장에 뛰어들어야 했다. 이것은 사랑과 상업의 충돌로 해외 입양 심장부에 불편한 긴장을 조성했다. 미국인들은 원칙적으로 아동에게 일반 상품처럼 값을 매겨선 안 된다고 선언했지만, 실제로는 시장에서 물건을 거래할 때와 똑같이 행동했다. 인종, 성별, 나이, 출생국가에 따

라 값이 매겨진 아동을 데려오기 위해 돈을 지불했다.[90]

양부모들은 입양의 소비지상주의적 측면에 다양하게 대응했다. 카탈로그를 보고 아이를 골랐다며 농담하거나, 아이들을 "수입했다"면서 웃어넘겼다. 혹은 한국계 딸을 가리켜 "선교 사업"이었다고 입버릇처럼 말하던 한 양어머니처럼 신앙을 내세워 반박하기도 했다. 또한, 양부모들은 입양을 선물로 묘사함으로써 소비지상주의적 행태라는 비난을 모면했다. 이 아이는 하나님이 내게 주신 선물이라거나 헌신적인 친생모가 자기 자식에게 더 나은 삶을 선물한 거라고 주장했다. 선물이라는 표현은 부유한 백인 부모가 가난한 비백인 아동을 입양하는 행동을 동의와 선택의 관점에서 재구성했다. 그리하여 친생부모가 친권을 포기할 수밖에 없는 구조적 불평등과 폭력을 감추고, 양부모가 느끼는 양심의 가책을 누그러뜨렸다. 양부모가 아동을 입양하기 위해 값을 치렀다는 사실을 부인하는 것도 입양과 시장의 관계를 부정하는 또 다른 방법이었다. 기관들은 양부모가 내는 돈은 어디까지나 행정 절차를 밟고, 아동을 보살피고, 고아원을 후원하는 데 쓰일 뿐이지, 아동을 데려가는 대가가 절대 아니라고 강조했고, 이런 전략을 쓰면 아동을 상품화하지 않을 수 있었다. 비록 주변에 있는 모든 요소에 가격표가 붙어 있지만, 아동에게는 값을 매기지 않을 수 있었다는 말이다. 마지막으로, 양부모들은 운명을 운운하며 소비자로서 행동한 게 아니라고 부인했다. 양부모들은 잡지에서 본 아동을 실제로 입양하거나, 입양하고 싶다고 제안했다. 잡지를 보다가 마음에 드는 아이가 있으면 동그라미나 화살표로 표시해서 입양 기관과 고아원에 보내는 식이었다. 어떤 양부모들은 고아원에 가서 직접 아이를 골랐다. 한 사회복지사는 "카페테리아에 가서 음식을 고르는 것"과 뭐가 다르냐며 이런 행태를 비난했다. 양부모들은 자기가 아이를 선택한 게 아니라 아이가 자기를 선택했다면서 운명을 들먹였다. 그러나 최대한 소비자처럼 보이지 않으려고 애쓰는 이런 전략들은 소비지상주의가 해외 입양을 얼마나 줄기차게 따라다녔는지를 강조할 뿐이다.[91]

양부모들은 입양 서비스를 이용하는 소비자로서 입양 기관을 바꿀 권리가 있다고 생각했다. 특히, 초창기에 사회복지사들이 인정한 입양의 유형이 홀트양자회 같은 기관에서 진행하는 대리입양보다 훨씬 느리면 입양 기관을 바꿀 수 있다고 보았다. 예비 양부모들은 빨리, 값싸게, 소란스럽지 않게, 입양하길 원했다. F부부처럼 불만에 찬 양부모들은 뭐가 그렇게 오래 걸리는지 알려달라고 요구했다. "합법적이고 공인된 방식으로 아동을 입양할 수 있는데, 사람들이 왜 암시장을 찾는지 궁금하시죠?" F부부는 편지로 국제사회봉사회에 항의했다. "이른바 암시장에서 아이를 구한 사람들을 여럿 알고 있습니다. 그들은 우리가 내는 돈의 반도 내지 않고 6주 만에 아이를 받았습니다. … 우리는 지금 일 년 넘게 이러고 있는데 말이에요." 어떤 가족들은 홀트양자회를 통해 대리입양을 하려고 국제사회봉사회와 함께 진행하던 입양 절차를 중단했다. 똑똑한 소비자들이 그러듯이, 그들은 원하는 것을 손에 넣기 위해 가장 편리한 길을 선택했다.[92]

구출 임무였든 시장이었든, 해외 입양은 아동을 상품화할 위험이 농후했다. 양부모들은 자신이 꿈꿔온 가족을 완성하기 위해 국가를 선택하고 생각해둔 나이와 성별에 맞는 아동을 고를 수 있었다. 나이가 좀 있어야 자기들 생활방식과 더 잘 맞을 것 같으면 나이가 있는 아동을 골랐고, 어느 정도면 자기들이 수용할 수 있을지 신체 또는 정신 장애의 한도를 정하기도 했다. 성인이 된 한 입양인은 한국에서 자기를 입양한 것이 하나님의 뜻이었다고 믿는 어머니 친구가 입양을 어떻게 시작했을지 생각해보았다. 그녀는 "결함 없는 여자아이를 주문하려고 홀트양자회에 전화했겠죠." 1970년대와 1980년대에는 갈수록 해외 입양이 중상류층의 영역이 되었다. 사설 기관이 일반화되면서 수천, 수만 달러로 비용이 치솟았기 때문이다.[93]

해외 입양의 상품화는 친생부모와 가족을 지워버리는 심각한 결과를 낳았다. 양부모들은 그 아동이 왜 입양 시장에 나오게 되었는지 생각해보려 하지 않았고, 사회복지사들이라고 해서 항상 진실을 알고 있는 것도 아니었고, 안다고 해서 늘 솔직하게 말해주는 것도 아니었다. 부모들은 다음과 같이 노골적으로 친생모를 지워버렸다. "어쩌다 보니 한국인 어머니 밑에서 태어나긴 했지만, … 우리가 너희를 원하고 선택했으니 너희는 우리 자식이라고 딸들에게 말했습니다." 입양 이야기에서 흔하게 등장하는 '선택된 아이'라는 표현은 양부모의 능동성과 입양 아동의 소중함을 강조하지만, 친생모의 존재를 전면 부인한다. 어떤 양부모들은 자식의 친생모에게 고마운 마음을 표현했다. "이름도 없고 교육도 받지 못한 아시아 여성의 놀라운 희생."[94] 그러나 소설에 나오는 비련의 여주인공을 대하듯 친생모를 감상적으로 묘사하는 이런 표현은 개개인으로서 친생모의 존재를 지워버리는 것과 같다. 모든 친생모를 가난한 여성으로 뭉뚱그리고, 친생모의 능동성을 박탈하고, 자식을 포기할 수밖에 없었던 수많은 상황과 결단을 무시하는 행위다.

입양 업무에 종사했던 사람들은 한국 아동의 고아 신분이 대부분 조작된 것이었다고 시인했다. 입양 부모들은 한국이 가난해서, 서구인들이 한국인들보다 부유해서 입양이 이뤄질 수 있었고, 1960년대 후반부터 미국에 입양된 대다수 한국 아동에게 "기억은 하지만 다시 만날 수 있을 것 같지 않은, 살아 있는 부모가 있었다"는 사실을 알고 있었다. 공개 입양이 일반화되기 한참 전에 일부 친생부모가 자식과 계속 연락하고 지냈다는 사실은 고아로 조작된 한국 아동을 더 갉아먹었다. 매일 밤 가족사진을 보며 울던 열두 살 소녀의 사례처럼 이런 행동은 아동을 더 고통스럽게 했다. 입양 가족은 그녀가 "왜 우는지 알지 못했다. 그들은 피아노와 고양이 두 마리가 있으니 네가 행복하리라 생각했다." 또 다른 입양 아동은 양어머니가 찾아내 없애버리기 전까지 친생부모의 사진을 옷장에 꼭꼭 숨겼다. 더 충격적인 사실은 입양 보내는 날 자식의 손을 잡고 공항에 와서 작별 인사를 하는 친생부모가 더러 있었다는 점이다(사진 5.3 참조). 한 사회복지사는 이런 행동에 불만을 표출했지만, "그 어머니들이 자식을 어쩔 수 없이 넘겼다는 의미는 아니다"라고 반박했다. 그리고는 "이별의 비통함과 심적 고통에도 불구하고 그들이 진심으로 입양에 찬성했다는 증거로 볼 수 있다"면서 해외 입양을 합리화했다.[95]

고아가 아닌 한국 아동을 고아로 둔갑시키는 일은 계속 이어졌다. 인도주의적 구출이라는 판타지를 완성하려면 구출할 아동이 고아여야 했기 때문이다. 만약 이 아이들이 부모 없는 고아라면, 고아원에서 사는 것 말고 다른 미래가 없고 결국에는 한국 사회의 밑바닥을 뒹굴며 보잘 것 없는 삶을 살 수밖에 없는 아이라면, 입양 부모들은 네 살

사진 5.3 1974년 줄리 영이 미국으로 떠나던 날 공항에서 한국 부모님과 오빠와 함께 찍은 사진. 줄리 영은 이후 30년 동안 한국 가족을 다시 만나지 못했다. _출처: 줄리 영 제공

짜리 한국계 남자아이가 자기 양어머니에게 물었던 것처럼 입양 외에 이들을 도울 다른 방법이 없는지 애써 고민할 필요가 없었다. "아이들을 계속 키울 수 있게 미국 엄마 아빠들이 한국 엄마 아빠들에게 돈을 보내는 건 어때요?" 가족이 함께 살 수 있게 돕는 것보다 입양을 통해 아이를 얻는 데 방점을 찍는 관행은 입양이 항상 아동의 이익을 가장 중요하게 여기는 구출 수단은 아니라는 사실을 보여준다.[96]

정말로 구출이 필요한 아동들은 입양되지 않았다는 점을 고려하면, 구출 서사가 얼마나 정직하지 못한지 더 확실해진다. 나이가 있는

——————— 사랑과 상업의 모순

아동, 정신이나 신체에 장애가 있는 아동처럼 "가정을 찾아주기 어렵다"고 여겼던 아동들은 대부분 입양되지 못했다. 시설에서 자랄 가능성이 가장 큰 아동이 바로 그들인데도 말이다. (외국에 나가 한국의 이미지를 해칠까 염려한 입양기관들이 이 아동들의 입양을 권하지 않았을 수도 있다.) 아무도 원치 않는 아동을 구출하는 게 한국 아동 입양의 주목적이었다면, 국가 간 입양의 본래 목표였던 GI 베이비가 계속해서 입양 사례의 대다수를 차지했어야 맞다. 그러나 1960년대 초부터 외국에 입양되는 전체 아동 대비 GI 베이비의 비율은 계속 감소했다. 한국 아동 입양이 시작된 지 20년이 넘은 1977년에도 여전히 혼혈 아동은 누구보다 가정이 필요한 아동들 속에 있었다.[97]

결론

한국전쟁이 끝나고 1980년대에 접어드는 사이, 한국 아동은 법적·문화적으로 난민에서 이민자로 변신했다. 한국 아동 입양을 지지하는 사람들은 한국 아동이 미국 사회에 완벽하게 적응할 수 있는 존재인데도 인종차별을 당하고 있다는 의견을 내놓음으로써 난민법 개정을 주도했고 궁극적으로는 이민법에 고아 규정을 성문화했다. 고아일 거라는 추측, 비참한 처지, 공산주의와 인종차별에 노출될 위험 때문에 한국 아동은 난민 신분으로 미국에 입국할 수 있었다. 그리고 미국 민주주의의 가치를 가장 잘 반영하는 존재로 묘사된 덕택에 한국 아동은 법적으로 이민자가 되었다.

한국 아동 입양은 2차 세계대전 이후 미국에서 아시아성(性)을 재설정하는 데 크게 이바지했다. 전쟁신부들 그리고 모범적인 소수자로 아시아인의 이미지를 바꾸기 위해 발 벗고 나섰던 아시아계 미국인 공동체와 함께 한국 고아들은 미국 사회에 아시아인의 새로운 이미지를 제시했다. 아시아인은 반공주의자이자 미국 사회에 잘 동화되고 미국의 가치에 순응하는 존재였고, 그래서 미국이 더 강한 나라가 되는 데 도움이 되는 존재였다. 그중에서도 한국 고아는 최고의 이민자였다. 체제 전복의 위험이 있는 성인 난민이나 성적으로 위험한 전쟁신부들과 달리, 장래가 촉망되는 한국 아동은 핵가족과 미국이라는 국가 가족의 보살핌을 받을 자격이 있는, 가장 가치 있는 이민자였다.[98] 한때 모범적인 소수자이자 모범적인 이민자였던 한국 아동은 이상적인 미래의 시민이었다.

정치적 상징으로서 한국 아동은 "복잡한 정치 문제를 감상적 허식으로 포장하여 매끄럽게 만들거나 수면 아래 가라앉히는" 역할을 했다.[99] 사랑은 인종과 민족의 분열을 모두 극복할 수 있고, 미국 가정이 한국 아동을 입양하는 행동은 단순히 집 없는 고아와 그를 원하는 부모가 각자 목적을 달성하는 행동이 아니라고 주장하는 한국 아동 입양에 관한 지배적 서사의 핵심에 이 허식이 자리하고 있었다. 이 서사는 친생모들을 지워버렸고, 신흥 입양 시장에서 벌어지는 착취에 관한 소문을 무시했고, 제국주의와 군국주의, 인종차별과 가부장적 성차별의 역사를 못 본 척했다. 그러나 1960년대 후반부터 한국 아동 입양이 곧 해외 입양이 되면서 인도주의, 인종차별, 소비지상주의가 만나는 지점에서 생겨난 복잡한 질문들, 아직 우리가 제대로 답하지 못한 그 질문들이 한국 아동 입양을 지탱해주던 고아 신분과 구출에 관한 낭만적 서사를 방해했다.

'한강의 기적' 속 해외 입양

06

값싼 자동차와 텔레비전으로 유명해지기 전, 한국은 고아들로 유명했
다._피터 마스Peter Maass, 〈워싱턴 포스트Washington Post〉[1]

　1988년, 한국은 하계 올림픽을 개최하며 세계무대에 데뷔했다. 서
울 올림픽은 '한강의 기적'을 축하하는 파티였다. '한강의 기적'은 전
쟁으로 초토화되었던 한국이 불과 35년 만에 제1세계의 일원으로 놀
랍게 변신한 것을 언급할 때 쓰는 표현이다. 올림픽 준비 기간에, 그
리고 올림픽이 열리는 내내, 국내외 언론은 한국의 파란만장한 역사
와 전통뿐만 아니라 번창하고 활기찬 도시들을 전시하듯 보여주었다.
그렇다고 한국의 성공을 축하하기만 한 건 아니다. 외국 기자들은 한
국의 특이하고 미개한 특성을 강조하는 기사를 내보냈다. 한 학자는
한국인을 가리켜 "너무 시끄럽고, 너무 상스럽고, 너무 자부심이 강하
고, 너무나 국수적인 사람들"이라고 했다. 노동력 착취 현장, 매춘, 개
고기를 먹는 습관을 두고 호의적이지 않은 기사가 쏟아지는 와중에

한국 사람들을 가장 당혹스럽게 한 기사는 한국을 아기 수출국으로 묘사한 기사였다. 이런 묘사가 특히 더 가슴 아프고 통렬하게 다가왔던 이유는 여러모로 정확했기 때문이다. 1980년대까지 해외 입양은 한국이 추진하는 대형 사업이었다.[2]

박정희의 군사 독재(1961~1979) 아래서 한국은 아시아의 '네 마리 호랑이' 중 하나로 부상했고, 그와 동시에 해외 입양은 국가 산업이자 한국 아동복지 정책의 영구적인 특징으로 자리 잡았다. 박정희의 강경한 성장 지향 정책은 유기 아동을 양산하는 동시에 해외 입양을 장려하는 사회적, 경제적, 법적 구조를 뒷받침했다. 혼혈 아동의 탈출구로 출발했던 입양 사업은 박정희 정권 아래서 장애 아동, 가난한 집 자식, 미혼모 자식 등 한국이 돌볼 수 없거나 돌볼 생각이 없는 아동을 외국으로 치우는 통로로 바뀌었다.

1950년대에 시행된 잠정조치를 기반으로 1960년대에 확립된 한국 아동 입양 정책과 실제 조직들이 1970년대와 1980년대의 도약을 뒷받침했다. 이 몇십년 동안 매년 외국으로 이주하는 아동의 수는 수천 명으로 치솟았다. 실제로, 어떤 이들은 가장 인기 있으나 인정받지 못한 수출품 덕분에 한국이 제1세계 국가로 도약할 수 있었다고 주장했다. 이것은 한국 아동들 얘기다. 해외 입양 산업은 한국의 '경제 기적'에 중요한 역할을 했다. 외화를 벌어들였고, 힘 있는 서구 동맹들과의 우호를 증진했고, 과잉 인구를 조절하는 안전밸브 기능을 했고, 토착 사회복지 기관들을 개발해야 하는 정부 부담을 상당 부분 덜어주었다(도표 6.1 참조).

오로지 실용적인 이유에서 아동 입양이 산업으로 발전한 것은 아

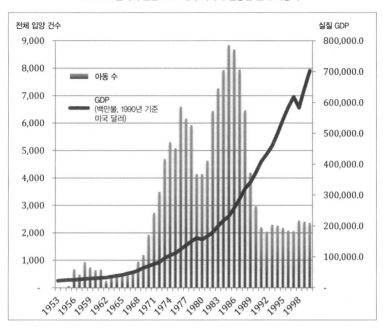

도표 6.1 한국의 연간 GDP 대비 외국에 입양된 한국 아동 수

출처: 토비아스 휘비네트(Tobias Hübinette), 컨퍼런스 보드(Conference Board), 토털 이코노미(Total Economy) 자료를 바탕으로 작성한 그래프

니다. 입양 산업은 국가 재건과 현대화를 이끈 가부장적 민족주의를 강화하여 이념적 목적까지 달성했다. 해외 입양을 상업으로 간주하면 한국이 선진국 반열에 오르기까지 재생산 노동을 담당한 여성들의 역할이 더욱 돋보인다. 한국 정부는 미혼모로 사는 게 사실상 불가능한 사회 제도, 문화 체계, 사법 제도 안에 여성들을 가둬두었다. 따라서 미혼 여성이 아기를 낳으면 입양 외에 선택의 여지가 없었다. 한국이라는 가부장적 국가는 아동들을 외국에 수출하는 산업을 지원하면서 경제적 이득을 얻었을 뿐 아니라 규범적인 가부장제를 보호했고, 나

아가 국가 자체를 보호했다.

한국 아동 입양의 확대

비록 인정받지는 못했어도 해외 입양은 한국 근대화의 중요한 요소였다. 한국의 근대화는 1960년대 중반부터 1980년대 중반 사이에 이뤄졌고, 이 산업의 최고 설계자이자 1961년부터 1979년까지 한국을 통치한 박정희와 관련이 깊다. 박정희는 경제를 성장시키고 군사력을 보강해야만 남한보다 부유하고 무장도 잘 된 북한 공산주의자들의 위협에 대처할 수 있다고 보았다. 그는 기록적인 경제 성장을 이루기 위해 국가 주도형 수출 지향적 산업화 프로그램을 공격적으로 추진했다. 이 프로그램은 경제 개발 5개년 계획으로 구현되었고, 극단적인 정치 탄압과 사회 억압이 동반되었다.[3]

외국인들은 박정희가 정권을 잡기도 전에 한국에서 비상사태가 발생하리라 예상했다. 한국이 '미국 원조의 싱크홀'이라고들 생각했지만, 미국은 1958년에 직접 원조를 줄이기 시작했다. 그래도 군사 원조는 계속되었고 사실상 증가했지만, 같은 시기에 유엔은 한국에서 유엔한국재건단과 민간구호원조UNCRIK라는 대규모 원조 계획 2개를 단계적으로 폐지했다. 세계교회봉사단과 그 제휴 기관인 전미기독교교회협의회도 비상사태는 벗어났다고 보고 구호 계획을 하향 조정했다. 마찬가지로 미 의회도 고아들에게 이민자용 비자를 발급하는 조건으로 대리입양을 폐지할 때 비상사태는 벗어났다는 신호를 보냈다. 국회의원들은 그동안 생명을 위협받는 환경에서 혼혈 한국 아동을 대피시키는 가장 편리한 방법이라 보고 논란 많은 대리입양 방식을 허용했었다. 따라서 대리입양을 금지한다는 건 이제 의회가 대리입양을 정당화할 근거가 더는 존재하지 않는다고 믿는다는 뜻이었다.[4]

그러나 긴급 대피가 필요한 고아들의 상황은 아직 끝나지 않았다고 보는 이들도 많았다. 국가 간 입양에 더 경계심을 가져달라는 사회복지사들의 간청에 미국 정치인 몇몇이 관심을 보이기 시작했지만, 한국에 있는 아동복지 종사자들과 선교사들은 계속해서 신속한 대피를 촉구했다. 한국 고아원들은 수용 아동은 너무 많은데 직원은 턱없이 부족했고 시설은 열악하고 비위생적이었다. 그 모습을 옆에서 지켜보는 관찰자들은 마음이 괴로웠다. 작가이자 국가 간 입양 옹호자인 펄 벅은 아동들이 고아원에서 머무는 기간이 늘어나다 보니 "파리 떼처럼 죽어가고" 있다고 공개적으로 주장했다. 1962년에 한 방문객은 "젖먹이 200명이 길게 늘어선 흰색 소형 바구니 안에 누워 있는 모습을 보고 간담이 서늘해졌다. 정도는 제각각이어도 모두 수척했다. 지친 표정이 역력한 직원 몇 명이 그 아이들에게 일일이 관심을 쏟는 건 불가능했다."고 토로했다. 1950년대 한국 고아원의 광경은 디킨스의 소설이 떠오를 정도로 열악했다. 3년 뒤, 시립 병원에 편입되면서 이 고아원의 상황은 조금 나아졌다. 수용 인원은 줄고 직원은 늘고 위생 상태가 개선되면서 매달 80퍼센트에 이르던 사망률이 12퍼센트로 감소했다. 그런데도 두세 명이 유아용 침대 하나를 함께 썼고, 많은 아동이 결핵과 영양실조에 걸리거나 축 늘어져 반응이 없었다.[5]

1960년대에는 아동복지에 새로운 위기가 닥쳤다. 아동 유기가 급격히 증가한 것이다. GI 베이비의 사례처럼 혼혈아라서 버림받은 게 아니라 가난 때문에 버림받은 아동들이었다.[6] 그러나 한국은 아동복지 서비스를 제공할 능력이 없었다. 1960년대 초에도 전쟁 직후보다 나아진 것이 거의 없었다. 1960년대 중반까지 약 60~70퍼센트의 국민이 궁핍하게 살고 있었지만, 국가는 가난한 가족이 함께 살 수 있도록 기본적인 지원조차 할 수 없었다. 박정희가 내세운 '선성장 후분배' 전략은 사회복지를 평가 절하했고, 북한이 언제 쳐들어올지 모른다는 안보 불안 때문에 미국에서 받은 원조를 포함하여 국가 예산 대부분을 국방비로 지출했다.[7]

아동 유기, 특히 여아 유기는 한국전쟁이 끝난 이후부터 쭉 골칫거리였지만, 1960년대에는 문제가 더 심각해졌다. 한국 보건사회부에 따르면, 1955년에 아동 715명이 유기되었고(과도하게 줄여 잡은 수치가 확실하다), 이듬해에는 두 배로 늘었다. 1957년부터 1960년까지 매년 2천 명 이상의 아동이 유기되었고, 1961년과 1962년에도 4천 명 이상의 아동이 유기되었다. 1964년에는 유기 아동 숫자가 11,319명으로 정점을 찍었다. 이후 숫자가 줄긴 했지만, 여전히 충격적이었다. 1965년에는 7,866명, 1967년에는 6,500명, 1972년에는 6,000명 이상의 아동이 버려졌다. 더욱이, "정부에서 통계를 내기 전에 저체온과 영양실조로 사망한 영유아를 내다 버린 사례가 많아서" 이 수치만으로는 상황의 전모를 파악할 수 없었다.[8]

1960년대 초에 아동 유기가 급격히 증가한 이유는 크게 두 가지다. 첫째, 급속한 산업화가 사회적·경제적 여건을 크게 바꿔놓았기 때문이다. 자기 땅이 없는 가난한 시골 사람들이 새로운 산업에서 일하려고 도시로 몰려들면서 도시화가 가속화되었다. 이로 인해 여러 세대가 함께 사는 전통적인 가족 형태가 무너지면서 가정 파탄과 사생아가 증가했다. 새로 이사한 마을에는 도움을 청할 만한 인맥이 없어서 도시로 이주한 많은 사람이 직장을 구하지 못했다. 자식을 부양할 수 없는 가정은 자식을 버리거나 포기했다. 보통은 막내와 딸부터 시작했다. 전통적인 남아 선호 풍조 탓에 유기율이 한쪽으로 쏠렸다. 1964년 보고에 따르면, 남자아이 1명당 여자아이 5명꼴이었다. 사실, 유기 아동의 성비는 나이에 따라 달랐다. 1960년대에는 남자 영아 45명당 여자 영아 100명이 버려졌지만, 나이가 여섯 살이 넘어가면 이 비율은 거꾸로 뒤집혔다. 여섯 살이 넘으면 여자애들은 가사 노동을 도맡는 경제적 자산資産이 되었지만, 남자애들은 공부를 시켜야 해서 부채負債가 되었기 때문이다.[9]

아동 유기가 증가한 두 번째 이유는 첫 번째 이유와 밀접한 관련이 있는데, 빈곤층 가정보다 고아원이 더 부유했기 때문이다. 대다수 고아원이 기독교아동복리회 같은 월 후원 프로그램을 통해 미국인들로부터 지원을 받았다. 시설에 수용된 아동들의 삶을 좌우할 정도로 월 후원 프로그램은 무척 중요했다. 1965년에 기독교아동복리회는 한국 고아원에 사는 6만 8천 명 중 4분의 3이 넘는 아동을 후원했다. 2장에서 살펴보았듯이, 한국 부모들은 역사적으로 가난한 나라 부모들이 고아원을 이용하던 방식을 그대로 따라 했다. 고아원을 임시 보육 시설로 활용한 것이다. 1961년에 한 장로교회 관계자는 "지금은 환영받지 못하는 처지이지만, 여기 있는 많은 아동이 고아가 아니다"라며 "가난한 부모들은 자식을 먹이고 입히고 공부시켜주니 좋아할 것이다. 그러다 아이가 커서 일을 할 수 있게 되면 아이를 찾아갈 것이다."

라고 보고했다. 십 년 뒤, 한국 정부는 고아원에 있는 아동의 절반은 가족이 있다고 추정했다.[10]

고아원 원장들은 부모들이 시설을 이런 식으로 활용하도록 기꺼이 승낙했다. 어느 정도 컸을 때 부모가 와서 찾아가면, 나이가 좀 있는 아동과 십 대에게 직업 훈련을 시켜야 할 책임이 줄어드니, 나쁘지 않았다. 무엇보다, 고아원에 몇 년 머물다 가는 이 아동들을 명단에 올려놓으면 정부 보조금과 구호품을 더 많이 받을 수 있었고 외국 단체에 기부금을 요청할 때도 도움이 되었다. 그 결과, 고아원 원장들은 시설 수용 아동의 숫자를 줄이려는 시도를 거부했다. 고아원 원장들이 돈을 횡령하거나 후원금이 줄어들까 봐 입양 제안을 거절한다는 소문이 무성했다.[11] 1960년대 초, 한국 보건사회부는 수백 개에 달하는 보육 시설의 환경 개선 작업에 착수했다. 고아원 허가 요건을 강화했고(예전에는 아무나 고아원을 설립할 수 있었다), 시설이 가장 열악한 고아원들을 폐쇄했다. 그러나 이런 노력은 별 효과가 없었다. 대다수 고아원이 개인 소유였고, 운영과 소유를 겸하고 있던 원장들은 시설 폐쇄로 소득과 자산을 잃고 싶지 않았다.[12] 고아원은 수익이 큰 사업으로 자리 잡았고, 그래서 없애기가 어려웠다.

고아원과 아동 유기는 교활하게 조화를 이루었다. 고아원 수용 아동이 늘어나면 거기에 맞춰 기부금이 증가했고, 들어오는 돈이 늘어날수록 고아원 규모도 커졌다. 1966년에 〈코리아 타임스Korea Times〉가 지적한 대로, 이 역학 관계는 "끊임없이 확대되는 풍요의 뿔cornucopia"을 만들어냈다. 사회복지사들은 고아원이 성장하면서 또 다른 '악순환'이 생겼다고 지적했다. "고아원이 늘어날수록 부모가 자식을 버리는 경향도 강해졌다." 1975년에는 국제사회봉사회에서 "효율적인 해외 입양 시설들이 … 유기를 부추겼다"라고 추측할 정도로 고아원이 국가 간 입양과 아주 깊게 얽혀 있었다. 더구나, 보육기관들이 아동에게 부모가 없어야 한다고 요구하자 부모들은 정식으로 친권을 포기하기보다는 차라리 유기했다.[13]

대다수 복지계 종사자들은 GI 베이비 문제를 해결할 합리적 해법이라 여겨 해외 입양을 받아들였지만, 일부에서는 외국으로 피난시켜야 할 필요가 없는 순수 한국 아동에게까지 해외 입양이 확대되지는 않을까 우려했다. 한 복지계 종사자는 "순수 한국 아동, 심지어 부모가 멀쩡히 살아 있어도 몹시 가난해서 돈을 받고 자식을 포기할 의사가 있는 집 자식들을 데려오라는 압박을 입양 기관들이 견디지 못할 것"이라고 경고했다. 국제사회봉사회, 월드비전, 장로교와 감리교 선교 단체, 그리고 이승만 정부는 혼혈 아동만 해외 입양을 보내기로 동의했다. 해리 홀트도 처음에는 순수 한국 아동은 한국에서 사는 게 가장 좋다고 믿었지만, 죽어가는 아동들을 보고 마음을 바꿨다. 대다수 아동이 홀트양자회를 통해 입양되었으므로 해리 홀트의 태도가 바뀌면서 한국 아동 입양의 궤적도 달라졌다.[14]

1960년대에는 순수 한국 아동에게까지 국가 간 입양이 확대되었고, 많은 사회복지사가 이런 상황을 괴로워했다. 1950년대부터 한국 아동복지 분야에서 일했던 앤 데이비슨은 1961년에 이렇게 보고했다. "업둥이의 99.99퍼센트가 … 멀쩡한 부모 밑에서 태어난 순수 한국 아동이다. 아이 부모들은 여전히 그 동네에서 산다. 그들이 사랑하는 자식을 버리기로 … 마음먹은 이유는 단 하나, 가난 때문이다." 순

'한강의 기적' 속 해외 입양

수 한국 아동은 한국에서 살아야 한다고 믿는 다른 사람들과 마찬가지로, 데이비슨은 사회복지사들이 한국 안에서 해법을 찾아야 한다고 주장했다. "한 번도 본 적 없는, 지구 반대편에 사는 가족에게 입양 보내는 방안을 덮어놓고 정답이라고 밀어붙이지 말고 한국에 남아 있는 인연을 찾아 유대관계를 강화해주는 게 우리가 할 일 아닐까? 혼혈 아동 이주 문제와 순수 한국 아동 이주 문제는 아주 명확하게 구분해야 한다." 혼혈 아동, 순수 한국 아동, 부모가 멀쩡히 살아 있는 아동을 가리지 않는 대규모 해외 입양은 혼혈 아동을 위급 상황에서 대피시키려고 시작했던 해외 입양의 원래 의도를 왜곡했다. 앤 데이비슨은 경제적 이유로 아동을 계속 수출하는 행위는 해외 입양을 악용하는 것이라 여겼다.[15]

국내에는 입양하겠다는 가정이 없어서 국내 입양을 포기한다는 말은 사실상 그 아동을 외국으로 보내겠다는 말이다. 계속되는 가난을 이용해 전문 해외 입양 산업이 부흥하자 국가 간 입양을 가난한 가족에게 주어진 좋은 선택지로 여기는 이들이 많아졌다. 그런가 하면, 태평양 건너편에 사는 미국 부모들은 '입양 가능한' 아동이 부족한 현실에 직면했다. 한국 아동 입양이 차츰 친숙해지고 편리해지자 예비 양부모들은 아시아로 눈을 돌렸다. 역사적으로 여아를 선호하는 양부모들의 성향과 어느 사회복지사와 양부모의 말대로 남아보다 여아를 버리기 좋아하는 "아시아인의 유기 경향"이 절묘하게 균형을 이뤘다.[16]

양국 정부가 입양에 우호적인 법률을 통과시키면서 한국의 '추진' 요인과 미국의 '유인' 요인이 함께 작동하기 시작했다. 해외 입양이 미국 이민법의 영구 조항이 되고 불과 며칠 만에, 박정희 정부는 고아

입양특례법을 서둘러 제정해서 외국인이 한국 아동을 더 쉽게 입양할 수 있게 했다. 그리하여 박정희 행정부는 이승만 대통령이 처음 정립한 견해를 계속 고쳐했다. 외국에 입양 보내는 게 고아들에게 복지 서비스를 제공하는 길이라는 견해 말이다. 새 법률은 입양을 고려하기 전, 15일 동안 두 차례에 걸쳐서 지역 신문에 광고*를 싣게 하여 친생부모를 보호했다. 그러나 이 조항은 실효성이 없었다. 한국아동양호회 회장이 설명한 대로, "아이 친척들이 아이가 어디 있는지 알면서도 찢어지게 가난한 살림 탓에 아이를 찾아가려 하지 않았기" 때문이다.[17]

박정희 정부는 모든 기관의 규칙과 절차를 공식화하여 해외 입양 산업을 육성했다. 그러려면 심리학자, 의사, 전문 사회복지사 같은 특정 부류의 인력을 채용하고 서비스를 제공해야 했다. 1970년대 초 국가 간 입양 서비스를 제공하는 공인 기관을 4개로 줄인 게 아마 가장 중요한 조처였을 것이다. 그 기관들은 대한사회복지회(구 한국아동양호회), 홀트아동복지회(구 홀트양자회), 한국사회봉사회KSS, 동방사회복지회ECWS이다. 한국 최초의 토착 입양 기관인 한국사회봉사회는 1964년에 설립되었고, 처음에는 혼혈 아동을 외국에 입양 보내는 일에 집중했다. 동방사회복지회는 가장 나중인 1972년에 설립되었다. 이 네 기관이 한국 아동 입양을 영속시키고 확대하는 핵심 역할을 했다. 이론상으로는, 이 기관들이 국가 간 입양을 계속하는 동시에 가정위탁, 국

• 부양의무자의 존부를 확인할 수 없는 경우에 한하여 15일 안에 신고할 것을 권고하는 '최고장'을 게시장에 공고하도록 한 것이다. 고아입양특례법 제4조 2항 1966.4.24. 개정.

내 입양, 가족 보호 프로그램을 개발하면, 결국은 외국에 입양 보낼 아동이 바닥나서 스스로 사업을 접었어야 한다.[18] 그런데 오히려 국가 간 입양은 더 일반화되었고 외국에 보내는 아동 수도 늘어났다.

한국 정부의 국내 입양을 촉진하는 노력은 1960년대에 시작되었다. 정부는 1960년에 친족이 아닌 아동을 입양('타인 입양')할 수 있게 법을 개정하고, 국가 간 입양을 담당하는 4개 기관에 의무적으로 국내 입양을 추진하라고 지시했다.[19] 또한, 한국 정부는 고아원과 관공서를 포함한 31개 입양 기관이 국내 입양을 주선할 수 있게 허가했다. 한국기독교양자회CAPOK는 1962년에 국내 입양을 시작했는데, 워낙 주먹구구식이라 "달라고 하면 아무에게나 아기를 주는 경우가 많았다." 1960년대 후반이 되어서야 한국 정부와 입양 기관들은 국내 입양에 필요한 법과 절차를 마련하기 시작했다. 1975년, 발전 중인 해외 입양 산업에서 돈의 역할이 무척 중요하다는 논리 아래 한국기독교양자회가 홀트양자회에 통합되었다. 홀트양자회 입장에서는 새로 부과된 국내 입양 할당량을 채우려면 한국기독교양자회가 관계를 돈독히 다져놓은 한국 양부모들이 필요했고, 한국기독교양자회 입장에서는 입양 의사가 있는 한국 가정을 계속 모집하려면 홀트양자회가 해외 입양 수수료로 확보해둔 자원이 필요했다.[20]

그러나 국내에서 입양 가정을 찾기는 쉽지 않았다. 한국은 부계 혈통을 강조하는 사회였고, 한국 부모들은 출신 배경을 알 수 없는 아동을 받아들이려 하지 않았다. 입양할 생각이 있는 사람들도 경제적, 관료적, 법적 걸림돌 때문에 입양을 단념했고, 한국 법률은 친생부모가 마음을 바꿔 자식을 되찾으려는 경우 친생부모에게 유리하게 작용했다. 10~20년 전에 미국인들이 그랬던 것처럼, 한국인들은 주로 불임을 숨기기 위해 아이를 입양했다. 예비 양부모들은 임신한 것처럼 꾸며서 가족과 이웃을 속일 수 있게, 혼자 입양 기관을 찾아온 여성이라면 남편을 속일 수 있게 갓난아기를 달라고 요구했다. 입양 사실을 꼭꼭 숨기느라 기록을 남기지 않은 사례가 많아서 그렇지 실제 입양 건수를 모두 집계했으면 통계치보다 훨씬 많았을 것이다. 그런가 하면, 일부 아동복지 종사자들은 국내 가정에 입양된 아동이 혹여 착취를 당하지는 않을까 걱정했다. 국내 입양이 강제 노동이나 진배없는 사례도 있었고, 입양 가정이 네댓 살밖에 안 된 여자아이들을 가정부로 쓴다는 보고도 있었다.[21]

박정희 정부는 시설 수용 아동 숫자가 감소하길 바라는 마음에 "한 가정당 고아 한 명씩 기르자"라는 구호 아래 1962년에 국내 입양과 가정위탁을 장려하기 시작했다. 매년 2천 명의 아동을 위탁 가정에 맡기는 것을 목표로 삼았지만, 설령 위탁 가정을 찾더라도 양육비를 지급할 돈이 없었다. 위탁 가정을 감시하기도 쉽지 않았고, 이는 결국 부정적인 결과로 이어졌다. 많은 아동이 다시 시설로 들어가거나 거리를 배회했다. 결국, 이 정책은 자금 부족, 정치적 의지 부족, 주먹구구식 계획으로 3년 6개월 만에 별 성과 없이 끝나고 말았다. 정부와 입양 기관들은 광고, 모집, 홍보 활동을 통해 1970년부터 1980년까지 국내 입양을 15배 늘렸지만, 여전히 국내 입양을 좋게 받아들이는 사람은 많지 않았다. 해외 입양을 나라 망신이라 여기고 해외 입양 기관 직원들을 '아기 장사꾼'이라고 헐뜯으면서도 한국인들은 여전히 아이를 입양하지 않았다.[22]

솔직히 말해서, 입양 기관들은 국가 간 입양에 우선순위를 두었다. 그쪽이 수익성이 있었기 때문이다. 해외 입양을 주선하면 높은 수수료와 기부금을 챙길 수 있었다. 그래서 입양 기관들은 국내 입양 서비스를 계속 운영하거나 보조금을 내는 데 쓸 돈을 해외 입양에서 충당했다. 아이러니한 점은 입양 기관들이 국내 양부모와 친생부모들을 돕기 위해 외국인들과 그들이 갖춘 월등한 '구매력'에 주목했다는 점이다. 1974년에 외국 양부모들은 600달러에서 1,500달러를 수수료로 냈지만, 국내 양부모들은 약 350달러의 실제 비용(친생부모, 가정위탁, 입양 서비스 등) 가운데 25달러에서 50달러만 부담했다. 입양 기관들은 수수료가 높으면 한국 양부모들이 암시장으로 눈을 돌릴 수 있다는 우려 때문에 국내 입양 비용을 더 많이 청구할 수 없었다. 1966년에 한 관측통은 "한국 정부의 외화에 대한 욕구가 워낙 강해서" 한국 보건사회부는 입양 기관들이 "한국에 들여오는 달러를 토대로 그들을 평가"한다고 추측했다. "제공하는 서비스의 질이나 직원들의 자질은 부차적인 기준일 뿐이다."[23]

한국 정부는 수익을 높이라고 입양 기관들을 압박하기도 했다. 1975년부터 한국 정부는 해외 입양 기관에게 후원 중인 보육 시설을 계속 먹여 살리라고 요구했다. 한국 정부는 보육시설이 아동으로 가득 차자 아동을 위탁 가정에 맡기라고 지시하면서 양육비를 입양 기관에서 조달하게 했다.[24] 물론, 이것은 입양 기관에 돈이 더 필요하다는 뜻이었고, 입양 기관들은 해외 입양으로 돈을 벌 수 있었다. 한국 입양 기관은 직접 미국 가정에 아동을 배정하지 않고 각 주(州)가 허가한 미국 입양 기관들과 제휴하여 입양을 진행했다. 따라서 수익을 늘린다는 건 입양을 늘린다는 의미였고, 입양을 늘리려면 가능한 한 많은 미국 입양 기관과 제휴해야만 했다. 한국 입양 기관들은 미국 입양 기관들과 제휴하기 위해 자기들끼리 경쟁했다. 몇몇 미국 입양 기관에 "한국 아동을 독점 공급"하려 했던 한국사회봉사회 회장의 사례처럼 가끔은 공격적으로 일을 추진했다. 또한, 한국 입양 기관들은 다른 수령국들, 특히 기준이 느슨해서 빠른 입양이 가능한 유럽 국가들을 물색했다. 1966년에 한국아동양호회는 스웨덴 보건복지위원회와 협약을 체결했고, 이를 기점으로 한국 입양 기관과 외국 입양 기관이 협약을 체결하고 네트워크를 구축하는 바람이 불기 시작했다. 이후 몇 년 동안 한국 아동을 입양하는 국가 수가 급속히 늘었다. 스칸디나비아 국가, 여러 서유럽 국가, 오스트레일리아, 캐나다에서도 한국 아동을 입양했다.[25]

건강하고 매력적인 영유아로 정의되는, 입양 가능한 아동을 계속 공급하기 위해 입양 기관들이 서로 경쟁하다 보니 아동복지보다 시장을 먼저 고려하는 관행이 생겼다. 방식은 주로 세 가지였다. 첫째, 입양 기관은 고아원과 호혜적 관계를 맺었다. 고아원 원장은 재정 지원을 받는 대가로 입양을 준비 중인 아동을 시설에 수용할 뿐만 아니라, 예비 양부모에게 인계할 가장 호감 가는 아동을 선택할 수 있도록 자기네 고아원을 후원하는 입양 기관에 우선권을 주었다. 외국에 보낼 아동을 잠시 맡아줄 공간으로 고아원을 활용하는 방식은 분명 긍정적인 면이 있었다. 아동이 시설에서 장기간 지내지는 않는다는 뜻이니까. 그러나 고아원이 특정 아동을 임시 보호하다가 외국에 입양 보내는 통로 역할을 하다 보니, 길을 잃거나 유기된 아동들에게 친생부모

나 친척들을 찾아주고 재결합하도록 힘쓰는 활동은 뒷전으로 밀리기 일쑤였다.[26]

둘째, 입양 기관 간의 경쟁 때문에 '아기 모집'이라는 고약한 관행이 계속 이어졌다. 사람들은 입양 기관이 친생모에게 아기를 내놓으라고 강요하고 뇌물을 준다는 둥, 기관의 활동과 의도를 고의로 부정확하게 전달한다는 둥, 입양 기관이 아기를 찾는 방식을 두고 계속 빈정거렸다. 1968년에 국제사회봉사회의 한 사회복지사는 자기네 기관이 비난했던 타 기관의 관행을 국제사회봉사회 한국 지부가 똑같이 하고 있다는 걸 알고 괴로워했다. 국제사회봉사회 한국 지부를 비롯한 많은 기관이 아동을 많이 찾아낸 사회복지사에게 상여금을 지급했다. 이런 식으로 아동을 모집하는 행태는 가정을 위해 아동을 찾아주는 게 아니라 아동을 위해 가정을 찾아주는 게 입양의 본래 의도라는 주장이 거짓이었다는 방증이다. 또한, 기관들은 상여금을 지급하면, 부모가 포기하기는 했으나 입양에 꼭 적합하지는 않은 아동, 비즈니스 관점에서 볼 때 자산이 아니라 부채인 아동들을 자기들이 책임져야 할지 모른다고 걱정했다.[27]

마지막으로, 입양 기관 사이에 경쟁이 치열했다는 건 그들이 친생부모들에게 무척 필요한 상담이나 국내 입양 같은 다른 기능을 개발하기보다는 사실상 '친권 포기 업무'를 제공하는 단체처럼 행동했다는 뜻이다. 초창기 해외 입양을 비판하던 누군가는 이렇게 지적했다. "해외 입양을 담당하는 기관에는 줄을 서서 기다리는 신청자들이 있고 운영비를 수수료에 의존한다. 그래서 국내 입양 서비스를 개발해달라고 요청해도 그들은 그 일이 그렇게 시급하다고 생각하지 않는다." 또 다른 관찰자는 해외 입양 기관들이 "다른 업무 대신 고아원을 지원하는 일에 초점을 맞추고 있다"고 주장했다.[28] 자식을 버리는 것 외에 다른 대안을 찾는 빈곤층 가정이나 미혼모들은 이들로부터 어떤 안내도 받지 못했다.

한국 근대화 과정에서 여성의 역할

여성들이 담당한 생산 노동과 재생산 노동•은 한국이 경제 발전을 이루고 세계 자본주의에 통합되고 한국의 해외 입양 산업이 발전하는 과정에서 핵심적인 역할을 했다.[29] 박정희는 한국 유교 문화·성 규범에 남권주의男權主義·군국주의 이념을 결합한 가부장적 민족주의를 앞세워 나라를 전시 체제로 편성했다. 이 체제에서 '우리'가 총력을 기울여야 할 목표는 바로 경제 발전이었다.[30] 박정희는 여타의 유교적 계층 관계에 맞춰 국가와 사회의 관계를 설정했다. 국가가 유교적 의미의 가장이라면, 국민은 유교적 의미의 참한 여성처럼 가장에게 순종하는 식솔이었다. 박정희는 "자궁과 노동력을 갖춘 몸"이라는 말로 근대화 과정에서 여성이 담당할 역할을 분명히 밝혔다.[31]

유교는 여성이 아버지, 남편, 아들의 것이라고 주장한다. 박정희의 가부장적 민족주의 아래서, 여성들은 또한 국가의 것이었다. 유교 질서를 따르는 좋은 아내이자 어머니로서 기혼 여성은 사적 영역에서 근대화에 동참해야 했다. 남편을 내조하고 식구들을 잘 건사하고 무

• **재생산 노동** 자본주의 사회에서 이윤을 창출하는 노동을 '생산 노동'이라 하고, 노동력을 재생산하는 노동, 즉 일반적인 가사 노동과 미래에 생산 노동을 책임질 예비 노동자를 낳고 기르는 돌봄 노동을 한데 묶어 '재생산 노동'이라 한다.

엇보다도, 좋은 국민을 낳고 길러야 했다. 그러나 이것은 어디까지나 중산층 가정주부의 모습이었고, 하층 계급 여성들은 결혼 후에도 밖에 나가 일해야 했다. 박정희 정권은 국가를 재건하려면 반드시 여성을 통제해야 한다면서 1962년에 가족계획사업을 시행했다. 성교육, ('애국적인' 자궁 내 기구 같은) 여러 가지 피임법 홍보, 불임 수술, 세금 혜택 등 다양한 전략을 동원해 1960년에 여성 1명당 6명이었던 평균 출산율을 1979년에는 2.6명으로 낮췄다.[32]

착실한 딸은 어떤 딸인지 국가가 정해줬고, 미혼 여성들은 국가가 정해준 기준에 맞춰 살면서 자식의 도리를 다했다. 딸은 결혼 전까지 아버지 슬하에서 사는 게 전통이었지만, 근대화가 진행 중인 한국 사회에서 착한 딸은 가족을 시골에 남겨두고 일을 하러 도시로 나가야 했다. 도시에서 돈을 벌면, 가족의 생활비나 남자 형제의 학비로 쓰라며 집에 돈을 보냈다. 수십만 명의 젊은 여성(십대 여성이 많았다)이 돈을 벌러 도시로 나갔다. 여성들은 남의 집 식모나 식당 종업원, 버스 안내양으로 일하거나 성 노동자가 되었다.

공장에서 조금 나은 일자리를 얻을 수 있는 여성들은 여직공(여공)의 대열에 합류했다. 그들은 한국 산업화를 상징하는 여성 노동자들이었다. 여공들은 '저임금 장시간 노동'이라는 착취적 환경에서 신발, 옷, 전자제품을 대량 생산하며 자기 가족과 국민을 부양했다. '산업역군'이자 '한반도의 딸'이라 불리던 여공들은 "국익을 위해 자신을 기꺼이 헌신하는 착실한 딸"로 묘사되었다. 옛 한국 젊은 여성의 원형을 떠올리게 하는 묘사였다. 그러나 일하는 여성에 대한 또 다른 고정관념은 '고귀한 효녀'의 이미지를 복잡하게 만들었다. '공순이'(젊은 여성 노동자,

또는 '여공'을 가리키는 경멸조의 호칭), 또는 공장이든 집창촌이든 일을 핑계로 밖으로 나돌다 몸을 버린 타락한 여성이라는 고정관념이 이들을 따라다녔다. 일부 여공은 더 많은 돈과 독립을 갈망하며 성 노동으로 돌아섰지만(공장에 만연한 성폭력 피해자들은 체념 끝에 성 노동을 운명으로 받아들였다), 대다수는 정숙한 여성이자 훌륭한 시민으로서 자신의 지위를 지키고 확고히 했다. 인건비도 싸고 고분고분 말도 잘 듣고 숫자도 많고 임시직이었던 이 젊은 여성들은 한국이 성장하는 데 매우 중요한 역할을 했다.[33]

다른 많은 사회에서 그랬던 것처럼, 산업화와 도시화는 약간의 사회적·성적 자유를 누릴 여지를 주었다. 생애 처음으로 아버지와 남자 형제들의 통제에서 벗어난 젊은 직장 여성들의 경우에는 특히 더 했다. 그러나 새로 생긴 이 자유는 여성의 순결을 강조하는 유교적이고 가부장적인 전통 규범에 어긋났다. 전통 규범은 여성들이 성욕을 표현하거나 탐구하는 행위를 금했고, 미혼 여성들이 정식 성교육도 받지 못하게 함으로써 무지한 상태로 지내게 했다. 이런 긴장감은 한국 근대화의 불균형을 부각시킨다. 경제는 압축적으로 빠르게 근대화되었지만, 사회나 문화는 그렇지 못했다. 박정희의 가부장적 민족주의는 여성을 두 부류로 나누었다. 나라를 위해 생산 노동에 힘쓰는 미혼 여성, 나라를 위해 재생산 노동에 힘쓰는 기혼 여성. 이 안에 미혼모는 존재할 수 없었다. 그러나 그들은 실재했다. 국가와 사회가 미혼모와 그들의 자녀를 지원하지 않는 상황에서 해외 입양이 그 틈을 메웠다.[34]

1970년대 초부터 미혼모들, 특히 여공들과 비행 청소년으로 묘사

———————— '한강의 기적' 속 해외 입양

되던 십 대 소녀들이 국가 간 입양에 필요한 아동들을 공급했다. 심각한 사회적 제재와 법적 장벽 때문에 여자 혼자 아이를 키우는 건 상상할 수 없었다. 심지어 이혼 여성과 과부들까지 오명을 뒤집어써야 했다. 임신한 미혼 여성은 낙태 아니면 입양 둘 중 하나를 선택해야 했다. 낙태는 불법이었지만 널리 퍼져 있었다. 하지만 돈이 많이 들었다. 게다가 성에 대해 무지한 일부 여성들은 너무 늦어서 낙태조차 할 수 없는 상태에서 임신 사실을 알았다. 사실상 이늘이 상남과 지원을 빈을 수 있는 곳은 입양 기관뿐이었다. 일부 기관에서는 미혼모시설에서 지낼 수 있게 도와주기도 했다. 1980년대 초, 입양은 낙후된 한국 복지 시스템에서 "미혼모에게 제공되는 사회복지 서비스"였다. 1984년도 한 조사에 따르면, 한국에는 해외 입양을 담당하는 4개 공인 기관의 지부만 28개인데, 여성 상담 기관은 고작 18개, 여성 직업소개소는 5개뿐이었다. 당연히, 임신한 미혼 여성 대다수는 자식을 입양 보내기 위해 친권을 포기했다.[35]

1970년대와 1980년대에 한국이 아동 입양으로 벌어들인 수익은 연간 2천만 달러에서 4천만 달러에 이를 것으로 추정된다. 당시는 기업들이 연간 100만 달러 이상을 수출하면 정부에서 포상하던 시절이었다. 게다가 이 수익은 정부에서 엄격히 관리하던 귀중한 외화 형태로 들어왔다. 그러나 이 금액은 일부에 불과했다. 입양 산업의 달러 가치를 정확히 산출하려면 입양 기관, 고아원, 병원에 들어온 다양한 기부금과 사회복지 서비스가 필요한 아동을 외국으로 내보내면서 얻은 '비용 절감' 효과까지 계산에 넣어야 하기 때문이다. 그러나 해외 입양이 매년 한국 경제에 4천만 달러가 아니라 4억 달러의 수익을 안겨주었다는 사실을 증명할 수 있다 해도, 박정희가 암살당한 1979년도 국민총생산 1,650억 달러와 1988년 서울 올림픽으로 벌어들인 3,220억 달러에 비하면 새 발의 피다. 지난 50년간의 인구 성장에 비하면, 외국에 입양된 아동 수는 중요한 의미가 있으나 적었다. 달러 수치나 '수출된' 아동 수보다 중요한 사실은 해외 입양 산업이 산업화 논리를 법제화했다는 점이다. 그리고 이 산업화 논리를 단단하게 떠받치고 한국 경제 발전을 추진했던 것은 성 이데올로기였다. 이처럼 한국 입양 산업은 한국 근대화의 상징이었다.[36]

한국은 입양 아동을 서방 국가와의 우호를 증진하는 외교 사절로 활용했다. 이는 가부장적 가정의 가장으로서 한국이라는 나라가 국가 목표를 달성하기 위해 자국민을 활용하던 방식과 일치한다. 박정희 정권은 인구 증가와 실업률을 통제하기 위해 일시 이민과 영구 이민 둘 다 장려했고, 송금액과 귀중한 외화를 모국에 되돌려 보내줄 가능성이 있는지를 토대로 이민자를 선별했다.[37] 그리하여 박정희 정권은 수만 명의 간호사와 광부를 독일로, 기술자와 건설 노동자를 중동으로, 정착민 집단을 라틴아메리카로 보냈다. 베트남전쟁 기간에는 미군을 지원하기 위해 10만 명이 넘는 민간인 근로자와 30만 명의 병력을 파견하여 남자들의 목숨과 경제적·정치적 이득을 맞바꿨다.[38] 또한, 박정희 정부는 가부장적 민족주의를 내세워 여성들을 이용하는 행동을 정당화했다.[39] 한미 군사동맹을 군건히 하기 위해 기지촌 매춘부들의 성 노동을 이용했고, 외자를 들여오고 관광업을 활성화하기 위해 외국인(주로 일본인) 섹스 관광객의 구미에 맞는 매춘부, 이른바 '기생'으로 불리는 성 노동자들을 이용했다.[40] 남의 이목을 의식하는

———— '한강의 기적' 속 해외 입양

한국 사회는 이 여성들을 멸시했지만, 한국 정부는 "애국자"요 "국가의 종"이라며 이들을 칭송했다.[41]

GI 베이비에서 아메라시안으로

GI 베이비는 한국 근대화 및 민족 주체성의 신화와 현실 사이의 괴리를 드러냈다. 1970년대에 GI 베이비는 '아메라시안Amerasians'이라는 새로운 이름으로 불렸다. 아메라시안은 펄 벅이 1930년대에 혼혈 중국 아동을 가리키는 용어로 만든 것인데, 베트남전쟁 기간에만 널리 사용되었다. 1950년대에 아메라시안은 군사적·경제적으로(그리고 성적으로) 미국에 종속된 한국의 현실을 상징했고, 인종적 순수성을 강조하는 단일 민족 사상을 위협했다. 그리고 1970년대에는 한국에 또 하나의 난제를 안겨주었다. 아메라시안은 경제적·군사적으로 계속해서 미국에 의존하는 여성스러운 한국을 상징하는 존재로서 오직 의지력 하나로 빈곤에서 벗어난 민족이라는 한국의 남성적 서사를 약화시켰다. 한국 정부는 아메라시안 문제를 해결하기 위해 처음부터 해외 입양에 집중했다. 1978년에도 한국 정부는 실질적인 대안을 제시하거나 시행하지 못했다. 당시 부녀아동국 국장은 박정희 정부의 입장을 다음과 같이 요약했다. "이 문제의 진정한 해법은 미국 가정에서 이 아동들을 전부 입양하거나 이 아동들이 미국으로 이주할 수 있게 허용하는 것 뿐이다." 한국전쟁이 끝난 지 25년이 지났는데도 한국은 여전히 혼혈 아동 문제가 미국인이 해결해야 할 미국의 문제라 여겼다.[42]

혼혈 아동 숫자가 줄어들자 절박감도 줄었다. 1960년대에 한국에 살던 혼혈 아동의 숫자는 1,500명에서 20,000명까지 추정치가 제각 각이었고, 매년 500명에서 600명의 혼혈 아동이 출생한 것으로 추정했다. 1970년대에는 한국에 2천 명에서 6천 명의 혼혈 아동이 있으리라고 추정했다. 혼혈 아동 수는 미군 주둔과 관련이 있었다. 1960년대에 증가했다가 미군 병력을 감축한 1971년 이후 감소했다. 한국에서 군인과 민간인을 대상으로 한 성 산업이 번창했는데도 피임약 사용과 낙태가 늘면서 혼혈 아동 수는 증가하지 않았다. 한국 여성과 미군 병사의 결혼율 증가도 아메라시안 인구 감소에 이바지했다. 결혼한 부모님을 따라 미국으로 이주하는 아동이 늘었기 때문이다.[43]

외국 구호 단체들은 여전히 아메라시안에게 관심을 보였지만, 주로 외국 이민에만 집중했다. 이 아동들을 한국 사회에 통합시키려고 시도한 기관은 소수에 불과했다. 1963년, 장로교 선교사 조지 화이트너George Whitener는 '토착민으로 살아가는 유라시아 아동ECLAIR'이라는 기구를 창설하기 위해 국제사회봉사회 한국 지부에 합류했다. 교육에 초점을 맞춘 이 기구는 혼혈 아동들을 공립 학교에 보내주고 학비, 교과서, 교복, 교통비를 지원했다. 또한, 어머니들과 상담을 진행했다. 화이트너는 1965년에 한국을 떠나면서 이 프로그램을 한국아동양호회에 맡겼고, 한국아동양호회는 약간의 국가 자금을 투입해 이 프로그램을 관리했다. 펄벅재단은 1965년에 이와 비슷한 통합 프로그램을 만들었다. 월 후원, 장학금, 상담, 놀이 과정이 포함된 이 프로그램은 1977년까지 약 950명의 아동을 도왔다.[44]

한국에서 혼혈 아동을 치우려던 목표는 국가 간 입양을 통해 부분적으로 이뤄졌다. 1970년대에 이뤄진 연구에 따르면, 1950년대에 태어난 아메라시안 대다수가 한국을 떠났다. 그리고 미국인들이 한국에서 입양한 전체 아동 중 아메라시안의 비율은 계속 감소했다. 1950년대에 미국인에게 입양되어 미국으로 이주한 혼혈 아동 수는 2,270명으로 추산되었으나 1960년대에는 1,829명으로 줄어들었다. 그 후, 1970년대에는 1,292명으로, 1980년대에는 694명으로 감소했다. 한국 아동 입양의 절정기가 포함된 1974년부터 1991년까지 해외 입양을 통해 한국을 떠난 전체 아동 중 혼혈 아동은 0.5퍼센트에 불과했다.[45]

아메라시안이 해외 입양 시스템에서 자취를 감춘 부분적인 이유는 이 아동들이 고아원에서 살지 않았기 때문이다. 이 아동들은 보통 군사 기지 주변에 있는 준準미국인 구역에서 어머니와 함께 지냈고, 기지촌의 평범한 구성원이 되었다. 시설에서 학대를 받을 위험이 있는 한국계 흑인 아동은 특히 더 고아원을 꺼렸다. 아메라시안 아동을 입양 보내기로 마음먹은 어머니들은 자식을 유기하지 않고 입양 기관 사회복지사에게 직접 데려다주었다. 입양 기관들은 아메라시안을 찾아 "멀리 있는 마을들을 수색하는" 것보다 시설에 모아둔 아동 중에서 고르는 게 훨씬 쉽다는 사실을 깨달았지만 찾기가 어려웠다. 아메라시안 아동들은 넓은 지역에 흩어져 있었다. 그래서 입양 기관 사회복지사들이 아동들의 위치를 찾아내어 친생모들을 설득하려면 비포장도로(그나마 도로가 있다면 말이지만)를 이용해 먼 거리를 오가야 했다. 일부 사회복지사는 이 여성들을 설득할 준비가 안 되어 있었다. 훈련, 기술, 성숙함이 부족했고, 행여 기지촌에 있는 모습이나 혼혈 아동과 함께 있는 모습을 누가 보면 자신의 평판에 해가 될까 우려하여 기지촌 근처에 가려 하지 않았다. 사회복지사들은 해외 입양의 대상이 되는 후보자와 공급자라는 생각을 가지고 아메라시안 아동들과 그 친생모들에게 접근했다. 그래서 때로는 상담이나 지원을 제공하기보다는 헤어지려 하지 않는 아동과 어머니를 굳이 떼어놓으려고 애썼다.[46]

1970년대에 아메라시안은 실제 입양 관행에서만 사라진 게 아니라 수사적修辭的으로도 지워지고 있었다. 1968년에 법률이 개정되어 여성들도 사생아를 자신의 호적에 올릴 수 있게 되었지만, 대다수 여성은 그렇게 하지 않아 출생 신고가 안 된 아메라시안이 많았다. 정부기관이나 비정부 기관도 그들의 숫자를 집계하지 않았다. 아버지의 조국인 미국 측에서도 아메라시안을 모른 척했다. 그들은 아버지에게 인정받지 못했고, 미군과 미국 정부에 무시당했고, 20년 전에 그들을 구출하고 싶어 안달했던 미국 대중의 뇌리에서도 잊혀졌다.[47]

베트남전쟁 기간에 동남아시아에 사는 혼혈 아동들에게 관심이 쏟아지면서 한국계 아메라시안도 다시 주목받기 시작했다. 주류 언론에서 한국전쟁 때 지면을 장식했던 슬픈 눈을 한 아메라시안 아동의 사진을 다시 싣기 시작하자, 기자들은 1950년대에 태어나서 한국에서 자란 혼혈 아동 약 2천 명의 현황을 취재했다. 예상대로 그들은 사회 주변부에서 가난하게 살고 있었다. 딸은 자기 어머니처럼 매춘부가 되고, 아들은 범죄를 저지르며 살아갈 운명인 듯했다. 한국 국적을 가진 남성들은 국방의 의무에 따라 군 복무를 해야 했지만, 아메라시안 남성들은 입대하려고 해도 퇴짜 맞았다. 그들은 "'정상적인' 남성의 범주에 들지 못했다." 한국계 흑인들이 가장 많은 차별을 받았다. 호의를 보이는 주변 사람들조차 "연예인이나 운동선수가 그들이 꿈꿀 수 있는 가장 좋은 직업"이라고 생각했다. 그들은 심하게 비인간적인 대우를 받기도 했다. 1950년대에 태어난 한 한국계 흑인 남성은 "그를 길러준 할머니가 돌아가신 뒤 남사당패에 넘겨져서 짐승처럼 사람들의 구경거리가 되었다."[48]

한국인들은 혼혈 아동이 처음 등장한 이후부터 쭉 그들을 비정상인 취급했고, 한국 정부는 시각장애인, 간질 환자, 마비 환자와 함께 이들을 '장애인'으로 분류했다.[49] 1970년대에는 호의적인 사회복지사들과 기자들마저 아메라시안을 '비극적인 혼혈인'에 비유하며 계속 문제아 취급했다. 이들은 사회에 적응하지 못하고, 분하고 원통한 마음이 가득하고, 청소년 범죄에 빠지기 쉽고, 입양을 안 보내줬다고 원망하며 자기 어머니마저 멀리하는 존재로 묘사되었다. 불안한 가정생활, 아버지의 부재, 정체성 혼란, 미국인과 한국인 모두에게 거부당했다는 거절감 때문에 이들의 성격이 삐뚤어졌다고들 했다. 일부는 만족스러운 평범한 삶을 살았을지 모르지만(인순이는 한국계 흑인 가수로 유명해졌는데, 한국인들은 인종차별을 반박할 때 인순이의 성공 사례를 자주 들먹였다), 그런 사연들은 '비극적인 아메라시안' 서사에 부합하는 사람들의 사연에 가려졌다.[50] 한국 정부, 미군, 많은 사회복지사가 그랬듯이, 한국계 아메라시안은 미국 이민만이 유일한 희망이라 여겼다.

1970년대 후반, 주한 미군 철수 계획으로 아메라시안 문제의 해법을 찾으려는 노력이 다시 활기를 띠었다. 이번에는 꽤 성과가 있었다. 부분적인 이유는 주한 미군 사령부가 처음으로 이 일에 관여했기 때문이다. 더 중요한 점은 자국 군인이 동남아시아에 남겨두고 온 8만 5천 명에서 10만 명에 이르는 아메라시안에게 미국 의회와 대중이 관심을 보였다는 점이다. 그리하여 한국계 아메라시안을 도우려는 활동은 "아시아에 있는 미국 자녀들"을 위한 특별이민법 제정 계획으로 이어졌다. 동남아시아 출신 아메라시안은 유엔의 '질서 있는 이주 계획ODP'을 통해 미국에 입국할 수 있었고 실제로 입국했지만, 일부 정치인은 이념적·지정학적 가치를 고려할 때 이들이 특별 이민 혜택을 받을 자격이 있다고 보았다. 입양하기에는 나이가 너무 많았기에 지지자들은 아메라시안의 아버지가 미국인이라는 점을 근거로 그들의 입국을 허용하는 법을 제정해야 한다고 목소리를 높였다. 이에 미 의회는 1982년 아메라시안 이민법과 이보다 더 효과적인 1987년 아메라시안 귀국법(1990년 개정)을 통과시켰다. 이를 바탕으로 1994년까지 6만 9천 명이 넘는 아메라시안(주로 베트남계)이 미국에 정착했다.[51]

아메라시안의 이민에 관한 법률들은 미국 정부가 자국 군인이 외국에서 낳은 자식들에 대한 책임을 인정한 첫 사례였다. 이 법률들은 한국계 아메라시안 아동을 다른 한국 아동과 구분하고, 제국주의 국가와는 결이 다른 조국으로 귀환하는 것을 환영하기 위해 아시아 전역의 다른 혼혈 아동과 함께 이들을 '특별 이민자'로 분류했다. 귀환자로 새롭게 자리매김한 한국계 GI 베이비는 다른 아메라시안 아동들과 함께 베트남전쟁 이후 미국의 재남성화, 화해, 구원을 위한 이념적·정치적 프로젝트의 주인공이 되었다.[52]

한국 해외 입양의 끝

고아라는 용어는 일반적으로 부모가 사망한 아동을 연상시키지만, 외국에 입양된 많은 한국 아동은 부모 중 적어도 한쪽은 살아 있는 사회적 고아였다. 한국 아동 입양 초창기의 전쟁고아나 유기된 GI 베이비는 부모 없는 아동으로서 고아의 개념에 더 잘 맞았지만, 1960년대와 1970년대, 1980년대의 한국 '고아'는 배경이 아주 다양했다. 복잡하고 강력한 경제적·사회적·문화적 요인이 그들을 친생부모와 떼어 놓았다. 가족 중에 생계비를 버는 사람이 죽거나 집을 나가거나 직장을 잃거나 병들거나 다쳐서 입 하나라도 줄여야 할 때 아이들은 고아가 되었다. 치료비를 감당하기 어려운 병에 걸리거나 장애가 있어서, 또는 아들을 원했는데 딸이라서 자식을 포기하거나 버리는 가족도 있었다. 이혼하기가 쉽지 않고 사회복지 서비스가 부족한 사회에서 알코올중독이나 도박 중독에 빠진 남편에게 시달리고 학대당하는 아내들은 자식들을 두고 도망치는 것 말고는 할 수 있는 일이 없다고 느꼈다. 아마도 그들은 자식들에게 다시 돌아가길 바랐을 것이다. 혹은, 법률상 자식의 친권이 아버지에게 있다는 걸 잘 알기에 뒤도 안 돌아보고 떠났을 수도 있다. 이럴 때 아버지들은 이따금 자식들을 포기했고, 출산하다 아내가 죽으면 신생아를 포기하기도 했다. 외도, 강간, 근친상간으로 태어난 아이들을 포기하는 사례도 많았다. 이혼한 뒤 아버지와 어머니 둘 다 새 출발을 원해서 고아가 되는 아이들도 있었다. 친척들과 새로운 배우자가 부모 모르게, 또는 부모의 동의 없이 아이를 포기하기도 했다. 물론, 그들에게는 아이와 가족에게 가장 좋은 길이 무엇인지 나름의 계획과 생각이 있었다. 간단히 말해서, 대가족의 울타리가 튼튼하지 않으면, 아동은 다양한 방식으로 한국 사회의 틈새에 빠져 고아로 분류되고 해외 입양 시스템에 휩쓸릴 수 있었다.

1988년 서울 올림픽 당시 한국 입양 산업은 마치 기계처럼 효율적으로 작동했다. 서로 밀접하게 연결된 기관들은 입양을 '애초에 아이를 원치 않았거나 키울 능력이 없는 여성들을 위한 유일한 해법'으로 삼았다. 입양 기관들은 미혼모시설을 지원하거나 운영하여 "건강한 아동이 꾸준히 공급되게"했고, 경찰 및 많은 병원과 관계를 돈독히 해서 입양 가능한 아기들이 있을 때 먼저 통보해달라고 부탁했다. 입양 기관들은 "미국 측 … 수요를 맞춰야 해서 … 너무 절박했다."고 말했다. 그들은 이제 막 엄마가 된 여성들이 아기를 포기하도록 설득하고, 아기를 포기한 여성들의 출산 및 의료 비용을 지급하도록 사회복지사들을 병원에 보냈다. 외국 고객들에게 보내줄 아동을 충분히 확보하기 위해 벌였던 이런 경쟁은 입양 기관들이 복지보다 수익을 우선시했다는 뜻이다. 1989년에 한국 보건사회부는 해외 입양을 담당하는 4개 기관이 국내외 고객들에게 바가지를 씌웠다고 보고했다. 이들은 그러지 않기로 서약서에 서명하고도, 아동을 제공한 복지 시설과 병원에 고마움의 표시로 돈을 주고 '출산 비용'을 부담했다.[53] 20년이 지난 뒤, 정부 감사 결과, 입양 기관들이 고객들(외국에 있는 고객들에게 특히)에게 계속해서 비용을 과다 청구했고, 기록을 허술하게 관리했으며, 국내에서 아동들에게 가정을 찾아주려는 노력을 충분히 하지 않았고, 수입을 허위로 보고했다.[54]

전문 사회복지사들은 처음부터 한국 해외 입양에 회의적이었다. 진화하는 해외 입양 관행에 대해 1960년대와 1970년대에 우려의 목소리를 낸 것도 바로 이들이었다. 1961년에 캐나다 사회복지사 앤 데이비슨은 해외 입양에 의존하다 보면 한국 토착 복지 시설이 제때 발전하지 못하리라고 예상했다. 1974년에 또 다른 캐나다 사회복지사는 한국 아동 입양 때문에 "광범위한 가족 복지와 지역 복지 서비스 대신에 정부 기관과 사설 기관, 그리고 일반 대중"이 친생부모와 가족에게 "진짜 필요한 것을 채워줄 수 없게 하는 탈출 시스템이 발전하는 모습을 보게 될 것이다."라고 경고했다. 다른 비평가들은 해외 입양이 "가난한 아동을 효율적으로 처분하는 수단", "착취" 한국 정부가 아동복지에 "힘을 쏟지 않는다"는 증거라고 보았다.[55] 아이를 입양한 어머니로서 거침없이 입양 개혁을 부르짖던 베티 진 리프턴Betty Jean Lifton은 해외 입양의 미래를 불안하게 바라봤다. "우리는 극빈층 어머니들이 자식을 지킬 수 있게 돕는 프로그램을 지원하기보다는 점차 줄어드는 아기 시장을 다시 채우기 위해 가난한 집의 '남는' 자식들을 이용하는 부유한 나라의 망령을 보고 있다."[56]

초기 비평가들이 옳았다. 남아돌고 원치 않는 아동을 외국으로 빼돌린 덕분에 한국은 자원 대부분을 국가 안보와 경제 개발에 쏟아부을 수 있었다. 박정희 정권이 막을 내린 1979년에 한국은 세계에서 가장 빠르게 경제 성장을 이룬 "성공 사례"로 인정받는 "선도적인 중견국"이었다.[57] 그러나 나라가 부유해지는데도 복지 지출은 증가하지 않았고, 여성과 아동, 가족의 권리에 관한 법 개혁과 사회 개혁도 진행되지 않았다. 그럴 필요가 없었다. 국가 간 입양이 한국 정부의 책임을 덜어주었기 때문이다. 박정희의 통치 중반인 1967년에, 정부는 국가 예산의 2.5퍼센트를 사회복지에 할당했다(전체 예산의 29%를 국방비로 썼다). 10년 뒤에는 7퍼센트였다. 전보다는 늘었지만, 1인당 국민소득이 비슷한 다른 나라들보다 훨씬 낮았다.[58] 1990년대에도 사회복지 지출은 여전히 낮았다. 정부 예산 중 소량만 여성과 아동의 복지에 배분했다. 심지어 그 정도 수준도 1980년대에 꾸준히 증가한 결과였다. 번지르르한 말과 서류뿐인 개혁은 많았지만, 1997년 외환 위기와 IMF 긴급 구제 전까지 사회복지에 진지하게 힘을 쏟는 정권은 하나도 없었다.[59]

1960년대 중반에는 한국 아동 입양이 사실상 막을 내릴 것 같은 징후가 보였다. 한국아동양호회 탁연택 회장은 해외 입양과 자신이 하는 일에 양가감정을 드러냈고, 한국아동양호회는 미혼모들과 가난한 어머니들을 지원하는 프로그램과 아동 유기 방지 대책 같은 대안을 모색하고 있었다. 탁연택이 한국인으로서 국가 간 해외 입양을 계속 반대했던 부분적인 이유는 민족에 대한 자부심에 뿌리를 두고 있다. 그는 해외 입양은 나라가 자국 아동을 돌보는 데 실패했다는 신호라며 걱정했다. 외국에 사는 한국인들은 그에게 "외국인이 입양하도록 한국 아동을 외국에 보내는 것에 반대한다."고 꽤 자주 이야기했다. 이와 동시에, 그는 나라의 평판을 걱정하는 마음에 "건전한 입양 관행"보다 민족적 자부심을 더 중요하게 여길 정도로 훌륭한 '고객 서비스'를 강조했다고 시인했다. 다른 이들도 한국 아동 입양이 막을 내릴 가능성이 있다고 보았다. 1966년에 국제사회봉사회 관계자는 외국에 입양되는 한국 아동 수가 줄었고, 한국 정부가 "부양 자녀, 소외 아동, 유기 아동을 위한 계획에 더 책임 있게 임하고 있다"고 말했다. 그리고 경제가 나아짐에 따라 자식을 포기할 수밖에 없다고 느끼는 부모가 줄어들기를 희망했다. 홀트양자회 국장도 한국 정부의 태도에 대한 국제사회봉사회의 평가를 되풀이했다. 그는 홀트양자회가 "갈림길에 서 있다"고 생각하고 해외 입양을 제외한 미래 계획을 세우기 시작했다. 기독교세계봉사회의 한 관측통은 새로운 형태의 보육 발전을 "옳은 방향으로 내딛는 중요한 걸음"으로 여겼고, "상상력을 발휘해 방대한 한국 아동복지 문제의 답을 찾으려 하지 않고" 해외 입양에 과도하게 의존하는 행태에서 벗어나야 한다고 보았다. 복지 기관들은 혼혈 아동에 대해서도 낙관적인 듯했다. 국내 위탁 가정에 맡기면 혼혈 가족을 "정상화"하고 한국 사회가 이 아동들을 더 잘 받아들일 수도 있다고 추측했다.[60]

그러나 한국 아동 입양을 끝내지 못하게 막는 세력이 너무나 많았다. 외국 양부모들은 계속해서 한국 아동을 요구했다.[61] 한국 정부는 사회질서를 유지하고, 외화를 들여오고, 복지 서비스를 제공해주는 해외 입양에 의존했다. 입양 기관들은 해외 입양이라는 수입원이 필요했다. 자식을 포기하거나 버린 친생부모들은 해결책이 되어줄 고아원과 해외 입양 제도에 의존했다. 또한, 해외 입양 덕분에 한국인들이 입양을 계속 거부할 수 있었다. "부모가 버리고 포기한 아동 대다수가 외국으로 이주하는 한, 한국 사람들은 해외 입양이 유일한 방법이고 한국인은 '입양할 준비가 안 되어 있다'라고 계속 믿을 것이다."[62] 따라서 한국인들은 혈통의 순수성, 친족, 이른바 단일 민족 국가의 시민으로서 서로에게 무엇을 빚지고 있는지에 관한 자신들의 신념과 정면으로 부딪칠 필요가 없었다.

이런 문제점에도 불구하고, 한국에는 입양 안 간 아동들을 기다리던 운명, 즉 시설 생활보다는 국가 간 입양이 낫다고 믿는 사람이 많았다. 장기간의 시설 생활은 비용도 많이 들고 아동 발달에도 해로울 수 있지만, 아동을 위한 자원과 서비스는 계속 고아원에만 집중되었다. 이 사실을 안 부모들이 1990년대까지 수천 명의 아동을 유기했다. 'SOS 어린이마을' 같은 대안들이 수용할 수 있는 아동은 수백 명에 불과했고, 공공 보육 시스템은 규모가 작고 통제가 잘 안 되고 자금이 부족했다.[63]

시설 수용이나 입양 말고 세 번째 선택지가 있었다. 아동들이 부모와 함께 살 수 있게 돕는 것이다. 1980년대 말, 외국에 입양된 아동 대다수가 미혼모의 자녀였다. 1989년에는 전체 입양 아동의 77퍼센트 (1970년대에는 36.5%, 1960년대에는 18%)가 미혼모 자녀였고, 이후 계속 증가하기만 했다. 그러나 한국 사회는 미혼모를 철저히 무시했다. 1989년까지도 미혼 여성과 그 자녀는 법적 가족으로 인정받지 못할 정도였다. (1990년까지도 이혼한 여성은 자녀에 대한 친권이 없었고, 아이의 아버지에게 강제로 양육비를 받아낼 방법이 없었다.) 1992년부터 한국 정부는 매달 한부모 가정에 양육비를 지원했다. 액수는 얼마 안 되었다(2012년 기준 약 44달러). 이는 입양 부모가 받는 양육비의 절반에 불과했고, 시설이나 위탁 가정에 맡겨진 아동이 지원받는 금액보다 훨씬 적었다.[64] 1993년까지도 미혼모와 그 자녀가 받을 수 있는 서비스는 이제 막 첫발을 뗐을 뿐이어서 '매우 열악'했다.[65] 1990년에도 1950년대처럼 가부장적 이성애 가족의 울타리 밖에서 엄마로 살아가는 건 거의 불가능했다.

한국은 국내외에서 비판이 거세지자 해외 입양을 중단할 계획을 주기적으로 발표했다. 북한은 일찍이 1959년부터 남한 정부가 고아들을 외국에 '노예'로 팔고 있다고 비난했다. 1970년대 초에도 북한은 남한이 "'입양 아동'이라는 명목 아래 외국 약탈자들에게 … 수천, 수만 명의 아동을 팔고 있다."고 주장했다. 이에 대응하여 박정희 정

'한강의 기적' 속 해외 입양

부는 1976년에 '입양 및 가정위탁 5개년 계획'을 수립했다. 전년도 국내 입양 실적에 따라 해외 입양 건수를 배분하는 할당제를 통해 해외 입양을 매년 1,000건씩 줄이고 국내 입양을 매년 500건씩 늘리는 게 목표였다. 이 계획은 아동을 입양 보낼 국가 수를 제한했고, 국내 입양 촉진을 위한 홍보 활동, 후원 제도, 장려책을 도입했다. 한국 정부는 1981년까지 해외 입양을 점차 줄여나가다가, 국내에서 입양 가정을 찾기 어려운 혼혈 아동과 장애 아동을 제외하고는 1981년에 해외 입양을 끝내려 했다.[66]

물론, 해외 입양은 1981년에 끝나지 않았고, 박정희의 후임인 전두환 정권 아래서 극적으로 증가했다. 전두환 정부는 박정희의 방침을 뒤집고 "이민 확대 및 '친선대사' 정책의 하나로" 해외 입양을 계속 활용했다. 국가 간 입양은 서울 올림픽 3년 전인 1985년에 8,837건으로 정점을 찍었다. 서울 올림픽은 한국이 선진국 대열에 들어선 역사적인 순간이었지만, 아기 수출업에 관한 굴욕적인 보도가 이를 망쳐버렸다. 올림픽 이후, 한국 정부는 1996년까지 해외 입양을 끝낸다는 계획을 발표했지만, 그러나 1996년(2015년까지 폐지 공약)과 2007년(2012년까지 폐지 공약)에도 똑같은 계획을 발표했다. 매번 낮은 국내 입양률 때문에 계획을 포기했다.[67] 휴전 협정을 맺은 지 50년이 지난 2003년에 한국은 미국인에게 아동을 공급하는 5대 국가 중 가장 부유한 국가라는 불명예를 안았다.[68]

한국은 선진 경제에 진입한 덕분에 1996년에는 경제협력개발기구OECD에도 가입했지만, OECD 회원국들이 제공하는 사회적·경제적 지원을 자국민에게 제공하지 못하고 있다. 사회복지 지출 면에서 여전히 OECD 회원국 중 하위권에 머물러 있고, 2009년에 한국 정부가 아동복지에 지출한 금액은 국민총생산의 0.8퍼센트(OECD 평균은 2.3퍼센트였다)에 불과했다. 이렇게 적은 금액의 복지 지출조차도 1997년 외환 위기 이후 극적으로 증가한 수치다. 정부가 노인 돌봄을 늘리고 출산을 장려하여(참으로 아이러니하다) 급격한 출산율 감소를 예방하러 나섰으니 앞으로도 이 수치는 꾸준히 증가하리라 예상된다.[69]

사회적·경제적·법적 지원이 부족한 상황에서 미혼모가 자식을 지키고 키우기는 아직도 몹시 어려운 현실이다.[70] 임신한 미혼 여성은 가족에게 거부당하는 경우가 많고, 조산원 외에는 이용할 수 있는 서비스가 거의 없다. 이 중 대다수가 해외 입양 기관에서 운영하는 미혼모시설로 해외 입양 공급망 역할을 하는 것이 밝혀져 2015년부터는 운영이 금지된다.[71] 2007년에는 한국 미혼모 96퍼센트가 낙태를 선택했고, 아기를 출산한 산모의 70퍼센트가 입양 보내기 위해 친권을 포기했다. 지금은 이 여성들의 자녀들이 해외 입양 아동의 90퍼센트 이상을 차지한다.[72] 미혼모들은 심한 배척과 적대감에 끊임없이 시달리고 강압과 사기를 당한다. 몇몇 보고에 따르면, 아기를 보고 마음을 바꾸지 못하게 여성들이 아기를 낳자마자 사회복지사가 와서 데려간다. 자식을 되찾고 싶으면 친생모들은 '배상금'을 내야 한다. 입양 보내려고 친생모가 포기한 아기들에게 정부가 보조해준 의료비와 양육비를 토해내야 한다.[73]

자신의 뿌리를 찾으려는 입양인들이 한국 아동 입양의 역사, 그중에서도 특히 부정적 측면을 밝히는 데 중요한 역할을 했다. 그들은 해외 입양 기관과 고아원이 비윤리적인 관행을 통해 '공급망'을 보호했

사진 6.2 2003년부터 한국 사진작가 조세현은 〈천사들의 편지〉라는 연례 전시회를 위해 윤은혜 같은 연예인들이 입양을 기다리는 아동을 안고 있는 모습을 카메라에 담았다. 국내 입양을 촉진하고자 추진한 프로젝트였다. _출처: 조세현 제공

다는 사실을 알아냈다. 친권 포기 의사가 확실치 않은데도 신청을 받아들이고, 서류를 조작하고, 아동의 행방에 관해 친생부모에게 거짓말을 했다. 성인이 된 입양인들은 입양 개혁과 가족 보존을 주창하기 위해 모국인 한국에 돌아와 미혼모 및 친생모들과 의미 있는 관계를 맺었다. 적지만 의미 있는 숫자다. 이들이 함께 노력한 결과 가부장적인 법률과 정책에 중요한 변화가 생겼고, 여성과 아동을 위한 복지 서비스를 개선해야 한다는 여론이 형성되었다.[74] 해외 입양을 국가 망

사진 6.3 이 얼굴들은 1950년대 이후 외국에 입양된, 정확히 몇 명인지도 알 수 없는 한국 아동의 일부다. 레인 포스테르볼이 2013년에 만든 콜라주 작품. _출처: 레인 포스테르볼 제공

신이자 전후 역사의 필요악으로 여기던 한국 정부는 부분적으로 이들의 활동에 힘입어 이제 해외 입양을 끝내는 일에 힘을 쏟는 듯하다. 한국 정부는 비영리단체들과 연예인들(사진 6.2 참조)의 지원을 받아 국내 입양을 계속 홍보하고 있다. 이런 노력에도 불구하고, 국내 입양 건수는 연간 1,000건에서 1,500건 사이에 머물러 있다. 사실, 2013년에는 686건으로 감소했다. 자식을 지키고 키우는 양육미혼모 수는 적지만, 다양한 형태의 가정이 존재한다는 법적·사회적 인식이 생기면서 매년 조금씩 증가하고 있다.[75]

결론

1960년대부터 한국 입양 산업은 대규모 근대화 사업과 더불어 효

율적인 사업으로 발전했다. 1980년대에는 투명성, 속도, 전문성 덕분에 해외 입양의 최적 표준으로 인정받았다. 그러나 한국의 경제 기적이 사실은 노동자들의 피땀으로 이뤄졌듯이, 높은 평가를 받은 해외입양 산업 역시 가장 취약한 사회 구성원들이 값비싼 대가를 치른 결과였다. 이는 가난한 가정, 미혼모, 외국에 입양된 아동들 얘기다.[76]

1980년대에 정점을 찍은 후부터 한국 해외 입양은 느리지만 꾸준하게 감소했다. 1990년대에는 매해 외국에 입양되는 아동 수가 2,500명 미만이었다. 2000년대 후반에는 1,000명대였다. 2010년부터 미국인이 입양한 한국 아동의 수도 1960년대 이후 처음으로 몇천 명이아니라 몇백 명 수준으로 감소했다. 이는 미국에서 해외 입양이 전체적으로 감소한 탓이기도 하다. 미국인이 외국에서 입양한 아동 수는 2004년에 약 2만 3천 명으로 최고치를 찍은 이래 2011년에는 1만 명이하로 감소했다.[77]

해외 입양은 지난 60년 동안 한국 정부가 혼혈 아동, 빈곤, 미혼모 문제를 해결하는 데 도움이 되었다. 하지만 이제는 한국의 새로운 현실이 되어버린 혼혈 아동을 수출하기가 쉽지 않을 것 같다. 지금 한국은 다문화 사회가 되어가고 있다.[78] 경제 발전을 이루고 의도적으로 세계화를 추진한 결과 아이러니하게도 한국은 이제 이민자를 받아들이는 나라로 새로이 자리매김하게 되었다. 이 이민자들은 주로 남아시아와 동남아시아 지역 저개발 국가 출신의 이주 노동자들과 국제결혼을 위해서 한국으로 오는 여성들이다. 이 이민자들과 그들이 낳은 혼혈 아동 '코시안'을 어떻게 한국 사회에 통합시킬 것인지를 두고 논쟁이 일었다.[79] 한국 정부는 다문화주의를 포용하는 정책을 시행했지만, 인종적 민족주의와 혈통·순수성에 관한 대화는 비한국인과 그들이 낳은 혼혈 아동에 대한 차별과 반감으로 이어졌다. 오늘날 한국 국민이 이러한 새로운 변화와 도전에 어떻게 대응할지 지켜볼 일이다.

국제 입양의 한국적 기원

숨겨져 있는 사소한 사연들이 중요하다. 그 사연들은 우리가 더 중요하게 여기는 이야기, 정치력과 경제력을 갖춘 사람들의 이야기를 끌어들이고 복잡하게 만들기 때문이다._루이즈 어드리치Louise Erdrich1)

해외 입양 복합체The International Adoption Complex

1953년부터 한국에서 구호 및 복지 프로젝트를 진행해온 캐나다 선교사 겸 사회복지사 앤 데이비슨은 1961년에 친구들에게 해외 입양이라는 신흥 관행에 대한 우려를 드러냈다.

경제가 낙후된 지역에 사는 부모들은 자기 손으로 자식을 키우려고 애쓰는 행동이 오히려 자식의 앞날을 막는 것 같다고 느낍니다. 사려 깊은 사람이라면, 그런 생각이 어떤 부정적인 결과를 불러올지 예상할 수 있을 것입니다. 공급량이 부족한 어떤 상품을 수입하듯이, 미국이 월등한 경제적 이점을 이용해 무차별적으로 아동을 수입하도록 부추기는 정책을 펴게 놔둘 수 없습니다. 이주 계획을 추진할 때는 가난한 나라의 가정생활을 강화하는 정책을 함께 추진해야 합니다. 우리가 오로지 가난을 이유로 세계 곳곳에 있는 아동들을 이런저런 방식으로 이리저리 옮기는 일에 푹 빠져 있다면, 기독교 가정, 부모의 책임, 부모 된 자의 권리와 특권을 다시 생각해보아야 할 것입니다.[2]

데이비슨의 견해는 비록 소수 의견이었지만 선견지명이 있었다. 데이비슨은 체계적인 해외 입양이 송출국 가정에 미칠 부정적 영향, 입양 과정에서 경제력과 상품화가 하는 역할, 세계화가 친족관계를 새로이 정의하는 방식 또는 새로운 정의를 요구하는 방식을 예상했다. 그러나 데이비슨이 이런 불길한 생각을 친구들에게 전했을 때는 세계 곳곳에 있는 아동들을 '옮기는' 작업이 이미 시작된 뒤였다.[3]

한국전쟁 이후 몇 년간 한국과 미국에 입양 관련 기관, 형태, 절차, 기준, 법률이 등장했고, 이로써 향후 수십 년간 한국과 미국 사이에 입양 산업이 번창할 수 있는 토대가 마련되었다. 1960년대 후반부터 한국 아동 입양은 곧 해외 입양을 의미하게 되었고, 이 관행이 전 세계 다른 송출국과 수령국에 퍼지면서 오늘날 수십억 달러 규모의 세계적 산업이 탄생했다. 그러나 해외 입양은 단순한 산업이 아니다. 상품을 돈과 맞바꾸는 단순한 시장이 아니란 말이다. 오늘날 세계적 현상이 된 해외 입양은 서로 연결된 구조와 이념의 집합, 즉 '해외 입양 복합체'로 이루어져 있다.

해외 입양 복합체의 '구조'에는 해외 입양을 가능하게 하는 조직이 포함되어 있다. 예를 들면, 입양 기관, 이민 법률, 아동복지 시설, 운송 방법, 후원 계획, 사회복지 절차가 여기에 속한다. 활동의 주요 동력은 아닐지라도, 이윤을 추구하려는 욕구, 이른바 이윤 동기도 빼놓을 수 없는 요소다. 이것들은 종종 시장에 빗대어 묘사되는 해외 입양의 실제적 측면이다.

해외 입양 복합체의 '이념'에는 특정 아동을 가족 구성원이자 국민의 일원으로 상상할 수 있게 하는 인종 누리가 담겨 있다. 성석 특징과 인종적 특성이 반영된 민족주의, 그리고 다양한 형태의 감상벽感傷癖, 인도주의, 반공주의, 종교적 신념이 담겨 있다. 이런 요소들은 미국인들이 해외 입양에 관해 생각하고 말하는 방식에 수사적 어구를 제공하고, 입양을 가능하게 하는 조건을 정당화하고, 입양에 뒤따르는 부패와 소비지상주의를 막거나 최소화한다.

이런 구조와 이념은 한국과 미국의 입양의 맥락에서 발전했지만, 다양한 송출국과 수령국의 독특한 문화, 경제, 사회 상황과 양국의 특수한 관계에 적응할 수 있을 정도로 유연했다. 입양 가능한 아동을 공급해줄 새로운 공급원을 발견하자 미국인들은 한국에 자리 잡은 해외 입양 복합체를 다른 송출국으로 옮겼다. 1970년대에는 베트남과 중남미 국가들로, 1980년대에는 인도로, 1990년대에는 루마니아, 러시아, 중국으로 퍼졌다. 물론, 이들 국가는 가장 중요한 실례일 뿐이다. 미국인들은 지난 반세기 동안 전 세계 수십 개국에서 아동을 입양했으니 말이다. 그리고 미국인들이 해외 입양을 개척하긴 했지만, 이 관행을 실행에 옮긴 건 비단 미국인들만이 아니었다. 해외 입양은 이제 캐나다, 오스트레일리아, 유럽의 많은 나라에서 가정을 구성하는 인기 있는 방식으로 자리를 굳혔다.

해외 입양 복합체는 체계적인 방식으로 확립되는 경향이 있다. 위기가 발생하고 인도주의에 입각한 초기 대응이 이뤄지고 나면, 다시 말해 아동들을 지진이나 전쟁에서 대피시키고 나면, 입양 기관들은 전초 기지를 마련하고 '고아들'을 찾아낸다. 그리고는 출산율 감소와 입양할 수 있고 입양하기에 적합한 아동 수 감소로 난관에 봉착한 부유한 서구 국가의 가정에 그 아동들을 보냈다. 역사적으로는 전쟁과 자연재해로 이런 일련의 사건이 일어났지만, 위기를 아주 광범위하게 해석하는 경향이 생기면서 이제 아동들은 일반적인 사회 혼란과 정치 불안으로부터 구출해야 할 존재가 되었다. 실제로, 어떤 미국인들은 가난이 아동을 친생부모와 영원히 떼어놓아야 할 충분하고 자명한 근거라고 믿는다.[3]

불가피한 시장 역학에서 비롯된 부패는 해외 입양 복합체가 가는 곳마다 그림자처럼 따라다닌다. 1970년대와 1980년대에 해외 입양이 점차 체계화되면서 아동을 원하는 서구 국가들의 수요는 물 흐르듯 이곳에서 저곳으로 흘러갔다. 위기가 고아들을 만들어낸 다음에 해외 입양 복합체가 등장했지만, 입양 가능한 아동을 확보하기 위해 사악한 계략이 동원되었다는 보고도 있었다. 대중이 격렬히 항의하면 송출국이나 수령국은 입양을 중단하거나 제한할 것이고, 입양 기관들과 그들의 고객들은 다른 곳에서 아동을 찾기 시작할 것이다. 이 나라에서 저 나라로 입양 부모의 관심을 돌리기가 비교적 쉽다는 사실은 해외 입양이 성장하는 과정에서 수요와 공급, 인도주의와 자본주의가 어떤 역할을 하는지 우리가 비판적으로 바라보아야 한다는 뜻이다. 해외 입양을 가능하게 했고 여기에 참여했던 많은 사람이 선한 의도로 이 일에 임했지만, 수천 건의 입양 사례가 모여 아동들을 상품화하고 공급하고 꾸러미처럼 외국으로 실어 나르는 장터가 되었다는 사실은 변하지 않는다. 이것이 비열한 시장의 언어와 잘 어울리는 해외 입양의 이면裏面이다.[4]

해외 입양 복합체가 다른 송출국에 뿌리를 내리면서 한국 아동 입양에서 나타났던 문제가 그대로 재현되었다. 오늘날 우리는 우리 주변에서 그 문제들을 직면하고 있다. 외국에서 보내주는 후원금 덕분에 고아원들이 동네 주민들보다 훨씬 부유해지고, 이는 가난한 부모들이 자식을 포기하도록 부추긴다. 그래야 자식들이 고아원에 들어온 자원을 누릴 수 있으니까. 가난한 여성과 자녀들에게 복지 서비스를 제공할 방법을 국내에서 찾기보다는 해외 입양에 의존한다. 아동들에게 확대 가족이나 다른 양육자를 찾아주려는 노력을 최소화하고 너무도 효율적이고 신속하게 아동을 고아로 만든다. 여성들은 여성의 자궁과 관련된 문화적·가족적 의무와 국가 정책 사이에 끼여 이러지도 저러지도 못한다. 친생부모들은 여전히 극도로 불평등하고 취약한 위치에서 해외 입양에 접근한다. 게다가, 과테말라에서 캄보디아, 아이티에 이르기까지 다양한 국가에서 매년 발생하는 아기 매매, 강압, 사기, 납치, 밀거래에 관한 선정적인 사연들, 그리고 양부모가 자기가 입양한 자식을 감당하지 못하고 주州 경계를 넘나들며 '새 가정을 물색하는' 등 미국 내에서 전혀 규제받지 않는 관행에 관한 사연들은 땜질식 해외 입양 정책, 규칙, 관리에 여전히 구멍이 많다는 사실을 우리에게 상기시켜준다. 추상적으로도 실제적으로도 해외 입양의 윤리에 관한 심각하나 아직 답을 듣지 못한 질문들은 말할 것도 없다.[5]

1993년 '헤이그 국제 아동 입양 협약Hague Convention on the Protection of Children and Co-operation in Respect of Inter-Country Adoption'은 전 세계에 통일된 절차와 지침을 부과하여 해외 입양의 비리를 예방하려는 국제사회의 노력을 보여준다. 아동의 권리와 이익을 보호하고 아동 납치, 매매, 밀거래 같은 학대를 예방하는 것이 이 협약의 목표다. 이 협약은 아동이 친생부모와 함께 살 수 있게 보장하는 건 국가의 책무이며, 해외 입양은 다른 선택지가 모두 고갈된 뒤에 찾는 최후의 수단이어야 한다고 명시하고 있다. 당연히, 송출국들은 자국 아동을 외국에 입양 보내기보다는 직접 보살필 것이라고 말하지만, 말로만 끝나는 경우가 너무나 많다. 50개국 이상이 이 협약에 서명했고, 미국에서는 2008년부터 시행되고 있다. 한국은 서명은 했으나 비준은 하지 않았다.

스토리텔링 그리고 이분법적 사고

물론, 스토리는 우리의 삶과 세상을 이해하는 데 도움이 된다. 입양에서 이야기와 스토리텔링은 특별한 의미가 있다. 입양에서 '말하기'는 아동에게 입양 사실을 밝히는 행동과 관련이 깊지만(한국 아동을 입양한 백인 가정에는 이것이 문제가 되지 않는다), 이야기는 처음부터 끝까지 입양에 없어서는 안 될 요소다. 친생모와 입양 신청자는 사회복지사에게 자기 사연을 이야기하고, 사회복지사는 그 사연들을 모아서 사례 파일에 정리한다. 양부모들은 입양 아동이 어떤 곳, 어떤 이에게서 태어나 다른 곳, 다른 이의 손에 자라게 되었는지 자식에게 설명하기 위해 빨간 실, 행운, 운명, 선택에 관한 이야기를 들려준다. 입양인의 관점에서 보면, 스토리텔링은 자신의 정체성을 이해하는 데 도움이 되는 자기 삶에 관한 일관성 있는 이야기를 빚어내는 것을 의미할 수도 있다. 그의 이야기에는 절대 채워지지 않는 구멍이 있다. '누구를 닮았고 고향은 어딘가'와 같은 단순한 질문, 또는 '어떻게, 왜 입양되었는가'와 같은 복잡한 질문 등 절대 답할 수 없는 질문이 있다. 입양인들이 출생 기록을 찾는 행위는 단순히 뿌리를 찾거나 유전 정보를 얻으려는 행위가 아니라, 자신이 누구인지 정체성에 관한 근원적인 해답을 찾는 행위다.

해외 입양에는 아주 많은 이야기가 담겨 있다. 친생부모들의 사연, 그들이 어떻게 자기 자식과 헤어졌는지에 관한 수십만 개의 이야기가 있고, 이 아동들을 자기 자식으로 삼은 미국인들에 관한 수십만 개의 이야기가 있다. 전쟁, 불임, 가난, 절망, 잔인함, 연민, 사랑에 관한 이야기가 만화경처럼 펼쳐진다. 한국 아동 입양에 관한 각각의 사연에는 인간의 감정과 경험이 강렬하게 스며 있다. 멀찍이 떨어져서 보면, 아주 개별적이고 지극히 개인적인 사연들이 다른 사연들과 어우러진다. 수천 개의 작은 이미지로 구성된 도시의 스카이라인을 담은 포스터처럼. 크게 보면, 그것은 개개의 이야기가 아니라 전체를 지배하는 대중 운동이다.

대항 서사들은 이윤을 추구하는 아기 무역, 아니면 아주 감상적인 사랑 이야기로 해외 입양의 특징을 묘사한다. 해외 입양을 비판하는 어떤 이들은 시장 용어로 이 복잡한 이야기를 간단히 정리한다. 아동을 "재산, 구현된 가치, 국경을 초월한 자본과 노동의 흐름에 말려든 대상"으로 묘사하고, 양부모를 "국제 아동 시장에서 상품을 고르는 소비자"로 묘사한다.[6] 어떤 이들은 해외 입양을 아동 세탁이나 노예

제도와 비교하기도 한다.[7] 또 어떤 이들은 미심쩍은 동기에서 시작된 입양 인도주의와 입양 소비지상주의의 경계가 얼마나 모호해졌는지를 강조한다.[8] 이런 종류의 계통적 기술記述은 외국 아동의 상품화, 이윤을 추구하려는 욕망이 해외 입양 산업에서 하는 역할, 그리고 시간이 지남에 따라 이 역학 관계가 발전해온 방식에 대해 비판적으로 생각해보게 한다. 사회복지사, 선교사, 양부모, 고아원 원장, 정치인 등 한국 아동의 해외 입양을 창시했던 이들 중 많은 사람이 진심으로 아이들을 걱정하는 마음에서 정말 애를 많이 썼고 아이들을 위해 자신을 희생했다. 우리는 밑바닥에서 일어난 일과 더 큰 규모에서 출현한 구조·이념을 동일시하거나 융합해서는 안 된다. 시장의 은유가 어울릴 수는 있지만, 해외 입양을 냉정한 거래로 간단히 정리하는 것은 공정하지 않다.

마찬가지로, 해외 입양에서 발생한 걱정스러운 사건들을 입양 가족의 '인연'에 관한 동화로 단순하게 정리하면, 해외 입양의 복잡성과 폭력성을 부정하게 된다. 운명이 아동과 그의 '영구적인 가족'을 함께 묶어주었다고 말하면, 친생부모는 지워지고 만다. 사랑은 피부색을 보지 않는다고 주장하면, 가족을 포함한 주변 사람들과 다른 존재로 분류된 아동들이 인종차별 사회에서 살면서 겪는 현실을 부정하게 된다. 사랑으로 모든 걸 극복하리라고 주장하는 이들도 있다. 이런 주장은 유기, 이별, 시설 생활, 입양 과정이 몸과 마음에 남긴 트라우마가 얼마나 오랫동안 삶 전반에 영향을 끼치는지 전혀 알지 못한다는 사실을 드러낼 뿐이다.

물론, 이 동화의 중심에는 고아가 있다. 외국에 입양된 한국 아동 상당수(아마도 대다수)가 실제로는 고아가 아니었지만, 사람들은 집요하게 그 아동들을 고아라 불렀다. 그러는 편이 너무도 많은 사람에게 이득이었기 때문이다. 친생부모들은 자식을 사회적 고아로 만들었다. 그래야 고아원에 들여보내거나 입양 보낼 수 있으니까. 사회복지사들과 입양 기관들도 이 아동들을 고아로 분류했다. 그래야 입양 절차를 밟을 수 있으니까. 한국 정부도 이 아동들을 고아라 칭했다. 그래야 아동이 부모와 함께 살 수 있도록 사회복지와 그 밖의 자원을 지원해주지 못했다는 사실을 인정하지 않을 수 있고, 해외 입양을 고아 문제 탓으로 돌릴 수 있으니까. 양부모들도 이 아동들을 고아라 생각했다. 아동에게 가족이 없어야 도덕적·윤리적 질문에 시달릴 일도 없고, 자식을 되찾겠다고 친생부모가 찾아올 일도 없으니까.

사실, 미국인들도 이제는 해외 입양이 부모 없는 아동에게 가정을 찾아주는 제도가 아니라는 사실을 솔직히 인정한다. 그러면서도 그들은 "우리가 좋아하는 거짓말"을 계속한다. 구출이 필요한 전 세계 아동 수백만 명에 관한, 이른바 '세계 고아 위기'에 관한 거짓말이다.[9] 세계 곳곳에서 고아로 불리는 아동 대다수가 실제로는 고아가 아니므로, 전문가들은 헤이그 협약에 명시된 신념에 따라 이 아동들이 자기가 태어난 나라에서 자기 가족과 함께 살게 하는 게 가장 바람직하다고 입을 모은다. 그러나 미국인들, 특히 되살아난 복음주의 입양 운동에 참여하는 사람들은 아동 구조와 빈곤에 관한 서사로 계속해서 해외 입양을 정당화한다.[10] 정작 도움의 손길이 가장 절실한 아동들은 입양하지 않고 있으니 이들의 주장은 사실이 아니다. 그러나 사실이 아니라는 점 말고도 이들의 주장은 문제가 있다. 유년기는 이러이러해야 한다는 부유한 서구인의 이상에 초점이 맞춰져 있기 때문이다. 한 학자는 이를 두고 "모권母權에 적용된 미국 소비자의 특권 의식"이라 묘사했다.[11] 더 큰 문제는 이 이야기가 의도적으로 다른 이야기들을 무시한다는 점이다. 전쟁과 식민주의의 유산에 관한 이야기, 지금도 계속되고 있는 자본주의, 신식민주의, 여성 혐오, 인종차별의 영향에 관한 이야기, 가난한 나라 아동들을 부유한 나라로 체계적으로 옮길 수 있게 해주는 무시무시한 세계 불평등에 관한 이야기들 말이다.

여러 면에서 해외 입양은 이원론Dualism에 관한 이야기다. 절차 면에서나 이념 면에서 볼 때, 한국 해외 입양은 두 가지 차원에서 동시에 이루어졌다. 국가와 개인, 공공과 민간, 세계와 일상. 역사를 분석할 때 각 차원에서 벌어진 이런 경험들을 연결하면 이 두 차원의 관계뿐만 아니라 각 차원에 관해서도 더 잘 이해할 수 있다. 일상은 "정치, 경제, 이념 등 거시적 현상이 존재하는 곳"이고, 일상은 세계에 피드백을 준다. 예를 들어, 설탕 1파운드를 사는 여성의 일상적인 행동을 생각해보자. 이 행동은 "생산은 물론이고 소비까지 인종적으로 차별하는 제국주의 정치와 노동관계의 세계적 구조를 폭로할 뿐만 아니라 그것을 가능하게 만든다." 불임으로 속을 끓이던 부부가 마침내 그토록 원하던 아기를 받고 마음속으로만 상상하던 가족을 꾸릴 기회를 얻었다고 치자. 웬만큼 냉소적이지 않으면, 그 모습을 보면서 아기 발가락에 달려있어야 할 보이지 않는 가격표를 궁금해하는 사람은 없을 것이다. 그러나 설탕 한 봉지를 사는 단순한 몸짓에 엄청나고 복잡한 의미가 새겨져 있는 것처럼, 새로 도착한 한국(또는 중국, 과테말라, 러시아) 아기를 품에 안은 미국 백인 부부는 개별적 이야기의 독특한 요소와 좀 더 보편적인 경제적·사회적·정치적 힘을 모두 구체화한다. 해외 입양의 역사는 대부분 이분법으로 이야기되지만, 우리가 이 역사를 온전히 이해하려면 그것을 뛰어넘어야 한다. 해외 입양에 관한 많은 논의는 양극단으로 전개된다. 선 아니면 악, 수요 아니면 공급, 사랑 아니면 돈, 구출 아니면 납치, 화가 난 입양인 아니면 행복해하는 입양인, 고아원에서 굶주리는 아동을 입양하거나, 아니면 굶어 죽게 놔두는 행위 등.

그러나 이것 아니면 저것의 견지에서 접근하면, 거시적 차원에서 볼 때와 미시적 차원에서 볼 때 해외 입양이 어떻게 다르게 보일 수 있는지, 그 이유는 무엇인지도 이해하기 어렵고, 해외 입양 복합체에 얽혀 있는 무수한 역학 관계를 이해하기도 어렵다. 인종 이데올로기(혼혈, 순수성, 삼각 구도, 유연성, 호감 가는 인종의 서열)의 역할, 가족관, 민족관, 누가 가족과 국민에 포함될 수 있는지, '아동 최선의 이익'으로 여긴다는 것이 무슨 뜻인지 이해하기 어렵다. 그러므로 불편하더라도 이런 모호함과 긴장을 함께 유지하려고 애쓰면서, 해외 입양의 기원과 의미와 도덕성에 관한 더 혼란스럽지만 더 미묘하고 더 정직한 이야기를 엮어나가는 편이 더 생산적이다. 결국, 이야기를 엮어내는 능력은 우리를 인간답게 만드는 능력 중 하나다.

주

注

|

들어가는 말

1. Ginger Thompson, "After Haiti Quake, the Chaos of U.S. Adoptions," *New York Times*, 3 Aug. 2010, http://www.nytimes.com/2010/08/04/world/americas/04adoption. html?pagewanted=all&_r=0.

2. 2013년 1월, 미 의회는 북한아동복지법을 통과시켰다. 이에 대한 비판은 다음 자료를 참고하라. Christine Hong, "The Fiction of the North Korean Orphan," *38 North*, 19 Sept. 2012, http://38north.org/2012/09/chong091912/; Jennifer Kwon Dobbs, "Baby Scooping 'Stateless' Children," *Foreign Policy in Focus*, 21 Sept. 2012, http://www.fpif.org/articles/baby_scooping_stateless_children; Christine Hong and Jennifer Kwon Dobbs, "The Case Against the North Korean Refugee Adoption Act of 2011," *Korea Policy Institute*, 24 Sept. 2012, http://www.kpolicy.org/documents/policy/120924christinehongjenniferkwondobbscaseagainstnkraa.html.

3. Laura Briggs, "Mother, Child, Race, Nation: The Visual Iconography of Rescue and the Politics of Transnational and Transracial Adoption," *Gender & History* 15, no. 2 (Aug. 2003): 179–200.

4. 한국이 외국에 입양 보낸 아동의 수, 그리고 미국에 들어온 한국계 입양(예정) 아동의 수는 매우 부정확하다.

5. "International Adoption: Statistics," Holt International, http://www.holtinternational.org/insstats.shtml.

6. US Department of State, Bureau of Consular Affairs, "Immigrant Visas Issued to Orphans Coming to the U.S.," http://www.travel.state.gov/family/adoption/stats/stats_451.html. 모든 통계는 9월 30일에 종료되는 국무부 회계 연도 기준이다.

7. Sarah Potter, *Everybody Else: Adoption and the Politics of Domesticity* (Athens: University of Georgia Press, 2014), 18; Ellen Herman, *Kinship by Design: A History of Adoption in the Modern United States* (Chicago: University of Chicago Press, 2008); Barbara Melosh, *Strangers and Kin: The American Way of Adoption* (Cambridge, MA: Harvard University Press, 2002).

8. House of Representatives, Committee on the Judiciary, *Alien Adopted Children: Hearing before the Subcommittee on Immigration, Citizenship, and International Law*, 95th Cong.,

1st sess., 15 June 1977 (Washington: GPO, 1978), 46-50; Karen A. Balcom, *The Traffic in Babies: Cross-Border Adoption and Baby-Selling Between the United States and Canada, 1930-1972* (Toronto: University of Toronto Press, 2011), 62.

9. Moira J. Maguire, "Foreign Adoptions and the Evolution of Irish Adoption Policy," *Journal of Social History 36*, no. 2 (Winter 2002): 387; Mike Milotte, *Banished Babies: The Secret History of Ireland's Baby Export Business* (Dublin: New Island Books, 1997). 다음 자료도 참고하라. Mike Milotte, "The Baby Black Market," *Irish Times*, 28 June 2014, http://www. irishtimes.com/news/social-affairs/the-baby-black-market-1.1847804; Adoption Rights Now!, "Report into the History of Adoption in Ireland Since 1922," *A Romanian Adoptee* (blog), 28 Aug. 2013, http://gamacavei.wordpress.com/2013/08/28/report-into-the-history-of-adoption-in-ireland-since-1922 by-adoption-rights-now/.

10. 난민 정책에 관해 더 알고 싶으면 다음을 참고하라. Mae M. Ngai, *Impossible Subjects: Illegal Aliens and the Making of Modern America* (Princeton, NJ: Princeton University Press, 2004); Michael Gill Davis, "The Cold War, Refugees, and U.S. Immigration Policy" (PhD diss., Vanderbilt University, 1996); Carl Bon Tempo, *Americans at the Gate: The United States and Refugees During the Cold War* (Princeton, NJ: Princeton University Press, 2008); Gil Loescher and John A. Scanlan, *Calculated Kindness: Refugees and America's Half-Open Door, 1945-Present* (New York: Free Press, 1986); Steven Porter, "Defining Public Responsibility in a Global Age: Refugees, NGOs, and the American State" (PhD diss., University of Chicago, 2009).

11. 2차 세계대전 이후, 가톨릭난민위원회는 폴란드 고아 231명을 미국 가정에 입양 보냈고, 미국 유럽 아동보호위원회는 약 1,400명의 고아를 미국에 데려왔다. Gertrude D. Krichefsky, "Immigrant Orphans," *I&N Reporter* (Oct. 1958), 19.

12. Gertrude D. Krichefsky, "Alien Orphans," *I&N Reporter* (Apr. 1961), 45; Rachel Winslow, "Colorblind Empire: International Adoption, Social Policy, and the American Family, 1945-1976" (PhD diss., University of California, Santa Barbara, 2012), 101; Susan S. Forbes and Patricia Weiss Fagen, "Unaccompanied Refugee Children: The Evolution of U.S. Policies ⊠ 1939 to 1984" (Washington, DC: Refugee Policy Group, 1984), 17; Mark Wyman, *DP: Europe's Displaced Persons, 1945-1951* (Philadelphia: Balch Institute Press, 1989), 199; Matthew Jacobson, *Whiteness of a Different Color: European Immigrants and the Alchemy of Race* (Cambridge, MA: Harvard University Press, 1998); Cathy Choy, *Global Families: A History of Asian International Adoption in America* (New York: New York University Press, 2013), chapter 2; John E. Adams and Hyung Bok Kim, "A Fresh Look at Intercountry Adoptions," *Children* (November-December 1971), 217; Lourdes G. Balanon, "Foreign Adoption in the Philippines: Issues and Opportunities," *Child Welfare 68*, no. 2 (Mar.-Apr. 1989): 241-254.

13. Soon Ho Park, "Forced Child Migration: Korea-Born Intercountry Adoptees in the United States" (PhD diss., University of Hawaii, 1994), 30; Howard Altstein and Rita Simon, *Intercountry Adoption: A Multinational Perspective* (New York: Praeger, 1990) 14-15; Lloyd B. Graham, "Children from Japan in American Adoptive Homes," *Casework Papers from the National Conference on Social Welfare* (1975): 130-131.

14. 흑인 혼혈 아동 중 일부는 알제리, 모로코, 세네갈 군인에게서 태어났지만, 다들 미국 문제로 여겼

다. Heide Fehrenbach, "Of German Mothers and 'Negermischlingskiner': Race, Sex, and the Postwar Nation," in *The Miracle Years: A Cultural History of West Germany, 1949-1968*, ed. Hanna Schissler (Princeton, NJ: Princeton University Press, 2001), 165.

15. Brenda Gayle Plummer, *Rising Wind: Black Americans and U.S. Foreign Affairs, 1935-1960* (Chapel Hill: University of North Carolina Press, 1996), 208-209; Michael Cullen Green, *Black Yanks in the Pacific: Race in the Making of American Military Empire After World War II* (Ithaca, NY: Cornell University Press, 2010).

16. Yukiko Koshiro, *Trans-Pacific Racisms and the U.S. Occupation of Japan* (New York: Columbia University Press, 1999); Heide Fehrenbach, "Rehabilitating Fatherland: Race and German Remasculinization," Signs 24, no. 1 (Autumn 1998): 121, 123.

17. Yara-Colette Lemke Muniz de Faria, "'Germany's 'Brown Babies' Must Be Helped! Will You?' U.S. Adoption Plans for Afro-German Children, 1950-1955," *Callaloo* 26, no. 2 (spring, 2003): 342-362; Plummer, *Rising Wind*, 208; Heide Fehrenbach, *Race After Hitler: Black Occupation Children in Postwar Germany and America* (Princeton, NJ: Princeton University Press, 2005), 133.

18. Fehrenbach, "Rehabilitating Fatherland," 123-124; Fehrenbach, "Of German Mothers," 178.

19. Koshiro, *Trans-Pacific Racisms*, 188; Robert A. Fish, "The Heiress and the Love Children: Sawada Miki and the Elizabeth Saunder Home for Mixed-Blood Orphans in Postwar Japan" (PhD diss., University of Hawaii, 2002), 69, 236; William R. Burkhardt, "Institutional Barriers, Marginality, and Adaptation Among the American-Japanese Mixed Bloods in Japan," *Journal of Asian Studies* 42, no. 3 (May 1983): 538-539; Graham, "Children from Japan"; Lloyd B. Graham, "The Adoption of Children from Japan by American Families, 1952-1955" (DSW thesis, University of Toronto, 1958); Lily Anne Yumi Welty, "Advantage Through Crisis: Multiracial American Japanese in Post-World War II Japan, Okinawa and America 1945-1972" (PhD diss., University of California Santa Barbara, 2012).

20. Plummer, *Rising Wind*; Mary Dudziak, *Cold War Civil Rights: Race and the Image of American Democracy* (Princeton, NJ: Princeton University Press, 2000); Penny Von Eschen, *Satchmo Blows Up the World: Jazz Ambassadors Play the Cold War* (Cambridge, MA: Harvard University Press, 2006); Thomas Borstelmann, *The Cold War and the Color Line: American Race Relations in the Global Arena* (Cambridge, MA: Harvard University Press, 2003); Christina Klein, *Cold War Orientalism: Asia in the Middlebrow Imagination, 1945-1961* (Berkeley: University of California Press, 2003); Charlotte Brooks, *Alien Neighbors, Foreign Friends: Asian Americans, Housing, and the Transformation of Urban California* (Chicago: University of Chicago Press, 2009); Ellen D. Wu, *The Color of Success: Asian Americans and the Origins of the Model Minority* (Princeton, NJ: Princeton University Press, 2013); Cindy I-Fen Cheng, *Citizens of Asian America: Democracy and Race During the Cold War* (New York: New York University Press, 2013); Sara Fieldston, "Little Cold Warriors: Child Sponsorship and International Affairs," Diplomatic History 38, no. 2 (2014): 240-250; Sara Fieldston, *Raising the World: Child Welfare in the American Century* (Cambridge, MA: Harvard University Press, 2015); Winslow, "Colorblind Empire."

21. Elaine Tyler May, *Homeward Bound: American Families in the Cold War Era*, rev. ed. (1999; New York: Basic Books, 2008).

22. Elaine Tyler May, *Barren in the Promised Land: Childless Americans and the Pursuit of Happiness* (New York: Basic Books, 1995); Laura Briggs, *Somebody's Children: The Politics of Transracial and Transnational Adoption* (Durham, NC: Duke University Press, 2012); Choy, *Global Families*; Balcom, *Traffic in Babies*; Melosh, *Strangers and Kin*; Herman, *Kinship by Design*; Karen Dubinsky, *Babies Without Borders: Adoption and Migration Across the Americas* (New York: New York University Press, 2010); Anne Fessler, *The Girls Who Went Away: The Hidden History of Women Who Surrendered Children for Adoption in the Decades Before* Roe v. Wade (New York: Penguin, 2006); Rickie Solinger, *Wake Up Little Susie: Single Pregnancy and Race Before* Roe v. Wade (1992; New York, Routledge, 2000); Potter, *Everybody Else*.

23. Rickie Solinger, *Beggars and Choosers: How the Politics of Choice Shapes Adoption, Abortion, and Welfare in the United States* (New York: Hill and Wang, 2002); Hawley Fogg-Davis, *The Ethics of Transracial Adoption* (Ithaca, NY: Cornell University Press, 2002); Barbara Yngvesson, *Belonging in an Adopted World: Race, Identity, and Transnational Adoption* (Chicago: University of Chicago Press, 2010); Jessaca Leinaweaver, *The Circulation of Children: Kinship, Adoption, and Morality in Andean Peru* (Durham, NC: Duke University Press, 2008); Sandra Patton, *Birthmarks: Transracial Adoption in Contemporary America* (New York: New York University Press, 2000); Dorothy E. Roberts, *Shattered Bonds: The Color of Child Welfare* (New York: Civitas, 2002). 미국아동복지연맹에서 출간한 〈입양과 인종*Adoption and Ethics*〉 3부작 시리즈도 참고하라.

24. 예를 들어 다음 자료를 참고하라. Gary Gerstle, *American Crucible: Race and Nation in the Twentieth Century* (Princeton, NJ: Princeton University Press, 2001); Gary Gerstle, "The Protean Character of American Liberalism," *American Historical Review* 99, no. 4 (Oct. 1994): 1043-1073; Ruth Feldstein, *Motherhood in Black and White: Race and Sex in American Liberalism, 1930-1965* (Ithaca, NY: Cornell University Press, 2000); Alan Brinkley, *The End of Reform: New Deal Liberalism in Recession and War* (New York: Vintage Press, 1995); Philip Gleason, "Americans All: World War II and the Shaping of American Identity," *Review of Politics* 43, no. 4 (Oct. 1981): 483-518; Thomas J. Sugrue, *Sweet Land of Liberty: The Forgotten Civil Rights Struggle in the North* (New York: Random House, 2008).

25. Wu, *Color of Success*; Charlotte Brooks, "In the Twilight Zone Between Black and White: Japanese American Resettlement and Community in Chicago, 1942-1945," *Journal of American History* 86 (Mar. 2000): 1655-1687; Scott Kurashige, *The Shifting Grounds of Race: Black and Japanese Americans in the Making of Multiethnic Los Angeles* (Princeton, NJ: Princeton University Press, 2010); Peggy Pascoe, *What Comes Naturally: Miscegenation Law and the Making of Race in America* (New York: Oxford University Press, 2010).

26. Claire Jean Kim, "The Racial Triangulation of Asian Americans" *Politics and Society* 27, no. 1 (Mar. 1999): 105-138.

27. Katharine Moon, *Sex Among Allies: Military Prostitution in US-Korea Relations* (New York: Columbia University Press, 1997); Ji-Yeon Yuh, *Beyond the Shadow of Camptown* (New York: New York University Press, 2004); Soojin Pate, *From Orphan to Adoptee: US Empire and Genealogies of Korean Adoption* (Minneapolis: University of Minnesota Press, 2014);

Anne Laura Stoler, "Tense and Tender Ties: The Politics of Comparison in North American History and (Post) Colonial Studies," *Journal of American History* 88, no. 3. (Dec. 2001): 829-865; Susie Woo, "'A New American Comes Home': Race, Nation, and the Immigration of Korean War Adoptees, 'GI Babies,' and Brides" (PhD diss., Yale University, 2010).

1장

1. Russell Lloyd Blaisdell, with John Patrick Kennedy, *Kids of the Korean War: Father of a Thousand: Memoirs* (Seoul: Sejong Publishers, 2008), 327.

2. Anne O. Krueger, *The Developmental Role of the Foreign Sector and Aid* (Cambridge, MA: Harvard University Press Council on East Asian Studies, 1979), 8-9; David C. Cole and Princeton N. Lyman, *Korean Development: The Interplay of Politics and Economics* (Cambridge, MA: Harvard University Press, 1971), 18-19; Charles J. Hanley, Sang-Hun Choe, and Martha Mendoza, *The Bridge at No Gun Ri: A Hidden Nightmare from the Korean War* (New York: Henry Holt, 2001), 64; Steven Hugh Lee, *The Korean War, Seminar Studies in History* (London: Pearson Education, 2001), 33.

3. 한국전쟁을 다룬 역사서는 엄청나게 많다. 주요 저서들로는 다음과 같은 것들이 있다. Bruce Cumings, *Origins of the Korean War: Liberation and the Emergence of Separate Regimes, 1945-47* (Princeton, NJ: Princeton University Press, 1981) (hereafter Origins I); *Origins of the Korean War, Vol. 2: The Roaring of the Cataract, 1947-1950* (Princeton, NJ: Princeton University Press, 1990) (hereafter Origins II); *Korea's Place in the Sun: A Modern History* (New York: Norton, 1997), and *The Korean War: A History* (New York: Modern Library, 2011). 그 밖의 저서들로는 다음과 같은 것이 있다. Allan R. Millett, "Introduction to the Korean War," *Journal of Military History* 65, no. 4 (Oct. 2001): 921-935; Carter Malkasian, *The Korean War, 1950-1953*, Essential Histories (Chicago: Fitzroy Dearborn, 2001); William Stueck, *The Korean War: An International History* (Princeton, NJ: Princeton University Press, 1995).

4. Sahr Conway-Lanz, "Beyond No Gun Ri: Refugees and the United States Military in the Korean War," *Diplomatic History* 29, no. 1 (Jan. 2005), 79; Andrei Lankov, "Korean Civilians North and South, 1950-1953," in *Daily Lives of Civilians in Wartime Asia: From the Taiping Rebellion to the Vietnam War*, ed. Stewart Lone (Westport, CT: Greenwood Press, 2007), 202. Lankov, "Korean Civilians," 204. 란코프는 1951년 2월까지 부산에 50만 명의 피난민이 있었다고 주장했다. 핸리, 초에, 멘도사는 부산에 75만 명의 피난민이 있었다고 주장했다. Hanley, Choe, and Mendoza, *Bridge at No Gun Ri*, 146. 〈타임〉지는 1951년 1월에 부산(인구 40만 명)에 225,000명의 피난민이 살고 있다고 보도했다. "The Greatest Tragedy," *Time*, 15 Jan. 1951.

5. Cumings, *Origins I*, xix; Stueck, *Korean War*, 361; Conway-Lanz, "Beyond No Gun Ri," 51, 80; Lankov, "Korean Civilians," 174, 192; Hanley, Choe, and Mendoza, *Bridge at No Gun Ri*, 208-209, 223, 242; Millett, "Introduction to the Korean War," 924; Malkasian, *Korean War*, 88; Harry Summers Jr., "Through American Eyes: Combat Experiences and Memories of Korea and Vietnam," in *America's Wars in Asia: A Cultural Approach to History and Memory*, ed. Steven I. Levine, Jackie Hiltz, and Philip West (Armonk, NY: East Gate, 1998), 173; Stueck, *Korean War*, 361.

6. 〈라이프〉독자는 약 2천만 명으로, "1940년대와 1950년대에 미국인들에게 사진 뉴스를 전하는

주요 매체"였다. Wendy Kozol, "'Good Americans': Nationalism and Domesticity in *LIFE* Magazine, 1945-1960," in *Bonds of Affection: Americans Define Their Patriotism*, ed. John Bodnar (Princeton, NJ: Princeton University Press, 1996), 231-232.

7. 예를 들어 다음을 참고하라. Harold Fey's 1952 five-part series on the Korean War, published in *Christian Century*, and Robert H. Mosier, "The GI and the Kids of Korea," *National Geographic*, May 1953, 635-664.

8. "Orphans in Korea," *North Pacific Union Gleaner*, 23 Feb. 1953, 5; John Ford, *This Is Korea!* (1951; South Bend, IN: Non Fiction Video, 1992), DVD.

9. Mosier, "GI and the Kids of Korea," 656; Jeanne Rondot, *The Role of Governmental and Non-Governmental Organisations in Supervising the Placement in Europe of Children from the Third World* (Strasbourg: Council of Europe, 1980), 9; American Korean Foundation, *Report of the Rusk Mission to Korea, March 11-18, 1953* (New York: American Korean Foundation, 1953); William Asbury, "Military Help to Korean Orphanages: A Survey Made for the Commander-in-Chief, United Nations Forces, Far East, and for the Chief of Chaplains of the United States Army," 1954, George Drake personal collection (hereafter Drake Collection); Hanley, Choe, and Mendoza, *Bridge at No Gun Ri*, 243. GI 베이비 수는 주한 미국대사관에서 내놓은 추정치로 다음 자료에서 인용했다. "Amendment of Refugee Relief Act of 1953," *Congressional Record*, 84th Cong., 2nd sess., vol. 102, pt. 6 (30 Apr. 1956): 7247-7249.

10. 미군들은 20세기 내내 현지 아동을 돕는 인도주의 활동에 참여했다. 예를 들어, 1918년에 〈스타스 앤드 스트라이프스〉는 프랑스에서 전쟁 중에 아버지가 죽었거나 몸을 다쳐 일할 수 없는 집의 아동을 군인들이 마스코트로 채용할 수 있게 해주는 프로그램을 운영했다. 이 프로그램은 해럴드 로스 (당시 이등병으로 훗날 〈뉴요커〉를 창간했다)의 '발명품'이었다. 군인들은 아동 한 명을 '입양'하기 위해 500프랑(88달러)을 냈다. 이 돈은 적십자로 흘러갔고, 적십자는 그 돈을 남자아이들을 공부시키는 데 썼다고 밝혔다. 전쟁이 끝날 무렵, 미군 병사들은 개인적으로 또는 부대 차원에서 2백만 프랑을 기부했으며 3,444명의 프랑스 아동을 후원했다. Jennifer D. Keene, *World War I* (Westport, CT: Greenwood Press, 2006), 71.

11. 유엔 한국민사원조처(한때 유엔 한국민사지원단으로 불리던)는 유엔한국재건단과 함께 전후 한국에서 가장 효율적인 원조 기구로 인정받았다. 한국민사원조처는 1955년에 단계적으로 폐지되었으며, 유엔 사령부 경제조정관실로 임무가 이관되었다. 미군대한원조사업(AFAK)은 1953년 11월에 설립되었다.

12. American Korean Foundation, *Report of the Rusk Mission to Korea*, 8; Asbury, "Military Help to Korean Orphanages."

13. Mosier, "GI and the Kids of Korea," 643; F [to Mom and Dad], 29 Dec. 1955, Case 40043, Social Welfare History Archive, University of Minnesota (hereafter "ISS case files"); Robert King, "Images of Orphans Haunt Veteran," *St. Petersburg* (FL) *Times*, 27 July 2003, http://www.sptimes.com/2003/07/27/Korea/Images_of_orphans_hau.shtml; Blaisdell, *Kids of the Korean War*.

14. Tammy Cournoyer, "Orphans Found Solace with U.S. Troops," *Stars and Stripes*, 18 June 2000, http://www.stripes.com/orphans.htm; "Little Children War's Biggest Casualty," *Pacific Stars and Stripes*, 6 June 1951; Paull H. Shin, "Senator Paull H. Shin: His Story," speech given at conference of Global Overseas Adoptees' Link, Aug. 1999, http://www.goal.or.kr/

english/adoptionissues/shin1999a.htm.

15. 예를 들어 다음을 참고하라. King, "Images of Orphans Haunt Veteran"; Jorge Sanchez, "GI Gave Shelter to the Children of War," *St. Petersburg* (FL) *Times*, 25 July 2003, http://www.sptimes.com/2003/7/25/news_pf/Korea/GI_gave_shelter_to_th.shtml; Cournoyer, "Orphans Found Solace with U.S. Troops"; "Kids Live in Hole in Earth," *Stars and Stripes*, 7 Dec. 1951; "5th AF Aid Exceeds $200,000 in 1953," *Stars and Stripes*, 22 Jan. 1954.

16. Elaine Tarello, "A Christmas Story . . . Chaplain Saves Orphans During Dark Days of Korean War," *Airman*, Dec. 2000, http://www.af.mil/news/airman/1200/kids.htm. 다음 자료도 참고하라. Blaisdell, *Kids of the Korean War*.

17. Craig S. Coleman, *American Images of Korea* (Elizabeth, NJ: Hollym International, 1990), 149–150; Michael Rougier, "The Little Boy Who Wouldn't Smile," Life, 23 July 1951, 92; William J. Lederer and Nelle Keys Perry, "Operation Kid-Lift," *Ladies Home Journal*, 12 Dec. 1952, 48–49.

18. Hye Seung Chung, "Hollywood Goes to Korea: Biopic Politics and Douglas Sirk's Battle Hymn," *Historical Journal of Film, Radio and Television* 25, no. 1 (Mar. 2005): 74; Howard A. Rusk, "Voice from Korea: 'Won't You Help Us off Our Knees?'" *Life*, 7 June 1954, 184; Mosier, "GI and the Kids of Korea," 638, 652.

19. "Dr. Verent J. Mills, Christian Children's Fund Executive Director, 1970–1981, remembers his visits to Pusan in 1950," Drake Collection; Hanley, Choe, and Mendoza, *Bridge at No Gun Ri*, 178.

20. Sydne Didier, "'Just a Drop in the Bucket': An Analysis of Child Rescue Efforts on Behalf of Korean Children, 1951 to 1964" (MA thesis, Portland State University, 1998), 13, 18, 25; Mosier, "GI and the Kids of Korea," 640; Case 36568, ISS case files; Gregory Votaw to Ohio CROP c/o CWS, 13 Oct. 1954, Box 103, Folder "Korea (1)," RG 8, Presbyterian Historical Society (PHS), Philadelphia, PA; Memo to Commanding Officer, 326th Communication Reconnaissance Company, 22 Jan. 1953, Drake Collection. Leaf's letter was printed on 29 December 1952, in the *Observer-Dispatch*, Utica, NY; "Korean Children Saved from Cave Get New Help," *New York Times*, 2 Jan. 1954; "Church Asks Goods for Korea Orphans Under Care of GIs," *Jackson Citizen Patriot* (MI), 9 Apr. 1953; "GI's Appeal Through U.S. Paper Brings Stream of Cash and Gifts," *Korean Republic*, 21 Dec. 1953; Mariella T. Provost, annual report, May 1957, Box 10, Folder 15, RG 140, PHS; George Drake, unsigned form letter, Jan. 1953, Drake Collection; George Grim, "I Like It Here," *Minneapolis Star-Tribune*, 1 Apr. 1953, Drake Collection; "Rotterdam Soldier, 'Dad' to 274 Korean Waifs, Pens Plea for Aid in 'Fathering Needy Family,'" *Schenectady Union-Star* (NY), 19 Mar. 1953, Drake Collection; "Troops Aiding Korean Needy, *Philadelphia Evening Bulletin*, [1953], Drake Collection; "Good Samaritans in Uniform" *Pacific Stars and Stripes*, 15 Dec. 1953.

21. 한미재단은 미국 병사들이 1,300만 달러를 지원했다고 발표했다. 1년 뒤, 〈라이프〉는 한미재단에서 제공한 수치를 인용해 2천 5백만 달러 이상이라고 보도했다. 아마도 과장된 액수였을 테지만, 기독교아동복리회 애즈버리의 말대로 수치가 부정확하다고 해서 "감동이 줄어들거나 중요도가 떨어지지는 않았다." Rusk, "Voice from Korea," 184; "Yanks in Korea Give $13 Million in Aid," *Pacific Stars and Stripes*, 7 June 1953; Asbury, "Military Help to Korean Orphanages," sec. 3.

22. Cournoyer, "Orphans Found Solace with U.S. Troops"; "44th ECB Donates $2000 for

Youth," Stars and Stripes, 3 Dec. 1951; "Tankers Give $1,561 for Korean Amputees," Pacific Stars and Stripes, 2 Nov. 1952; "187th Troopers Donate $5,000 for Orphanage," Pacific Stars and Stripes, 14 Dec. 1952; Margaret Valk to Mrs. C, 7 Jan. 1954, Case 35341, ISS case files; Case 37462, ISS case files; "Rugged GIs Weep as 'Mascots' Depart," Pacific Stars and Stripes, 14 May 1951; Asbury, "Military Help to Korean Orphanages"; Case 36568, ISS case files.

23. Cournoyer, "Orphans Found Solace with U.S. Troops"; Mosier, "GI and the Kids of Korea," 636; Asbury, "Military Help to Korean Orphanages," sec. 3; Marion E. Hartness, annual report, May 1955, 2, Box 10, Folder 13, RG 140, PHS; Chan-ho Lee, "Ethiopians Seek Lost Orphans," JoongAng Daily (Seoul), 9 June 2004; "Turks Support Home for 160 Korean Orphans," Pacific Stars and Stripes, 19 Apr. 1954; Sun Yup Paik, From Pusan to Panmunjom: Wartime Memoirs of the Republic of Korea's First Four Star General (Dulles, VA: Potomac Books, 2007).

24. Cournoyer, "Orphans Found Solace with U.S. Troops"; "Little Children War's Biggest Casualty"; author interview with Molly Holt, 11 Apr. 2007; Christina Klein, Cold War Orientalism: Asia in the Middlebrow Imagination, 1945-1961 (Berkeley, CA: University of California Press, 2003), 37; Charles Vogel, "Seoul Shows Calloused Attitude in Child's Plight," Pacific Stars and Stripes, 8 Aug. 1952; Charles Vogel, "Little Seoul Girl Covered with Maggots Found Dead," Pacific Stars and Stripes, 16 Aug. 1952; Cumings, Origins II, 695.

25. 2017년 4월 11일, 몰리 홀트와 저자의 인터뷰; Mosier, "GI and the Kids of Korea," 640, 656; Donna Alvah, Unofficial Ambassadors: American Military Families Overseas and the Cold War, 1946-1965 (New York: New York University Press, 2007), 53.

26. Alvah, Unofficial Ambassadors, 57-58.

27. Asbury, "Military Help to Korean Orphanages," sec. 1, para. 2.

28. "Eighth Chief Sends Cookies to Orphans," Pacific Stars and Stripes, 23 Nov. 1951; "728th MPs Plan Fete for 260 Korean Kids," Pacific Stars and Stripes, 12 Dec. 1951; "Yanks Befriend Korean Orphan," Pacific Stars and Stripes, 12 Feb. 1951; American Korean Foundation, Report of the Rusk Mission, 8; Hanley, Choe, and Mendoza, Bridge at No Gun Ri, 103.

29. Edgar S. Kennedy, Mission to Korea (London: D. Verschoyle, 1952); Cumings, Origins II, 691, 695; John Dower, War Without Mercy: Race and Power in the Pacific War (New York: Pantheon, 1986); Mark Gayn, Japan Diary (Rutland, VT: Charles E. Tuttle Company, 1981), 349; Hanley, Choe, and Mendoza, Bridge at No Gun Ri, 71, 79; Hastings, cited in Katharine Moon, "Citizen Power in Korean-American Relations" in Korean Attitudes Towards the United States: Changing Dynamics, ed. David Steinberg (Armonk, NY: East Gate, 2005), 234; Reginald Thompson, Cry Korea: The Korean War: A Reporter's Notebook (1951; London: Reportage, 2009); David Curtis Skaggs, "The KATUSA Experiment: The Integration of Korean Nationals into the U.S. Army, 1950-1965," Military Affairs 38, no. 2 (Apr. 1974): 57. 카투사에 관해 더 알고 싶으면 다음 자료를 참고하라. Terrence J. Gough, US Army Mobilization and Logistics in the Korean War: A Research Approach (Washington, DC: Center of Military History, 1987), 47-55; Roy E. Appleman, South to the Naktong, North to the Yalu (Washington, DC: Center of Military History, 1961), 385-389; Dong-Choon Kim,

The Unending Korean War: A Social History (Larkspur, CA: Tamal Vista Publications, 2000), 273nn43-44.

30. Conway-Lanz, "Beyond No Gun Ri"; Hanley, Choe, and Mendoza, *Bridge at No Gun Ri*, 189; Cumings, Origins II, 690. See also Thompson, *Cry Korea*; Philip D. Chinnery, Korean *Atrocity! Forgotten War Crimes, 1950-1953* (Annapolis, MD: Naval Institute Press, 2000); Bruce Cumings, The Korean War: A History (New York: Modern Library, 2010); Kim, *Unending Korean War*, especially chapter 4.

31. Hanley, Choe, and Mendoza, *Bridge at No Gun Ri*, 177; Thompson, *Cry Korea*; Cumings, Origins II, 701.

32. Joseph Anthony, *The Rascal and the Pilgrim: The Story of a Boy From Korea* (New York: Farrar, Straus & Cudahy, 1960), 95; "Sung Yong Park: Tasting America" *in East to America: Korean American Life Stories*, ed. Elaine H. Kim and Eui-Young Yu (New York: New Press, 1996), 107-113; Tessa Morris-Suzuki, "Post-War Warriors: Japanese Combatants in the Korean War," *Asia-Pacific Journal* 10, no. 1 (30 July 2012), http://www.japanfocus.org/-Tessa-Morris_Suzuki/3803.

33. Fairfax Downey, *Mascots* (New York: Coward-McCann, 1954); Keene, *World War* I, 70-71.

34. Albert A. Nofi, *A Civil War Treasury: Being a Miscellany of Arms & Artillery, Facts & Figures, Legends & Lore, Muses & Minstrels, and Personalities & People* (Conshohocken, PA: Combined Books, 1992), 107-108. 18세기부터 프랑스군을 따라다니는 여성들이 있었는데, 이들은 군부대를 따라다니며 "어머니, 간호사, 마스코트" 역할을 했다. Ibid., 117.

35. Didier, "Just a Drop in the Bucket"; "Adopted a French Lad," *Harvard Alumni Bulletin* 20 (1910), 414; F. McKelvey Bell, *The First Canadians in France: The Chronicle of a Military Hospital in the War Zone* (New York: George H. Doran Company, 1917); Harry Spring, *An Engineer's Diary of the Great War*, ed. Terry M. Bareither (West Lafayette, IN: Purdue University Press, 2002); Kathryn Close, *Transplanted Children: A History* (New York: US Committee for the Care of European Children, 1953), 37; Mark Kurzem, Lina Caneva, and Rosie Jones, *The Mascot* (New York: Filmmakers Library, 2002), VHS; Thomas Buergenthal, *A Lucky Child: A Memoir of Surviving Auschwitz as a Young Boy* (London: Profile, 2009); Lee Kennett, *GI: The American Soldier in World War II* (Norman: University of Oklahoma Press, 1987); Kennedy, Mission to Korea, 128-129; Andrew Geer, "Reckless-Marines War Horse," *Saturday Evening Post*, 17 Apr. 1954.

36. 많은 경우, 부대는 신체장애가 있는 마스코트 소년에게 인공 팔다리를 제공했다. 군인들은 소년에게 "나무로 된 의족을 주고 제복을 입히고 전투 배지를 달아주었다." "Crippled Mascot, 11, Sees IG On Orphanage Worry," *Pacific Stars and Stripes*, 24 May 1953.

37. "Sergeant Yo-Yo Proves Snappy Mascot for MPs: Youth Found in Gutter 'True' Unit Member," *Pacific Stars and Stripes*, 29 Mar. 1953.

38. Case 37462, ISS case files.

39. Mosier, "GI and the Kids of Korea," 635.

40. Ibid., 635.

41. "Devildogs Want Tot: ROK Orphan Saved Pair," *Pacific Stars and Stripes*, 7 Oct. 1950; Anthony, *Rascal and the Pilgrim*, 71.

42. Cournoyer, "Orphans Found Solace with U.S. Troops"; "Little Children War's Biggest

Casualty"; Link S. White, *Chesi's Story: One Boy's Long Journey from War to Peace* (Tallahassee, FL: Father & Son, 1995), 28-29, 36, 63-77.

43. Cournoyer, "Orphans Found Solace with U.S. Troops"; photo caption, *Pacific Stars and Stripes*, 30 Aug. 1951; "Adopted Korea Lad Gets GI Upbringing," *Pacific Stars and Stripes*, 22 Jan. 1951; "General's Stars Pinned on 'Skoshi,' Korean Tot," *Pacific Stars and Stripes*, 31 Aug. 1952; "Sergeant Yo-Yo Proves Snappy Mascot for MPs"; "UN Mascots," 14 Dec. 1953, *Stars and Stripes*; "2 'Dads' of Korean Orphan Mike Find PTA Meeting Fun, Difficult," *Pacific Stars and Stripes*, 13 Apr. 1953.

44. Chung, "Hollywood Goes to Korea," 74.

45. Samuel Fuller, *The Steel Helmet* (Lippert Productions [Criterion], 1951), DVD.

46. Cournoyer, "Orphans Found Solace with U.S. Troops"; Journal, 10 Feb. 1953, Box 1438, Folder "Civil Affairs Staff Section Report February 1953," Records Group (RG) 338, National Archives, College Park, MD (hereafter "Archives II"); Morris-Suzuki, "Post-War Warriors."

47. F [to mom and dad], 29 Dec. 1955; Cpl. Peter Steele Bixby, "No. 1 Sargy, Sambo Plan Life Together," *Pacific Stars and Stripes*, 30 Oct. 1950; White, *Chesi's Story*, 101; Andrew Huebner, "Kilroy Is Back: Images of American Soldiers in Korea, 1950-1953" *American Studies* 45, no. 1 (2004): 103-129; "GI Buddies," *Pacific Stars and Stripes*, 30 June 1951; "Tan Yank and Korean Waif Adopt Each Other," *Chicago Defender*, 18 Nov. 1950.

48. White, *Chesi's Story*, 72. 베트남전쟁에 참전한 군인들은 개를 마스코트로 삼아 감정을 배출하고 또 의지했다. "미군들은 개를 소유하고 이름을 지어주고 길들였지만, 진짜 '사람'을 길들이기는 쉽지 않았다. … 사람과 달리 강아지들은 유순했다." 가사 노동은 하우스보이 대신 '후치 걸'이 맡았다. 후치 걸은 미군들이 살림을 맡기려고 고용한 베트남 여성이었다. 성적 서비스를 제공하던 여성들은 돈을 더 받았다. Christian Appy, *Working Class War: American Combat Soldiers in Vietnam* (Chapel Hill: University of North Carolina Press, 1993), 262, 290. 몸을 파는 남자들은 사실 하우스보이가 아니라 '슬리키보이'였다. 10대 후반 또는 20대 초반의 한국 남성으로 종군자로 묘사되었고 군부대에서 물건을 훔치는 "남창, 불량배, 말썽꾼, 암시장 밀매자"로 취급되었다. 그러나 믿을 수 있는 하우스보이와 좀도둑 슬리키보이는 동전의 양면과 같았고, 한국 사람을 도둑 취급하던 미국인들의 고정관념 때문에 이 둘의 경계가 흐려지기 일쑤였다. Whitney Taejin Hwang, "Borderland Intimacies: GIs, Koreans, and American Military Landscapes in Cold War Korea" (PhD diss., University of California, 2010), 71-72.

49. "24th Div. Sergeant Plans Adoption of 'Wild Bill,'" *Stars and Stripes*, 7 July 1954; "Yank, Korean Son Leave for States After Long Wait," *Pacific Stars and Stripes*, 29 Jan. 1955.

50. Untitled articles in *Stars and Stripes*, 12 Mar. and 5 May 1952.

51. Untitled, *Stars and Stripes*, 19 Oct. 1953; Robert L. Brown, "Orphan, 7, Leaves Korea for New Home in Texas," *Stars and Stripes*, 15 June 1954.

52. Kenneth Anderson, "Veteran Greets Adopted Korea Orphan in U.S." *Stars and Stripes*, 23 Nov. 1953; untitled article, *Stars and Stripes*, 9 Dec. 1953.

53. "The Chief's Son," *Time*, 2 Nov. 1953; "Wow!" *Time*, 23 Nov. 1953; "A New American Comes 'Home,'" *Life*, 30 Nov. 1952; "Sailor, Korean Son Fly to Tokyo for U.S. Visa," *Stars and Stripes*, 24 Oct. 1953; "The Americanization of Lee Kyung Soo," *Stars and Stripes*, 9 Jan. 1954; "Navy Chief and Adopted Korean Boy Arrive," *Stars and Stripes*, 11 Nov. 1953; "A Big New Family Hugs War Orphan," *New York Times*, 22 Dec. 1953.

54. "'So Nice to See You Again . . . ,'" *Stars and Stripes*, 19 June 1956; "Troops Like Mountaintop Life," *Stars and Stripes*, 29 Aug. 1956; "Adopted Brother," *Stars and Stripes*, 1 Feb. 1958; untitled caption, *Stars and Stripes*, 22 Jan. 1956; "Welcome!" *Stars and Stripes*, 14 July 1952; "U.S. Officer's Parents Adopting Korea Waif," *Stars and Stripes*, 21 July 1956; F to Mom and Dad, 12 Dec. 1955, 1, Case 40043, ISS case files.

55. F [to mom and dad], 5 Jan. 1956, Case 40043, ISS case files; White, *Chesi's Story*, 68, 182–183; Kennedy, *Mission to Korea*, 128-129; Paul S. Crane, Korean Patterns (Seoul: Hollym, 1967), 163; Margaret Valk to Marie Haefner, 2 Mar. 1955, 1, Case 37097, ISS case files.

56. 국제사회봉사회의 한 사회복지사가 사례 파일에 흘려 쓴 메모에 이런 평가가 잘 요약되어 있다. "불행하게도 이 아동은 군 마스코트가 되었고, 어느 집으로 입양을 보내든 미국 가정생활에 적응하기 무척 어려울 것이다." Handwritten notation, Feb. 1955, Case 36441, ISS case files; Helen McKay to Margaret Valk, 29 Feb. 1956, Case 39852, ISS case files.

57. Margaret Valk to Letitia DiVirgilio, 5 Feb. 1960, 1, Case 37462, ISS case files.

58. Kennedy, *Mission to Korea*, 81.

59. 24 Apr. 1958, Virginia Baumgartner to [no first name] Joseph (ISS American Branch), Case 58316, ISS case files.

60. Robert Teigrob, *Warming Up to the Cold War: Canada and the United States' Coalition of the Willing, from Hiroshima to Korea* (Toronto: University of Toronto Press, 2009), 168–169.

61. Child Placement Service, "Investigation," 19 Jan. 1955, Case 36441, ISS case files.

62. 여자아이가 마스코트가 된 사례를 딱 하나 찾았는데, 그 아이가 실제로 마스코트였는지, 아니면 예비 양아버지가 미국에 돌아가 입양 절차를 밟는 동안 군 동료들이 그 아이를 보살피고 있었는지는 확실치 않다. Case 38498, ISS case files. 군인들이 여자아이들을 보살피긴 했지만, 아이들이 간호를 받고 건강을 회복하면 보육원으로 돌려보냈다. 다음 자료를 참고하라. "Redlegs Adopt Korean Pin-up," *Pacific Stars & Stripes*, 26 Feb. 1951.

63. American Korean Foundation, Press Release, [1954], File 378, Syngman Rhee Papers, Yonsei University, Seoul, Korea; "Korean Orphan, 9, Gets Fresh Start" *New York Times*, 21 Jan. 1958; Margaret Valk, handwritten notation, 22 Sept. 1960, Case 37462, ISS case files. Original emphasis; Margaret Valk to Letitia DiVirgilio, 5 Feb. 1960, 1, Case 37462, ISS case files.

64. Case 58316, ISS case files; Margaret Valk to Oak Soon Hong, 12 Nov. 1954, Case 36441, ISS case files; "'Adopted' Korean Girl Loves, Officer, Now Happy," *Pacific Stars and Stripes*, 24 July 1951; "Rugged GIs Weep as 'Mascots' Depart"; "Soldiers Get Warning on Waifs' Fondness," *Pacific Stars and Stripes*, 21 Aug. 1951; Eva Kelley to Virginia Baumgartner, 20 Oct. 1958, Case 58316, ISS case files.

65. Department of Defense, *Manual on Intercountry Adoption* (Washington, DC: US GPO, 1959); Elaine Tyler May, *Barren in the Promised Land: Childless Americans and the Pursuit of Happiness* (New York: Basic Books, 1995), 145-146.

66. Case 37013, ISS case files; "Three Star," *Stars and Stripes*, 2 Dec. 1956; "Year Old Korea Orphan Going Home to Indiana," *Stars and Stripes*, 19 Apr. 1956; "Mother Meets Adopted Children for First Time," *Stars and Stripes*, 14 Dec. 1957. 남편이 여러 아동의 사진을 보내면, 아내가 그중에서 맘에 드는 아이를 고르기도 했다. Untitled caption. *Stars and Stripes*, 19 Mar. 1955.

67. 일본에 주둔하던 미군 부부들도 아동을 입양하러 한국에 왔다. 가끔은 군에서 교통편을 제공하기도 했다. Richard H. Baird to Henry Little, 17 Aug. 1960, Box 1, Folder 19, RG 197, PHS; "1st Air Force Couple Flies to Korea from Fuchu, Adopts 5 Year Old," *Stars and Stripes*, 8 Aug. 1956.

68. May, *Barren in the Promised Land*.

69. Klein, *Cold War Orientalism*, 30, 54; Richard S. Kim, *The Quest for Statehood: Korean Immigrant Nationalism and U.S. Sovereignty, 1905-1945* (New York: Oxford University Press, 2011).

70. Donald Clark, *Living Dangerously in Korea: The Western Experience, 1900-1950* (Norwalk, CT: Pacific Century Press, 2003); LeRoy Bowman, Benjamin A. Gjenvick, and Eleanor T. M. Harvey, *Children of Tragedy: Church World Service Survey Team Report on Intercountry Orphan Adoption* (New York: Office of Publication and Distribution, National Council of the Churches of Christ in the USA, 1961); Cumings, *Korea's Place in the Sun*, 306.

71. 유엔 산하에는 유엔 한국민사지원처, 유엔 한국재건단, 유엔 한국통일부흥위원단이 있었다.

72. Bowman, Gjenvick, and Harvey, *Children of Tragedy*, 22-23; John Coventry Smith to Edward Adams, 26 Jan. 1955, Box 1, Folder 8, RG 197, PHS; "An Analysis of the United Presbyterian Position on Orphans in Korea," May 1961, Box 65, Folder 22, Montreat Files, Korea Mission Records, PHS.

73. 〈크리스천 센추리〉는 1953년에 여러 번에 걸쳐 광고를 게재했다.

74. Christina Klein, "Family Ties and Political Obligation: The Discourse of Adoption and the Cold War Commitment to Asia," *in Cold War Constructions: The Political Culture of United States Imperialism, 1945-1966*, ed. Christian Appy (Amherst: University of Massachusetts Press, 2000), 50; Klein, *Cold War Orientalism*, 152; Sara Fieldston, *Raising the World: Child Welfare in the American Century* (Cambridge, MA: Harvard University Press, 2015).

75. Jane Hunter, *The Gospel of Gentility: American Missionaries in Turn-of-the-Century China* (New Haven, CT: Yale University Press, 1984); Kenneth Scott Latourette, "Missionaries Abroad," *Annals of the American Academy of Political and Social Science* 368 (Nov. 1966): 21-30; Dana Robert, "The Influence of American Missionary Women on the World Back Home," *Religion and American Culture* 12, no. 1 (Winter 2002): 73, 60, 77; Peter Conn, *Pearl Buck: A Cultural Biography* (New York: Cambridge University Press, 1996).

76. Robert Shaffer, "Women and International Relations: Pearl S. Buck's Critique of the Cold War," *Journal of Women's History* 11, no. 3 (Autumn 1999): 151-175; Robert, "American Missionary Women," 75; Foreman biographical file, PHS; "An Analysis of the United Presbyterian Position on Orphans in Korea"; John Coventry Smith, "Concerning the Support of Orphans in Korea," 30 July 1952, Box 16, Folder 43, RG 140, PHS; Robert, "American Missionary Women," 59.

77. Robert, "American Missionary Women," 59.

78. 다음 자료를 참고하라. Cases 37099 and 60020, ISS case files; Marion E. Hartness, Annual Report, May 1955, 3, Box 10, Folder 13, RG 140, PHS; Home study, [Fall 1955], 6, Case 37182, ISS case files.

79. Kim, *Quest for Statehood*; Lee Houchins and Chang-su Houchins, "The Korean Experience in America, 1903-1924," *Pacific Historical Review* 43, no. 4 (Nov. 1974): 564.

80. "Travel Letter from Charles T. Leber No. 16," 9 Nov. 1957, 12, Box 40, Folder 1, RG 8, PHS.

81. Wayne Patterson, *The Ilse: First-Generation Korean Immigrants in Hawaii, 1903-1973* (Honolulu: University of Hawaii Press, 2000); Eui-Young Yu, "Korean Communities in the United States," in *Korea and the United States: A Century of Cooperation*, ed. Youngnok Koo and Dae-Sook Suh (Honolulu: University of Hawaii Press, 1984), 281-318; Illsoo Kim, *New Urban Immigrants: The Korean Community in New York* (Princeton, NJ: Princeton University Press, 1981), 21.

82. Houchins and Houchins, "Korean Experience in America," 564.

83. Untitled photo, *Korean Republic*, 22 Dec. 1953.

84. 한국에 따르면, 1953년에 한국 학생 622명이 외국으로 유학을 떠났는데, 대개는 미국(571명)으로 갔다. 프랑스가 17명으로 그 뒤를 이었다. 1951년에는 114명, 1952년에는 426명이 외국으로 유학을 떠났다. 한국전쟁 전에는 매년 약 300명이 외국 유학을 떠났다. "622 Go Abroad to Study," *Korean Republic*, 23 Dec. 1953.

2장

1. Pearl S. Buck and Theodore F. Harris, For Spacious Skies: Journey in Dialogue (New York: John Day, 1966), 8.

2. Young Han Choo, Weekly Report, 28 Jan. 1954, 4, File 545, Syngman Rhee Presidential Papers, Yonsei University, Seoul, South Korea (hereafter "Rhee papers").

3. Yukiko Koshiro, *Trans-Pacific Racisms and the U.S. Occupation of Japan* (New York: Columbia University Press, 1999); Donna Alvah, *Unofficial Ambassadors: American Military Families Overseas and the Cold War, 1946-1965* (New York: New York University Press, 2007); Mire Koikari, "Rethinking Gender and Power in the US Occupation of Japan, 1945-1952," *Gender and History* 11, no. 2 (July 1999): 313-335; John Dower, *Embracing Defeat: Japan in the Wake of World War II* (New York: W. W. Norton, 1999); Maria Hohn, *GIs and Frauleins: The German-American Encounter in 1950s West Germany* (Chapel Hill: University of North Carolina Press, 2002); Heide Fehrenbach, "Of German Mothers and 'Negermischlingskiner': Race, Sex, and the Postwar Nation," in *The Miracle Years: A Cultural History of West Germany, 1949-1968*, ed. Hanna Schissler (Princeton, NJ: Princeton University Press, 2001), 164-186; Heide Fehrenbach, "Rehabilitating Fatherland: Race and German Remasculinization," *Signs* 24, no. 1 (Autumn 1998): 107-127; Sabine Lee, "A Forgotten Legacy of the Second World War: GI Children in Post-War Britain and Germany," *Contemporary European History* 20, no. 2 (2011): 157-181; Petra Goedde, *GIs and Germans: Culture, Gender, and Foreign Relations, 1945-1949* (New Haven, CT: Yale University Press, 2002); Naoko Shibusawa, *America's Geisha Ally: Reimagining the Japanese Enemy* (Cambridge, MA: Harvard University Press, 2010); Sarah Kovner, *Occupying Power: Sex Workers and Servicemen in Postwar Japan* (Stanford, CA: Stanford University Press, 2012); Mary Louise Roberts, *What Soldiers Do: Sex and the American GI in World War II France* (Chicago: University of Chicago Press, 2013); Seungsook Moon and Maria Hohn, eds., *Over There: Living with the U.S. Military Empire from World War Two to the Present* (Durham, NC: Duke University Press, 2010).

4. Na Young Lee, "The Construction of U.S. Camptown Prostitution in South Korea: Trans/

formation and Resistance" (PhD diss., University of Maryland, College Park, 2006); Katharine Moon, *Sex Among Allies: Military Prostitution in U.S.-Korea Relations* (New York: Columbia University Press, 1997); Brenda Stoltzfus and Saundra Pollock Sturdevant, *Let the Good Times Roll: Prostitution and the U.S. Military in Asia* (New York: New Press, 1992); Margo Okazawa-Rey, "Amerasian Children of GI Town: A Legacy of U.S. Militarism in South Korea," *Asian Journal of Women's Studies* 3 (1997): 71-102; Janet Graff Valentine, "The American Combat Solder in the Korean War" (PhD diss., University of Alabama, 2002), 132; Edgar S. Kennedy, *Mission to Korea* (London: Derek Verschoyle, 1952), 155; Heisoo Shin, "Women's Sexual Services and Economic Development: The Political Economy of the Entertainment Industry and South Korean Dependent Development" (PhD diss., Rutgers University, 1991); author interview with Molly Holt, 11 Apr. 2007; Su-Je Lee Gage, "Pure Mixed Blood: The Multiple Identities of Amerasians in South Korea" (PhD diss., Indiana University, 2007); Charles J. Hanley, Sang-Hun Choe, and Martha Mendoza, *The Bridge at No Gun Ri: A Hidden Nightmare from the Korean War* (New York: Henry Holt, 2001), 189; Bruce Cumings, *Origins of the Korean War*, vol. 2, *The Roaring of the Cataract, 1947-1950* (Princeton, NJ: Princeton University Press, 1990), 706.

5. Bruce Cumings, "Silent but Deadly: Sexual Subordination in the U.S.-Korean Relationship," in *Let the Good Times Roll*, ed. Brenda Stoltzfus and Saundra Pollock Sturdevant (New York: New Press, 1992), 171, 173; Ji-Yeon Yuh, *Beyond the Shadow of Camptown: Korean Military Brides in America* (New York: New York University Press, 2004), 40-41; Eleanor C. Van Lierop, Annual Report 1959, 5, Box 10, Folder 17, RG 140, Presbyterian Historical Society, Philadelphia, PA (hereafter "PHS"); Whitney Taejin Hwang, "Borderland Intimacies: GIs, Koreans, and American Military Landscapes in Cold War Korea" (PhD diss., University of California, Berkeley, 2010), 94; Moon, Sex Among Allies, 3, 30; Hanley, Choe, and Mendoza, *Bridge at No Gun Ri*, 243; Andrei Lankov, "Korean Civilians North and South, 1950-1953," in *Daily Lives of Civilians in Wartime Asia: From the Taiping Rebellion to the Vietnam War*, ed. Stewart Lone (Westport, CT: Greenwood Press, 2007), 206; John Lie, "The Transformation of Sexual Work in 20th Century Korea," *Gender and Society* 9, no. 3 (June 1995): 316; Branch Director, USIS, Seoul to Director, USIS, Korea, Weekly Evaluation Report 23-29 Dec. 1951. Forwarded with Despatch from US Embassy Pusan to State Dept, Washington, DC, 13 Feb. 1952, 1, Box 5697, Records Group (RG) 59, National Archives, College Park, MD (hereafter "Archives II").

6. David T. Fautua, "The 'Long Pull' Army: NSC-68, the Korean War, and the Creation of the Cold War U.S. Army," *Journal of Military History* 61, no. 1 (Jan. 1997): 93-120; Andrew J. Huebner, "Kilroy Is Back: Images of American Soldiers in Korea, 1950-1953," *American Studies* 45, no. 1 (2004): 103-129; David W. Tarr, "The Military Abroad," *Annals of the American Academy of Political and Social Science* 368 (Nov. 1966): 31-42; Eugenie Hochfeld and Margaret A. Valk, *Experience in Inter-Country Adoptions* (New York: International Social Service, American Branch, 1953); US Department of Defense, *Manual on Intercountry Adoption* (Washington, DC: GPO, 1959); Moon, *Sex Among Allies*, 36.

7. Yuh, *Beyond the Shadow of Camptown*, 32. 1960년대에 해외 근무를 마치고 미국에 돌아가는 미군은 "200달러에서 300달러를 받고 가구와 애인moose을 하나로 묶은 '패키지'를 새로 부임한

군인에게 팔았다." 이는 2차 세계대전 이후 일본과 한국에 주둔하던 미군들의 친목을 보여주는 사례로 '무스moose'라는 용어는 소녀를 가리키는 일본어 단어 '무스메*musume*'가 변형된 것이고, '후치hooch'는 집을 뜻하는 일본어 단어 '우치*uchi*'에서 왔다. Hwang, "Borderland Intimacies," 61.

8. Anne Davison, "The Mixed Racial Child," undated, 1, Folder: Korea-Adoptions to '62, Box 34, International Social Service, American Branch Records, Social Welfare History Archives, University of Minnesota (hereafter "ISS records"); Harry Holt to Richard Neuberger, 16 Jan. 1960, Box 11, Folder 26, Richard Neuberger Papers, Ax 078, Special Collections and University Archives, University of Oregon Libraries, Eugene, OR; Kim, *Who Will Answer*, 5; Yuh, *Beyond the Shadow of Camptown*, 39; Olivette Swallen, Personal Report, 1958-1959, 2, Folder 17, Box 10, RG 140, PHS, original emphasis.

9. Kim, *Who Will Answer*, 5; Yuh, *Beyond the Shadow of Camptown*; David W. Tarr, "The Military Abroad," *Annals of the American Academy of Political and Social Science* 368 (Nov. 1966): 31-42; Koshiro, *Trans-Pacific Racisms*; Davison, "Mixed Racial Child," 1; US Command Headquarters, US Forces Korea, EUSA, "Report-The Amerasian in Korea: Present Problems and Future Prospects," 1977 [courtesy of Whitney Taejin Hwang, in author's possession]; Hi Taik Kim and Elaine Reid, "After a Long Journey: A Study on the Process of Initial Adjustment of the Half and Full Korean Children Adopted by American Families, and the Families' Experiences with These Children During the Transitional Period" (MA thesis, University of Minnesota, 1970), 38-39. For a general history of military marriages, see Susan Zeiger, *Entangling Alliances: Foreign War Brides and American Soldiers in the Twentieth Century* (New York: New York University Press, 2010).

10. Anne Davison, "Mixed Racial Child," 1; Louis O'Conner, "The Adjustment of a Group of Korean and Korean-American Children Adopted by Couples in the United States" (MA thesis, University of Tennessee, 1964), 18; Okazawa-Rey, "Amerasian Children of GI Town"; Bong Soo Park, "Intimate Encounters, Racial Frontiers: Stateless GI Babies in South Korea and the United States, 1953-1965" (PhD diss., University of Minnesota, 2010); Yuri W. Doolan, "Being Amerasian in South Korea: Purebloodness, Multiculturalism, and Living Alongside the U.S. Military Empire" (Honors thesis, Ohio State University, 2012). '무국적 상태'에 관해 더 알고 싶으면 다음 자료를 참고하라. Linda Kerber, "The Stateless as the Citizen's Other: A View from the United States," *American Historical Review* 112, no. 1 (Feb. 2007): 1-34.

11. "An Analysis of the United Presbyterian Position on Orphans in Korea," [1961-1962], 5, Box 65, Folder 22, Montreat Files, Korea Mission Records, PHS, original emphasis; Margaret Valk to Missouri Department of Social Welfare, 2 May 1958, 1, Case 58862, ISS Adoption Case Files, Social Welfare History Archive, University of Minnesota (hereafter "ISS case files"); Margaret A. Valk, *Korean-American Children in American Adoptive Homes* (New York: Child Welfare League of America, 1957), 4; Phyllis Woodley to Howard Rusk, 24 Nov. 1953, 1, File 548, Rhee papers.

12. Valk, *Korean-American Children*, 6; O'Conner, "Adjustment of a Group of Korean and Korean-American Children," 19-21, 6, 11; Bertha Holt, The Seed from the East (Eugene, OR: Holt International Children's Services, 1956), 2.

13. Carl Strom to Robert J. G. McClurkin, 2 Mar. 1955, File 795, 795B, 895, 895B, 995, 995B,

Records of the US State Dept. relating to Internal Affairs of Korea, 1955-59, accessed at National Assembly Library, Seoul, Korea (hereafter "NAL"); Margaret Valk, "Adoption Program-Korea," undated [visit was 21-30 Nov. 1956], 3-4, Box 34, Folder "Korea-Adoptions to '62," ISS records; Minutes of Extra-ordinary Meeting of the Joint ROK/KCAC/ UNKRA Committee for Child Welfare, [received 25 Oct. 1954], 2, Box 153, Folder 4882, Collection 23B, Center for Migration Studies, Staten Island, NY (hereafter "CMS"); Edward Swanstrom to Bruce Mohler, 17 Jan. 1958, Box 12, Folder "Children-Polish, Navajo, etc.," Collection 23, CMS.

14. Lucile Chamberlin to Susan Pettiss, 23 Mar. 1956, 2; Helen McKay to Susan Pettiss, 20 Feb. 1956, 1, Box 10, Folder "Children-Independent Adoption Schemes. World Vision," ISS records; Bertha Holt, *Bring My Sons from Afar* (Eugene, OR: Holt International Children's Services, 1986), 31.

15. Richard Steinman to Joseph Reid, 13 Jan. 1954, Box 675, Folder 7-3-1-3, Jan. 1954, RG 102, Archives II; Grace Rue to Bessie Irvin, [Jan. 1954], Box 675, Folder 7-3-1-3, Jan. 1954, RG 102, Archives II; Rose Marie and Lee Callaway to President and Mrs. Eisenhower, 26 Dec. 1953, Box 676, Folder 7-3-1-3, Feb. 1955, RG 102, Archives II; 이승만은 샌프란시스코 주재 한국 영사가 받은 신청이 400건이었고, 다른 통신원들이 500건의 신청을 받았다고 전했다. 608이라는 숫자는 다음 자료에서 나왔다. Penny Young Sook Kim, Richard A. Schaefer, and Charles Mills, *Though Bombs May Fall: The Extraordinary Story of George Rue, Missionary Doctor to Korea* (Nampa, ID: Pacific Press Publishing Association, 2003), 116. 기독교아동복리회는 매일 "몇 건의 입양 신청"을 받았다. 기독교아동복리회 캘빗 클라크는 입양 가능한 한국 아동이 더 있다는 게 알려지면 "입양 신청이 쇄도할 것"이라고 했다. J. Calvitt Clarke to Noel Braga, 17 Jan. 1955, 1-2; Noel Braga to J. Calvitt Clarke, 14 Jan. 1955, 1, Microfilm Roll 19, RG 59, Archives II.

16. "First Korean War Baby Brought Here by Nurse," *Los Angeles Times*, 21 Dec. 1953; Richard Steinman to Joseph Reid, 13 Jan. 1954; Grace Rue to Bessie Irvin, [Jan. 1954], Box 675, Folder 7-3-1-3, Jan. 1954, RG 102, Archives II.

17. Bruce Cumings, *Korea's Place in the Sun: A Modern History* (New York: Norton, 1997), 31; Gi-Wook Shin, *Ethnic Nationalism in Korea: Genealogy, Politics, And Legacy* (Stanford, CA: Stanford University Press, 2006), 3-4, 99-102; Nadia Kim, *Imperial Citizens: Koreans and Race from Seoul to LA* (Stanford, CA: Stanford University Press, 2008); Gi-Wook Shin and Paul Y. Chang, "The Politics of Nationalism in U.S.-Korean Relations," Asian Perspective 28, no. 4 (2004): 121, 126; Frank Dikotter, Introduction to *The Construction of Racial Identities in China and Japan: Historical and Contemporary Perspectives*, ed. Frank Dikotter (Honolulu: University of Hawaii Press, 1997), 4; Carter Eckert, Ki-baik Lee, Young Ick Lew, Michael Robinson, and Edward W. Wagner, *Korea Old and New: A History* (Cambridge, MA: Ilchokak, Publishers for Korea Institute, Harvard University, 1990), 407; Henry Em, *The Great Enterprise: Sovereignty and Historiography in Modern Korea* (Durham, NC: Duke University Press, 2013); Social Welfare Society, *The 5 Decades of SWS: A Love Nest (Since 1954-2003)* (Seoul: Social Welfare Society, 2004), 38-39.

18. Memorandum of Conversation, 25 Jan. 1955, File 795, 795B, 895, 895B, 995, 995B, Records of the US State Dept. relating to Internal Affairs of Korea, 1955-59, NAL; Office

of the President to Young Han Choo, 5 Feb. 1954, File 545, Rhee papers; Valk, "Adoption Program-Korea," 3; Pearl Buck quoted in Clare Golden to Orville Crays, 30 Jan. 1959, Box 884, Folder 7-3-1-3, Sept. 1960, RG 102, Archives II; William Kirk to Eugene Carson Blake, 17 June 1958, 2, Box 10, Folder "Holt, Harry Vol. 2," ISS records; State Department of Social Welfare Office Memorandum, Program Memo No. 50 (RRA), 30 June 1955, 3, Box 675, Folder 7-3-1-3, Oct. 1955, RG 102, Archives II; Augusta Mayerson to Helen Wilson, 25 Feb. 1953, 1, Box 35, Folder "Korea-Correspondence Vol. 1," ISS records.

19. Memorandum of Conversation re: Entry of Korean War Orphans into the United States, 17 July 1953, File 895, Records of the US Dept. of State relating to Internal Affairs of Korea, 1950-54, NAL; Catholic Committee for Refugees and ISS, "The Problem of Transportation Costs for Korean Orphans Immigrating to the United States Under the Refugee Relief Act," undated, enclosed with Emil Komora to David Rolbein, 30 Jan. 1956, 3, Folder 4882, Box 153, Collection 23B, CMS; David Rolbein to John Coulter, 31 Jan. 1956, 1, Folder 4882, Box 153, Collection 23B, CMS.

20. Syngman Rhee to Young Han Choo, 3 Dec. 1953, File 547, Rhee papers; Leonard Mayo to Howard Rusk, Jack Taylor, and Palmer Bevis, 5 Jan. 1954, 4, File 548, Rhee papers; J. Calvitt Clarke to Noel Braga, 17 Jan. 1955, 2; Grace Rue to Bessie Irvin, [1953 or 1954], Box 35, Folder "Korea-Correspondence. Vol. 1," ISS records.

21. Bum-Ju Whang, *50-Year History of Holt Children's Services, Inc.* (Seoul: Holt Children's Service, 2005), 143; 이승만 정부는 1955년 7월, 1956년 6월, 1958년 6월, 1959년 1월과 2월, 1960년 12월, 1961년 1월에 고아 입양 법안을 상정하려 했으나 실패했다. Won, "A Study on Korean Adoption Policy," 21.

22. David C. Cole and Princeton N. Lyman, *Korean Development: The Interplay of Politics and Economics* (Cambridge, MA: Harvard University Press, 1971), 27, 79; Won, "Study on Korean Adoption Policy"; Eckert et al., *Korea Old and New*, 352-353.

23. Tobias Hubinette, "Comforting an Orphaned Nation: Representations of International Adoption and Adopted Koreans in Korean Popular Culture" (PhD diss., Stockholm University, 2005), 59-60; Won, "A Study on Korean Adoption Policy," 20; Whang, *50-Year History of Holt*, 123; Ministry of Foreign Affairs, ROK to US Embassy, Seoul, 31 July 1954, 1, Box 153, Folder 4882, Collection 23B, CMS.

24. ISS, "With Regard to Korean Adoption Procedure," undated, 1. Attached to "Korean Adoption Law," Box 882, Folder 7-3-1-3, June 1962, RG 102, Archives II; State Department of Social Welfare Office Memorandum, Program Memo No. 50 (RRA) Subject: Summary of Meeting with Miss Violet Choi from Korea (1 June 1955), 30 June 1955, 3, Box 675, Folder "7-3-1-3 Oct. 1955 Interstate Placement, Non-Resident Problems, Juvenile Immigration, Transient Boys," RG 102, Archives II.

25. Carl Strom to Charles C. Diggs Jr., 3 Mar. 1955, Microfilm Roll 19, RG 59, Archives II; Noel Braga to J. Calvitt Clarke, 14 Jan. 1955, 1; Minutes of Extraordinary Meeting of the Joint ROK/KCAC/UNKRA Committee for Child Welfare, [received 25 Oct. 1954], 1, Box 153, Folder 4882, Collection 23B, CMS; Kim, *Who Will Answer*; Carl Strom to William G. Jones, 3 Mar. 1955, Microfilm Roll 19, RG 59, Archives II; Valk, "Adoption Program-Korea," 5.

26. Memo for the Record, "Notes on the Meeting of the Adoption Committee Held at the

UNKRA Club . . ." [meeting was 16 Sept. 1954]; Memo for the Record, [meeting was 30 Aug. 1954]; "Minutes of Extra-ordinary Meeting of the Joint ROK/KCAC/UNKRA Committee for Child Welfare," [received 25 Oct. 1954]; "Minutes of the 28th Meeting of joint ROK/KCAC/UNKRA . . ." [meeting was 10 July 1954]; "Minutes of Meeting on Placement Service for Korean Children," 13 July 1954, all in Box 153, Folder 4882, Collection 23B, CMS; Valk, "Adoption Program-Korea," 6-7; Memo for the Record, "Notes on the Meeting of the Adoption Committee Held at the UNKRA Club," [received 25 Oct. 1954], 2, Box 153, Folder 4882, Collection 23B, CMS; Peter Kent Malone to John Rieger, 17 Dec. 1955, Box 27, Folder: Seoul Area [folder 2/2], RG 59, Archives II.

27. Susan Pettiss, Memo to Files, 10 Feb. 1956, 3, Box 10, Folder "Children-Independent Adoption Schemes. World Vision," ISS records; author interview with Molly Holt, 11 Apr. 2007; Valk, "Adoption Program-Korea," 3.

28. Valk, "Adoption Program-Korea," 4.

29. "United Nations, Third Addendum to the Report of the Agent General of the United Nations Korean Reconstruction Agency," cited in William Asbury to J. Calvitt Clarke, 17 Sept. 1953, 5, George Drake personal collection (hereafter "Drake collection"); "Facts About the Aid Program in Korea," undated, 47, Box 1, Folder "500 Aid Program 1953-1954-1955," RG 84, Archives II; William Asbury, "Military Help to Korean Orphanages: A Survey Made for the Commander-in-Chief, United Nations Forces, Far East, and for the Chief of Chaplains of the United States Army," 1954, sec. 9, para. 150, Drake collection.

30. Sidney Talisman, "Report on Visit to Korea-June 24 to July 2, 1968," Box 34, Folder "Korea-Administrative Correspondence," ISS records.

31. Valk, "Adoption Program-Korea," 9. 마거릿 볼크는 건축 자금을 AFAK에서 지원했다고 보고했다. 'American Forces Aid to Korea'라고 적었는데, 아마도 'Armed Forces Assistance to Korea' 였을 것이다. 별관 건축비는 기독교아동복리회, 텍사스에 사는 한 후원자, 한국 유엔군사령부 전 지휘관의 부인인 L. L.렘니처가 일부 지원했다. 렘니처-다우티-클라크관이라 불리던 이 별관에는 국제사회봉사회와 한국아동양호회에서 외국에 입양 보낼 혼혈 아동을 수용했다. Seungil Shin, "Mixed Blood Orphans Await Foster Parents," *Korean Republic*, 11 Mar. 1962, Box 35, Folder "Korea-General, Discard," ISS Records.

32. Asbury, "Military Help to Korean Orphanages," sec. 8, para. 137.

33. Arnold Vaught, "Relief and Reconstruction in Korea: A Report to the Department of Church World Service by Arnold B. Vaught," [received 19 Feb. 1953], 4, Box 102, Folder "Vaught-Asia Trip; Personal," RG 8, PHS, original emphasis.

34. American Korean Foundation, *Report of the Rusk Mission to Korea, March 11-18*, 1953 (New York: American-Korean Foundation, 1953), 5.

35. William F. Asbury to J. Calvitt Clarke, 17 Sept. 1953, 2, Drake collection.

36. Valk, "Adoption Program-Korea," 1-2.

37. Valk, "Adoption Program-Korea," 2; Won, "A Study on Korean Adoption Policy," 20; Asbury, "Military Help to Korean Orphanages," sec. 8, paras. 130, 128; Valk, "Adoption Program-Korea," 1.

38. Kwang Choi and Soonwon Kwon, "Social Welfare and Distribution Policies," in *The Korean Economy 1945-1995: Performance and Vision for the 21st Century*, ed. Dong-Se Cha,

Kwang Suk Kim, and Dwight H. Perkins (Seoul: Korea Development Institute, 1997), 544;
Won, "Study on Korean Adoption Policy," 20.

39. Asbury, "Military Help to Korean Orphanages," sec. 8, para. 131. 재건 기간(1953-1961)에 한
국 정부는 보건복지에 투입한 5.6퍼센트를 포함하여 국비의 25.9퍼센트를 사회 개발에 투입했다.
Irma Adelman, "Social Development in Korea, 1953-1993," in *The Korean Economy 1945-
1995: Performance and Vision for the 21st Century*, ed. Dong-Se Cha, Kwang Suk Kim,
and Dwight H. Perkins (Seoul: Korea Development Institute, 1997), 513.

40. Asbury, "Military Help to Korean Orphanages," sec. 8, para. 129.

41. 한국전쟁 기간에 남한은 미국에 있는 다양한 기관과 유엔한국재건단으로부터 3억 3천만 달러의 원
조를 받았다. 전후 재건 기간에 원조금은 절정에 달했다. 이 기간에 유엔한국재건단이 1억 2천만 달
러를 제공했다. 이 기간에 미국이 한국에 보낸 공식 원조는 식량으로 지원하는 Pub. L. 480호(식량
원조 프로그램)를 포함하여 17억 4,500만 달러에 달했다. Choi and Kwon, "Social Welfare and
Distribution Policies," 13.

42. American Embassy Seoul to Department of State, Washington, 26 Feb. 1958, 4, File 795,
795B, 895, 895B, 995, 995B, Records of the US Dept. of State relating to Internal Affairs of
Korea, 1955-59, NAL. 1957년에는 사회복지 분야 정부 지출의 105퍼센트를 외국인 원조로 충당했
다. 1958년에는 75퍼센트, 1959년에는 78퍼센트, 1960년에는 40퍼센트를 외국인 원조로 충당했다.
Dong-Myeon Shin, *Social and Economic Policies in Korea: Ideas, Networks and Linkages*
(London: Routledge Curzon, 2003), 49-50.

43. Cumings, *Korea's Place in the Sun*, 306; Vaught, "Relief and Reconstruction in Korea," 4;
Asbury, "Military Help to Korean Orphanages," sec. 3b, para. 28; Paul R. Cherney, "Visit to
Korea, June 23 to July 9, 1965," 20 July 1965, 16, Box 35, Folder "Korea: Child Placement
Service, General, 1964-65," ISS records; William A. Douglas, "South Korea's Search for
Leadership," *Pacific Affairs* 37, no. 1 (Spring 1964): 24; LeRoy Bowman, Benjamin A.
Gjenvick, and Eleanor T. M. Harvey, *Children of Tragedy: Church World Service Survey
Team Report on Intercountry Orphan Adoption* (New York: National Council of the
Churches of Christ in the USA, 1961), 26; Eva Kelley to Alice Folsom, 4 Nov. 1959, 1, Case
58899, ISS case files; author interview with Molly Holt, 11 Apr. 2007; Gardner Munro to
Danica Adjemovitch, 26 Aug. 1964, Case 632143, ISS case files; Case 66852, ISS case files.

44. Richard Baird, "Observations Regarding Korean Orphanages," Apr. 1961, 7, Box 16, Folder
44, RG 140, PHS.

45. Baird, "Observations Regarding Korean Orphanages," 1.

46. Excerpt of letter from Anne Davison to Arnold B. Vaught, 25 Jan. 1955, 1, Box 103, Folder
"Korea (2)," RG 8, PHS.

47. Baird, "Observations Regarding Korean Orphanages," 4-6.

48. Helen Miller, "Korea's International Children," *Lutheran Social Welfare*, Summer 1971, 18.

49. Richard Baird to Henry Little, 10 Feb. 1959, Box 1, Folder 15, RG 197, PHS; Boyd B. Lowry
to James MacCracken, 29 June 1965, Box 40, Folder 3, RG 8, PHS; Baird, "Observations
Regarding Korean Orphanages," 7-8.

50. Melosh, *Strangers and Kin*, 17; Anne Davison to Una Schreiber, 27 July 1960, Case 41351,
ISS case files; Oak Soon Hong to Susan Pettiss, 27 Dec. 1954, Case 36489, ISS case files;
Asbury, "Military Help to Korean Orphanages," sec. 9, para. 149; Gregory Votaw to Dr.

[Homer] Gamboe, 23 Feb. 1955, Box 103, Folder "Korea (2)," RG 8, PHS; Case 63662, ISS case files; Shin, "Women's Sexual Services and Economic Development," 61.

51. Anne Davison to Letitia DiVirgilio, 30 Apr. 1961, Case 602221, ISS case files; Larry E. Tise, *A Book About Children Christian Children's Fund, 1938-1991* (Falls Church, VA: Hartland Publishing), 66.

52. Carl Strom to Robert J. G. McClurkin, 2 Mar. 1955, File 795, 795B, 895, 895B, 995, 995B, Records of the US State Dept. relating to Internal Affairs of Korea, 1955-59, NAL; Noel Braga to J. Calvitt Clarke, 14 Jan. 1955, 2; "Minutes of Meeting on Placement Service for Korean Children, 13 July 1954," 1, Box 35, Folder "Korea-Correspondence. Vol. 1," ISS records; author interview with Hyun Sook Han, 16 June 2006.

53. Y. T. Pyun to Myo Mook Lee, 5 July 1955, File 553, Rhee papers; Memo of Conversation, 25 Jan. 1955, 2, File 795, 795B, 895, 895B, 995, 955B, US State Dept. relating to the Internal Affairs of Korea, 1955-59, NAL; Rosemary C. Sarri, Penoak Baik, and Marti Bombyk, "Goal Displacement and Dependency in South Korean-United States Intercountry Adoption," *Children and Youth Services Review* 20, nos. 1-2 (1998): 91.

54. William T. Kirk to Leonard Mayo, 19 June 1954, 1-2, Box 35, Folder "Korea-Correspondence. Vol. 1," ISS records.

55. Helen Wilson to Augusta Mayerson, 21 Jan. 1953, 2, Box 35, Folder "Korea-Correspondence. Vol. 1," ISS Records; Augusta Mayerson to Helen Wilson, 25 Feb. 1953, 2, Box 35, Folder "Korea-Correspondence. Vol. 1," ISS records; Mayo to Rusk, Taylor, and Bevis, 5 Jan. 1954, 2.

56. Excerpt of letter from Davison to Vaught, 1; "World Vision Incorporated," 26 Sept. 1955, attached to Andrew Juras to Martin Gula, 3 Nov. 1955, 2, Box 675, Folder 7-3-1-3, Oct. 1955, RG 102, Archives II; author interview with Hyun Sook Han, 16 June 2006.

57. Wilson to Mayerson, 2; Mayo to Rusk, Taylor, and Bevis, 2; Memo for the Record, "Notes on the Meeting of the Adoption Committee Held at the UNKRA Club . . . ," [16 Sept. 1954], Box 153, Folder 4882, Collection 23B, CMS; J. Calvitt Clarke to Noel Braga, 17 Jan. 1955.

58. Catholic Committee for Refugees and ISS, "The Problem of Transportation Costs for Korean Orphans Immigrating to the United States Under the Refugee Relief Act," undated, 1, enclosed with Emil Komora to David Rolbein, 30 Jan. 1956, Box 153, Folder 4882, Collection 23B, CMS; John B. Coulter to David Rolbein, 23 Feb. 1956, Box 153, Folder 4882, Collection 23B, CMS; Susan Pettiss, "Report: Trip to the West Coast and Ohio," 13 Mar. 1956, enclosed in Susan Pettiss to Frank Phillips, 16 Mar. 1956, Box 10, Folder "Children-Independent Adoption Schemes. World Vision," ISS Records; Helen Wilson to Augusta Mayerson, 21 Jan. 1953, 2.

59. Mayo to Rusk, Taylor, and Bevis, 3.

60. Mayo to Rusk, Taylor, and Bevis, 4; Howard Rusk to Phyllis Woodley, 20 Jan. 1954, File 548, Rhee papers.

61. Michael Omi and Howard Winant, *Racial Formation in the United States: From the 1960s to the 1990s* (New York: Routledge, 1994); Thomas C. Holt, *The Problem of Race in the Twenty-First Century* (Cambridge, MA: Harvard University Press, 2000); Benedict Anderson, *Imagined Communities: Reflections on the Origin and Spread of Nationalism* (1983; London: Verso, 1991); Bonnie Honig, *Democracy and the Foreigner* (Princeton, NJ:

Princeton University Press, 2001).

62. Mary Dudziak, *Cold War Civil Rights: Race and the Image of American Democracy* (Princeton, NJ: Princeton University Press, 2000).

63. 1953년 휴전 협정이 이뤄질 때까지 전체 유엔군사령부의 32.4퍼센트, 비한국군 유엔군사령부의 88.5퍼센트가 미군이었다. 한국전쟁 당시 16개국 군대가 유엔군으로 편성되어 싸웠다. US Forces Korea, Public Affairs Office, "Backgrounder No. 1: United Nations Command," http://www. korea.army.mil/pao/backgrounder/BG1.htm.

64. Case 601213, ISS case files.

65. Peggy Pascoe, "Miscegenation Law, Court Cases, and Ideologies of 'Race' in Twentieth-Century America," *Journal of American History* 83, no. 1 (June 1996): 44-69; David Hollinger, "Amalgamation and Hypodescent: The Question of Ethnoracial Mixture in the History of the United States," *American Historical Review* 108, no. 5 (Dec. 2003): 1363-1390; Ian Haney-Lopez, *White by Law: The Legal Construction of Race* (1996; New York: New York University Press, 2006).

66. John P. Smith to Senator Langer, 11 July 1957, quoted in "Admission of Alien Orphans Adopted by American Families," *Congressional Record* (hereafter "CR"), 85th Cong., 1st sess., Vol. 103 (24 July 1957): 12530; Molly Holt, quoted in Gage, "Pure Mixed Blood," 100.

67. "우리 살 중의 살, 우리 피 중의 피(미국인의 살과 피), 아시아에 있는 우리 형제자매들." 1980년대 에는 이런 생물학적 주장과 이미지가 아메라시안을 위한 이민법 개정 지지자들에게 힘을 발휘했 다. John Shade, *America's Forgotten Children: The Amerasians* (Perkasie, PA: Pearl S. Buck Foundation, 1980), 30.

68. 자식이 아버지의 것이라는 생각은 아주 강력해서 20세기 말까지도 이혼 소송 때 자녀 양육권은 자동으로 아버지에게 귀속되었다. Kyung Ae Park, "Women and Development: The Case of South Korea," *Comparative Politics* 25, no. 2 (Jan. 1993): 134-135.

69. Harry Holt to Richard Neuberger, 3 July 1957, quoted in "Private Relief Legislation," CR, 85th Cong., 1st sess., Vol. 103 (16 July 1957): 11828; "Case Study Records," 3, Case 66575, ISS case files; "Social History of --," 8 Mar. 1955, 2, Case 37220, ISS case files.

70. Kim, *Who Will Answer*, 2, 5, 3, 113; Okazawa-Rey, "Amerasian Children of GI Town"; Sveinung J. Moen, *The Amerasians: A Study and Research on Interracial Children in Korea* (Seoul: Taewon Publishing, 1974); Grace Yoon Kyung Lee and Diana S. Lee, *Camp Arirang* (Camp Arirang Productions, 1995), VHS.

71. 에드워드 사이드는 서양과 동양의 관계가 오래전부터 권력 관계나 성적인 면에서 남녀관계와 비 슷했다고 주장했다. 서양 식민지 담론은 역사적으로 본국과 식민지 사이에 존재하는 권력 불균형 과 착취를 정당화하고 자연스럽게 여겼다. 그리고 본국과 식민지의 관계를 아버지와 자식, 큰 형과 막내동생, 남편과 아내의 관계로 설정했다. Edward W. Said, *Orientalism* (New York: Vintage, 1979).

72. 예를 들어 다음 자료를 참고하라. Ann Laura Stoler, "Tense and Tender Ties: The Politics of Comparison in North American History and (Post)Colonial Studies," *Journal of American History* 88, no. 3. (Dec. 2001): 829-865; Ann Laura Stoler, *Carnal Knowledge and Imperial Power: Race and the Intimate in Colonial Rule* (Berkeley: University of California Press, 2002); Ann Laura Stoler, ed., *Haunted by Empire: Geographies of Intimacy in North American History* (Durham, NC: Duke University Press, 2006); Frederick Cooper and

Ann Laura Stoler, *Tensions of Empire: Colonial Cultures in a Bourgeois World* (Berkeley: University of California, 1997); Francoise Verges, *Monsters and Revolutionaries: Colonial Family Romance and Metissage* (Durham, NC: Duke University Press, 1999); Julia Clancy-Smith and Frances Gouda, eds., *Domesticating the Empire: Race, Gender, and Family Life in French and Dutch Colonialism* (Charlottesville: University of Virginia Press, 1998); Robert Shaffer, "Women and International Relations: Pearl S. Buck's Critique of the Cold War," *Journal of Women's History* 11, no. 3 (Autumn 1999): 151-175; Emma Jinhua Teng, Eurasian: *Mixed Identities in the United States, China, and Hong Kong, 1842-1943* (Berkeley: University of California Press, 2013).

73. William R. Burkhardt, "Institutional Barriers, Marginality, and Adaptation Among the American-Japanese Mixed Bloods in Japan," *Journal of Asian Studies* 42, no. 3 (May 1983): 540; Marilyn T. Trautfield, "America's Responsibility to Amerasian Children: Too Little, Too Late," *Brooklyn Journal of International Law* 10 (1984): 75; Joseph M. Ahern, "Out of Sight, Out of Mind: United States Immigration Law and Policy as Applied to Filipino-Amerasians," *Pacific Rim Law and Policy Association* 1, no. 1 (1992): 105-126.

74. Burkhardt, "Institutional Barriers," 534.

75. Christina Firpo, "Lost Boys: 'Abandoned' Eurasian Children and the Management of the Racial Topography in Colonial Indochina, 1939-1945," French Colonial History 8 (2007): 204, 209, 216, 211; Christina Firpo, "Crises of Whiteness and Empire in Colonial Indochina: The Removal of Abandoned Eurasian Children from the Vietnamese Milieu 1890-1956," *Journal of Social History* 43, no. 3 (Spring 2010): 593.

76. Firpo, "Lost Boys," 204; Firpo, "Crises of Whiteness," 600.

77. Firpo, "Crises of Whiteness," 602-3, 606; Bonnie Kae Grover, "Aren't These Our Children? Vietnamese Amerasian Resettlement and Restitution," *Virginia Journal of Social Policy and the Law* 2, no. 2 (Spring 1995): 250-253; US Senate, Comm. on the Judiciary, *Amerasian Immigration Proposals. Hearing Before the Subcommittee on Immigration and Refugee Policy*, 21 June 1982, 97th Cong., 2nd sess. (Washington: US GPO, 1982), 82; Robin S. Levi, "Legacies of War: The United States' Obligation Toward Amerasians," *Stanford Journal of International Law* 29 (1992-1993): 477-478; Trautfield, "America's Responsibility to Amerasian Children," 69-72.

78. Mary Lee, "Mixed Race Peoples in the Korean National Imaginary and Family," *Korean Studies* 32 (2009): 72.

79. "Letters to the Times: Entry for Orphans Urged," *New York Times*, 24 June 1957.

80. Stoler, "Sexual Affronts and Racial Frontiers"; Verges, *Monsters and Revolutionaries*, especially chap. 3.

81. David Pomfret, "'Child Slavery' in British and French Far-Eastern Colonies 1880-1945," *Past and Present* 201, no. 1 (Nov. 2008): 202.

82. Noel Braga to J. Calvitt Clarke, 14 Jan. 1955, 2; J. Calvitt Clarke to Noel Braga, 17 Jan. 1955, 1.

83. Elfrieda Kraege to John Coventry Smith, 22 Nov. 1955, 2, Box 1, Folder 7, RG 197, PHS; Ellen D. Wu, *The Color of Success: Asian Americans and the Origins of the Model Minority* (Princeton, NJ: Princeton University Press, 2013), chap. 7; Memo re: Conversation with R. W. Kenney, 27 Jan. 1955, Box 35, Folder "Countries: Korea," ISS Records; Handwritten Note on

News Release, 15 Nov. 1954, Box 1, Folder "Adoptions (General), Various," Collection 23, CMS.

84. Susan Pettiss to Marcia Williams, 9 Jan. 1958, 2, Box 34, Folder "ISS Branches. Korea Adoption Jan-Dec 1958," ISS records; Syngman Rhee to Young Han Choo, 24 Aug. 1955, File 578, Rhee papers; Carl W. Strom to William G. Jones, 3 Mar. 1955; Carl W. Strom to Charles C. Diggs Jr., 3 Mar. 1955, Microfilm Roll 19, RG 59, Archives II; "Drive to Adopt Korean GI Tots," *Chicago Defender*, 19 Mar. 1955; Noel Braga to J. Calvitt Clarke, 14 Jan. 1955, 2.

85. Syngman Rhee to Young Han Choo, 3 Dec. 1953; Phyllis Woodley to Howard Rusk, 24 Nov. 1953, File 548, Rhee papers.

3장

1. Harry Holt, "Dear Friends" letter, 27 Dec. 1956, 3-4, Box 10, Folder "Holt, Harry Vol. I," International Social Service, American Branch Records, Social Welfare History Archives, University of Minnesota (hereafter "ISS records").

2. Robert and Dora Bersagel to Wayne Morse, 20 July 1956, in "Needed Revision of the McCarran-Walter Act," *Congressional Record* (hereafter CR), 84th Cong., 2nd sess., Vol. 102 (23 July 1956): 13979.

3. Crystal J. Gates, "China's Newly Enacted Intercountry Adoption Law: Friend or Foe?" *Indiana Journal of Global Legal Studies* 7 (Fall 1999): 370; Martin E. Marty, *Modern American Religion, vol. 3, Under God, Indivisible, 1941-1960* (Chicago: University of Chicago Press, 1996), 294; A. Roy Eckardt, "The New Look in American Piety," *Christian Century*, 17 Nov. 1954, 1396.

4. Bertha Holt, Bring *My Sons from Afar* (Eugene, OR: Holt International Children's Services, 1986), 9, 11.

5. Mary Dudziak, *Cold War Civil Rights: Race and the Image of American Democracy* (Princeton, NJ: Princeton University Press, 2000); Penny Von Eschen, *Satchmo Blows Up the World: Jazz Ambassadors Play the Cold War* (Cambridge, MA: Harvard University Press, 2004); Christina Klein, *Cold War Orientalism: Asia in the Middlebrow Imagination, 1945-1961* (Berkeley: University of California Press, 2003).

6. Bruce Cumings, "Occurrence at Nogun-Ri Bridge: An Inquiry into the History and Memory of a Civil War," *Critical Asian Studies* 33, no. 4 (Dec. 2001): 521; Craig S. Coleman, *American Images of Korea* (Elizabeth, NJ: Hollym International, 1990); see also Hannah Kim, "Ties That Bind: People, Policy, and Perception in US-Korean Relations" (PhD diss., University of Delaware, 2011).

7. Howard A. Rusk, "Voice from Korea: 'Won't You Help Us Off Our Knees?'" *Life*, 7 June 1954, 184, 187.

8. 1950년에는 남한 인구의 약 2퍼센트가 개신교도였다. Vladimir Tikhonov, "South Korea's Christian Military Chaplaincy in the Korean War-Religion as Ideology?" *Asia-Pacific Journal* 11, no. 1 (6 May 2013); 다음 자료를 참고하라. Harold E. Fey's five-part series on the Korean War, published in *Christian Century*, January-February, 1952.

9. Michael Rougier, "The Little Boy Who Wouldn't Smile," *Life*, 23 July 1951, 93; Bertha Holt,

The Seed from the East (Eugene, OR: Holt International Children's Services, 1956), 20; Bill Stapleton, "Little Orphan Island," *Collier's*, 14 July 1951, 51; Sydne Didier, "'Just a Drop in the Bucket': An Analysis of Child Rescue Efforts on Behalf of Korean Children, 1951 to 1964" (MA thesis, Portland State University, 1998), 13.

10. Wendy Kozol, Life's *America* (Philadelphia: Temple University Press, 1994); Elaine Tyler May, *Homeward Bound: American Families in the Cold War Era* (1988; New York: Basic Books, 1999).

11. Christina Klein, "Family Ties and Political Obligation: The Discourse of Adoption and the Cold War Commitment to Asia," in Cold War Constructions: The Political Culture of United States Imperialism, 1945–1966, ed. Christian Appy (Amherst: University of Massachusetts Press, 2000), 35, 42.

12. Opening editorial, Life, 26 Dec. 1955, 13.

13. "The Testimony of a Devout President," *Life*, 26 Dec. 1955, 12.

14. "An Unprecedented Wave of Religious Observance Sweeps over the U.S.," Life, 26 Dec. 1955, 46; May, *Homeward Bound*, 20; Marty, *Modern American Religion*, 293; Jonathan P. Herzog, *The Spiritual-Industrial Complex: America's Religious Battle Against Communism in the Early Cold War* (New York: Oxford University Press, 2011); Seth Jacobs, "'Our System Demands the Supreme Being': The U.S. Religious Revival and the 'Diem Experiment,' 1945–55," Diplomatic History 25, no. 4 (Fall 2001): 589–624.

15. Eckardt, "New Look in American Piety," 1395–1396. 〈크리스천 센추리〉와 〈크리스차니티 앤 크라이시스〉는 당시 널리 읽히던 초교파적 기독교 간행물이었다.

16. 1955년에 〈라이프〉 지는 '세계의 위대한 종교'를 주제로 특집 기사 시리즈를 게재했다. "The World's Important Religions," *Christianity and Crisis*, 13 June 1955, 79.

17. Marty, *Modern American Religion*, 294.

18. "Admission of Refugee Orphans to Citizenship in United States," CR, 85th Cong., 2nd sess., vol. 104 (19 Feb. 1958): 2398.

19. Henry R. Luce, "The American Century," *Life*, 17 Feb. 1941, 61–65.

20. Harold Fey, "Will Korea Perish?" *Christian Century*, 16 Jan. 1952, 66; Klein, "Family Ties and Political Obligation," 40.

21. "Testimony of a Devout President," 13.

22. Rusk, "Voice from Korea," 187.

23. 혹시라도 독자들이 이 메시지를 놓칠 때를 대비해 편집자들은 의도적으로 사진 밑에 '전쟁의 무고한 피해자들'이라는 짤막한 설명을 달았다. William J. Lederer and Nelle Keys Perry, "Operation Kid-Lift," *Ladies' Home Journal*, 12 Dec. 1952, 49.

24. Marvin Koner, "Korea's Children: The Old in Heart," *Collier's*, 25 July 1953, 24–25.

25. "Increase in Number of Visas to Be Issued to Orphans Under the Refugee Relief Act of 1953," CR, 84th Cong., 2nd sess., vol. 102 (26 July 1956): 14741–14743; [no first name noted] Adair to Arthur Watkins, 19 Sept. 1953, Box 58, Folder "I&N Act-Adopted Children," RG 46, National Archives, Washington, DC (hereafter "Archives I").

26. "Increase in Number of Visas to Be Issued to Orphans," 14742; Pearl S. Buck, *Children for Adoption* (New York: Random House, 1964), 167; "Author Pearl Buck to Adopt Part-Negro Orphan," *Chicago Defender*, 5 Apr. 1958.

27. Elaine Tyler May, "Cold War-Warm Hearth: Politics and the Family in Postwar America," in *The Rise and Fall of the New Deal Order, 1930-1980*, ed. Steve Fraser and Gary Gerstle (Princeton, NJ: Princeton University Press, 1989), 153-181.

28. "The Forgotten People," *Time*, 15 July 1951.

29. Rougier, "Little Boy Who Wouldn't Smile," 92.

30. Louis O'Conner, "The Adjustment of a Group of Korean and Korean-American Children Adopted by Couples in the United States" (MA thesis, University of Tennessee, 1964), 28; "A Famous Orphan Finds a Happy Home," *Life*, 15 May 1956, 129.

31. 버사 홀트는 《동쪽에서 온 자손》이라는 책 이후에 세 권의 책을 더 썼다. *Outstretched Arms* (1972), *Created for God's Glory* (1982), and *Bring My Sons from Afar* (1986). 버사 홀트는 이를 통해 홀트양자회가 한국과 세계 곳곳에서 펼치는 다양한 고아 구호 활동을 설명했다. 판매 수익은 홀트아동복지회 기금으로 쓰였다.

32. 독실한 기독교인이었던 피어스는 한국전쟁 때 고아가 된 아동들을 돕기 위해 1950년에 월드비전을 설립했다. 1953년에 월드비전은 월 후원 제도를 마련했는데, 이를 통해 아동들에게 음식, 교육, 의료 서비스, 직업 훈련을 제공했다. Bob Pierce and Ken Anderson, *The Untold Korea Story* (Grand Rapids, MI: Zondervan Publishing, 1951); Bob Pierce and Dorothy C. Haskin, *Orphans of the Orient: Stories That Will Touch Your Heart* (Grand Rapids, MI: Zondervan Publishing, 1964).

33. Holt, *Seed from the East*, 44.

34. Holt, *Bring My Sons from Afar*, 9.

35. Holt, *Seed from the East*, 55.

36. Holt, *Bring My Sons from Afar*, 9.

37. Bertha Holt Oral History, 17 Nov. 1992, Tape 6, Oregon Historical Society (hereafter "OHS").

38. Ron Moxness, "Good Samaritan of Korea," *American Mercury*, Oct. 1956, 88.

39. Holt, *Seed from the East*, 64. The Holt Bill (S. 2312) was introduced on 24 June 1955, and passed on 29 July 1955. See "Relief of Certain Korean War Orphans," CR, 84th Cong., 1st sess., vol. 101 (24 June 1955): 9154; "Korean War Orphans," CR, 84th Cong., 1st sess., vol. 101 (29 July 1955): 12078.

40. 뉴버거는 1955년 6월에 이 법안을 제출하면서 홀트 부부가 8명의 아동에게 "건강한 기독교 가정을 선물할 준비가 잘 되어" 있다고 확신한다고 강조했다. 그는 홀트 부부의 친구들과 이웃들이 쓴 79통의 추천서가 이를 보증한다고 말했다. "Relief of Certain Korean War Orphans," 9154.

41. Moxness, "Good Samaritan of Korea," 84; Holt, *Seed from the East*, 192.

42. Holt, *Seed from the East*, 200-201, 205, 219.

43. Holt, *Seed from the East*, 51; Moxness, "Good Samaritan of Korea," 84-88; "Amendment of Refugee Relief Act of 1953," CR, 84th Cong., 2nd sess., vol. 102 (30 Apr. 1956): 7247. 2년 뒤, 뉴버거는 홀트 가족 전체를 이렇게 불렀다. "이 가족보다 성경에 나오는 착한 사마리아인을 더 잘 보여주는 가족을 나는 알지 못합니다." "Admission of Refugee Orphans to Citizenship in United States," 2397.

44. "Mr. Holt 'Moves the World,'" *Oregonian*, 9 Apr. 1956; "Admission of Refugee Orphans to Citizenship in United States," 2397.

45. May, *Homeward Bound*, 49.

46. David Hyungbok Kim, Who Will Answer . . . (2001; Eugene, OR: Holt International

Children's Services, 2006), 124, 126.

47. 홀트를 위시한 홀트양자회와 주류 사회복지 당국이 대리입양을 놓고 벌인 싸움에 관해 더 알고 싶으면 다음 자료를 참고하라. Arissa Oh, "Into the Arms of America: The Korean Roots of International Adoption" (PhD diss., University of Chicago, 2008), chapters 5 and 6.

48. "Dear Friends" letter, 14 Dec. 1955; "Family Information" form attached to "Dear Friends" letter, 14 Dec. 1955; Executive Committee, Korea Mission, Commission on Ecumenical Mission and Relations of the United Presbyterian Church in the USA, "Report on Proxy Adoptions of Mixed-Blood Children," Apr. 1959, 13, Box 10, Folder "Korean Refugees," RG 46, Archives I.

49. Buck, *Children for Adoption*, 152-155. 펄 벅은 1949년에 웰컴하우스라는 입양 기관을 설립했다. 홀트 부부와 달리, 펄 벅은 아시아에 남을 수밖에 없는 아메라시안 아동을 돕기 시작했다. 나중에는 아메라시안 아동의 해외 입양에 힘을 쏟았다. 웰컴하우스는 20세기 말까지 약 5천 명의 아동을 입양 보냈다. Peter Conn, *Pearl S. Buck: A Cultural Biography* (New York: Cambridge University Press, 1996).

50. "Dear Friends" letter, 14 Dec. 1955, 1; "Dear Friends" letter, 17 Sept. 1957, 1, Folder: Holt, Harry Vol. 1, Box 10, ISS records.

51. "Dear Friends" letter, [1958], attached to Mrs. Edward Gresham to Laurin Hyde, 27 May 1958, Box 10, Folder "Holt, Harry Vol. 2," ISS records; Bertha Holt, *Outstretched Arms* (Eugene, OR: Holt International Children's Services, 1972), 283; "New Faces," *Time*, 23 Dec. 1957, 16; "Dear Friends" letter, February 1957, Box 153, Folder 4884, Collection 23B, Center for Migration Studies, Staten Island, NY (hereafter "CMS").

52. "Dear Friends" letter, 27 Dec. 1956; Bertha Holt Oral History, Tape 6, OHS.

53. Kim, *Who Will Answer*, 121; Kenneth Joseph Foreman Jr. Ninth Annual Report for the Board of Foreign Missions, [received 4 Nov. 1957], Box 10, Folder 15, RG 140, Presbyterian Historical Society, Philadelphia, PA; Bertha Holt Oral History, Tape 6, OHS; "Dear Friends" letter, 17 Sept. 1957, 2.

54. "Dear Friends" letter, 17 Sept. 1957, 3.

55. Bertha Holt Oral History, Tape 6, OHS.

56. 미국서비스사무소는 홀트에게 '특별 인사 보고서'를 제출했고, "그가 훌륭한 일을 한다는 이유로" 보고서 한 건당 6달러만 받았다. Katherine Kuplan to Susan Pettiss, 20 Sept. 1956, 1, Box 10, Folder "Children-Independent Adoption Schemes. Holt, Harry. 1955-1957 Vol. 1," ISS records.

57. Margaret Valk to Rev. John Kirkpatrick, 18 Dec. 1957, Box 10, Folder "Children-Independent Adoption Schemes. Holt, Harry. 1955-1957 Vol. 1," ISS records.

58. Bum-Ju Whang, *50-Year History of Holt Children's Services, Inc.* (Seoul: Holt Children's Service, 2005), 160, 163; Kim, *Who Will Answer*.

59. Kim, *Who Will Answer*, 201-202; Arnold Lyslo, "A Few Impressions on Meeting the Harry Holt Plane, the 'Flying Tiger,' Which Arrived in Portland, Oregon, December 27, 1958," 1, Box 10, Folder "Children-Independent Adoption Schemes, Holt, Harry, Vol. 2 1958-1959," ISS records.

60. Mrs. Warren C. Eveland to Susan Pettiss, 22 May 1958, Box 34, Folder "ISS, Branches Korea Adoptions Jan. 1958-Dec. 1958," ISS records.

61. 홀트양자회에 따르면, 이 비행기에는 아동 50명이 타고 있었다.

62. Mrs. Warren C. Eveland to Susan Pettiss, 22 May 1958; Susan Pettiss, Memo to Files, 6 June 1958, Box 34, Folder "ISS, Branches Korea Adoptions Jan. 1958~Dec. 1958," ISS records.

63. 한 목격자는 1958년 12월 27일에 비행기에 오른 아동 107명 중 많은 아동이 기침 감기에 걸려 있었고, 13명은 입원 치료가 필요했다면서도, 모두 마르긴 했지만 병약해 보이지는 않았다고 했다. Lyslo, "A Few Impressions."

64. Kim, *Who Will Answer*, 157~162.

65. Case 37013, ISS Adoption Case Records, Social Welfare History Archive, University of Minnesota (hereafter "ISS case files"); ISS NY to ISS Korea, 19 Nov. 1958, Box 35, Folder "Korea 'Oxford Committee for Famine Relief' 1957~1966," ISS records; Case 58900, ISS case files; Holt, *Bring My Sons from Afar*, 37.

66. Whang, *50-Year History of Holt*; Kim, Who Will Answer, 145, 117.

67. 〈시카고 디펜더〉가 1956년 4월 10일, 1956년 12월 19일, 1958년 2월 8일에 게재한 사진 설명이다.

68. Lyslo, "A Few Impressions." 하와이에 거주하던 한국인들도 홀트 전세기를 반갑게 맞았다. 비행기가 하와이에 잠시 들르면, 한국 주민들이 나서서 보호자들에게 음식을 제공했고 아이들을 돌보느라 지친 몸을 쉴 수 있게 해줬다.

69. Lyslo, "A Few Impressions," 2.

70. Ibid., 2~3.

71. Alsi Robinette to ISS, 31 July 1959, Case 37176, ISS case files.

72. 루이스 오코너와 김동수는 각각 1964년과 1976년에 한국 아동이 미국 가정에 어떻게 적응하고 있는지를 조사하는 사회복지 연구를 수행했다. 결과는 다른 비슷한 연구들과 일치했다. 나는 이들 연구에 나온 정보를 바탕으로 이 책에 진술했다.

73. Dong Soo Kim, "Intercountry Adoptions" (PhD diss., University of Chicago, 1976), 107; Holt, *Seed from the East*, 236. 둘 다 미국 사회복지사들이 '입양하기에 적합하지 않은 아동'으로 분류한다는 이유로 버사 홀트가 '정신지체아'와 '동양인'을 같은 범주에 넣은 것은 너무 충격적이다.

74. Jean E. Privat to Richard Neuberger, 1 Apr. 1958, Box 11, Folder 26, Neuberger Papers Richard Neuberger Papers, Special Collections and University Archives, University of Oregon Libraries, Eugene, OR (hereafter "Neuberger papers"); Holt, *Seed from the East*, 200~5; Holt, *Bring My Sons from Afar*, 29, 44; Didier, "Just a Drop in the Bucket," 115.

75. Raymond W. Riese to Paul H. Martin, 13 May 1958, 1, Box 10, Folder "Holt, Harry. Vol. 2," ISS records; Lois McCarty to Carl Adams, 30 Aug. 1957, Box 10, "Folder: Holt, Harry, Vol. 1," ISS records; Margaret Valk to Elinor Westerfield, 11 July 1956, 1, Case 38332, ISS case files.

76. Harry Holt to Richard Neuberger, 5 June 1959 and 16 Jan. 1960, Box 11, Folder 26, Neuberger papers; Kim, *Who Will Answer*, 366; LeRoy Bowman, Benjamin A. Gjenvick, and Eleanor T. M. Harvey, *Children of Tragedy: Church World Service Survey Team Report on Intercountry Orphan Adoption* (New York: National Council of the Churches of Christ in the USA, 1961), 78.

77. Buck, *Children for Adoption*, 157; Holt, *Bring My Sons from Afar*, 9.

78. Susan Pettiss, "Report: Trip to the West Coast and Ohio," 13 Mar. 1956, enclosed in Susan Pettiss to Frank Phillips, 16 Mar. 1956, 3, Box 10, Folder "Children-Independent Adoption Schemes. World Vision," ISS records.

79. Pettiss, "Report: Trip to the West Coast and Ohio," 4.

80. David Hollinger, "Amalgamation and Hypodescent: The Question of Ethnoracial Mixture in the History of the United States," *American Historical Review* 108, no. 5 (Dec. 2003); Henry Yu, "Tiger Woods Is Not the End of History: Or, Why Sex Across the Color Line Won't Save Us All," *American Historical Review* 108, no. 5 (Dec. 2003): 1406-1414; Ellen D. Wu, *The Color of Success: Asian Americans and the Origins of the Model Minority* (Princeton, NJ: Princeton University Press, 2014), chapter 7.

81. Matthew Pratt Guterl, *Josephine Baker and the Rainbow Tribe* (Cambridge, MA: Belknap Press of Harvard University Press, 2014).

82. 이 기간에 혼혈 아시아 아동을 입양한 다른 저명인사로는 펄 벅의 친구인 오스카 해머스타인, 제임스 미치너, 로이 로저스와 데일 로저스가 있다.

83. Guterl, *Josephine Baker*, 103; "Life Visits a One-Family U.N.," *Life*, 12 Nov. 1951, 157; Helen Doss, *The Family Nobody Wanted* (1954; Boston: Northeastern University Press, 2001); Joseph P. Blank, *19 Steps up the Mountain: The Story of the DeBolt Family* (Philadelphia: J. B. Lippincott, 1976); Rebecca Trounson, "Dorothy DeBolt Dies at 89; Adoption Advocate Raised 20 Children" *Los Angeles Times*, 12 Mar. 2013, http://articles.latimes.com/2013/mar/12/local/la-me-dorothy-debolt-20130312; Dorothy DeBolt and John Korty, *Who Are the DeBolts? (And Where Did They Get 19 Kids?)* (Docurama, 1977), DVD.

84. Mr. and Mrs. Jacob Warkentin to Wayne Morse, 21 July 1956, quoted in "Increase in Number of Visas to be Issued to Orphans," 14743.

85. 김동수는 홀트양자회를 통해 입양된 사람들의 자기 개념을 조사한 1976년 연구에서 양부모 406명이 작성한 설문지를 분석했다. 그중에는 이런 질문이 있었다. "이 아동을 입양하려는 주된 동기는 무엇입니까?" 406개 입양 가정은 입양의 주요 동기가 아동에 대한 사랑과 양육(응답자의 32.7퍼센트), 인도주의와 종교적 관심(30.9퍼센트), 한국에 대한 책임감과 관심(10.3퍼센트)이라고 답했다. 이는 기독교적 미국주의(2~3번째로 많은 입양 동기였다)가 입양 결정에 중요한 역할을 했다는 걸 보여준다. 그 밖의 입양 동기로는 불임(9.9퍼센트), 가족을 위한 보상 또는 완성(8.8퍼센트), 기타(6.3퍼센트), 급격한 인구 증가(1.1퍼센트)가 있었다. 406명의 응답자 중 약 절반은 1956년부터 1962년 사이에 아동을 입양했고, 나머지 절반은 1962년부터 1972년 사이에 입양했다. Kim, "Intercountry Adoptions," 87, 90-91.

86. O'Conner, "Adjustment of a Group of Korean and Korean-American Children," 29.

87. "Increase in Number of Visas to be Issued to Orphans Under the Refugee Relief Act of 1953," 14743; Mr. and Mrs. Luke Knowlton to Wayne Morse, 20 July 1956, quoted in "Refugee Relief Act Must Be Amended to Assist War Orphans," CR, 84th Cong., 2nd sess., vol. 102 (23 July 1956): 13982.

88. Elaine Tyler May, *Barren in the Promised Land: Childless Americans and the Pursuit of Happiness* (New York: Basic Books, 1995); Barbara Melosh, *Strangers and Kin: The American Way of Adoption* (Boston: Harvard University Press, 2002); Julie Berebitsky, *Like Our Very Own: Adoption and the Changing Culture of Motherhood, 1851-1950* (Lawrence: University Press of Kansas, 2000); Bruce H. Berry, "Legislation," *Brooklyn Law Review* 28, no. 2 (Apr. 1962): 324.

89. Warkentin to Morse, 21 July 1956; Mrs. C. O. Alford to Wayne Morse, 19 July 1956, quoted in "Refugee Relief Act Must Be Amended to Assist War Orphans," 13981.

90. Mr. and Mrs. Bruce R. Sexton to Wayne Morse, 29 July 1956, quoted in "Refugee Relief Act

Must Be Amended to Assist War Orphans," 13982; Warkentin to Morse, 21 July 1956.

91. Jessie Bennett Sams won the *Saturday Review's* Anisfield-Wolf Award in Race Relations for her memoir White Mother in 1958. Buck was on the judging committee. Klein, "Family Ties and Political Obligation," 62-63.

92. Peggy Pascoe, "Miscegenation Law, Court Cases, and Ideologies of 'Race' in Twentieth-Century America," *Journal of American History* 83 (June 1996): 48.

93. Klein, "Family Ties and Political Obligation," 63-64.

94. Holt, *Seed from the East*, Preface; Klein, "Family Ties and Political Obligation," 60.

4장

1. Statement by [birth mother], 7 Jan. 1955, Case 36489, ISS Adoption Case Files, Social Welfare History Archive, University of Minnesota (hereafter "ISS case files"). 진술서를 읽어 보면 짐작할 수 있듯이, 아마도 이 친생모는 영어에 능통하지 못했을 것이다.

2. ISS Case 64815, ISS case files.

3. Lucile Chamberlin to Susan Pettiss, 23 Mar. 1956, Box 10, Folder "Children-Independent Adoption Schemes. World Vision. 1955-1960," International Social Service, American Branch Records, Social Welfare History Archives, University of Minnesota (hereafter "ISS records").

4. Won Moo Hurh, "Marginal Children of War: An Exploratory Study of American-Korean Children." 1969년 5월 3일, 중서부오하이오밸리사회학회에서 발표했던 논문이다.

5. Barbara Melosh, *Strangers and Kin: The American Way of Adoption* (Cambridge, MA: Harvard University Press, 2002), 3; Julie Berebitsky, *Like Our Very Own: Adoption and the Changing Culture of Motherhood, 1851-1950* (Lawrence: University Press of Kansas, 2000), 130; Ellen Herman, "The Paradoxical Rationalization of Modern Adoption," *Journal of Social History* 36, no. 2 (Winter 2002): 360.

6. Melosh, *Strangers and Kin*, 211; Berebitsky, *Like Our Very Own*, 12-13.

7. Regina Kunzel, *Fallen Women, Problem Girls: Unmarried Mothers and the Professionalization of Social Work 1890-1945* (New Haven, CT: Yale University Press, 1993); Berebitsky, *Like Our Very Own*, 8; Melosh, *Strangers and Kin*; Herman, "Paradoxical Rationalization of Modern Adoption," 340-341, 347; US Department of Health, Education, and Welfare, Social Security Administration, Children's Bureau, "Protecting Children in Adoption," Children's Bureau publication 354, 1955, 26, quoted in Laurin and Virginia Hyde, "A Study of Proxy Adoptions," Box 11, Folder "Proxy Adoption, Study On, 1959," ISS records.

8. Kunzel, *Fallen Women, Problem Girls*; Melosh, *Strangers and Kin*, 109; Berebitsky, *Like Our Very Own*, 129; Bruce H. Berry, "Legislation," *Brooklyn Law Review* 28, no. 2 (Apr 1962): 324n4; Herman, "Paradoxical Rationalization of Modern Adoption"; Hyde and Hyde, "A Study of Proxy Adoptions," appendix A.

9. Berebitsky, *Like Our Very Own*, 135; "Results of Leadership, Demonstrations, and Training In South Korea by International Social Service 1954-1966," undated, Box 34, Folder "Korea-Administrative Correspondence," ISS records; Bertha Holt, *Bring My Sons from Afar* (Eugene, OR: Holt International Children's Services, 1986), 12.

10. 가정 조사에 관해 더 알고 싶으면 다음 자료를 참고하라. Sarah Potter, *Everybody Else: Adoption and the Politics of Domestic Diversity in Postwar America* (Athens: University of Georgia Press, 2014).

11. Report of home study, 18 Nov. 1954, 2, Case 37099, ISS case files. For more on motivations behind domestic adoptions, see Melosh, *Strangers and Kin*; Berebitsky, *Like Our Very Own*; Herman, *Kinship by Design*; Elaine Tyler May, *Barren in the Promised Land: Childless Americans and the Pursuit of Happiness* (New York: Basic Books, 1995); "Adoptive Home Study," [forwarded to ISS 19 Sept. 1963], 1, Case 621887, ISS case files; Ilona Zucker to Danica Adjemovitch, 8 Aug. 1957, 2, Case 571120, ISS case files; Home Study, 3 June 1955, 4, Case 37827, ISS case files.

12. Margaret Valk to Elsie Charls, 18 Feb. 1955, 2, Case 37362, ISS case files; Melosh, *Strangers and Kin*, 38; Valk to Charls, 18 Feb. 1955, 2; Helen Miller, "Korea's International Children," *Lutheran Social Welfare*, Summer 1971, 15.

13. 1961년부터 한국 4개 대학에서 사회복지학과를 운영했다. 사회복지학 대학원 과정은 없었다. LeRoy Bowman, Benjamin A. Gjenvick, and Eleanor T. M. Harvey, *Children of Tragedy: Church World Service Survey Team Report on Intercountry Orphan Adoption* (New York: National Council of the Churches of Christ in the USA, 1961), 33; 2006년 6월 16일, 저자와 한현숙의 인터뷰.

14. 역사적으로 보면, 미국 국내 입양에서도 아동이 고아인지를 판단하는 문제가 쉽지 않았다. 세기가 바뀔 무렵, 미국 고아원에 수용된 아동의 10~15퍼센트만이 '완전한 고아'였다. Berebitsky, *Like Our Very Own*, 34.

15. 조디 킴은 이것을 아동과 한국인 생부모의 '사회적 죽음'이라고 부른다. Kim, "An "Orphan" with Two Mothers: Transnational and Transracial Adoption, the Cold War, and Contemporary Asian American Cultural Politics," *American Quarterly* (2009): 857; Eleana Kim, "Our Adoptee, Our Alien: Transnational Adoptees as Specters of Foreignness and Family in South Korea," *Anthropological Quarterly* 80, no. 2 (Spring 2007): 497-531. The term *paper orphan* comes from Jane Jeong Trenka, "My Adoption File," *Jane's Blog*, http://jjtrenka.wordpress.com/about/adoption-file/.

16. Thomas Park Clement, *The Unforgotten War* (*Dust of the Streets*) (Bloomfield, IN: Truepeny Publishing, 1998), 6; Hi Taik Kim and Elaine Reid, "After a Long Journey: A Study on the Process of Initial Adjustment of the Half and Full Korean Children Adopted by American Families, and the Families' Experiences with these Children During the Transitional Period" (MA thesis, University of Minnesota, 1970).

17. Myoung H. Rhee to Margaret Valk, 9 June 1958, Case 37176, ISS case files; Oak Soon Hong to Susan Pettiss, 27 Dec. 1954, 1, Case 36489, ISS case files.

18. Han, *Many Lives Intertwined*, 109; Case 36489, ISS case files.

19. Author interview with Molly Holt, 11 Apr. 2007; David Hyungbok Kim, *Who Will Answer . . . ?* (2001; Eugene, OR: Holt International Children's Services, 2006), 125, 132, 192; Dorothy Frost, Memo for the Record, 25 Nov. 1958, 1, Box 10, Folder "Holt, Harry. Vol. 2," ISS records.

20. Bum-Ju Whang, *50-Year History of Holt Children's Services, Inc.* (Seoul: Holt Children's Service, 2005), 145.

21. Whang, *50-Year History of Holt*, 150; 몰리 홀트와 저자의 인터뷰; Kim, *Who Will Answer*, 122, 157, 166, 220, 258; Bertha Holt Oral History, 17 Nov. 1992, Tape 7, Oregon Historical Society (hereafter "OHS"); Case 581243, ISS case files; Minutes of Extra-ordinary Meeting of the Joint ROK/KCAC/UNKRA Committee for Child Welfare, [received 25 Oct. 1954], 2, Box 153, Folder 4882, Collection 23B, Center for Migration Studies, Staten Island, NY (hereafter "CMS").

22. Hyun Sook Han, *Many Lives Intertwined* (St. Paul, MN: Yeong & Yeong, 2004), 99-100; Holt, *Bring My Sons from Afar*, 12.

23. Han, *Many Lives Intertwined*, 100-101; Memo for the Record, "Notes on the Meeting of the Adoption Committee Held at the UNKRA Club," [received 25 Oct. 1954], 1, Box 153, Folder 4882, Collection 23B, CMS; Peter Kent Malone to John Rieger, Country Chief's Monthly Narrative Report, 17 Dec. 1955, Box 27, Folder "Seoul Area [folder 2/2], RG 59, National Archives, College Park, MD (hereafter "Archives II").

24. Susan Pettiss, Memo to Files, 6 June 1958, Box 34, Folder "ISS, Branches Korea Adoptions Jan. 1958-Dec. 1958," ISS records; Marcia Williams to Althea Knickerbocker, 28 Mar. 1958, Case 36608, ISS case files; William Hilliard, "Thieves Further Delay Korean Baby Airlift, Already Harassed [*sic*] by Redtape," Oregonian, 16 Dec. 1956.

25. Virginia Baumgartner to Margaret Valk, 2 June 1958, Case 58863, ISS case files.

26. Virginia Baumgartner to Susan Pettiss, 2 Dec. 1959, 1, Box 34, Folder "Korea-Adoptions to 1962 Rejections-Non Policy," ISS records; Kim, *Who Will Answer*; "Measures for the Welfare of Mixed-Blood Children in Korea," 8 Aug. 1967, 6, Box 35, Folder "Korea-Correspondence. Vol. 1," ISS records; American Embassy Consular Section, Seoul, Korea, "Adoption and Visas for Korean Orphans: Public Law 85-316, The Immigration Act of September 11, 1957," [1958], Box 34, Folder "ISS, Branches Korea Adoptions Jan. 1958-Dec. 1958," ISS records. ISS and CPS merged in 1966.

27. Marcia Williams to Susan Pettiss, 2 May 1958, 1, Box 34, Folder "ISS, Branches Korea Adoptions Jan. 1958-Dec. 1958," ISS records; Baumgartner to Pettiss, 2 Dec. 1959, 2; Margaret Valk, "Report: International Social Service: Inter-Country Adoption Program with Korea (1953-1958)," [1958], 9, Box 34, Folder "ISS, Branches Korea Adoptions Jan. 1958-Dec. 1958," ISS records; author interview with Molly Holt, 11 Apr. 2007; Marcia Williams to Susan Pettiss, 10 Mar. 1958, 1-2, Box 34, Folder "ISS, Branches Korea Adoptions Jan. 1958-Dec. 1958," ISS records; Marcia Speers to Susan Pettiss, 26 Nov. 1957, 2, Box 34, Folder "ISS, Branches Korea Adoptions Jan. 1958-Dec. 1958," ISS records.

28. Herman, "Paradoxical Rationalization of Modern Adoption," 340; Melosh, *Strangers and Kin*; Berebitsky, *Like Our Very Own*; Rickie Solinger, *Wake Up Little Susie: Single Pregnancy and Race Before Roe v. Wade* (1992; New York: Routledge, 2000).

29. Kim, *Who Will Answer*, 4, 3; Han, *Many Lives Intertwined*, 107; "Report of Investigation," 27 Dec. 1954, Case 36489, ISS case files; Kim and Reid, "After a Long Journey."

30. Harry Holt to Mrs. P, 7 Apr. 1958, Case 36608, ISS case files; Althea Knickerbocker to Kathryn Gordon, 29 Apr. 1958, 2, Case 36608, ISS case files; Excerpt from a letter from Harry to Bertha Holt, 18 Aug. 1955, quoted in Whang, *50-Year History of Holt*, 135.

31. Dong Soo Kim, "From Women to Women with Painful Love: A Study of Maternal Motivation

in Intercountry Adoption Process," in *Korean Women in a Struggle for Humanization*, ed. Harold Hakwon Sunoo and Dong Soo Kim (Memphis: Association of Korean Christian Scholars in North America, 1978); Kim and Reid, "After a Long Journey."

32. Anne Davison, "The Mixed Racial Child," undated, 2, Box 34, Folder "Korea-Adoptions to '62," ISS records; Kim, "From Women to Women with Painful Love," 137-138, 141.

33. Kim and Reid, "After a Long Journey," 33; Davison, "The Mixed Racial Child," 2; Holt, *Bring My Sons from Afar*, 12; Han, *Many Lives Intertwined*, 100.

34. Untitled report, [1957 or 1958], Case 42331, ISS case files; Virginia Baumgartner to Margaret Valk, 2 June 1958, Case 58863, ISS case files.

35. Holt, *Bring My Sons from Afar*, 13.

36. Virginia Baumgartner to Mary Davis, 11 Aug. 1959, Case 591535, ISS case files.

37. Case 60825, ISS case files; Anne Davison to Valeen Pon, 27 June 1960, Case 67230, ISS case files; Case 60825, ISS case files.

38. Virginia Baumgartner to Margaret Valk, 2 June 1958, Case 58863, ISS case files; "PRC's [Paul Cheney] Notes on Field Visit-ISS Korea Staff," [1962], 19, Box 35, Folder "Korea-General, Discard," ISS records.

39. "PRC's [Paul Cheney] Notes on Field Visit-ISS Korea Staff," [1962], 19, Box 35, Folder "Korea-General, Discard," ISS records.

40. Kim, "From Women to Women with Painful Love," 137.

41. Pearl S. Buck, *Children for Adoption* (New York: Random House, 1964), 157; *Adoption of Oriental Children by American White Families: An Interdisciplinary Symposium* (New York: Child Welfare League of America, 1960), 11; home study [forwarded to ISS on 6 July 1966], 4, Case 65906, ISS case files.

42. Geoffrey Keleher to Jean Bamford Keleher, 20 May 1956, Microfilm Roll 19, RG 59, Archives II; Buck, *Children for Adoption; Adoption of Oriental Children*, 11.

43. 지능과 종교도 매칭 기준에 포함되었지만, 사회복지사들은 20세기 중반까지 인종 매칭을 가장 강조했다. Melosh, Strangers and Kin, 93. For more on religious matching, see Ellen Herman, "Paradoxical Rationalization of Modern Adoption"; Ellen Herman, "The Difference Difference Makes: Justine Wise Polier and Religious Matching in Twentieth-Century Child Adoption," *Religion and American Culture* 10, no. 1 (Winter 2000): 57-98.

44. 입양 사실을 숨길 수 있으면 친생모와 양어머니 모두 사회적 낙인을 피할 수 있었다. 친생모는 당대의 성 규범을 어기고 혼외로 아기를 낳았다는 낙인을 피할 수 있었고, 양어머니는 불임 사실을 밝히지 않아도 되었다. 당시에는 부부에게 자식이 없으면, 여성에게 문제가 있다고 보았다. Melosh, *Strangers and Kin*, 112, 120, 152, 209-210. Elaine Tyler May discusses infertility and adoption in *Barren in the Promised Land*, and E. Wayne Carp examines the history of secrecy in adoption in *Family Matters: Secrecy and Disclosure in the History of Adoption* (Cambridge, MA: Harvard University Press, 1998).

45. Brian Paul Gill, "Adoption Agencies and the Search for the Ideal Family, 1918-1965," in *Adoption in America: Historical Perspectives*, ed. E. Wayne Carp (Ann Arbor: University of Michigan Press, 2002), 160-180.

46. Eleana Kim, "Erasures of Empire: The Disavowals of Race in Transnational Korean Adoption," 2011, 저자가 소장 중인 미간행 논문, 11.

47. Bertha Holt, *Outstretched Arms* (Eugene, OR: Holt International Children's Services, 1972), 283-284; 2007년 4월 11일, 저자와 몰리 홀트의 인터뷰.

48. Melosh, *Strangers and Kin*, 102; Mrs. Douglass A. Young to Muriel Webb, 25 Mar. 1958, Box 10, Folder "Holt, Harry. Vol. 2," ISS records; Susan Pettiss to Muriel Webb, 18 Apr. 1958, Box 10, Folder "Holt, Harry. Vol. 2," ISS records.

49. Buck, *Children for Adoption*; Pearl S. Buck, *The Hidden Flower* (New York: Pocket Books, 1952); Melosh, *Strangers and Kin*, 94; Case 571339, ISS case files; Photos 142, 172, 190, 193, and 194, Collection 23B, CMS; Margaret Valk to Sam Karelitz, 14 Sept. 1960, Box 34, Folder "Korea-Adoptions to 1962 Rejections-Non Policy," ISS records; Sam Karelitz to Margaret Valk, 20 Sept. 1960, Box 34, Folder "Korea-Adoptions to 1962 Rejections-Non Policy," ISS records.

50. Han, *Many Lives Intertwined*, 114.

51. Eva Kelley to Lillian Lewis, 18 Sept. 1964, Case 41811, ISS case files; Helen McKay to Margaret Valk, [July 1956], Case 41811, ISS case files; Albert Beck to CA Department of Social Welfare, [received 11 Mar. 1955], 2, Case 37651, ISS case files.

52. Nadia Kim, *Imperial Citizens: Koreans and Race from Seoul to LA* (Stanford, CA: Stanford University Press, 2008); Eleanor Linse to St. Louis County Welfare Office, 11 Mar. 1957, 1-2, Box 10, Folder "Holt, Harry Vol. 1," ISS records; Clement, *Unforgotten War*, 12; Margaret Valk to Elsie Charls, 18 Feb. 1955, Case 37362, ISS case files; Noel Braga to J. Calvitt Clarke, 14 Jan. 1955, Microfilm Roll 19, RG 59, Archives II.

53. Susan Pettiss to Marcia Williams, 9 Jan. 1958, 2, Box 34, Folder "ISS Branches. Korea Adoption Jan.-Dec. 1958," ISS records; Melosh, *Strangers and Kin*, 54; Holt, *Bring My Sons from Afar*, 27, 103, 167; "New Faces," *Time*, 23 Dec. 1957, 16; Bertha Holt, *The Seed from the East* (Eugene, OR: Holt International Children's Services, 1956), 236.

54. "State Department Seeks to Help 'Ostracized' Korea Brown Babies," *Jet*, 24 Mar. 1955, 16-17, Box 11, Folder "Brown Baby file," RG 59, Archives II. Thanks to Madeline Hsu for drawing my attention to this source.

55. Kori Graves, "Domesticating Foreign Affairs: The African-American Family, Korean War Orphans, and Cold War Civil Rights" (PhD diss., University of Wisconsin-Madison, 2011).

56. Ethel Payne, "parents wanted! Why Not Adopt a Baby?" *Chicago Defender*, 12 Apr. 1952; Ethel Payne, "parents wanted! Why Not Adopt a Baby?" installment 2, *Chicago Defender*, 19 Apr. 1952; Ethel Payne, "parents wanted! Why Not Adopt a Baby?" installment 3, *Chicago Defender*, 26 Apr. 1952; "Why Negroes Don't Adopt Children," *Ebony*, July 1952, 31; "Attitudes of Negro Professional and Business Men Toward Adoption," vol. 1 (collected MSW theses, University of Buffalo School of Social Work, 1960).

57. Ilona Zucker to Margaret Valk, 29 Apr. 1957, 1, Case 571120, ISS case files. 뉴욕에 있는 민영 입양 기관 스펜스-채핀은 흑인 아동들에게 가정을 찾아주는 프로그램을 운영하면서 아프리카계 유명인사를 모집했다. "Why Negroes Don't Adopt Children," 34; Melosh, *Strangers and Kin*, 101. 아프리카계 미국인의 입양을 촉진하고자 전국도시연맹에서 추진한 활동에 관해서는 다음을 참고하라. Graves, "Domesticating Foreign Affairs."

58. Ilona Zucker to Crystal Breeding, 13 Dec. 1957, Case 42334, ISS case files; Letitia DiVirgilio to Margaret Valk, 5 Nov. 1958, 1, Case 571339, ISS case files; Andrew Juras to William Kirk

(Attn Pettiss), 4 May 1956, 2, Box 10, Folder "Holt, Harry Vol. 1," ISS records; Kim, "Erasures of Empire," 10.

59. Letitia DiVirgilio to Margaret Valk, 5 Nov. 1958, 2, Case 571339, ISS case files. 외국에서 아동을 입양하는 부모들이 국내에서 입양할 때보다 더 많은 돈을 내게 해서는 안 된다는 게 보스턴아동봉사협회의 정책이었다. 국내 입양의 경우에는 가족 소득에 따라 차등을 두어 비용을 계산했고, 사례별로 비용을 면제해주거나 조정해주었다. 해외 입양의 경우에는 대부분 중개 수수료를 면제해주거나 아주 적은 금액만 청구했다.

60. DiVirgilio to Valk, 5 Nov. 1958, 2.

61. Margaret Valk, handwritten notation, Mar. 1956 on Grace Louise Hubbard to Margaret Valk, 20 Sept. 1955, Case 36746, ISS case files; Margaret Valk to Grace Rue, 25 June 1956, Case 36746, ISS case files.

62. Melosh, *Strangers and Kin*, 149-150; Margaret Valk to VA Department of Public Welfare, 10 Apr. 1956, Case 38038, ISS case files; "Why Negroes Don't Adopt Children," 31. 아프리카계 미국인의 해외 입양에 관해 더 알고 싶으면 다음 자료를 참고하라. Graves, "Domesticating Foreign Affairs"; Potter, *Everybody Else*.

63. "Why Negroes Don't Adopt Children"; Melosh, *Strangers and Kin*; DiVirgilio to Valk, 5 Nov. 1958, 1-2; Graves, "Domesticating Foreign Affairs," 21.

64. Susan Pettiss to Marcia Williams, 9 Jan. 1958, 3, Box 34, Folder "ISS Branches. Korea Adoption Jan-Dec. 1958," ISS records; Nellie Loomis to Crystal Breeding, 18 Jan. 1957, Case 42234, ISS case files; NJ Board of Child Welfare to Mrs. M, 18 July 1955, 1-2, Case 38291, ISS case files.

65. Eleanor Linse to St. Louis County Welfare Office, 11 Mar. 1957, 1-2, Box 10, Folder: Holt, Harry Vol. 1, ISS records; Ilona Zucker to Crystal Breeding, 3 June 1957, 1, Case 42334, ISS case files; Mrs. M to Child Placement Service, 3 May 1955, Case 38291, ISS case files; Melosh, *Strangers and Kin*, 96-7; Ilona Zucker to Crystal Breeding, 18 June 1957, 1, Case 42334, ISS case files.

66. Ilona Zucker to Margaret Valk, 29 Apr. 1957, 1, Case 571120, ISS case files; Letitia DiVirgilio to Danica Adjemovitch, 16 June 1958, 1, Case 571120, ISS case files.

67. Letitia DiVirgilio to Danica Adjemovitch, 13 May 1958, 1, Case 571120, ISS case files; Danica Adjemovitch to ISS Korea, 12 June 1958, Case 571120, ISS case files; DiVirgilio to Adjemovitch, 16 June 1958, 1.

68. Letitia DiVirgilio to Danica Adjemovitch, 6 June 1958, 2, Case 571120, ISS case files; DiVirgilio to Adjemovitch, 16 June 1958, 1.

69. Melosh, *Strangers and Kin*, 99; Margaret Valk to Virginia Baumgartner, 24 June 1958, Box 34, Folder "ISS, Branches Korea Adoptions Jan. 1958-Dec. 1958," ISS records; Graves, "Domesticating Foreign Affairs," 92-93. 그 사회복지사는 암갈색 견본이 스타킹인지, 종이인지, 크레용인지 명시하지 않았다. 2013년 1월 17일에 저자가 코리 그레이브스에게 받은 개인 이메일; Evelyn McKee to Harriet Soulen, 5 Dec. 1963, Case 571026, ISS case files; Haesong Chun to Harriet Soulen, 8 Jan. 1964, 1, Case 571026, ISS case files.

70. *Adoption of Oriental Children by American White Families*, 26, 32, 34; Sydne Didier, "'Just a Drop in the Bucket': An Analysis of Child Rescue Efforts on Behalf of Korean Children, 1951 to 1964" (MA thesis, Portland State University, 1998), 99; Peggy Pascoe, "Miscegenation

Law, Court Cases and Ideologies of 'Race' in Twentieth-Century America," *Journal of American History* 83, no. 1 (June 1996): 44-69.

71. Margaret Valk to Willella Kennedy, 11 Mar. 1955, 1, Case 37099, ISS case files.

72. Report on visit, Nov. 1964, Case 621887, ISS case files; Cheri Register, *Beyond Good Intentions: A Mother Reflects on Raising Internationally Adopted Children* (St. Paul, MN: Yeong & Yeong, 2005).

73. Margaret Valk to Elsie Charls, 18 Feb. 1955, 2, Case 37362, ISS case files; home study, [late 1950s], 3, Case 581935, ISS case files; home study, 22 June 1955, 19, Case 37217, ISS case files.

74. [State] Department of Social Work to Margaret Valk, 5 May 1955, Case 37827, ISS case files; [State] DSW to Margaret Valk, 3 June 1955, 3, Case 37827, ISS case files; "Foster home evaluation," enclosed with [State] DSW to Margaret Valk, 3 June 1955, 3, Case 37827, ISS case files.

75. California Department of Social Welfare to Althea Knickerbocker, 15 Dec. 1961, 1, Case 61207, ISS case files; Patricia Seavers to ISS, 10 Jan. 1957, 2, Case 37182, ISS case files; home study, 22 June 1955, 19, Case 37217, ISS case files.

76. Home study, undated, enclosed with Cerise Klepper to Dorothy Sills, 16 May 1955, Case 36585, ISS case files; Case 60209, ISS case files; Mamie Goodman to Susan Pettiss and Margaret Valk, 2 Mar. 1956, Case 37013, ISS case files.

5장

1. Harry C. Stickler, "Orphan Airlift: From Seoul to Brussels with Nine Little Orphans," *Asia Magazine*, 25 Aug. 1974, in *The Unbroken Circle: A Collection of Writings on Interracial and International Adoption*, ed. Betty Kramer (Minneapolis: Organization for a United Response, 1975), 145.

2. Gil Loescher and John A. Scanlan, *Calculated Kindness: Refugees and America's Half-Open Door, 1945-Present* (New York: Free Press, 1986); Carl Bon Tempo, *Americans at the Gate: The United States and Refugees During the Cold War* (Princeton, NJ: Princeton University Press, 2008), 99; Steven Porter, "Defining Public Responsibility in a Global Age: Refugees, NGOs, and the American State" (PhD diss., University of Chicago, 2009); Bryan O. Walsh, "Cuban Refugee Children," *Journal of Interamerican Studies and World Affairs* 13, nos. 3-4 (July-Oct. 1971): 378-415; Maria de los Angeles Torres, *The Lost Apple: Operation Pedro Pan, Cuban Children in the U.S., and the Promise of a Better Future* (Boston: Beacon Press, 2004).

3. I thank Ellen Wu for providing me with the language for this point.

4. Ellen Herman, *Kinship by Design: A History of Adoption in the Modern United States* (Chicago: University of Chicago Press, 2008), 8; Laura Briggs, "Making 'American' Families: Transnational Adoption and U.S. Latin America Policy," in *Haunted by Empire: Geographies of Intimacy in North American History*, ed. Ann Laura Stoler (Durham, NC: Duke University Press, 2006), 349.

5. Mae M. Ngai, *Impossible Subjects: Illegal Aliens and the Making of Modern America* (Princeton, NJ: Princeton University Press, 2004).

6. Aristide Zolberg, "The Roots of American Refugee Policy" *Social Research* 55, no. 4 (Winter 1988): 649-678; Bon Tempo, *Americans at the Gate*; Porter, "Defining Public Responsibility"; Loescher and Scanlan, *Calculated Kindness*; Michael Gill Davis, "The Cold War, Refugees, and U.S. Immigration Policy" (PhD diss., Vanderbilt University, 1996); Kathryn Close, *Transplanted Children*: A History (New York: US Committee for the Care of European Children, 1953), 40-41; Beth C. Cohen, *Case Closed: Holocaust Survivors in Postwar America* (New Brunswick, NJ: Rutgers University Press, 2007); Robert Matthews, "The Littlest Immigrants: The Immigration and Adoption of Foreign Orphans" (PhD diss., Virginia Polytechnic Institute and State University, 1989); US Displaced Persons Commission, *Memo to America: The DP Story, the Final Report* (Washington, DC: GPO, 1952), 207-209; Clayton B. Doughty, "Adoption and Immigration of Alien Orphans" *I&N Reporter*, Apr. 1964, 50.

7. Tara Zahra, *The Lost Children: Reconstructing Europe's Families After World War II* (Cambridge, MA: Harvard University Press, 2011); Gertrude D. Krichefsy, "*Alien Orphans*," *I&N Reporter*, Apr. 1961, 43; US Displaced Persons Commission, *Memo to America*; Matthews, "Littlest Immigrants," 35.

8. Bon Tempo, *Americans at the Gate*, 34.

9. Undated advisory opinions, Box 17, Folder "RRP/FE Advisory Opinion," Records Group (RG) 59, Entry 5496, National Archives, College Park, MD (hereafter "Archives II"); Scott McLeod to the Acting Secretary, 19 Apr. 1954, Box 17, Folder "Orphan Program," RG 59, Archives II.

10. Bon Tempo, *Americans at the Gate*, 40.

11. 난민구호법에서 마련한 고아 비자가 바닥났을 때 한국에서는 아동 수백 명이 입양을 위해 대기하고 있었다. 이에 아이젠하워 대통령은 단기 해법 차원에서 925명의 고아가 미국에 들어올 수 있도록 임시 입국 허가를 내주었다. Outerbridge Horsey to Lt. Gen. Earl Barnes, 26 Sept. 1956, Box 9, Folder 1-D/2 "ORM General 1955-56," RG 59, Archives II; "Refugee Relief Act Must Be Amended to Assist War Orphans," *Congressional Record* [hereafter CR] 84th Cong., 2nd sess., vol. 102 (21 July 1956): 13980; *Facilitating Entry of Certain Adopted Children* report to accompany HR 8123, HR Report 1199, 85th Cong., 1st sess. (19 Aug. 1957): 6; "Admission of 10,000 Refugee Orphans to the United States," CR, 85th Cong., 1st sess., vol. 103 (25 Jan. 1957): 964; "Statement by the President" 26 Oct. 1956, in Pierce Gerety to All Members of Congress, 31 Oct. 1956, Box 9, Folder "1-D/2 ORM General 1955-56," RG 59, Archives II. 이민국적법 자료에는 925명의 고아에게 임시 입국 허가가 나왔다고 되어 있지만, 다른 자료에는 각각 833명, 839명이라고 나와 있다. Helen F. Eckerson, "Report on the Act of September 11, 1957," *I&N Reporter*, Apr. 1959, 48; "Facilitating Entry," 5.

12. Eugenie Hochfeld and Margaret A. Valk, *Experience in Inter-Country Adoptions* (New York: International Social Service, American Branch, 1953); US Department of Defense, *Manual on Intercountry Adoption* (Washington, DC: US GPO, 1959).

13. "Dear Friends" letter, 27 Dec. 1956, 3, Box 10, Folder "Holt, Harry Vol. 1," International Social Service, American Branch Records, Social Welfare History Archives, University of Minnesota (hereafter "ISS records"). 대리입양 옹호 세력과 반대 세력의 갈등에 관해 더 알고 싶으면 다음 자료를 참고하라. Arissa Oh, "Into the Arms of America: The Korean Roots of

International Adoption" (PhD diss., University of Chicago, 2008), chapters 5 and 6.

14. "Private Relief Legislation," CR, 85th Cong., 1st sess., vol. 103 (16 July 1957): 10683. Bum-Ju Whang, *50-Year History of Holt Children's Services, Inc.* (Seoul: Holt Children's Service, 2005), 126.

15. 예를 들어 다음을 참고하라. "Needed Revision of the McCarran-Walter Act," CR, 84th Cong., 2nd sess., vol. 102 (23 July 1956): 13979-13982.

16. 이 기간에 이민법 개정을 시도했던 다른 법률처럼, 1957년 9월 11일 법도 불완전했다. 아이젠하워 대통령이 요구한 대로 임시 입국 허가를 받은 헝가리인에게 영구 체류 자격을 부여하지도 않았고 할당제를 완화하지도 않았다. 그러나 공산주의나 다른 유형의 폭정에서 도망친 망명객에게 할당제와 상관없이 많은 비자를 발급했고 가족 재결합이 이루어질 수 있게 함으로써 중요한 측면에서 1952년 매캐런월터법을 개정했다. "President Requests Revisions in U.S. Immigration Laws," *Congressional Quarterly Almanac*, (1957); Act of 11 September 1957, Public Law 85-316 (71 Stat. 639); Statement by Senator Kennedy, "Amendment of Immigration and Nationality Act," CR, 85th Cong., 1st sess., vol. 103 (21 Aug. 1957): 15498.

17. 1957년 법에 따르면, 난민구호법이 만료되는 시점부터 1957년 9월 사이에 미국에 간 고아들은 영주권자가 될 수 있었다. 또한, 1957년 법은 고아 비자 관련 업무를 난민구호법을 담당하던 국무부 소관에서 법무부 장관 소관으로 이관했다. 고아 프로그램을 보건교육복지부 산하 아동국으로 이관하자는 사회복지 당국의 제안을 거절한 이 조처는 미 의회가 해외 입양을 아동복지 문제가 아니라 이민 문제로 여겼다는 사실을 보여준다. Kirsten Lovelock, "Intercountry Adoption as Migratory Practice: A Comparative Analysis of Intercountry Adoption and Immigration Policy and Practice in the United States, Canada and New Zealand in the Post W.W. II Period," *International Migration Review* 34 (Fall 2000): 907-949.

18. S. Rep. 475, "Amending Section 4 and Section 6 of the Act of September 11, 1957," 86th Cong., 1st sess. (1959), 5; Bon Tempo, *Americans at the Gate*, 98; Zolberg, "Roots of American Refugee Policy," 668.

19. The Act of 26 September 1961: PL 87-310, US Statutes at Large. 이 법은 난민 법률이 이민법 안에 영구히 자리 잡은 첫 사례다. Helen J. Eckerson and Gertrude D. Krichefsky, "Principles of Immigration Law-Part 2," *I&N Reporter*, Apr. 1962, 48.

20. 캘리포니아, 미네소타, 오하이오, 미시건 등 대리 입양을 허용하지 않는 4개 주에 사는 부모들은 한국 아동을 입양하기 위해 직접 한국까지 가야 했다.

21. Stephanie Sue Padilla, "Adoption of Alien Orphan Children: How United States Immigration Law Defines Family," *Georgetown Immigration Law Journal* 7 (1993): 817-844; Abraham Ribicoff to Emanuel Celler, 13 July 1961, in H.R. Rep. 1086, "Amending the Immigration and Nationality Act and for Other Purposes," 87th Cong., 1st sess. (1961), 9; Daniel J. Steinbock, "The Admission of Unaccompanied Children into the United States," *Yale Law and Policy Review* 7 (1989): 1451; Nancy Ota, "Private Matters: Family and Race and the Post-World-War-II Translation of 'American,'" *International Review of Social History* 46 (2001): 209-234; Martha Gardner, *The Qualities of a Citizen: Women, Immigration, and Citizenship, 1870-1965* (Princeton, NJ: Princeton University Press, 2005).

22. 다음을 참고하라. Oh, "Into the Arms of America," table 3.2, 157; Bill Ong Hing, *Making and Remaking Asian America Through Immigration Policy, 1850-1990* (Palo Alto, CA: Stanford University Press, 1993), table 7, 66.

23. Theodore Sorensen to Russell Palmer, 13 Apr. 1961, Box 377, Folder "Immigration and Naturalization 1-20-61 to 6-25-61," John F. Kennedy Library, Boston (Hereafter "Kennedy Library").

24. "Legislation to Extend Orphan Immigration Program Urgently Needed"; Bertha Holt, *The Seed from the East* (Eugene, OR: Holt International Children's Services, 1956), 205; Bertha Holt, *Bring My Sons from Afar* (Eugene, OR: Holt International Children's Services, 13, 29); Meg Greenfield, "The Melting Pot of Francis E. Walter," *Reporter* (26 Oct. 1961), 24-28; Stephen Wagner, "The Lingering Death of the National Origins Quota System: A Political History of United States Immigration Policy, 1952-1965" (PhD diss., Harvard University, 1986).

25. 임시 고아 조항을 통해 미국에 입국한 아동 수는 다음과 같다. 1948년 실향민법으로 4,065명, 1953년 7월 29일 법으로 466명, 1953년 난민구호법으로 3,761명, 1957년 9월 11일 법으로 8,474명이 미국에 입국했다. 이 4개의 임시법 덕분에 총 16,766명의 이민 고아가 미국에 입국할 수 있었다. [Senator Keating speaking about orphan programs], CR, 87th Cong., 1st sess., vol. 107 (12 July 1961): 12366.

26. Mr. and Mrs. Luke Knowlton to "the Senators," 20 July 1956, and Mr. and Mrs. Lawrence Lockwood to Wayne Morse, 20 July 1956, in "Needed Revision of the McCarran-Walter Act," *CR*, 84th Cong., 2nd sess., vol. 102 (23 July 1956): 13981-13982; Berta Burch Babb to Wayne Morse, 20 July 1956, and Mr. and Mrs. William A. K. Lammert to Wayne Morse, 23 July 1956, in "Increase in Number of Visas to Be Issued to Orphans Under the Refugee Relief Act of 1953," *CR*, 84th Cong., 2nd sess., vol. 102 (26 July 1956): 14741-14743; "Adoption of Korean Orphans," *CR*, 85th Cong., 1st sess., vol. 103 (3 July 1957): 10879.

27. [Senator Keating speaking about orphan programs], *CR*, 12371.

28. 이 기간에 해외 입양 정책이 어떻게 발전했는지 더 알고 싶으면 다음 자료를 참고하라. Rachel Winslow, "Colorblind Empire: International Adoption, Social Policy, and the American Family, 1945-1976" (PhD diss., University of California, Santa Barbara, 2012); Karen Dubinsky, *Babies Without Borders: Adoption and Migration Across the Americas* (New York: New York University Press, 2010).

29. 1953년 7월 29일 법은 '유자격 고아'의 범주를 명확히 정의했다. 약간의 수정은 있었지만, 이 정의는 이후 모든 고아 법률에 적용되었다.

30. Eleana Kim, "Our Adoptee, Our Alien: Transnational Adoptees as Specters of Foreignness and Family in South Korea," *Anthropological Quarterly* 80, no. 2 (Spring 2007): 520; Eleana Kim, *Adopted Territory: Transnational Korean Adoptees and the Politics of Belonging* (Durham, NC: Duke University Press, 2010), 11.

31. Mr. and Mrs. Scott Smith to JFK, 19 June 1961; Lea Oliver to JFK, 22 May 1961; David and Dorothea Chamberlain to JFK, 22 June 1961, all in Box 482, Folder "LE/IM Jan. 20, 1961 through July 10, 1961," Kennedy Library; Mr. and Mrs. Alvie E. Leach to Wayne Morse, 2 May 1961 and Calvin W. Rogers to Wayne Morse, 29 May 1961, in "Mutual Educational and Cultural Exchange Act of 1961," CR, 87th Cong., 1st sess., vol. 107 (12 July 1961): 12370. See also letters in "Legislation Needed to Extend Orphan Immigration Law Which Expires June 30, 1959," *CR*, 86th Cong., 1st sess., vol. 105 (15 May 1959): 8248-8251.

32. Kim, *Adopted Territory*, 101; Elaine Tyler May, *Homeward Bound: American Families*

in the Cold War Era (1988; New York: Basic Books, 1999); Elaine Tyler May, *Barren in the Promised Land: Childless Americans and the Pursuit of Happiness* (Cambridge, MA: Harvard University Press, 1997); David Eng, "Transnational Adoption and Queer Diasporas," Social Text, 21, no. 3 (Fall 2003): 11; Laura Briggs, "Mother, Child, Race, Nation," *Gender and History* 15, no. 2 (Aug. 2003): 182.

33. Bernard Stern to JFK, 21 June 1961; Richard Wayne to JFK, 18 June 1961; Mr. and Mrs. George Wickes to JFK, 22 June 1961; and Dr. and Mrs. Herman Brezing to JFK, 21 June 1961, all in Box 482, Folder "LE/IM Jan. 20, 1961 through July 10, 1961," Kennedy Library; Mrs. Walter E. Crouse to Wayne Morse, 29 May 1961, in "Mutual Educational and Cultural Exchange Act of 1961," CR, 12371.

34. Nancy Cott, *Public Vows: A History of Marriage and the Nation* (Cambridge, MA: Harvard University Press, 2000), 197.

35. Mark Jerng, *Claiming Others: Transracial Adoption and National Belonging* (Minneapolis: University of Minnesota Press, 2010), 210; Anne McClintock, *Imperial Leather: Race, Gender and Sexuality in the Colonial Contest* (New York: Routledge, 1995).

36. Wayne Morse to James Eastland, 29 June 1959, in "Amendment of Section 6 of the Act of September 11, 1957," *CR*, 86th Cong., 1st sess., vol. 105 (22 July 1959): 13968.

37. Lillian Llewellyn, Home Study, [1954] 1, 3, Case 37133, ISS Adoption Case Records, Social Welfare History Archive, University of Minnesota (hereafter "ISS case files").

38. Rev. Fenton Strickland to JFK, 19 June 1961, Box 482, Folder "LE/IM Jan. 20, 1961 through July 10, 1961," Kennedy Library; Barbara Joe, "In Defense of Intercountry Adoption," Social Service Review 52, no. 1 (Mar 1978): 5.

39. Eng, "Transnational Adoption and Queer Diasporas," 7; Dubinsky, *Babies Without Borders*, 20.

40. Briggs, "Making 'American' Families." 아동이 갖는 정치적 상징성에 관해 더 알고 싶으면 다음 자료를 참고하라. Dubinsky, *Babies Without Borders*.

41. Ellen Wu, *The Color of Success: Asian Americans and the Origins of the Model Minority* (Princeton, NJ: Princeton University Press, 2013); Charlotte Brooks, "In the Twilight Zone Between Black and White: Japanese American Resettlement and Community in Chicago, 1942-1945," *Journal of American History* 86 (Mar. 2000): 1655-1687; Sucheng Chan, *Asian Americans: An Interpretive History* (Boston: Twayne, 1991); Madeline Hsu, "The Disappearance of America's Cold War Chinese Refugees, 1948-1966," *Journal of American Ethnic History* 31, no. 4 (Summer 2012): 12-33; Scott Kurashige, *The Shifting Grounds of Race: Black and Japanese Americans in the Making of Multiethnic Los Angeles* (Princeton, NJ: Princeton University Press, 2010), 202; Caroline Chung Simpson, *An Absent Presence: Japanese Americans in Postwar American Culture, 1945-1960* (Durham, NC: Duke University Press, 2001); Christina Klein, *Cold War Orientalism: Asia in the Middlebrow Imagination, 1945-1961* (Berkeley: University of California Press, 2003); Cindy I-Fen Cheng, *Citizens of Asian America: Democracy and Race During the Cold War* (New York: New York University Press, 2013).

42. John W. Dower, *Embracing Defeat: Japan in the Wake of World War II* (New York: Norton, 1999), 138; Naoko Shibusawa, *America's Geisha Ally: Reimagining the Japanese Enemy*

(Cambridge, MA: Harvard University Press, 2006); Klein, *Cold War Orientalism*.

43. Ngai, *Impossible Subjects*, 246; Greenfield, "The Melting Pot of Francis E. Walter," 25.

44. Senate Committee on the Judiciary, *Authorizing Additional Visas for Orphans*, S. Rep. 2684, 84th Cong., 2nd sess., 1956, 3; Bon Tempo, *Americans at the Gate*, 41; Mr. and Mrs. Elmer Enochs to Theodore Francis Green, 21 May 1957, Box 2, Folder "I&N Act-Adopted Children, 2 of 2," RG 46, National Archives, Washington, DC; June Anders to JFK, 17 June 1961; Richard Dommes to JFK, 21 June 1961; and Richard S. Wayne to JFK, 18 June 1961, all in Box 482 WHCFS, Folder "LE/IM Jan. 20, 1961 through July 10, 1961," Kennedy Library.

45. Lynne McTaggart, "How I Sold-and Almost Bought-a Baby," New York News Magazine, 13 Apr. 1975, in Senate Committee on Labor and Public Welfare, *Adoption and Foster Care, 1975: Hearings Before the Subcommittee on Children and Youth*, 94th Cong., 1st sess., 28-29 Apr., 14 and 18 July 1975 (Washington DC: GPO, 1975), 6, 74; Wayne King, "Adoption Agencies Report Shortage of White Infants," *New York Times*, 7 Dec. 1970.

46. Eve Edstrom, "Black Market Baby Traffic Told at Probe," Washington Post, 20 Nov. 1953, 1; Karen Balcom, *The Traffic in Babies: Cross-Border Adoption and Baby-Selling Between the United States and Canada, 1930-1972* (Toronto: University of Toronto Press, 2011); Rickie Solinger, *Wake Up Little Susie: Single Pregnancy and Race Before Roe v. Wade* (1992; New York: Routledge, 2000), 166; Marybeth Weinstein, "The Markets-Black and Gray-in Babies," *New York Times*, 27 Nov. 1955; Senate Committee on the Judiciary, *Juvenile Delinquency (Interstate Adoption Practices): Hearings Before the Subcommittee to Investigate Juvenile Delinquency*, 84th Cong., 1st sess., 15-16 July 1955 (Washington, DC: GPO, 1956); *Adoption and Foster Care, 1975*; House Committee on the Judiciary, *Sale of Children in Interstate and Foreign Commerce: Hearings Before the Subcommittee on Criminal Justice*, 95th Cong., 1st sess., 21 Mar. and 25 Apr. 1977 (Washington, DC: US GPO, 1979).

47. Herman, *Kinship by Design*, 242; NABSW, "Position Statement on Trans-Racial Adoptions," Sept. 1972, http://c.ymcdn.com/sites/nabsw.org/resource/collection/E1582D77-E4CD-4104-996A-D42D08F9CA7D/NABSW_Trans-Racial_Adoption_1972_Position_(b).pdf; Laura Briggs, *Somebody's Children: The Politics of Transracial and Transnational Adoption* (Durham, NC: Duke University Press, 2012), chapter 1; Wendell Rawls Jr., "Adoption Abroad Brings Heartache to Some Couples," *New York Times*, 24 June 1978.

48. Herman, *Kinship by Design*, 198, 242, 252; Jooyeon Koo, "In Whose Best Interest? American Adoption of Korean Children in the 1970s" (Scholar of the College project, Boston College, 2012); Ana Teresa Ortiz and Laura Briggs, "The Culture of Poverty, Crack Babies, and Welfare Cheats: The Making of the 'Healthy White Baby Crisis,'" *Social Text* 21, no. 3 (Fall 2003): 76, 21; Dorothy Roberts, *Shattered Bonds: The Color of Child Welfare* (New York: Basic Civitas Books, 2003); Raka Shome, "'Global Motherhood': The Transnational Intimacies of White Femininity," *Critical Studies in Media Communication* 28, no. 5 (2011), 403; Dawn Davenport, "Born in America, Adopted Abroad," *Christian Science Monitor*, 27 Oct. 2004; Hari Sreenivasan and Nils Kongshaug, "Foreigners Vie to Adopt Black U.S. Babies," *ABC World News*, 5 Mar. 2005; "A Canadian Haven for Black Babies," *Globe and Mail*, 1 Oct. 2005; Virginia Lee Warren, "Unwanted Children Find Parents Across the Sea," *New York Times*, 20 Aug. 1972; Elizabeth Payne, "Florida Moms, Fearing Racism, Sending

Babies to Canada for Adoption," *Ottawa Citizen*, 21 July 2014, http://ottawacitizen. com/news/national/sun-sand-adoptions-floridas-surprising-growth-industry; Rebecca Buckwalter-Poza, "America's Unseen Export: Children, Most of them Black," Pacific Standard, 24 June 2014, http://www.psmag.com/navigation/politics-and-law/outgoing-adoption-americas-unseen-export-children-black-84084/.

49. Briggs, *Somebody's Children*, chapter 2; Margaret D. Jacobs, "Remembering the 'Forgotten Child': The American Indian Child Welfare Crisis of the 1960s and 1970s," *American Indian Quarterly* 37, nos. 1-2 (Winter-Spring 2013): 140.

50. David Fanshel, *Far from the Reservation: The Transracial Adoption of American Indian Children* (Metuchen, NJ: Scarecrow Press, 1972), 24, 119; Jacobs, "Remembering the 'Forgotten Child,'" 142-143.

51. Fanshel, *Far from the Reservation*, 81-93. 전국흑인사회복지사협회와 아메리카 인디언들이 인종 간 입양에 보인 반응의 상관관계에 관해서는 다음 자료를 참고하라. Briggs, *Somebody's Children*. '예수 그리스도 후기성도 교회'에서 운영한 인디언학생양자회는 임시 위탁 양육 및 교육을 제공했다. 이 프로그램은 1954년에 시작되었고, 인도세계문제협회(ICWA)에서 이 프로그램을 지원하면서 인디언입양사업보다 훨씬 규모가 커졌다. 모르몬교는 인도세계문제협회에서 자기들만 빠질 수 없었다. 이에 관해서는 다음 자료를 참고하라. Briggs, Somebody's Children, chapter 2; Herman, *Kinship by Design*, chapter 7. '모르몬 인디언학생양자회'에 관해 더 알고 싶으면 다음 자료를 참고하라. Lynette Riggs, "The Church of Jesus Christ of Latter-day Saints' Indian Student Placement Service: A History" (PhD diss., Utah State University, 2008).

52. Hosu Kim, "Mothers Without Mothering: Birth Mothers from South Korea Since the Korean War," *International Korean Adoption: A Fifty-Year History of Policy and Practice*, ed. Kathleen Ja Sook Bergquist, M. Elizabeth Vonk, Dong Soo Kim, and Marvin D. Feit (New York: Haworth Press, 2007), 142; Cheri Register, *Are Those Kids Yours?* (New York: Free Press, 1990), 137.

53. Sara Dorow, "Racialized Choices: Chinese Adoption and the 'White Noise' of Blackness," Critical Sociology 32, nos. 2-3 (2006): 370; Soojin Pate, "Genealogies of Korean Adoption: American Empire, Militarization, and Yellow Desire" (PhD diss., University of Minnesota, 2010), 219-223; Jan De Hartog, *The Children: A Personal Record for the Use of Adoptive Parents* (New York: Atheneum, 1969), 210-211.

54. Matthew Frye Jacobson, *Roots Too: White Ethnic Revival in Post-Civil Rights America* (Cambridge, MA: Harvard University Press, 2008); "America Is All They Know, but They're Not Quite at Home," *New York Times*, 1 Mar. 1977.

55. Frances Koh, *Oriental Children in American Homes* (Minneapolis: East-West Press, 1981), 106; De Hartog, *Children*, 53, 67, 68-69, 166, 169; Marjorie Margolies, *They Came to Stay* (New York: Warner, 1976), 122, 132. 내게 마저리 마골리스의 회고록에 관해 알려준 구주연에게 감사한다.

56. Margolies, *They Came to Stay*, 16, 68, 93, 155, 239; De Hartog, *Children*, 75, 154, 187.

57. Koh, *Oriental Children in American Homes*; Hyun Sook Han, *Understanding My Child's Korean Origins* (St. Paul: Children's Home Society of Minnesota, 1984).

58. Marjorie Kriz, "Flights of Compassion," *Chicago Tribune*, 29 Oct. 1972; Georgia Dullea, "For Korean Lepers' Children, It's America the Beautiful," *New York Times*, 4 Apr. 1977;

Andy Burgio, "Our Baby," and Jim Bouton, "Why We Adopted an Interracial Child" [1971], both in *The Unbroken Circle: A Collection of Writings on Interracial and International Adoption*, ed. Betty Kramer (Minneapolis: Organization for a United Response, 1975), 63 and 95.

59. 다른 연구물과 비교해보면, 인종 매칭을 옹호했던 흑인 사회복지사들과 아메리카 인디언 사회복지사들이 내놓은 대부분의 연구물은 인종 간 입양으로 유색인종 아동들이 상처를 입었다고 주장했다. Jane Jeong Trenka, Julia Chinyere Oparah, and Sun Yung Shin, eds., *Outsiders Within: Writing on Transracial Adoption* (New York: South End Press, 2006), 4.

60. 몇몇 사례로는 다음과 같은 연구가 있다. Arnold R. Silverman, "Outcomes of Transracial Adoption," *Future of Children* 3, no. 1 (Spring 1993): 104-118; John E. Adams and Hyung Bok Kim, "A Fresh Look at Intercountry Adoptions," *Children* (Nov.-Dec. 1971): 214-221. 이 연구들을 개관한 다음 자료를 참고하라. Howard Altstein and Rita J. Simon, *Intercountry Adoption: A Multinational Perspective* (Westport, CT: Praeger, 1991); Richard M. Lee, "The Transracial Adoption Paradox: History, Research, and Counseling Implications of Cultural Socialization," *Counseling Psychologist* 31, no. 6 (Nov. 2003): 711-744.
김동수는 이 합의에 반대하지는 않았지만, 얼핏 잘 적응하는 것처럼 보이는 입양 아동들이 치르고 있는 대가(예를 들면, 문화적 정체성의 관점에서)를 지적하며 좀 더 비판적인 태도를 보였다. 다음 자료를 참고하라. Dong Soo Kim, "Intercountry Adoptions" (PhD diss., University of Chicago, 1976); Dong Soo Kim, "Issues in Transracial and Transcultural Adoption," *Social Casework* (Oct. 1978): 477-486; Dong Soo Kim, "How They Fared in American Homes: A Follow-Up Study of Adopted Korean Children," *Children Today* 6, no. 2 (Mar.-Apr. 1977), 2-6.

61. Kim Park Nelson, "Korean Looks, American Eyes: Korean American Adoptees, Race, Culture and Nation" (PhD diss., University of Minnesota, 2009), 171.

62. Ibid.; Lee, "The Transracial Adoption Paradox."

63. "America Is All They Know, but They're Not Quite at Home," *New York Times*, 1 Mar. 1977.

64. 1960년대와 1980년대에 '모범적 소수 인종 고정관념'이 특별히 관심을 끈 이유에 관해 더 알고 싶으면 다음 자료를 참고하라. Keith Osajima, "Asian Americans as the Model Minority: An Analysis of the Popular Press Image in the 1960s and 1980s," in *Contemporary Asian America*, ed. Min Zhou and James V. Gatewood (New York: New York University Press, 2000), 449-458. '모범적 소수 인종 고정관념'의 기원에 관해서는 다음 자료를 참고하라. Wu, *Color of Success*.

65. 지난 10년 동안 한국계 입양인을 다루거나 이들이 집필한 학술 연구와 문화 작품, 특히 회고록과 영화가 폭발적으로 증가했다. 다음과 같은 작품이 대표적인 예다. Madelyn Freundlich and Joy Lieberthal, "The Gathering of the First Generation of Adult Korean Adoptees: Adoptees' Perceptions of International Adoption," June 2000, http://www.adoptioninstitute.org/proed/korfindings.html; Sook Wilkinson and Nancy Fox, eds., *After the Morning Calm: Reflections of Korean Adoptees* (Bloomfield Hills, MI: Sunrise Ventures, 2002); Trenka, Oparah, and Shin, *Outsiders Within*; Jo Rankin and Tonya Bishoff, eds., *Seeds from a Silent Tree: An Anthology by Korean Adoptees* (Glendale, CA: Pandal, 1997).

66. 한국계 입양인의 탁월한 민족지학(民族誌學)에 관해서는 다음 자료를 참고하라. Eleana Kim, *Adopted Territory: Transnational Korean Adoptees and the Politics of Belonging* (Durham, NC: Duke University Press, 2010).

67. Park Nelson, "Korean Looks, American Eyes," 267.

68. 나는 해당 기간에 한정된 한국 고아의 모습을 논했을 뿐이고, 한국 고아가 어떻게 한국 사람 또는 한국이라는 나라를 대표하는지, 또는 아동으로서든 성인으로서든 한국계 입양인이 자기 자신을 어떻게 인식하는지는 다루지 않았다. 이 부분, 그리고 이 시기에 관해 탐구한 다음 자료를 참고하라. Kim, *Adopted Territory*; So Young Park, "Transnational Adoption, Hallyu and the Politics of Korean Popular Culture," *Biography* 33, no. 1 (Winter 2010): 151-166; Tobias Hubinette, *Comforting an Orphaned Nation: Representations of International Adoption and Adopted Koreans in Korean Popular Culture* (Seoul: Jimoondang, 2006). 한국전쟁 이전의 '전쟁고아'에 대한 해석은 다음 자료를 참고하라. Winslow, "Colorblind Empire," chapter 2.

69. Oh, "'A New Kind of Missionary Work"; Mark Jerng, *Claiming Others*. For discussion of the sentimental in Cold War American understandings of Asia, see Klein, *Cold War Orientalism*. Laura Briggs provides an excellent analysis of the iconography of rescue in "Mother, Child, Race, Nation."

70. Lovelock, "Intercountry Adoption as Migratory Practice," 908; Sidney Talisman to Patricia Nye, 2 Feb. 1973, Box 34, Folder "Korea-Mr. Tahk's Visit, April, 1973," ISS records.

71. Kim, *Adopted Territory*, 73.

72. '입양 후보로 나오다'라는 표현은 19세기 말과 20세기 초 고아 열차에서 나왔다. 이 열차는 미국 동부 도시에 살던 가난한 아동들을 서부와 중서부에 있는 시골 마을로 실어날랐다. 열차가 마을에 도착하면, 아동들은 수양 가족이 선택해줄 때까지 플랫폼에 '나와' 서 있었다. 선택을 받으면, 그 집에 가서 식구들과 함께 살면서 그 대가로 일을 했다. 아동구호협회에서 운영한 고아 열차가 가장 유명했지만, 다른 기관들도 고아 열차를 서부로 보냈다. 아동구호협회 고아 열차는 1854년부터 1929년까지 약 10만 명의 아동을 서부로 실어날랐다. 고아 열차에 관해 더 알고 싶으면, 다음 자료를 참고하라. Linda Gordon, *The Great Arizona Orphan Abduction* (Cambridge, MA: Harvard University Press, 2001).

73. Viviana A. Zelizer, *Pricing the Priceless Child: The Changing Social Value of Children* (Princeton, NJ: Princeton University Press, 1985), 11, 13, 15; Dubinsky, *Babies Without Borders*, 103.

74. 미국 외에 다른 수령국으로는 프랑스, 덴마크, 스웨덴, 오스트레일리아, 노르웨이가 있었다. Korean Unwed Mothers Support Network and Korean Women's Development Institute, *Reviewing Issues on Unwed Mothers' Welfare in Korea: Intercountry Adoption, Related Statistics and Welfare Policies of Developed Countries* (Seoul: KUMSN, 2009), 22; Peggy Lindquist, "Letters to the Editor," *Progressive*, Apr. 1988, 6.

75. Judy Foreman, "Adopting from Foreign Countries," *Boston Globe*, 4 June 1981; Connie Lauerman, "Couples Take their Quest for Adoptions Worldwide," *Chicago Tribune*, 14 Jan. 1973; Diane Cole, "The Cost of Entering the Baby Chase," *New York Times*, 9 Aug. 1987.

76. 다음 자료를 참고하라. Karen Balcom, *The Traffic in Babies: Cross-Border Adoption and Baby-Selling Between the United States and Canada, 1930-1972* (Toronto: University of Toronto Press, 2011).

77. "Adoption Groups' Focus Changes to Other Nations," *Wall Street Journal*, 7 Jan. 1977; US Congress, House Committee on the Judiciary, *Alien Adopted Children: Hearing Before the Subcommittee on Immigration, Citizenship, and International Law*, 95th Cong., 1st sess. (15 June 1977), 47-50; Briggs, *Somebody's Children*; Richard H. Weil, "International Adoptions:

The Quiet Migration," *International Migration Review* 18, no. 2 (Summer 1984): 276-293.

78. William R. Greer, "The Adoption Market: A Variety of Options," *New York Times*, 26 June 1986; Robert Lindsey, "Adoption Market: Big Demand, Tight Supply," *New York Times*, 5 Apr. 1987; Cynthia Crossen, "Adopting Abroad: Battling Illness, Bureaucracy, Expenses and Racism," *Wall Street Journal*, 21 May 1985.

79. 베트남 해외 입양의 기원과 발전에 관해 더 알고 싶으면 다음 자료를 참고하라. Winslow, "Colorblind Empire," chapters 5-6; Allison Varzally, "Vietnamese Adoptions and the Politics of Atonement," *Adoption and Culture* 2 (2009): 159-201.

80. Australians, Canadians and parents of various European nationalities also adopted Vietnamese children both before and as a result of Operation Babylift.

81. US Congress, House Committee on the Judiciary, *Report of Special Study Subcommittee of the Committee on the Judiciary to Review Immigration, Refugee, and Nationality Problems*, (Washington, DC: GPO, 1973), 28; Senate Committee on the Judiciary, *Relief and Rehabilitation of War Victims in Indochina, Part II: Orphans and Child Welfare: Hearing Before the Subcommittee to Investigate Problems Connected with Refugees and Escapees*, 93rd Cong., 1st sess. (11 May 1973) (Washington: US GPO, 1973), 19, 87; Mary Kathleen Benet, *The Politics of Adoption* (New York: Free Press, 1976), 123-124, 130; Senate Committee on Foreign Relations, *Vietnam Children's Care Agency* [Hearing], 92nd Cong., 2nd sess., 5 Apr. 1972 (Washington, DC: GPO, 1972), 109-110, 113; Tarah Brookfield, "Maverick Mothers and Mercy Flights: Canada's Controversial Introduction to International Adoption," *Journal of the Canadian Historical Association* 19, no. 1 (2008): 315; Joshua Forkert, "Orphans of Vietnam: A History of Intercountry Adoption Policy and Practice in Australia, 1968-1975" (PhD diss., University of Adelaide, 2012), 92.

82. 다음 자료를 참고하라. Brookfield, "Maverick Mothers," for an account of Canadian adoptions from Vietnam, which she characterizes as a maternalist mission undertaken by "maverick mothers."

83. *Vietnam Children's Care Agency*; Memo to FILE from WRS, 17 July 1967, Box 10, Folder "Children-Independent Adoption Schemes. HOLT, Harry. 1960-1963 Vol. III," ISS records; *Adoption and Foster Care*, 1975, 11.

84. *Relief and Rehabilitation of War Victims in Indochina, Part II*, 33, 36. 이 수치들은 서로 어긋난다. 1973년 말에 나온 특별 분과위원회 보고서는 1971년에 85명, 1972년에 367명, 1973년에 500명의 베트남 아동을 미국인이 입양한 것으로 추산했다. *Report of Special Study Subcommittee*, 26.

85. *Alien Adopted Children, 116; Relief and Rehabilitation of War Victims in Indochina, Part II*, 92.

86. *Vietnam Children's Care Agency*, 109.

87. Gloria Emerson, "Operation Babylift," *New Republic*, 26 Apr. 1975; Agency for International Development, *Operation Babylift Report* (Washington, DC: Emergency Movement of Vietnamese and Cambodian Orphans for Intercountry Adoption, Apr.-June 1975); Edward Zigler, "A Developmental Psychologist's Overview of Operation Babylift," *American Psychologist* 31, no. 5 (May 1976): 329-340; Forkert, "Orphans of Vietnam," chapter 6; Grace Paley, "Other People's Children," *Ms.*, Feb. 1976; Barbara M. Brown, "Comment: Operation

Babylift and the Exigencies of War-Who Should Have Custody of 'Orphans'?" *Northern Kentucky Law Review* 7 (1980): 81-91; Susan Zeiger, *Entangling Alliances: Foreign War Brides and American Soldiers in the Twentieth Century* (New York: New York University Press, 2010), 231-234.

88. '응우옌 다 엔 대 키신저' 집단 소송은 1975년에 제기되었다. 공수 작전을 통해 미국행 비행기에 오른 베트남 3형제를 대신해 소송을 제기한 원고들은 이민귀화국이 미국 헌법 수정 제5조(자유와 적법 절차)에 명시된 인간의 권리와 이 아동들의 기본 권리를 침해하여 불법으로 이들을 억류했다고 주장했다. 이 집단 소송은 수송된 모든 아동이 입양 가능한 고아라는 사실을 법원에서 확인하기 전까지 모든 입양 절차를 중단시킴으로써 '아기 수송 작전'을 통해 아동을 입양하려는 광풍을 잠재우는 데 그 목적이 있었다. 소송 결과, 법원은 수송된 아동의 사례를 전부 조사하라고 이민귀화국에 명령했다. 이는 수송 작전을 통해 미국으로 옮겨진 모든 아동이 고아는 아니며, 이들을 미국 가정에 배정하려던 입양 기관들이 양육권 문제를 깔끔하게 매듭짓지 않았을 수도 있다는 점을 법원이 인정한 셈이었다. 그런데도 1976년에 제기된 집단 소송으로 이 소송은 취하되었다. 다음 자료를 참고하라. Forkert, "Orphans of Vietnam"; Brown, "Comment: Operation Babylift."

89. Barbara Yngvesson, "Placing the 'Gift Child' in Transnational Adoption," *Law and Society Review* 36, no. 2 (2002): 233.

90. Julie Berebitsky, *Like Our Very Own: Adoption and the Changing Culture of Motherhood, 1851-1950* (Lawrence: University Press of Kansas, 2000); Herman, Kinship by Design; Zelizer, *Pricing the Priceless Child*, 11; Lovelock, "Intercountry Adoption as Migratory Practice," 908; Dorow, "Racialized Choices," 374.

91. Loey Werking Wells, "Bold Yellow in a Sky of Blue," in *More Voices: A Collection of Works from Asian Adoptees*, ed. Susan Soonkeum Cox (St. Paul, MN: Yeong & Yeong, 2011), 176; William Sluis, "All in a Day: Korean Tots See New Parents," *Chicago Tribune*, 6 July 1972; Park Nelson, "Korean Looks, American Eyes," 105; Kim, "Mothers Without Mothering," 145-147; Yngvesson, "Placing the 'Gift Child'"; Judith Modell, "Freely Given: Open Adoption and the Rhetoric of the Gift," *in Transformative Motherhood: On Giving and Getting in a Consumer Culture*, ed. Linda Layne (New York: New York University Press, 1999), 29-64; Rickie Solinger, *Beggars and Choosers: How the Politics of Choice Shapes Adoption, Abortion, and Welfare in the United States* (New York: Hill and Wang, 2002); Kit Myers, "Love and Violence in Transracial/National Adoption" (MA thesis, University of California, San Diego, 2009); Margolies, *They Came to Stay*, 67, 79.

92. John M. Kirkpatrick to ISS American Branch, 9 Dec. 1957, 2, Box 10, Folder "Holt, Harry, Vol. 1," ISS records; Mr. B to William Kirk, 14 Feb. 1961, Case 601276, ISS case files; Margaret Valk to Lucille Evers, 21 Sept. 1955, Case 38841, ISS case files; Lois McCarty to Carl Adams, 30 Aug. 1957, 3, Box 10, Folder "Holt, Harry, Vol. 1," ISS records; Margaret Valk to Elinor Westerfield, 11 July 1956, 3, Case 38332, ISS case files.

93. Koh, *Oriental Children in American Homes*, 104; Margolies, *They Came to Stay*; Megan Brown, "Yellow in the Bluegrass," in Cox, ed. *More Voices*, 70; Briggs, *Somebody's Children*, 120.

94. Solinger, *Beggars and Choosers*, 26-28; Register, *Are Those Kids Yours?*, 39; Judy McDermott, "Parents Share Experiences of Adoption," *Oregonian*, 20 Nov. 1976; De Hartog, *Children*, 233.

95. Ken Hartnett, "Decade of Despair for an Orphan," *Boston Globe*, 4 May 1975; Case 39176, ISS case files; Register, *Are Those Kids Yours?*; Koh, *Oriental Children in American Homes*, 18; Case 64815, ISS case files; Ursula Gallagher "Intercountry Adoptions," speech given 25 Mar. 1966 at Eastern Regional Conference of the CWLA, Box 1166, Folder "7-3-1-3 Non-resident problems (include juvenile immigration, transient boys), Oct. 67," RG 102, Archives II; Elsie Heller to Paul Cherney [July 1966], 4, Box 35, Folder "Korea: General 1966-67," ISS records.

96. 다음 자료에서 재인용했다. Register, *Are Those Kids Yours?*, 212; Solinger, *Beggars and Choosers*, 32.

97. Jacqueline Bhabha, "Moving Babies: Globalization, Markets and Transnational Adoption," *Fletcher Forum of World Affairs* 28, no. 2 (Summer 2004): 181-198; Patricia Nye to Audrey Moser, 3 Oct. 1969, 3, Box 35, Folder "Child Placement Service. General 1968-69," ISS records; Whitney Taejin Hwang, "Borderland Intimacies: GIs, Koreans, and American Military Landscapes in Cold War Korea" (PhD diss., University of California, 2010); *Alien Adopted Children*, 23.

98. Briggs, "Mother, Child, Race, Nation," 181.

99. Dubinsky, *Babies Without Borders*, 3, 14; 리사 말키는 아동들을 '지극히 정치적인 상황을 비정 치화하여' '죄중을 안온케 하는 참가자'라 칭했다(cited in Kim, *Adopted Territory*, 75).

6장

1. Peter Maass, "Adoptions: Korea's Disquieting Problem" *Washington Post*, 14 Dec. 1988.

2. Susan Chira, "U.S. Olympic Reporting Hits a Raw Korean Nerve," *New York Times*, 28 Sept. 1988; Bruce Cumings, *Korea's Place in the Sun* (New York: Norton, 1998), 333; Jinwung Kim, "Recent Anti-Americanism in South Korea: The Causes," *Asian Survey* 29, no. 8 (Aug. 1989): 743-763; Nancy K. Rivenburgh, "National Image Richness in US-Televised Coverage of South Korea During the 1988 Olympics" *Asian Journal of Communication* 2, no. 2 (1992): 1-39.

3. Seungsook Moon, *Militarized Modernity and Gendered Citizenship in South Korea* (Durham, NC: Duke University Press, 2005); Edward S. Mason, Mahn Je Kim, Dwight H. Perkins, Kwang Suk Kim, and David C. Cole, *The Economic and Social Modernization of the Republic of Korea* (Cambridge, MA: Harvard University Press, 1980), 98.

4. Emerson Chapin, "Success Story in South Korea" *Foreign Affairs* 47 (Apr. 1969): 560-574; Mason et al., *Economic and Social Modernization*, 182; Tae-Gyun Park, "Change in U.S. Policy Toward South Korea in the Early 1960s," *Korean Studies* 23 (1999): 99, 102; Anne O. Krueger, *The Developmental Role of the Foreign Sector and Aid* (Cambridge, MA: Harvard University Press and Council on East Asian Studies, 1979), 12, 80; Hallam C. Shorrock Jr., *Is the Emergency Over? A Report About Korea and the Programs of Korea Church World Service During 1959* (Seoul: Korea Church World Service, 1960).

5. Homer Bigart, "New York Is Cited as a Baby Market," *New York Times*, 6 Jan. 1959; "Pearl Buck Upholds Adoptions by Proxy for Waifs in Korea," *New York Times*, 7 Jan. 1959; Paul R. Cherney, "Visit to Korea, June 23 to July 9, 1965," 20 July 1965, 4, Box 35, Folder "Korea: Child Placement Service, General. 1964-65," ISS Administrative Records, Social Welfare

History Archive, University of Minnesota (hereafter "ISS records"); Ursula Gallagher, "Field Trip to Korea," [visit was 15-19 Nov. 1965], 4, Box 35, Folder "Korea: Child Placement Service, General. 1964-65," ISS records.

6. Virginia Baumgartner to Margaret Valk, 14 July 1958, Box 35, Folder "Korea Delegation. Manual-Adoption Law, 1953-60," ISS records; Sidney Talisman, "Report on Visit to Korea-June 24 to July 2, 1968," 1, Box 34, Folder "Korea-Administrative Correspondence," ISS records. 1965년 연구에 따르면, 53.4퍼센트로 빈곤이 아동 유기의 가장 큰 원인이었다. 그 밖의 유기 원인으로는 아동에게 장애가 있어서(18.5퍼센트), 가정에 문제가 있어서(11.4퍼센트), 부모가 자식을 방치해서(6.7퍼센트), 혼외 관계에서 태어나서(5.5퍼센트), 어머니가 매춘부라서(4.5퍼센트) 등이 있었다. Dong Soo Kim, "From Women to Women with Painful Love: A Study of Maternal Motivation in Intercountry Adoption Process," in Korean Women in a Struggle for Humanization, ed. Harold Hakwon Sunoo and Dong Soo Kim (Memphis: Association of Korean Christian Scholars in North America, 1978), 120; Charles G. Chakerian, From Rescue to Child Welfare (New York: Child Immigration Services, Church World Service, 1968), 37.

7. LeRoy Bowman, Benjamin A. Gjenvick, and Eleanor T. M. Harvey, Children of Tragedy: Church World Service Survey Team Report on Intercountry Orphan Adoption (New York: Office of Publication and Distribution, National Council of the Churches of Christ in the USA, 1961), 28; Il SaKong, Korea in the World Economy (Washington, DC: Institute for International Economics, 1993), 44; Byung Hyun Park, "The Development of Social Welfare Institutions in East Asia: Case Studies of Japan, Korea, and the People's Republic of China, 1945-1989" (PhD diss., University of Pennsylvania, 1990); Young Hee Won, "Hanguk ibyang j O ˘ ngchaeke gwanhan y O ˘ ngu: Junkaegwaj O ˘ ng meet munjej O ˘ meul joongshim U ˘ lo" [A Study on Korean Adoption Policy: Focusing on Evolution and Problems] (MA thesis, Ewha University, 1990), 25.

8. Chakerian, From Rescue to Child Welfare, 36; Bum-Ju Whang, 50-Year History of Holt Children's Services, Inc. (Seoul: Holt Children's Service, 2005), 120; Minsun Sung Whang, "An Exploratory Descriptive Study of Inter-Country Adoption of Korean Children with Known Parents" (PhD diss., University of Hawaii, 1976), 20; Talisman, "Report on Visit to Korea," 1; Richard H. Weil, "International Adoptions: The Quiet Migration," International Migration Review 18, no. 2 (Summer 1984): 282.

9. Soon Ho Park, "Forced Child Migration: Korea-Born Intercountry Adoptees in the United States" (PhD diss., University of Hawaii, 1994), 87-88; Rosemary C. Sarri, Penoak Baik, and Marti Bombyk, "Goal Displacement and Dependency in South Korean-United States Intercountry Adoption," Children and Youth Services Review 20, nos. 1-2 (1998): 87-114; Bowman, Gjenvick, and Harvey, Children of Tragedy, 23; Gallagher, "Field Trip to Korea," 5.

10. Cherney, "Visit to Korea, June 23 to July 9, 1965," 4, 10-12; Elsie Heller to Paul Cherney, [July 1966], 3, Box 35, Folder "Korea: General 1966-67," ISS records; Richard Baird, "Observations Regarding Korean Orphanages," Apr. 1961, Box 16, Folder 44, Record Group (RG) 140, Presbyterian Historical Society, Philadelphia, PA (hereafter "PHS"); Helen Miller, "Recent Developments in Korean Services for Children" Children, Jan.-Feb. 1971, 28.

11. Baird, "Observations Regarding Korean Orphanages"; Ralph Ten Have to Ursula Gallagher, 12 Aug. 1963, Box 1033, Folder "7-3-1-3 1963-1968 Non-Resident Problems (Include

Juvenile Immigrant, Transient Boys," RG 102, National Archives, College Park, MD (hereafter "Archives II"); Sydney Byma, "Overseas Adoptions Threaten Development of Local Services," *Canadian Child Welfare News*, May–June 1974, 8; J. Calvitt Clarke to Harry Holt, 30 Apr. 1959, 1, Box 10, Folder "HOLT, Harry Vol. II," ISS records; Penny DeFore, *With All My Love* (Englewood Cliffs, NJ: Prentice-Hall, 1965).

12. "Memorandum on Discussions July 30, 1962 with Anne Davison," 2 Aug. 1962, Box 35, Folder "Korea Delegation. Manual-Adoption Law, 1953–60," ISS records; Bowman, Gjenvick and Harvey, *Children of Tragedy*, 27; Gallagher, "Field Trip to Korea," 4; Cherney, "Visit to Korea, June 23 to July 9, 1965"; Miller, "Recent Developments in Korean Services for Children," 28.

13. Mal-im Chung, "Thoughts of the Times," *Korea Times*, 3 Sept. 1966, quoted in Charles G. Chakerian, *Children of Hope* (New York: Church World Service; Chicago: McCormick Theological Seminary, 1966), 23; Gallagher, "Field Trip to Korea," 12; Weil, "International Adoptions," 282; Kim, "From Women to Women," 120. Since the late 1970s laws and policies have encouraged birth parents to properly relinquish children rather than abandoning them. Park, "Forced Child Migration," 57, 81.

14. John Coventry Smith to Richard H. Baird, 13 Jan. 1959, Box 1, Folder 16, RG 197, PHS; Anne Davison to Althea Knickerbocker, 12 Dec. 1960, Case 591518, ISS Adoption Case Records, Social Welfare History Archive, University of Minnesota (hereafter "ISS case files"); "Sounds Note of Warning On Adoption of Koreans," *Kansas City Times*, 28 Nov. 1960, Box 34, Folder "Korea-Adoptions to 1962 Rejections-Non Policy," ISS records; Won, "A Study on Korean Adoption Policy," 21; Heller to Cherney, [July 1966]; Virginia Baumgartner to Margaret Valk, 17 July 1958, Case 38838, ISS case files; Margaret Valk to Mrs. B, 14 Mar. 1960, Case 60733, ISS case files; Davison, "Report of my visit to Mr. Harry Holt this afternoon," 30 Oct. 1961, enclosed with Anne Davison to Susan Pettiss, 30 Oct. 1961, Box 34, Folder "Korea-Adoptions to 1962 Rejections-Non Policy," ISS records.

15. Anne Davison to Samuel Moffett, 27 July 1961, 1–2, Box 2, Folder 1, RG 197, PHS.

16. Barbara Joe, "In Defense of Intercountry Adoption," *Social Service Review* 52, no. 1 (Mar. 1978): 9.

17. Kim, "From Women to Women"; Won, "A Study on Korean Adoption Policy," 27; Anne Davison, "ISS Korea: Report for 1 January–31 August, 1961," undated, Folder "Korea-Adoptions to '62," Box 34, ISS records; Whang, *50-Year History of Holt*, 195, 583; Davison, "ISS Korea: Report for 1 January–31 August, 1961"; Youn Taek Tahk to Patricia Nye, [stamped 13 Mar. 1968], 3, Box 35, Folder "Child Placement Service. General 1968-69," ISS records.

18. 한국 정부는 1966년과 1976년에 고아입양특례법을 개정했다. Youn-Taek Tahk, "Intercountry Adoption Program in Korea: Policy, Law and Service," in *Adoption in Worldwide Perspective: A Review of Programs, Policies and Legislation in 14 Countries*, ed. R. A. C. Hoksbergen (Berwyn, PA: Swets North America, 1986), 80; Chin Kim and Timothy G. Carroll, "Intercountry Adoption of South Korean Orphans: A Lawyer's Guide," *Journal of Family Law* 14 (1975-1976): 230; Sarri, Baik, and Bombyk, "Goal Displacement," 94; Jane Jeong Trenka, "Transnational Adoption and the 'Financialization of Everything,'" *Conducive Chronicle*, Aug.-Sept. 2009, http://cchronicle.com/2009/11/transnational-

adoption-and-the-%E2%80%9Cfinancialization-of-everything%E2%80%9D/.

19. Helen Miller, "Korea's International Children," *Lutheran Social Welfare*, Summer 1971, 21; Byung Hoon Chun, "Adoption and Korea," *Child Welfare*, Mar.-Apr. 1989, 258.

20. Hyun Sook Han, *Many Lives Intertwined* (St. Paul, MN: Yeong & Yeong, 2004), 117, 133; Chakerian, *From Rescue to Child Welfare*; Miller, "Korea's International Children."

21. Bowman, Gjenvick, and Harvey, *Children of Tragedy*, 25-26; Byma, "Overseas Adoptions"; Won Moo Hurh, "Marginal Children of War: An Exploratory Study of American-Korean Children," paper presented at joint meeting of Midwest and Ohio Valley Sociological Societies, 3 May 1969; Han, *Many Lives Intertwined*, 120, 133; Park, "Forced Child Migration," 115-116.

22. Won, "A Study on Korean Adoption Policy," 28-29; Whang, *50-Year History of Holt*; Chun, "Adoption and Korea," 256; Park, "Forced Child Migration," 20-21.

23. Matthew Rothschild, "Babies for Sale: South Koreans Make Them, Americans Buy Them" *Progressive* 52, no. 1 (1988): 18-23; Jonathan Dickens, "Social Policy Approaches to Intercountry Adoption," International Social Work 52, no. 2 (2009): 600-601; Sarri, Baik, and Bombyk, "Goal Displacement"; Patricia Nye to Audrey Moser (ISS HQ), 3 Oct. 1969, 2, Box 35, Folder "Child Placement Service. General 1968-69," ISS records; Byma, "Overseas Adoptions," 9; Chakerian, From *Rescue to Child Welfare*, 55; ISS worker quoted in Eleana Kim, *Adopted Territory: Transnational Korean Adoptees and the Politics of Belonging* (Durham, NC: Duke University Press, 2010), 75.

24. Youn Taek Tahk to Paul Cherney, 17 Nov. 1966, Box 35, Folder "Child Placement Service. General 1968-69," ISS records; Kim, *Adopted Territory*, 74.

25. Munro to Cherney, 31 Aug. 1965, 1, Box 35, Folder "Korea: Child Placement Service. General. 1964-1965," ISS records; Kim, *Adopted Territory*, 73; Kelsey Hye Sun March, "A Market for Children: The Rise of Modern Intercountry Adoption" (MA thesis, University of Washington, 2008).

26. Byma, "Overseas Adoptions," 9.

27. Edna Weber to Mrs. Michael Harris, 29 Aug. 1967, Box 35, Folder "Korea: General 1966-67," ISS records; "Corrections to Report of Visit by Paul R. Cherney," attached to Gardner Munro to Paul Cherney, 9 Aug. 1965, 3, Box 35, Folder "Korea: Child Placement Service. General. 1964-1965," ISS records; Heller to Cherney [July 1966], 3; Youn Taek Tahk to Patricia Nye, 26 Dec. 1967, Box 35, Folder "Child Placement Service. General 1968-69," ISS records; [Josephine Beard], "Conferences with Child Placement Service in Korea During the Period of Time Between April 11th and April 19, 1968," 2, Box 35, Folder "Report on Korea, Child Placement, 1968-Josephine Beard," ISS records.

28. Byma, "Overseas Adoptions," 9; Soon-Duck Ahn, "A Study of the Unwed Mother," *Women's Studies Forum* (31 Dec. 1986): 51 [unpaginated]; Helen Tieszen, "Changes in Services to Children," *Children*, Jan.-Feb. 1966, 28-30.

29. Hosu Kim, "Mothers Without Mothering: Birth Mothers from South Korea Since the Korean War," in *International Korean Adoption: A Fifty-Year History of Policy and Practice*, ed. Kathleen Ja Sook Bergquist, M. Elizabeth Vonk, Dong Soo Kim, and Marvin D. Feit (New York: Haworth Press, 2007), 141.

30. 내가 '가부장적 민족주의'라 칭한 것을 다른 이들은 '남성 중심의 민족주의', '지나치게 남성적인 권위주의'라고 칭한다. Seungsook Moon, "Begetting the Nation: The Androcentric Discourse of National History and Tradition in South Korea," in *Dangerous Women: Gender and Korean Nationalism*, ed. Elaine Kim and Chungmoo Choi (New York: Routledge, 1998); Moon, *Militarized Modernity*; Jongwoo Han and L. H. M. Ling, "Authoritarianism in the Hypermasculinized State: Hybridity, Patriarchy, and Capitalism in Korea," *International Studies Quarterly* 42, no. 1 (Mar. 1998): 53-78.

31. Han and Ling, "Authoritarianism in the Hypermasculinized State," 65; Lee, "Industrialization and Women," 147; Moon, "Begetting the Nation," 57-58.

32. Hyaeweol Choi, "'Wise Mother, Good Wife': A Transcultural Discursive Construct in Modern Korea," *Journal of Korean Studies* 14, no. 1 (Fall 2009): 1-34; Moon, "Begetting the Nation," 41; Moon, *Militarized Modernity*, 83, 89; Chang Pilwha, "Talking About Sexuality," in *Women's Experiences and Feminist Practices in South Korea*, ed. Chang Pilwha and Kim Eun-shil (Seoul: Ewha Womans University Press, 2005), 119; Elaine Kim and Chungmoo Choi, "Introduction," in *Dangerous Women*, 5; Taek Il Kim and Nam Hoon Cho, "Republic of Korea," *Studies in Family Planning* 11, no. 11 (Nov. 1980): 326; Baik and Chung, "Family Policy in Korea." State-led family planning programs remained in place from the 1960s through the 1980s. By 1987, the average birthrate had fallen to 1.6 per woman. Kyung-Sup Chang, "Compressed Modernity and Its Discontents: South Korean Society in Transition," *Economy and Society* 28, no. 1 (1999): 33; In-Joung Whang, "Integration and Coordination of Population Policies in Korea," *Asian Survey* 14, no. 11 (Nov. 1974): 990; Kim, "The Cultural Logic of the Korean Modernization Project." For more on family planning, see John P. DiMoia, *Reconstructing Bodies: Biomedicine, Health, and Nation Building in South Korea Since 1945* (Stanford, CA: Stanford University Press, 2013).

33. Ruth Barraclough, *Factory Girl Literature: Sexuality, Violence, and Repression in Industrializing Korea* (Berkeley: University of California Press, 2012), 62, 68-69, 71-72, 110; Robert F. Spencer, *Yŏgong: Factory Girl* (Seoul: Royal Asiatic Society, Korea Branch, 1988); Eun-shil Kim, "The Cultural Logic of the Korean Modernization Project and Its Gender Politics," Asian Journal of Women's Studies 6, no. 2 (June 2000): 50 [unpaginated]; Seung-kyung Kim, "Productivity, Militancy, and Femininity: Gendered Images of South Korean Women Factory Workers," *Asian Journal of Women's Studies* 3, no. 3 (Sept. 1997): 8 [unpaginated]; Lee, "Industrialization and Women," 147; David I. Steinberg, *Foreign Aid and the Development of the Republic of Korea: The Effectiveness of Concessional Assistance* (Washington, DC: US Agency for International Development, 1985), 65; Cynthia Enloe, *The Curious Feminist: Searching for Women in A New Age of Empire* (Berkeley: University of California Press, 2004), chapters 3-4.

34. Laurel Kendall, ed., Under Construction: *The Gendering of Modernity, Class, and Consumption in the Republic of Korea* (Honolulu: University of Hawaii Press, 2001); Kim, "Cultural Logic of the Korean Modernization Project"; Chang, "Compressed Modernity," 33-34.

35. Sarri, Baik, and Bombyk, "Goal Displacement," 94, 99; Seung-Kyung Kim, *Class Struggle or Family Struggle? The Lives of Women Factory Workers in South Korea* (Cambridge:

Cambridge University Press, 2009), 71; Spencer, Yo ̌gong, 138-143; Ahn, "A Study of the Unwed Mother"; Jooyeon Koo, "In Whose Best Interest? American Adoption of Korean Children in the 1970s" (Scholar of the College project, Boston College, 2012); Han, *Many Lives Intertwined*, 128.

36. Kim Park Nelson, "Shopping for Children in the International Marketplace," 96 and Jae Ran Kim, "Scattered Seeds," in *Outsiders Within: Writing on Transracial Adoption*, ed. Jane Jeong Trenka, Julia Chinyere Oparah, and Sun Yung Shin (Cambridge, MA: South End Press, 2006); Anders Riel Muller, "Adoptee Justice Is About Social Justice," Korea Times, 9 Oct. 2012, http://www.koreatimes.co.kr/www/news/opinon/2012/10/137_121822.html; personal email from Anders Riel Muller, 13 Oct. 2012, in author's possession; Alice Amsden, *Asia's Next Giant: South Korea and Late Industrialization* (New York: Oxford University Press, 1989), 154; Jennifer Kwon Dobbs, "Ending South Korea's Child Export Shame," *Foreign Policy in Focus*, 23 June 2011, http://fpif.org/ending_south_koreas_child_export_shame/; SaKong, *Korea in the World Economy*, 226-227. 국민총생산 수치는 미국 경제 조사처에서 발표한 수치다(http://www.ers.usda.gov).

37. In-Jin Yoon, *The Social Origins of Korean Immigration to the United States from 1965 to the Present* (Honolulu: East-West Center, 1993), 31; Illsoo Kim, *New Urban Immigrants: The Korean Community in New York* (Princeton, NJ: Princeton University Press, 1981), 48, 52-54; Linda Mathews, "Despite Popularity, Cute Korean Babies Aren't for Export," *Wall Street Journal*, 7 Jan. 1977.

38. Han Hong-koo, "South Korea and the Vietnam War," in *Developmental Dictatorship and the Park Chung-Hee Era: The Shaping of Modernity in the Republic of Korea*, ed. Lee Byeong-Cheon (Paramus, NJ: Homa & Sekey, 2003), 248-270; Charles K. Armstrong, "Doubly Forgotten: Korea's Vietnam War and the Revival of Memory," *in Ruptured Histories: War, Memory, and the Post-Cold War in Asia*, ed. Sheila Miyoshi Jager and Rana Mitter (Cambridge, MA: Harvard University Press, 2007), 291-306.

39. Barraclough, *Factory Girl Literature*, 74. As Katharine Moon points out, Korea's "tradition of governmental utilization of women and their sexuality for political ends" dates back to the early Koryo dynasty (AD 918-1392). Moon, *Sex Among Allies: Military Prostitution in U.S.-Korea Relations* (New York: Columbia University Press, 1997), 39.

40. 사실, '기생'이라는 성 노동자들 역시 여공들처럼 '산업역군'으로 불리곤 했다. Barraclough, *Factory Girl Literature*, 72; Heisoo Shin, "Women's Sexual Services and Economic Development: The Political Economy of the Entertainment Industry and South Korean Dependent Development" (PhD diss., Rutgers University, 1991), 64-73.

41. Diana S. Lee and Grace Yoon Kyung Lee, *Camp Arirang* (San Francisco: National Asian American Telecommunications Association, NAATA, 1995), VHS; C. Sarah Soh, *The Comfort Women: Sexual Violence and Postcolonial Memory in Korea and Japan* (Chicago: University of Chicago Press, 2008), 221; Lee, Service Economies, 89; Han and Ling, "Authoritarianism in the Hypermasculinized State," 69. 기지촌은 한국이 외화를 벌어들이는 데 꼭 필요했고, 박정희 정권에서 한국 경제가 살아나는 데 결정적인 역할을 했다. 전성기였던 1960년대에는 미군이 여자, 알코올, 여흥에 쓰는 돈이 남한 국민총생산의 25퍼센트를 차지할 정도였다.

Moon, *Sex Among Allies*, 44; Lee, *Service Economies*, 126.

42. Whitney Taejin Hwang, "Borderland Intimacies: GIs, Koreans, and American Military Landscapes in Cold War Korea" (PhD diss., University of California, 2010), 135-136, 146; Mary Lee, "Mixed Race Peoples in the Korean National Imaginary and Family," *Korean Studies* 32 (2008): 56-85; Mildred Arnold to Mrs. Angle [no first name given], 1; Sveinung J. Moen, *The Amerasians: A Study and Research on Interracial Children in Korea* (Seoul: Taewon Publishing, 1974), 83; US Command Headquarters, US Forces Korea, EUSA, "Report-The Amerasian in Korea: Present Problems and Future Prospects," 1977 [in author's possession], 8, 10; Minutes, KAVA Social Welfare Committee Meeting, 15 Sept. 1965, Box 35, Folder "Non-ISS. Korea Social Service. Adoption and General 1965-1966," ISS records.

43. Hwang, "Borderland Intimacies," 127-128; Cherney, "Visit to Korea," 3, 15, ISS records; Gallagher, "Field Trip to Korea," 5, ISS records; Hi Taik Kim and Elaine Reid, "After a Long Journey: A Study on the Process of Initial Adjustment of the Half and Full Korean Children Adopted by American Families, and the Families' Experiences with These Children during the Transitional Period" (MA thesis, University of Minnesota, 1970); "Confucius' Outcasts," *Time*, 10 Dec. 1965; Sue-Je Lee Gage, "Pure Mixed Blood: The Multiple Identities of Amerasians in South Korea" (PhD diss., Indiana University, 2007), 96; J. Anthony Lukas, "A Legacy of the Korean War: Outcast Children," *New York Times*, 6 Feb. 1968; Richard Halloran, "Now-Grown Children of GIs in Korea Are Bitter," *New York Times*, 2 June 1976; Kenneth Paik, "Korean War 'Half-Breeds' Victims of Bias," *Chicago Tribune*, 13 Mar. 1977; John Shade, *America's Forgotten Children: The Amerasians* (Perkasie, PA: Pearl S. Buck Foundation, 1982), 27; Moen, Amerasians, 68; Moon, *Sex Among Allies*, 30; John Lie, "The Transformation of Sexual Work in 20th Century Korea," *Gender and Society* 9, no. 3 (June 1995): 310-327; American Embassy, Seoul to Department of State, Washington, DC, Despatch, 11 July 1959, 7, Box 699, RG 59, Archives II; Susan Zeiger, *Entangling Alliances: Foreign War Brides and American Soldiers in the Twentieth Century* (New York: New York University Press, 2010), 211; Bok-Lim C. Kim, "Asian Wives of U.S. Servicemen: Women in Shadows," *Amerasia Journal* 4, no. 1 (1977): 91-115.

44. James L. Pullman to Advisory Board of Eclair Program, 25 Jan. 1968, Box 35, Folder "Child Placement Service. General 1968-69," ISS records; George P. Whitener to "Dear Friends," 26 Feb. 1964, Box 35, Folder "Korea: Child Placement Service, General. 1964-65," ISS records; Cherney, "Visit to Korea," 9; Youn Taek Tahk to Walter Sherman, 11 Nov. 1966, Box 35, Folder "Korea: General 1966-67," ISS records; Talisman, "Report on Visit to Korea"; Mrs. [Elizabeth] Hayes to Mr. Oliver [no first name given], 17 Feb. 1966, Box 35, Folder "Non-ISS. Korea Social Service. Adoption and General 1965-1966," ISS records; Minutes, KAVA Social Welfare Committee Meeting, 15 Sept. 1965, Box 35, Folder "Non-ISS. Korea Social Service. Adoption and General 1965-1966," ISS records; Minutes, KAVA Social Welfare Committee Meeting, 15 Dec. 1965, Box 35, Folder "Non-ISS. Korea Social Service. Adoption and General 1965-1966," ISS records; Minutes, KAVA Social Welfare Committee Meeting, 19 Jan. 1966, Box 35, Folder "Non-ISS. Korea Social Service. Adoption and General 1965-1966," ISS records; Gage, "Pure Mixed Blood," 92-3; "Magazines: Crumbling Foundation" Time,

25 July 1969; "Pearl Buck Aide Quits Under Fire," *New York Times*, 10 July 1969; Kim and Reid, "After a Long Journey," 45; US Command Headquarters, "Amerasian in Korea," 16-17.

45. Hwang, "Borderland Intimacies," 127-128; Susanna McBee, Walter A. Taylor, and Robert Kaylor, "The Amerasians: Tragic Legacy of Our Far East Wars," *US News and World Report*, 7 May 1984, 49; Soon Ho Park, "Spatial Distribution of Korea-Born Adoptees in the United States," *Journal of the Korean Geographic Society* 30, no. 4 (1995): 82.

46. Kim, *Adopted Territory*, 72-73, 277; Miller, "Korea's International Children," 19; Chakerian, *From Rescue to Child Welfare*, 40-41; Kim and Reid, "After a Long Journey," 44-5; Youn Taek Tahk to Charles G. Chakerian [1968], Box 35, Folder "Child Placement Service. General 1968-69," ISS records; Walter R. Sherman to Patricia Nye, 2; ISS Korea to Pettiss ISS AB, 10 July 1964, Case 631324, ISS case files.

47. Hwang, "Borderland Intimacies," 129; Kori Graves, "Domesticating Foreign Affairs: The African-American Family, Korean War Orphans, and Cold War Civil Rights" (PhD diss., University of Wisconsin-Madison, 2011), 224, 229.

48. Halloran, "Now-Grown Children of GIs"; Hurh, "Marginal Children of War," 18; Moen, *Amerasians*; "Confucius' Outcasts"; Paik, "Korean War 'Half-Breeds' Victims of Bias"; Lee, "Mixed Race Peoples," 75; Insook Kwon, "Militarism in My Heart: Militarization of Women's Consciousness and Culture in South Korea" (PhD diss., Clark University, 2000), 264; Margo Okazawa-Rey, "Amerasian Children of GI Town: A Legacy of U.S. Militarism in South Korea," *Asian Journal of Women's Studies* 3 (1997): 86-87. 유리 둘란에 따르면, 혼혈 남성도 군 복무를 할 수 있도록 2005년에 병역법이 개정되었지만, "외모에서 … 혼혈의 특성이 확연한" 사람들은 여전히 군 복무를 할 수 없다. Doolan, "Being Amerasian in South Korea: Purebloodedness, Multiculturalism, and Living Alongside the U.S. Military Empire" (Honors thesis, Ohio State University, 2012), 62.

49. 1961년에 실시한 '장애' 아동 조사 질병 목록에는 "뇌성마비 또는 신체 마비, 농아, 팔·다리 절단, 청각 장애, 한쪽 눈만 안 보이는 장애, 척추 장애, 중증 말더듬이, 완전한 시각 장애, 중증 언청이 또는 구순구개열, 정신박약, 간질, 부분적인 시각 장애, 정신병, 내반족, 혼혈 혈통의 아동"이 들어 있었다. Children's Survey Subcommittee, Korea Child Welfare Committee, *Handicapped Children's Survey Report, Korea, 1961*, [Seoul], 98-99.

50. Werner Sollors, *Black-White Intermarriage in American History, Literature, and Law* (New York: Oxford University Press, 2000); Donald Bogle, *Toms, Coons, Mulattoes, Mammies, and Bucks: An Interpretive History of Blacks in American Films* (London: Bloomsbury Academic, 2001); Lee, "Mixed Race Peoples," 60; Paik, "Korean War 'Half-Breeds' Victims of Bias"; Kim and Reid, "After a Long Journey," 37-40; Kim, "From Women to Women," 139, 141; William R. Burkhardt, "Institutional Barriers, Marginality, and Adaptation Among the American-Japanese Mixed Bloods in Japan," *Journal of Asian Studies* 42, no. 3 (May 1983): 519-544; Hurh, "Marginal Children of War"; Moen, *Amerasians*; US Senate, Committee on the Judiciary, *Amerasian Immigration Proposals: Hearing Before the Subcommittee on Immigration and Refugee Policy*, 97th Cong., 2nd sess., 21 June 1982 (Washington, DC: GPO, 1982), 52. 한국계 아메라시안의 증언에 관해서는 47-55쪽을 참고하라. 다음 자료에 실린 아메라시안 관련 증언도 참고하라. US House Committee on the Judiciary, *Immigration Reform: Hearings Before the Subcommittee on Immigration, Refugees, and International Law*, 97th

Cong., 1st sess., 14, 15, 21, 26, 28 Oct. and 12, 17, and 19 Nov. 1981 (Washington, DC: GPO, 1982), 897–934.

51. Hwang, "Borderland Intimacies," 136–138; Whitney Taejin Hwang, "The 'Amerasian' Knot: Transpacific Crossings of 'GI Babies' from Korea to the United States," in *Race and Racism in Modern East Asia: Interactions, Nationalism, Gender and Lineage*, ed. Rotem Kowner and Walter Demel (Leiden, Netherlands: Brill, 2012); "The Amerasian in Korea"; Shade, *America's Forgotten Children*, 1, 15; Jana K. Lipman, "'The Face Is the Road Map': Vietnamese Americans in U.S. Political and Popular Culture, 1980–1988," *Journal of Asian American Studies* 14, no. 1 (Feb. 2011): 38; Su-Je Le Gage, "The Amerasian Problem: Blood, Duty, and Race," *International Relations* 21, no. 1 (2007): 86–102; Zeiger, *Entangling Alliances*, 233. 1981년에는 필리핀, 일본, 한국, 대만, 베트남, 라오스, 태국에 약 17 만 명의 아메라시안이 거주하고 있었다. Burkhardt, "Institutional Barriers, Marginality, and Adaptation," 540. 필리핀과 일본(오키나와 포함)에 사는 아메라시안은 아메라시안 이민법의 혜택 을 받지 못했다. Marilyn T. Trautfield, "America's Responsibility to Amerasian Children: Too Little, Too Late," *Brooklyn Journal of International Law* 10 (1984): 75; Joseph M. Ahern, "Out of Sight, out of Mind: United States Immigration Law and Policy as Applied to Filipino-Amerasians," *Pacific Rim Law and Policy Association* 1, no. 1 (1992): 105–126.

52. Lipman, "Face Is the Road Map," 42; Hwang, "Borderland Intimacies," 146; Susan Jeffords, *The Remasculinization of America: Gender and the Vietnam War* (Bloomington: Indiana University Press, 1989).

53. Rothschild, "Babies for Sale," 21–22; Nam Soon Huh, "Services for Out-of-Wedlock Children in Korea," *Early Child Development and Care* 85 (1993): 42; "Adoption Agencies Under Fire for Excessive Competition," *Korea Herald*, 29 Sept. 1989.

54. Jane Jeong Trenka, "Adoption Agencies Claim Constitutional 'Right' to Own/Operate Mother Homes," 13 Jan. 2014, *TRACK*, http://www.adoptionjustice.com/adoption-agencies-claim-constitutional-right-ownoperate-unwed-mother-homes/; Korean National Assembly, "Audit of Adoption Agencies" (20 Nov. 2008) [in author's possession]; Office of Audit and Inspection, Ministry of Health and Welfare, "Action Report," June 2014, *TRACK*, http://www.adoptionjustice.com/ministry-health-welfare-audit-holt/.

55. Anne Davison to Samuel Moffett, 27 July 1961, 1–2, Box 2, Folder 1, RG 197, PHS; Byma, "Overseas Adoptions," 9; Bowman, Gjenvick, and Harvey, *Children of Tragedy*, 12; Whang, "Exploratory Descriptive Study," 98; Kim, "From Women to Women," 155.

56. Betty Jean Lifton, "Needed: More Than Love and Patience," *New York Times*, 29 Feb. 1976.

57. Robert Shaplen, "Letter from South Korea," *New Yorker*, 17 Nov. 1980; Howard Sochurek, "South Korea: Success Story in Asia," *National Geographic*, Mar. 1969, 301–345; Emerson Chapin, "Success Story in South Korea," *Foreign Affairs* 47 (1968–1969): 560–574; "South Korea 'Takes Off'–An Asian Success Story," *U.S. News and World Report*, 31 Oct. 1966.

58. Hurh, "Marginal Children of War," 21; Sang Mok Suh, "Effects of the Current World Recession on the Welfare of Children: The Case of Korea," *World Development* 12, no. 3 (1984): 335.

59. Sarri, Baik, and Bombyk, "Goal Displacement," 101, 104; Baik and Chung, "Family Policy in Korea," 104–105; Chang, "Compressed Modernity"; Young Jong Kim, "The Impact

of Industrialization and Other Social Changes on the Development of Social Welfare Institution in South Korea" (PhD diss., University of Texas, 1989); Huck-Ju Kwon and Icheong Yi, "Development Strategies, Welfare Regime and Poverty Reduction in the Republic of Korea" (Geneva: UN Research Institute for Social Development, 2008).

60. Tahk, "Intercountry Adoption Program in Korea" 90; Patricia Nye to Audrey Moser, 3 Oct. 1969, 2, Box 35, Folder "Child Placement Service. General 1968-69," ISS records; Ursula Gallagher "Intercountry Adoptions," speech given 25 Mar. 1966 at Eastern Regional Conference of the CWLA, Box 1166, Folder "7-3-1-3 Non-Resident Problems (Include Juvenile Immigration, Transient Boys), Oct. 67," RG 102, Archives II; Ursula Gallagher to Mildred Arnold, 13 Nov. 1967, Box 1166, Folder "7-3-1-3 October '67 Non-Resident Problems (Include Juvenile)," RG 102, Archives II; Chakerian, *From Rescue to Child Welfare*, 50, 70; Graves, "Domesticating Foreign Affairs," 234; Gardner Munro to Edna Weber, 11 Dec. 1965, 2, Box 35, Folder "Korea: Child Placement Service. General. 1964-1965," ISS records; "The Kava Resolution on Children with Racially Mixed Parentage, Adopted on January 22, 1964" [Jan. 1964], Box 35, Folder "Korea: Child Placement Service. General. 1964-1965," ISS records.

61. 한국 정부는 1974년에 유럽에서 입양 사업을 끝내려 했으나 수요가 많아 사업을 재개했다. Park, "Forced Child Migration," 52. Korea temporarily suspended adoption to Sweden, Norway, Denmark, the Netherlands, Belgium and Canada several times between 1950 and 1975. Hubinette, "Korean Adoption History," in *Community 2004: Guide to Korea for Overseas Adopted Koreans*, ed. Eleana Kim (Seoul: Overseas Koreans Foundation, 2004), 9; Won, "A Study on Korean Adoption Policy," 31-32.

62. Byma, "Overseas Adoptions," 9; Chun, "Adoption and Korea," 257.

63. Park, "Forced Child Migration," 57; Huh, "Services for Out-of-Wedlock Children," 39.

64. Hosu Kim, "The Biopolitics of Transnational Adoption in South Korea: Preemption and the Governance of Single Birthmothers," *Body and Society* 20, no. 2 (2014): 2, 24n6; Korean Family Preservation Network, "Monitoring South Korean Intercountry and Domestic Adoption from a Human Rights Perspective: Joint Submission to the United Nations Periodical Review, Republic of Korea, Second Cycle, 14th session," Apr. 2012, 15-16.

65. Huh, "Services for Out-of-Wedlock Children," 37, 40, 44; Sang-Hun Choe, "Group Resists Korean Stigma for Unwed Mothers," *New York Times*, 7 Oct. 2009; "Korea's Lost Children" *BBC World Service*, 6 Aug. 2010, http://www|bbc.co.uk/worldservice/documentaries/2010/08/100806_koreas_lost_children.shtml; Huh, "Services for Out-of-Wedlock Children," 40-41.

66. "Accuse Korea of Selling Orphans," *Chicago Defender*, 26 Jan. 1959; Korean Central News Agency (KCNA), "Unwanted ROK Citizens Sold Into Slavery," 24 Jan. 1959; KCNA, "ROK Orphan Brokers," 21 June 1960; KCNA, "ROK Sells 100 Orphans to U.S. Slaver," 10 Jan. 1961; Mary Kathleen Benet, *The Politics of Adoption* (New York: Free Press, 1976), 131-132; Park, "Forced Child Migration"; Tobias Hubinette, "Comforting an Orphaned Nation" (PhD diss., Stockholm University, 2005), 70-71; Andrew H. Malcolm, "South Korea Seeks to End Flow of Orphans to Families Abroad," *New York Times*, 10 Aug. 1977; Sarri, Baik, and Bombyk, "Goal Displacement," 95; Tahk, "Intercountry Adoption Program in Korea," 83.

67. Sarri, Baik, and Bombyk, "Goal Displacement," 95; "S. Korea Seeking to Increase Domestic Adoptions," *Asahi Shimbun*, 27 Nov. 2011; Hollee McGinnis, "South Korea and Its Children," *New York Times*, 27 Nov. 2007; Norimitsu Onishi, "Korea Aims to End Stigma of Adoption and Stop 'Exporting' Babies," *New York Times*, 8 Oct. 2008; Tae-jong Kim, "Adoption Quota Causes Backlash," *Korea Times*, 6 May 2011.

68. 2003년에 미국에 아동을 가장 많이 입양 보내는 5대 국가의 1인당 국민소득은 중국(1인당 국민소득 1,100달러), 러시아(2,610달러), 과테말라(1,910달러), 한국(12,030달러), 우크라이나(970달러) 순이다. Peter Selman, "Trends in Intercountry Adoption: Analysis of Data from 20 Receiving Countries, 1998-2004," *Journal of Population Research* 23, no. 2 (Sept. 2006): 198.

69. OECD, "OECD Economic Surveys: Korea" (Apr. 2012), http://www.oecd.org/eco/50191444. pdf; OECD, "Public and Private Social Expenditure in Percentage of GDP in 2009," OECD Social Expenditure Database (SOCX) via http://www.oecd.org/social/expenditure.htm; "Korea's Spending on Child Welfare Among Lowest in OECD," *Korea Herald*, 24 Sept. 2013, http://www.koreaherald.com/view.php?ud=20130924000605; Dobbs, "Ending South Korea's Child Export Shame"; Hyo-sik Lee, "Korea Next to Last in Social Welfare Spending," *Korea Times*, 12 Feb. 2010.

70. Ben Hancock, "Single Moms: In South Korea, Adoption Remains Priority, but Attitudes Are Shifting," *Christian Science Monitor*, 25 Nov. 2009, http://www.csmonitor.com/World/Asia-Pacific/2009/1125/p09s09-woap.html.

71. 2007년에는 25개 미혼모기본생활시설 중 17개를 해외 입양 기관들이 운영했다. ShinWoo Kang, trans., "Holt International's Price for Children," *Hankyoreh*, 24 July 2009, http://english. hani.co.kr/arti/english_edition/e_national/367606.html; Kim, "Biopolitics of Transnational Adoption"; Mijeong Lee, "Current Situations of Maternity Facilities for Unwed Mothers," KUMSN, 5 Nov. 2012, http://www.kumsn.org/main/22422.

72. "Promoting Adoptions," *Korea Times*, 5 May 2011, http://www.koreatimes.co.kr/www/news/opinon/2011/05/137_86824.html; "Stigma of Baby 'Exporter'" [editorial], *Korea Times*, 24 Nov. 2011, http://www.koreatimes.co.kr/www/news/opinon/2011/11/202_99479. html; KUMSN and KWDI, *Reviewing Issues on Unwed Mothers' Welfare in Korea: Intercountry Adoption, Related Statistics, and Welfare Policies in Developed Countries* (Seoul: 2009), vi.

73. Jane Jeong Trenka, "Abuses in Adoptions from South Korea," *Conducive Chronicle*, 6 Nov. 2009, http://cchronicle.com/2009/11/abuses-in-adoptions-from-s-korea/; Dobbs, "Ending South Korea's Child Export Shame"; "Toby Dawson: Lost and Found," *World of Freesports*, episode 22-23 (Jalbert Productions, 2011), video; Tammy Chu, Resilience, 2009, DVD; Deann Borshay Liem, *First Person Plural* (San Francisco: NAATA, 2000), DVD; *Baby Exporting Nation: The Two Faces of Inter-Country Adoption*, prod. Lee Gyun Hup (Seoul: KBS, 2005). 2012년 입양특례법은 7일간의 유예 기간을 두어 생모가 친권 포기를 철회할 수 있게 했다. 한국 정부는 최소 1개 기관(홀트아동복지회) 이상이 이 조항을 어겼다는 사실을 알아냈다. Office of Audit and Inspection, Ministry of Health and Welfare, "Action Report."

74. 예를 들어 다음 자료를 참고하라. Wilfred Chan, "Raised in America, Activists Lead Fight to End S. Korean Adoptions," CNN, 16 Sept. 2013, http://www.cnn.com/2013/09/16/world/international-adoption-korea-adoptee-advocates/. For more on searches and reunions,

see Elise Prebin, *Meeting Once More: The Korean Side of Transnational Adoption* (New York: New York University Press, 2013); 입양 개혁 및 가족 보존을 옹호하는 대표적인 기관으로는 진실과 화해를 위한 해외 입양인의 모임(TRACK), 한국미혼모가족협회(KUMFA)가 있다. 다음 자료를 참고하라. Jane Jeong Trenka, "The 2011 Amendment to the Special Adoption Law: A One-Year Evaluation" (MA thesis, Seoul National University, 2014); Shannon Doona Heit, "Diasporic Articulations and the Transformative Power of Haunting: Returning Adoptees' Solidarity Movement with Unwed Mothers in Korea" (MA thesis, Hanyang University, 2013).

75. Trenka, "Abuses in Adoptions from South Korea"; Su-ji Park, "Number of South Korean Children Adopted Drops by Half," *Hankyoreh*, 12 May 2014, http://english. hani.co.kr/arti/english_edition/e_national/636562.html; Claire Lee, "'As Families Evolve, So Should Policies,'" *Korea Herald*, 30 May 2014, http://www.koreaherald.com/view. php?ud=20140530001483.

76. KBS, *Baby Exporting Nation*.

77. Bureau of Consular Affairs, Department of State, "Intercountry Adoption-south Korea" last updated Jan. 2012, http://adoption.state.gov/country_information/country_specific_info.php?country-select=south_korea; KUMSN and KWDI, *Reviewing Issues on Unwed Mothers' Welfare in Korea*; Park, "Number of South Korean Children Adopted Drops by Half"; Jennifer Ludden and Marisa Penazola, "Would-Be Parents Wait as Foreign Adoptions Plunge," National Public Radio, 7 Aug. 2012, http://www.npr.org/2012/08/07/157844554/would-be-parents-wait-as-foreign-adoptions-plunge.

78. Mary Deborah Lee, "Reading Race: Postcolonial Nationalism in Korea" (PhD diss., University of Hawaii, 2012); Timothy Lim, "Who Is Korean? Migration, Immigration, and the Challenge of Multiculturalism in Homogeneous Societies," *Asia-Pacific Journal* 27 July 2009, http://japanfocus.org/-timothy-lim/3192.

79. '코시안'이라는 용어는 논란이 많지만, 다른 대체어보다 훨씬 흔하게 쓰인다. Lee, "Reading Race," 77; Akli Hadid, "South Korea Redefines Multiculturalism," *Diplomat*, 18 July 2014, http://thediplomat.com/2014/07/korea-redefines-multiculturalism/.

나가는 말

1. Louise Erdrich, quoted in Leslie Kaufman, "Novel About Racial Injustice Wins National Book Award," *New York Times*, 14 Nov. 2012, http://www.nytimes.com/2012/11/15/us/louise-erdrichs-novel-the-round-house-wins-national-book-award.html.

2. Anne Davison to Samuel Moffett, 27 July 1961, Box 2, Folder 1, RG 197, Presbyterian Historical Society, Philadelphia, PA.

3. Laura Briggs, *Somebody's Children: The Politics of Transracial and Transnational Adoption* (Durham, NC: Duke University Press, 2012), 235.

4. Julie Berebitsky, *Like Our Very Own: Adoption and the Changing Culture of Motherhood, 1851-1950* (Lawrence: University Press of Kansas, 2000), 4-7; David L. Eng, "Transnational Adoption and Queer Diasporas," *Social Text* 21, no. 3 (Autumn 2003): 8, 5; Ann Anagnost, "Scenes of Misrecognition: Maternal Citizenship in the Age of Transnational Adoption," *positions* 8, no. 2 (Fall 2000): 389; Laura Briggs, "Making 'American' Families: Transnational

Adoption and U.S. Latin America Policy," *in Haunted by Empire: Geographies of Intimacy in North American History*, ed. Ann Laura Stoler (Durham, NC: Duke University Press, 2006), 619, 638.

5. Megan Twohey, "The Child Exchange: Inside America's Underground Market for Adopted Children" [5-part series], *Reuters Investigates*, 9-11 Sept. 2013, http://www.reuters.com/investigates/adoption/#article/part1.

6. Eng, "Transnational Adoption and Queer Diasporas"; Kim Park Nelson, "Shopping for Children in the International Marketplace," in *Outsiders Within: Writing on Transracial Adoption*, ed. Jane Jeong Trenka, Julia Chinyere Oparah, and Sun Yung Shin (New York: South End Press, 2006); Kristi Brian, *Reframing Transracial Adoption: Adopted Koreans, White Parents, and the Politics of Kinship* (Philadelphia: Temple University Press, 2012).

7. 예를 들어 다음 자료를 참고하라. David Smolin, "Intercountry Adoption and Poverty: A Human Rights Analysis," *Capital University Law Review* 36 (2007): 413-453; David Smolin, "Intercountry Adoption as Child Trafficking" *Valparaiso University Law Review* 39, no. 2 (Winter 2004): 281-325; Tobias Hubinette, "A Critique of Intercountry Adoption" *Transracial Abductees*, http://www.transracialabductees.org/politics/samdolcritique.html.

8. Claudia Sadowski-Smith, "Neoliberalism, Global 'Whiteness,' and the Desire for Adoptive Invisibility in US Parental Memoirs of Eastern European Adoption," *Journal of Transnational American Studies* 3, no. 2 (2011): 12.

9. E. J. Graff, "The Lie We Love," *Foreign Policy*, Nov.-Dec. 2008, http://www.foreignpolicy.com/story/cms.php?story_id=4508&print=1.

10. Kathryn Joyce, *The Child Catchers: Rescue, Trafficking, and the New Gospel of Adoption* (New York: PublicAffairs, 2013).

11. Rickie Solinger, *Beggars and Choosers: How the Politics of Choice Shapes Adoption, Abortion, and Welfare in the United States* (New York: Hill and Wang, 2002), 32.

12. Thomas Holt, "Marking: Race, Race-Making and the Writing of History," *American Historical Review* 100, no. 1 (Feb. 1995): 10.

기록물

Center for Migration Studies, Staten Island, NY

  National Catholic Welfare Conference, Department of Immigration Records

  US Catholic Conference, Bureau of Immigration Records

George Drake Personal Collection (in author's possession)

John F. Kennedy Library, Boston

  Pre-presidential Papers

Presbyterian Historical Society, Philadelphia

  National Council of the Churches of Christ in the United States of America-Division of
    Overseas Ministries Records, Record Group 8

  United Presbyterian Church in the USA Commission on Ecumenical Mission and Relations.
    Secretaries Files: Korea Mission, 1903-1972, Record Group 140

  Presbyterian Church in the USA Korea Mission. Records, 1940-1982, Record Group 197

  Korea Mission Records, 1896-1986 (formerly housed at Presbyterian Historical Society-
    Montreat, Montreat, NC)

Social Welfare History Archives, University of Minnesota, Minneapolis

  International Social Service, Administrative Records

  International Social Service, Adoption Case Files

US National Archives and Records Administration

  Dwight D. Eisenhower Library, Abilene, KS

  US Army, Command Reports, Record Group 407, College Park, MD

  US Army, Eighth U.S. Army, Record Group 338, College Park, MD

  US Army, Far East Command, Record Group 554, College Park, MD

  US Army, Office of the Army Staff, Record Group 319, College Park, MD

  US Army, Secretary of the Army, Record Group 335, College Park, MD

  US Army, Records of US Army Operational, Tactical and Support Organizations, Record
    Group 338, College Park, MD

  US Children's Bureau, Record Group 102, College Park, MD

  US Congress, Senate, Record Group 46, Washington, DC

US Department of Justice, Record Group 85, Washington, DC

US Department of State, Record Group 59, College Park, MD

US Department of State, Foreign Posts, Record Group 84, College Park, MD

US Department of State, Records of US Foreign Assistance Agencies, Record Group 469, College Park, MD

University of Oregon Libraries, Special Collections and University Archives, Eugene

Richard Neuberger Papers

Yonsei University, Seoul

Syngman Rhee Papers

인터뷰 또는 구술 자료

Adult Adoptees: MH, JM, DN, TC, LC, BW, LK, RW, LP. All interviews by the author.

Han, Hyun Sook. Interview by the author, 16 June 2007, Minneapolis.

Holt, Bertha. Interview by Jim Strassmaier, 17 Nov. 1992, Oregon Historical Society, Portland.

Holt, Molly. Interview by the author, 11 Apr. 2007, Seoul.

정부 간행물

Congressional Record

Department of State Bulletin

I&N Reporter

미간행 정부 문서

US Congress. Senate. Committee on the Judiciary. "Relating to General Immigration Matters." Hearing before 86th Congress, 1st sess. 20 May 1959.

미간행 논문 및 원고

"Attitudes of Negro Professional and Business Men Toward Adoption." Vol. 1.

Student reports submitted to the School of Social Work in partial fulfillment of the requirements for the degree of master of social service, June 1960, University of Buffalo School of Social Work.

Davis, Michael Gill. "The Cold War, Refugees, and U.S. Immigration Policy." PhD diss., Vanderbilt University, 1996.

Didier, Sydne. "'Just a Drop in the Bucket': An Analysis of Child Rescue Efforts on Behalf of Korean Children, 1951 to 1964." Master's thesis, Portland State University, 1998.

Doolan, Yuri W. "Being Amerasian in South Korea: Purebloodness, Multiculturalism, and Living Alongside the U.S. Military Empire." Honors thesis, Ohio State University, 2012.

Fieldston, Sara Michel. "Bringing Up the World's Boys and Girls: American Child Welfare and Global Politics, 1945-1979." PhD diss., Yale University, 2013.

Fish, Robert A. "The Heiress and the Love Children: Sawada Miki and the Elizabeth Saunders Home for Mixed-Blood Orphans in Postwar Japan." PhD diss., University of Hawaii, 2002.

Forkert, Joshua. "Orphans of Vietnam: A History of Intercountry Adoption Policy and Practice in Australia, 1968-1975." PhD diss., University of Adelaide, 2012.

Gage, Su-Je Lee. "Pure Mixed Blood: The Multiple Identities of Amerasians in South Korea." PhD diss., Indiana University, 2007.

Graves, Kori. "Domesticating Foreign Affairs: The African-American Family, Korean War Orphans, and Cold War Civil Rights." PhD diss., University of Wisconsin-Madison, 2011.

Heit, Shannon Doona. "Diasporic Articulations and the Transformative Power of Haunting: Returning Adoptees' Solidarity Movement with Unwed Mothers in Korea." Master's thesis, Hanyang University, 2013.

Hoover, Nannie C. "Study of Inter-Country Placement of Oriental Children in Indiana from January 1956 to May 1960." Master's thesis, Indiana University, 1961.

Hubinette, Tobias. "Comforting an Orphaned Nation: Representations of International Adoption and Adopted Koreans in Korean Popular Culture." PhD diss., Stockholm University, 2005.

Hwang, Whitney Taejin. "Borderland Intimacies: GIs, Koreans, and American Military Landscapes in Cold War Korea." PhD diss., University of California, Berkeley, 2010.

Kim, Dong Soo. "Intercountry Adoptions." PhD diss., University of Chicago, 1976.

Kim, Hannah. "Ties That Bind: People, Policy, and Perception in US-Korean Relations." PhD diss., University of Delaware, 2011.

Kim, Hi Taik, and Elaine Reid. "After a Long Journey: A Study on the Process of Initial Adjustment of the Half and Full Korean Children Adopted by American Families, and the Families' Experiences with These Children During the Transitional Period." Master's thesis, University of Minnesota, 1970.

Kim, Young Jong. "The Impact of Industrialization and Other Social Changes on the Development of Social Welfare Institution in South Korea." PhD diss., University of Texas, 1989.

Kwon, Insook. "Militarism in my Heart: Militarization of Women's Consciousness and Culture in South Korea." PhD diss., Clark University, 2000. Lee, Mary Deborah. "Reading Race: Postcolonial Nationalism in Korea." PhD diss., University of Hawaii, 2012.

Lee, Na Young. "The Construction of U.S. Camptown Prostitution in South Korea: Trans/formation and Resistance." PhD diss., University of Maryland, College Park, 2006.

Matthews, Robert. "The Littlest Immigrants: The Immigration and Adoption of Foreign Orphans." PhD diss., Virginia Polytechnic Institute and State University, 1989.

Myers, Kit. "Love and Violence in Transracial/national Adoption." Master's thesis, University of California, San Diego, 2009.

O'Conner, Louis. "The Adjustment of a Group of Korean and Korean-American Children Adopted by Couples in the United States." Master's thesis, University of Tennessee, 1964.

Oh, Arissa. "Into the Arms of America: The Korean Roots of International Adoption." PhD diss., University of Chicago, 2008.

Park, Bong Soo. "Intimate Encounters, Racial Frontiers: Stateless GI Babies in South Korea and the United States, 1953-1965." PhD diss., University of Minnesota, 2010.

Park, Byung Hyun. "The Development of Social Welfare Institutions in East Asia: Case Studies of Japan, Korea, and the People's Republic of China, 1945-1989." PhD diss., University of Pennsylvania, 1990.

Park, Soon Ho. "Forced Child Migration: Korea-born Intercountry Adoptees in the United States." PhD diss., University of Hawaii, 1994.

Park Nelson, Kim. "Korean Looks, American Eyes: Korean American Adoptees, Race, Culture and Nation." PhD diss., University of Minnesota, 2009.

Pate, Soojin. "Genealogies of Korean Adoption: American Empire, Militarization, and Yellow Desire." PhD diss., University of Minnesota, 2010.

Porter, Steven. "Defining Public Responsibility in a Global Age: Refugees, NGOs, and the American State." PhD diss., University of Chicago, 2009.

Riggs, Lynette. "The Church of Jesus Christ of Latter-day Saints' Indian Student Placement Service: A History." PhD diss., Utah State University, 2008.

Shin, Heisoo. "Women's Sexual Services and Economic Development: The Political Economy of the Entertainment Industry and South Korean Dependent Development." PhD diss., Rutgers University, 1991.

Song, Changzoo. "The Contending Discourses of Nationalism in Post-Colonial Korea and Nationalism as an Oppressive and Anti-Democratic Force." PhD diss., University of Hawaii, 1999.

Trenka, Jane Jeong. "The 2011 Amendment to the Special Adoption Law: A One-Year Evaluation." Master's thesis, Seoul National University, 2014.

Valentine, Janet Graff. "The American Combat Solder in the Korean War." PhD diss., University of Alabama, 2002.

Wagner, Stephen. "The Lingering Death of the National Origins Quota System: A Political History of United States Immigration Policy, 1952-1965." PhD diss., Harvard University, 1986.

Welty, Lily Anne Yumi. "Advantage Through Crisis: Multiracial American Japanese in Post-World War II Japan, Okinawa and America 1945-1972." PhD diss., University of California, Santa Barbara, 2012.

Whang, Minsun Sung. "An Exploratory Descriptive Study of Inter-Country Adoption of Korean Children with Known Parents." PhD diss., University of Hawaii, 1976.

Winslow, Rachel. "Colorblind Empire: International Adoption, Social Policy, and the American Family, 1945-1976." PhD diss., University of California, Santa Barbara, 2012.

Won, Young Hee. "Hanguk ibyang j O ˘ ngchaeke gwanhan y O ˘ ngu: Junkaegwaj O ˘ ng meet munjej O ˘ meul joongshim U ˘ lo" [A Study on Korean Adoption Policy: Focusing on Evolution and Problems] [A study on Korean adoption policy]. Master's thesis, Ewha University, 1990.

Woo, Susie. "'A New American Comes Home': Race, Nation, and the Immigration of Korean War Adoptees, 'GI Babies,' and Brides." PhD diss., Yale University, 2010.

Zahra, Tara. Lost Children: Displaced Children and the Rehabilitation of Postwar Europe. Draft of working paper (in author's possession).

찾아보기

2019년 봄. 『왜 그 아이들은 한국을 떠나지 않을 수 없었나: 해외 입양의 숨겨진 역사』를 펴낸다. 미국의 젊은 역사학자이자 보스턴 대학 역사학부의 조교수 아리사 오Arissa H. Oh가 2015년 Stanford University Press를 통해서 출간한 책 *TO SAVE THE CHILDREN OF KOREA: the cold war origins of international adoption*을 번역해서 낸다. '뿌리의집'이 펴내는 일곱 번째 책이다.

한국에서 해외 입양은 관음적 층위에서는 매우 인기 있는 주제이다. 〈수잔 브링크의 아리랑〉이나 〈국가대표〉 등을 비롯해서 해외 입양을 화두 삼는 영화들이 심심찮게 출현했고, 안방극장도 다르지 않았다. 〈내 이름은 김삼순〉, 〈아일랜드〉, 〈미안하다 사랑한다〉, 〈넝쿨째 굴러온 당신〉 등등, 해외 입양인의 애환을 소재로 삼는 드라마들이 지속적으로 등장하고 있다. 시청률 장악의 핵심 수단 중의 하나가 '출생의 비밀'이다. 공공연한 미디어에서 '출생의 비밀'을 성찰 없이 재현하며 유희와 오락의 재료로 삼는 사회는 야만 사회이다. 출생의 진실에 기초해서 인간의 존재의 근원을 보장해주지 못하고 있는 것은 그 사회로 출현하는 인간에 대한 사회적 경멸이자, 그 사회 스스로 아동학대사회임을 드러내주는 거울이자 지표이다. 안방극장에서 해외 입양인은 희비애락을 재현하는 가상의 몸으로 등장하고, 시청자들의 밤을 삶의 과잉으로 수놓곤 한다. 온갖 미사여구를 뿌려가며 아동을 송출하며 경제적 이득을 취하고 나서는, 돌아오는 해외 입양인들의 삶을 자신들의 감정적 행복을 위해서 소비하는 아동송출국가의 민낯이 여기에서 여지없이 드러난다. 그런 점에서 한국사회는 해외 입양인들을 두 번 농락한다. 해외 입양인들은 한국이라는 나라를 위해서 한 번은 모국에 외화를 벌어주기 위해 송출되는 실제의 몸physical body으로, 다른 한 번은 방송의 시청률을 올려주는 가상의 몸virtual body으로 복무당하고 있다.

반면에, 누군가가 해외 입양의 사회정치적 맥락의 시뻘건 속살을 정직하게 대면해보자고 초대하면, 한국인들은 고개를 돌린다. 아픔과 부끄러움이 일기 때문이다. 해외 입양인들이 쓴 삶의 회상록이나 다큐멘터리 영화들은 한국에서 인기가 없다. 책을 손에 들거나, 극장표를 사는 순간이 부끄러운 진실과 맞닥뜨리는 순간이자 연대성을 호출당하는 시간이기 때문이다. 정부는 해외 입양인들을 선대하는 일을 통해서 과거를 감추려고 하고, 공영방송들은 치부를 드러내는 일을 두려워한다. 성공한 해외 입양인들의 스토리들을 널리 소비한다고 해서, 추방당한 해외 입양인을 바라보는 당혹감이 사라지는 것은 아니다. 하여, 해외 입양이라는 주제는 한국에서 관음증과 외면이 역설적으로 교차하는 주제, 마치 뫼비우스의 띠처럼 난독증을 불러일으키는 주제다.

'뿌리의집'은 이런 정황을 배경으로 하고 그 동안 여섯 권의 책을 냈다. 이렇듯 사안의 진실에 접근하는 일을 불편하게 여기는, 그래서 지적 호기심이 일렁이지 않는 장마당에 책을 내는 일은 많이 어리석다. 이런 우매를 무릅쓰고 이제 또 한 권의 책을 내는 바, 이는 그만한 이유가 있어서이다. '뿌리의집'은 이 책이 한국 사회가 자신을 돌아보는 일에 작은 손거울처럼 사용될 수 있기를 바라마지 않는다.

이 책의 핵심적 주제는 **국제입양의 한국적 기원**이다. 종종 사람들은 해외 입양 혹은 국제입양을 당연한 삶의 방식으로, 혹은 이미 오래전부터 있어 온 일로 여기는 경향이 있어 보인다. 그러나 장구한 인류 문명사의 입장에서 보면, 제2차 세계대전 이전에는 존재한 바가 없었던 아동양육 방식이고, 겨우 70년 남짓의 역사를 지닌 초국가적 아동양육 실험에 다름 아닌 것이 국제입양이다. 아동의 양육을 실험적 차원에서 진행하는 일은 위험하고, 지구별에 도착하는 '작은 인간' 아동에 대한 예의가 아니다. 아직 이 방식은 인류 문명의 자명한 차원으로 편입되지 못했다. 이는 이런 아동양육 방식의 폐기 역시 고려될 수 있다는 말이기도 하다. 루마니아와 베트남, 그리고 에티오피아는 송출국이 되기를 거부했고, 수령국들 중에도 국제입양의 중단을 심각히 고려하는 나라들이 등장하고 있다.

이 책의 저자 아리사 오가 주장하는 바, 국제입양의 기원이 한국에

———————— 편집인의 글

있다는 말은 거칠게 말하면 초국가적 아동양육 방식의 발상지가 한국이라는 말이다. 문명의 발상지에 돌리는 영광이 이 초국가적 아동양육실험의 발상지에 돌아갈지는 의문이다. 오히려 폐기된 문명의 유적으로, 혹은 냉전 시대에 자행된 야만의 역사의 한 자락으로 남을 가능성이 더 높아 보인다. 여기서 말하는 바는 입양에 연루된 사람들에 관한 이야기가 아니다. 친생가족과 입양인 그리고 입양부모, 소위 입양삼자의 삶에는 언제나 마땅한 존중이 돌아가야 한다. 제도들이 어떻게 설계되고 그 성격이 어떠하며, 그 제도들의 구성에 어떤 역동이 연루되었는지에 관한 이야기다. 부끄러운 일과 오욕은 서둘러 수습하는 일이 지혜로울 것인 바, 이 책이 그런 수습의 의지와 각성을 한국 사회 내부에서 불러일으켜 주기를 감히 바래본다. 은폐는 지연된 정의에 다름 아닌 수습의 지연을 가져오고, 드러냄은 올바른 성찰과 치유의 길을 활짝 여는 일이다.

물론 초국가적 아동양육 실험은 한 국가만의 의지와 추동에 의해서 성립될 성질의 것은 아니다. 한 손바닥으로 박수 소리를 낼 수는 없다. 아리사 오는 이 책을 통해 한국의 간계와 미국의 욕망이 만나 벌이는 아동 송출과 수령의 역동은 물론, 초국가적 아동양육 실험 성립의 배후 조건들을 조명해낸다. 한국은 혼혈아동과 극빈가정아동, 그리고 미혼모(부) 아동을 이 송출의 컨베이어벨트에 올려놓았다. 한국은 혼혈아동의 송출을 통해 인종적 순혈주의를 관철했고, 극빈가정아동에 대한 양육기회 박탈을 통해 국가의 사회복지적 책무를 걸머지지 않을 수 있는 교활한 길을 열어내었다. 또한 정상가족 이데올로기에 의해서 가족의 경계 바깥으로 내동댕이쳐진 미혼모(부)의 자식들은 처리되어야 할 사회적 잔여로 간주되는 비극적 상황을 성찰없이 용인했다. 인구조절정책의 차원에서는 아동송출을 통해 한 입이라도 줄이는 것 자체가 어이없게도 선량한 정부가 되는 길이었다. 심지어 이와 같은 아동송출이 하드 커런시hard currency 획득의 묘책이기까지 했으니, 한국정부가 이런 유혹을 이겨내기는 어려웠다. 한국 정부는 법의 남용과 제정 등을 통해 송출 아동의 숫자를 늘리는 일을 비롯해, 제도적 층위에서 온갖 간계를 부리는 일을 주저하지 않았다.

행정부 소속의 시군구청장과 사법부의 등기소는 위조지폐를 남발하듯, 입양기관이 고아호적을 발행해달라고 요청하러 오면, 이 아동들이 고아가 아니라고하는 사실을 묵인하고 아동의 신분을 세탁해서 고아로 만드는 일을 주저하지 않았다. 입양 보내어진 아동들을 사실상 친생부모가 누구였는지 특정할 수 있는 경우가 그렇지 않은 경우보다 훨씬 더 많았다. 주로 친생부모나 그 가족이 입양기관으로 데리고 왔거나, 조산원이나 산부인과에서 출생한 아동들의 경우가 비일비재했다. 이렇게 입양기관들은 가족의 존재를 사실상 특정할 수 있는 아동들의 경우에도 고아로 신분을 세탁해서 고아단독호적을 국가의 행정단위인 시군구청에 신청했고, 사법부 감독 하에 있던 등기소들을 통해 이 절차를 완성했다. 민간인 입양기관들과 공공인 국가의 행정·사법체계가 공조한 아동신분세탁과정이었다. 이렇게 해서 해외로 입양된 아동들은 자신의 뿌리를 국가시스템의 층위에서 상실해가야 했다. 30~40년의 세월이 흐르고, 지금은 이런 사연으로 인해 미국의 국적을 취득하지 못한 해외 입양인들이 잊을만하면 모국으로 추방되고 있다는 참담한 소식 앞에 우리는 서고 있다. 어안벙벙을 부르는 간계의 역사의 주인이 바로 우리 자신이라는 것을 이 책은 거울처럼 비추어낸다.

아리사 오는 미국에서의 한국 아동 입양의 역동을 설명하는 일에 연루된 감정을 욕망이라 이름한다. 미국의 욕망에 부응한 한국의 간계가 먹혔고, 한국의 간계를 미국은 욕망의 이름으로 덥석 삼켰다. 전쟁의 참화에 능동적으로 뛰어든 미군들은 스스로의 내면에 새겨지는 잔혹함을 아이들의 구김살 없는 모습을 통해서 치유하고자 했다. 고아원을 방문하고, 자원 활동을 하고, 고아원 건축 노동을 하고, 아이들을 부대로 데려가 선대하는 것으로 가난해진 자신들의 존재의 의미를 풍성하게 가꾸었다. 내면이 반인간성에 의해서 유린되어가는 잔혹한 전장의 군인들에게 전쟁고아는 삶의 과잉을 선물하는 소중한 존재였다. 이렇게 관계 맺음이 이루어진 아이들을 부대의 마스코트나 하우스보이로 삼기도 하고, 결국 이들을 난민 아동의 이름으로 미국으로 데리고 갔다.

한국 전쟁을 전후한 무렵에는 미국에 난민보호법이 있었고, 이 난민보호법이 국제입양의 입구였다. 1957년 무렵부터 난민보호법이 종결로 치닫자, 1961년 이민귀화법 안에서 또 다른 구멍^{loophole}이 만들어졌다. 난민보호법에서 그랬듯이 이민귀화법 역시 예비입양부모들이 한국으로 날아가야하는 수고를 덜어주고, 인근 공항에서 입양예비 아동을 받을 수 있도록 허용해주었다. 사회복지학계에서 종종 반인륜적이라고 알려져 있던 대리입양proxy adoption의 방식이었다. 미국의 대리입양은 50년대에 종결된 것으로 간주되지만, 그것은 명목상 그러했던 것뿐이었고, 한국 아동의 지속적 입양을 위해 만들어진 이민귀화법의 구멍loophole은 사실상 대리입양의 연장 형태에 다름이 아니었다.

입양부모가 송출국으로 날아가 아동을 대면하고 아동을 아들이나 딸을 삼겠다는 개별적 결심의 순서와 송출국의 입법체계 안에서 입양자격을 인정받고 아동을 데리고 와야 하는 방식, 즉, 미국의 사회복지의 표준에 맞는 입양이 여기에서 근본적으로 허물어졌기 때문이다. 그리고 이런 법적 방치가 결국 30년 혹은 50년 후 미국으로 입양된 해외 입양인들이 한국으로 추방되는 결정적인 원인이 되었다. 이런 구멍이야말로 미국의 입양부모들의 욕망을 실현하기에 안성맞춤인 제도로 1961년에 정착되었고, 이는 한국으로 돌아와 살던 귀환입양인들이 주도해서 마련된 입양특례법이 2011년에 개정되고, 이어서 한국의 대법원이 2013년 입양재판 제도를 손질하고 나서야 비로소 한국과 미국 사이에서 60년이 넘는 동안 실천되어 왔던 사실상의 de facto 대리입양이 종결될 수 있었다. 해외 입양을 둘러싼 두 나라 사이의 간계와 욕망으로 얼룩진 상황은 이로 인해 고통받아 왔던 해외입양인들의 손에 의해서 종결되었다고 해도 과언이 아니다.

아리사 오의 책으로부터 우리가 새롭게 배울 수 있는 소중한 점은 미국 사회의 한국 아동 입양을 추동한 역동의 정체가 무엇이었는지를 조명해주고 있는 부분이다. 아리사 오는 1950년대의 기독교적 미국주의와 1960년대 케네디 정부와 함께 등장한 뉴프런티어 담론이 그것임을 규명하고 있다. 냉전 시대 미국의 세계 전략과 전쟁의 부수적 결과였던 미군주둔 및 전쟁 수행 지역에서 태어난 혼혈아동들에 대한 기독교적 미국사회의 응답은 이 혼혈아동들에 대한 미국의 도덕적 책임을 지기위해 전쟁 지역에서 태어난 혼혈아동들을 난민구호법에 따라 미국으로 네리고 들어가는 것이었고, 그게 사실상 국제입양의 토대였다는 것이다. 나아가 60년대에 들어서면서 미국사회는 흑·백인종 갈등을 완화함으로써 더 포용적인 사회로 나가려는 경향을 보이기 시작하는 데, 아시아아동의 입양을 통해서 흑·백 이라는 이원적 인종 갈등의 틈새에 아시아성을 등장시킴으로써 적어도 외견상으로는 더 포용적인 사회의 모습을 띄게 할 수 있게 되었다는 것이다. 인종 담론 안에 아시아성의 자리를 만들어 낸 것이, 바로 한국의 아동들, 즉 60년대에 이르러 혼혈아동의 뒤를 이어 입양 보내어지기 시작한 한국의 소위 순혈아동, 즉 극빈가정아동들과 미혼모(父)의 아동들이었다. 결국 미국의 인종 담론이 균열을 내기 시작하는 그 일을 위해서 순수 한국 아동들이 복무하기 시작했다는 것이다. 혈통으로 연결되지 않은 피부색이 다른 먼 타국에서 온 아동들이 이론상으로 혹은 명제적으로 다인종 가정을 구성하기 시작했고, 미국은 이렇게 순수 한국 아동 입양을 통해서 그 사회의 포용성과 진보성에로 미미하게나마 앞으로 나가는 계기를 마련했다고 볼 수 있었다.

장구한 인류사의 관점에서 보면, 지극히 일천하고 매우 낯선 초국가적 아동양육의 실험이 미국에서는 인종담론과 가족담론에서 일정하게 진보성을 담보해내는 질료가 되었다면, 앞에서 말한 바, 한국에서의 혼혈아동과 미혼모(㊗) 아동의 송출은 한국 사회의 인종과 가족 담론의 보수성을 강화하는 기제로 작동했다는 점에서 아이러니가 아닐 수 없다. 한 쪽에서 보수성을 강화하는 일이 다른 한 쪽에서는 진보의 걸음을 내딛는 힘으로 작동했으니 말이다. 아리사 오의 이 책을 읽으면서 이런 질문을 던질 수 있다는 것이 어쩌면 이 책이 지닌 소중한 가치인지도 모른다.

이 책이 새롭게 드러내주는 또 다른 점 하나가, 70년대 중반 한국 정부가 민간입양기관들에게 운영의 위기에 처한 고아원에 대한 기여금을 강제했다는 점이다. 아동양육에 대한 국가의 책임을 노골적으로 민간에 떠넘긴 것이다. 사실상 정부가 민간에게 돈을 요구한 것이다. 그러지 않아도 그렇게 될 경향성을 지니고 있었던 입양기관의 산업적 발전의 경로를 추동한 것은 결국 국가였다. 입양기관들은 이 때부터 해외 입양의 효율성 증대를 위해 미국과 유럽의 민간 입양알선기관들과 협약을 맺고 아동 송출 숫자를 늘리는 일에 전력 질주하기 시작했고, 70년대 후반부터 해외 입양 아동의 수치는 급격하게 증가하여, 80년대 중반에는 그해 출생 아동 100명당 1.3명이 해외로 보내지는 참혹한 상황에 도달한다. 입양기관들은 그렇지 않아도 더 많은 아동을 해외로 보내고 싶었다고 추정할 수 있는 바, 이는 우는 아이 뺨을 때린 격이었다. 한국이 아동판매국가라는 비판이 허언이 아니라는 점을 아리사 오는 이 지점에서 분명히 드러내어 주고 있다. 이런 해외 입양에 대한 추동은 결국 이미 존재하던 부실 시스템을 더 부실하게 만들고, 결과적으로 해외 입양 시스템 안에서 아동의 인권을 심각한 수준에서 훼손하도록 유인했다. 이는 널리 회자되는바 한국 정부는 해외 입양에 관한 한 방치한 책임이 있다는 정도를 넘어서서, 시스템의 층위에서 국가는 선량한 관리자의 의무를 해태했을 뿐 아니라, 아동에 대한 가해를 국가가 직접적으로 도모한 일은 아니라 할지라도, 결과적으로 해외 입양 시스템의 부실을 가져왔고, 결국 입양인들 중에는 인권유린과 훼손의 여정 가운데 남은 생을 살아야 했다. 입양 후 파양과 시민권 미취득으로 나이 마흔이 넘은 입양인들이 입양국으로부터 추방당하고 있는 비극 앞에 우리는 서 있다. 한 때 우리사회가 잔여殘餘로 간주하고 해외 입양의 미명을 달아 이주시켰던 아동들 중에서 얼마가 다시 입양국의 잔여로 간주되어 강제추방되고 있는 이 현실을 우리는 무엇이라 이름 해야 할까. 국가폭력이 아니라고 할 수 있을까. 직접성이 다소 결여되었다고 한다면, 최소한 연성국가폭력이라고 해야 하는 것은 아닐까.

사실 이 책을 읽으면서 많이 놀란 일 중의 하나가, 아리사 오는 철저하게 원자료에 접근해서 자신의 논의를 근거지우고 있다는 점이다. 그녀는 사람들이 종종 빠지기 쉬운 유혹, 즉, 다른 사람의 책을 섭렵하고 그 내용의 일부를 인용하면서 자신의 논의를 전개하는 방식을 외면하고, 대학과 연구소의 아카이브들과 정부의 기록관을 광범위하고 치밀하게 섭렵해서 건져낸 자료들로 이 책의 내용을 구성해가고 있다. 그녀의 노동이 감사하다.

이 소중한 저작물을 뿌리의집이 번역해서 출간하게 된 것은 큰 영광이다. 작은 출판사의 청을 마다하지 아니하고 허락해준 저자 아리사 오 교수에게 이 지면을 빌어 심심한 감사를 표한다.

이 책의 최초 번역자들은 한영외국어고등학교의 자원봉사동아리 세빛또래의 친구들이다.

고동현 김나혜 김나희 김소민 김연수 김태령 김태윤 김혜민 문지민 박서영 박세은 박준영 박준일 박채연 서건우 설수정 신지아 안정서 윤기환 윤종현 이수지 이승민 이윤서 이정아 이지영 장지유 전민지 정태백 정혜윤 조수아 지혁주 차유진 채수윤 최서현 홍수미 황일연

무엇보다도 또 누구에게 보다도 앞서서 이 젊은 친구들에게 감사를 표하고 싶다. 한영외국어고등학교 세빛또래는 2010년부터 뿌리의집과 함께 해외 입양 문제를 다루는 책을 읽고 초벌 번역을 하고 토론회를 여는 방식으로 자원 활동을 해왔다. 이 자원 활동의 결실이 2012년에는 『인종 간 입양의 사회학』의 출판으로, 2013년에는 『원초적 상처』의 출판으로 이어졌다. 세빛또래와 함께 이 책 『왜 그 아이들은 한국을 떠나지 않을 수 없었나: 해외 입양의 숨겨진 역사』를 붙든 것은 2018년 봄이었다. 비교적 짧은 시간에 결실을 본 셈이다. 그러기에 각별한 기쁨이 있고, 초벌 번역에 동참해준 친구들에게 더없이 고맙다. 이들의 초벌 번역은 뿌리의집이 이 책의 출판에 관한 방향과 전략을 설정하는 일에 큰 도움이 되었다.

초벌 번역을 검토한 후, 아리사 오의 영문 저작 파일을 전문번역가 이은진님께 보내드렸고 몇 달 후 한국어 필력이 돋보이는 유려한 번

역문을 보내오셨다. 많이 감사드린다. 뿌리의집의 황선미님은 출판의 전 과정을 총괄해주었고, 공정애, 박창우, 김창선님이 교열에 참가해주었다. 숭실대의 노혜련 교수와 서울대 공익법센터의 소라미 변호사와 입양인 아담 크랩서의 소송을 대리하고 계신 법무법인 지향의 김수정 변호사가 추천사를 써주셨다. 아직 인쇄되지 않은 책 한 권을 미리 읽으시고 추천사와 서평를 써주시는 일은 우정과 사랑이 아니고는 어려운 일이다. 신심으로 감사드린다. 스튜디오 아홉의 임현주님께서 디자인과 인쇄의 전 과정을 살펴주셨다. 비영리민간단체가 운영하는 출판사의 책을 디자인하는 일은 언제나 대가보다는 수고가 더 큰 법이다. 고맙다는 말씀을 드린다.

　편집인의 글이 너무 장황한 듯 해, 일부러 책의 말미에 이 글을 배치한다. 책의 앞에 배치하는 일은 저자와 독자에게 실례가 될까 저어함이 있어서다. 이 책이 나오기까지 수고의 땀을 흘려주신 한 분 한 분을 기억하고 감사하는 마음을 적으려고 시작한 글이 많이 길어졌다. 긴 글을 여기까지 읽어주신 독자 제위께 감사드린다.

2019년 5월
펴내는 이, 뿌리의집 대표
김도현 배상